施工企业工程项目财务管理工作操作指南

主　编　魏成富　王雪峰

中国商业出版社

图书在版编目(CIP)数据

施工企业工程项目财务管理工作操作指南／魏成富，王雪峰主编.—北京：中国商业出版社，2017.6
ISBN 978-7-5044-9902-8

Ⅰ.①施… Ⅱ.①魏… ②王… Ⅲ.①施工企业-项目管理-财务管理-指南 Ⅳ.①F407.906.72-62

中国版本图书馆 CIP 数据核字(2017)第 114662 号

责任编辑：蔡凯

中国商业出版社出版发行
010-63180647 www.c-cbook.com
(100053 北京广安门内报国寺 1 号)
新华书店经销
北京市书林印刷有限公司印刷

* * * * *

开本：787×1092 毫米 1/16 印张：24.25 字数：380 千字
2017 年 7 月第 1 版 2017 年 7 月第 1 次印刷
定价：78.00 元

* * * *

(如有印装质量问题可更换)

编辑委员会

主　　编　　魏成富[1]　　王雪峰[2]

编委成员　　柯峻岭　徐林峰　陈松俊　耿天宝　任逢源
　　　　　　江　海　朱兴杰　翁克江　付春芳　田小东
　　　　　　熊寿忠　凡　晖　钱叶胜　陈茂槐　许　可
　　　　　　饶　伟　周继昇　徐曹阳　薛彦明　王　绕
　　　　　　潘　亮　何亮亮　张青春　马飞祥　凡小路

---

[1]　魏成富，中铁四局集团有限公司董事、总会计师，研究生学历，高级会计师。1993年参加工作，先后担任中铁四局八分公司项目财务主任、公司财务科副科长、科长，中铁四局二公司总会计师，中铁四局集团公司资金部部长、财务部部长等职务。具有丰富的财务管理实践经验、较高的专业理论水平和较强的创新能力、领导能力，在大型施工企业集团资金运作、财务风险管控、投融资管理、项目成本管理、财务信息化建设、管理会计实践与运用、财务人才培养体系建设和内部审计等诸多方面颇有研究与建树，在业界享有较高的声望，具有较大的影响力。

[2]　王雪峰，中铁四局集团有限公司审计部部长，高级会计师。1991年参加工作，先后担任多个工程项目财务部长、项目总会计师，中铁四局二公司财务科副科长、科长，局指挥部财务部长，中铁四局三公司总会计师，中铁四局四公司总会计师。在大型施工建筑企业财务价值化创造、财务标准化建设、财务管理体制构建、资金运营管理、财务团队建设等方面卓有成效。先后主持过《企业会计文化建设实践研究——中铁四局三公司4维度8举措剖析》、《公司财务标准化向价值化转变的设计思路及实施路径研究》、《工程项目财务工作标准化建设研究》等课题研究，受到业内一致好评。

序　言

企业改革发展和生产经营任务越繁重，对财务人员专业水平和实践能力要求越高。中铁四局王雪峰同志牵头主编的这本《施工企业工程项目财务管理工作操作指南》，我用几天时间认真看过了，这其间的工作量是繁重的，付出的辛苦也是艰巨的，在此向参与编写的27位作者致以诚挚的感谢和敬意！大家结合国家、股份公司和本企业相关制度要求，对工程项目部大量的财务会计业务进行列举、剖析、归纳和总结，使其标准化、制度化、流程化，以"面对面"的感受和"手把手"的方式，为项目部财务人员做好财务管理和会计核算工作提供了实用性和便利性工具。难能可贵的是，七年来不断地完善更新，与时俱进，让这本手册更有价值，也更有生命力。

"合抱之木，生于毫末；九尺之台，起于垒土"。长期以来，在中国中铁的跨越式发展过程中，各层级广大财务工作者始终以精益求精的工匠精神、迎难而上的拼搏意志和薪火相传的责任担当，扎实做好各项工作，发挥了重要的基础性和支撑性作用，成效显著、功绩卓然。但是，从近期内部调查和外部监管的结果来看，部分企业或会计主体的财务会计工作基础依然薄弱，还存在不少局限和风险点。甚至个别财务人员的专业素养和作风不够硬、原则性和底线意识不够强，产生了令人痛惜的教训。教训告诫我们，对进入财务队伍的人员，需要不断加强引导和教育，使其知道制度和规范的重要性和严肃性。"欲知平直，则必准绳；欲知方圆，则必规矩"，财务人员要发挥好管理和监督的作用，必须依靠制度标准来规范行为。从一开始就要树立规矩意识和制度信仰，内化于心、外化于行，做法规制度的坚定执行者和守卫者，全面履行工作职责，严格遵守工作程序，遇事找依据、办事按规矩，使经手的财务工作经得起任何检验。

财务管理无止境、会计更新无终点。在精细化和规范化的基础上，财务人员还要以更高的站位和更阔的视野，做到高标准和守底线相结合：一是财务管理创造价值，要不断提高感知能力和分析能力，提供解决方案、创新驱动发展；二是财务管理防范风险,要不断强化预判能力和管控能力,提出改进措施、监督保障安全。本书如果能在业财融合和精益财务方面再做一些补充完善,对股份公司的财务政策和管理要点再做一些解读贯彻,相信它的完备性和通用性将更好。随着财务共享中心的建立运行,工程项目的财务管理和会计核算等工作规则、方式方法、环境条件等将会发生很多变化,对财务人员的要求也今非昔比,希望本书内容能持续跟进升级,继续发挥好指南和规范作用。

"众心齐,泰山移。"我们在着力打造一支专业、勤勉、可靠的财务队伍的同时,也希望广大财务工作者戮力同心,以创造历史的荣誉感、不负重托的使命感和守望家园的责任感,为中国中铁持续健康发展贡献更大力量。

有感而发,是为序。

中国中铁股份有限公司财务总监　杨　良

2017年5月4日

目 录

第一章 总 论 ··· 1
 第一节 基本要求 ·· 1
 第二节 财务机构与人员管理 ·· 2
 第三节 财务纪律规定 ··· 5
第二章 货币资金 ·· 7
 第一节 库存现金 ·· 7
 第二节 银行存款 ··· 20
第三章 债权债务 ··· 42
 第一节 应收票据 ··· 42
 第二节 应收账款 ··· 45
 第三节 预付账款 ··· 52
 第四节 其他应收款 ·· 56
 第五节 应付账款 ··· 65
 第六节 预收账款 ··· 75
 第七节 其他应付款 ·· 78
 第八节 内部往来 ··· 85
第四章 应交税费 ··· 102
 第一节 增值税 ··· 102
 第二节 增值税特殊业务 ··· 119
 第三节 所得税 ··· 130
第五章 存 货 ··· 134
 第一节 材料采购 ·· 134
 第二节 原材料 ··· 141
 第三节 周转材料 ·· 147
 第四节 低值易耗品 ··· 153

第五节　工程物资 ·· 159

第六章　职工薪酬 ·· 161

第七章　成本费用 ·· 170

　　第一节　直接成本 ·· 170

　　第二节　间接费用 ·· 190

　　第三节　安全费用 ·· 207

　　第四节　研发支出 ·· 211

　　第五节　财务费用 ·· 215

第八章　建造合同 ·· 219

第九章　利润及利润分配 ·· 225

第十章　财务报表 ·· 228

　　第一节　报表编制要求 ·· 228

　　第二节　浪潮报表注意事项 ·· 229

第十一章　收尾完工项目财务管理 ·· 230

第十二章　财务信息利用 ·· 233

　　第一节　财务台账、快报填报 ·· 233

　　第二节　项目经济活动分析 ·· 238

　　第三节　项目财务预警 ·· 241

第十三章　财务管理流程及责任矩阵 ·· 243

附件一：项目经理部会计科目库 ·· 317

附件二：项目经理部财务台账快报 ·· 339

附件三：项目财务部重要事项提醒一览表 ·· 379

第一章 总 论

第一节 基本要求

一、项目经理部应当按照《会计法》、国家统一会计制度及本书相关规定的要求建立会计账套，设置会计科目并进行会计核算，及时提供合法、真实、完整的会计信息。

二、项目经理部发生的下列交易或事项应当办理会计手续，进行会计核算。

（一）货币资金收付。

（二）存货的收发、增减和使用。

（三）债权、债务的发生和清理。

（四）建造合同收入确认和计量。

（五）成本费用归集和分配。

（六）职工薪酬的核算。

（七）经营成果的计算和处理。

（八）其他需要办理会计手续、进行会计核算的事项。

三、项目经理部应当以实际发生的经济业务为依据，按照公司统一会计政策和会计处理方法进行会计核算，保证会计核算口径一致、相互可比和会计处理方法的前后各期相一致。

四、会计年度自公历1月1日起至12月31日止，月度、季度、年度最后一天为结账日。

五、会计核算以人民币为记账本位币。

六、会计凭证、会计账簿、会计报表和其他会计资料的内容，必须符合国家统一会计制度和中国中铁股份公司统一规定，不得伪造、变造会计凭证和会计账簿，不得设置账外账，不得报送虚假会计报表。

七、项目经理部向公司报送的会计报表格式按照统一规定执行。

八、项目部需按照公司统一的财务台账、快报和业务表格进行登记、填写并上报。

九、项目经理部的会计凭证、会计账簿、会计报表和其他会计资料，应当建立档案，依据《会计档案管理办法》的规定执行。

第二节　财务机构与人员管理

一、财务机构与人员配备

（一）项目部设置财务部，负责本单位的财务会计工作。财务部要配备防盗门、窗及报警器；配备 1.2 米保险柜并有加固措施；配备视频监控系统；办公和住宿分开；办公室整洁、美观、物件摆放整齐；部门职责及岗位职责上墙。

（二）项目财务部配备 2 名以上财务人员，配备总会计师的，由总会计师兼任财务部部长。

（三）项目在岗财务人员必须取得会计从业资格证书，且需经公司下达人事令。

（四）建立会计工作岗位责任制；按照不相容职务相分离的原则设置会计岗位；具备条件的单位应进行会计岗位轮换。

二、财务部部门职责

（一）在上级财务部和项目经理的领导下，负责项目部全面财务会计工作；贯彻落实国家会计法、财经法规和上级单位财务会计制度，履行财务反映和监督职能；审查会计人员从业资格，不相容岗位分离和定期轮岗，财务人员工作移交。

（二）落实货币资金和银行账户集中管理制度，编制资金清欠方案，核对债权，收取资金，配合业主资金监管，向上级单位报送资金到位申请和资金支付计划，开展资金集中、上交和劳务材料机械费等资金支付工作，办理劳务人员工资发放手续，审核并及时、足额发放劳务人员工资。

（三）审核劳务机械材料等成本的结算资料、扣款、有权领料人、成本承担主体等结算事项；审核周转料、低值易耗品的摊销、处置和账实相符；参与项目部安全费用的计提与核销，正确设置科目；按上级单位科研立项及研发费用计划，足额归集研发费用，按要求上报研发费用支出凭证和票据；按时计算、发放职工工资奖金，计提社保公积金及工资附加费；审核报销票据的金额、合法合规性和审批手续，严控备用金支付额度和范围，及时核销备用金；清收债权和封闭债务，处置账面资产，整理和移交财务会计档案。

（四）制订税务筹划方案，履行发票真伪鉴别程序，按时计提和缴纳税金，建立和谐稳定的税企关系；配合编制保险投保方案，组织保险投保，参与保险理赔。

（五）组织经济活动分析会，下达分析方案，对部门数据进行交叉复核，汇总编制分析报告，整改落实发现问题；及时进行日常账务处理，登记财务台账快报，按时编制财务决算报告，清理日常奖罚事项；定期稽核资产、凭证和账簿、决算报表、台账快报等。

（六）按照重大财务事项汇报制度要求，向上级汇报涉及资金安全、财务预警、经营风险等非常规及重大经济事项；办理日常财务自查整改并向上级单位汇报外部督查事项，配合迎检，督查问题整改回复和跟踪督查结果等工作；配合财务会计标准化考评工作，组织项目部财务人员开展财务学习，召开财务例会。

（七）完成领导交办的其他工作。

三、财务人员工作交接

（一）财务人员工作变动需办理工作交接，没有办清交接手续的，不得调动或者离职。

（二）财务人员工作交接必须编制交接记录，交接记录应包括但不限于以下内容：会计凭证、会计账簿、会计报表、会计软件、电子数据记录、印章、密码、现金、有价证券、支票簿、发票、文件、其他会计资料和物品等内容的移交清册；或有事项需要书面说明资料。

（三）会计人员办理交接手续，必须有监交人负责监交。一般财务人员交接，由单位会计机构负责人、会计主管人员监交；会计机构负责人、会计主管人员交接，由单位负责人监交。财务主管的交接记录必须报公司财务部备案。

四、财务人员培养

（一）对新入职财务人员，经公司财务部考核评定后方可安排工作，公司财务部应详细了解其专业特长、潜质及性格等差异化特征，指定有丰富财务管理经验的主管任见习老师，见习老师应为其制订详细的见习计划，见习期主要培养其职业道德、业务流程、财务制度等具体技能和爱岗敬业的工作作风。

（二）建立财务人员轮岗制度，对优秀年轻财务人员每年选派一名到公司财务部锻炼半年或一年；建立健全部门和人员的岗位责任制和责任清单，明确财务部门年度目标，按季度细化落实各项工作，保证顺利完成。

（三）建立财务主管述职报告制度，各单位财务主管应汇报上年度主要工作亮点、存在的问题，下一年度财务管理创新、主要工作思路以及对公司财务工作的建议，包括基础管理、工作作风、团队建设、财务控制、学习能力等。

（四）公司成立财务主管考核领导小组，每年年初对财务主管"德、能、勤、绩"等进行考核，并将考评结果作为评优评先、职称晋升、岗位调整等重要依据；考核采用定量与定性相结合的方法，尽可能使用客观、量化的考核指标，以便进行客观公正考核，原则上由民主测评和量化业绩组成。

（五）对参评的财务主管依分数高低，评选3~5名"优秀财务主管"，给予物质奖励并择优推荐先进个人或首席会计师（公司财务专家）；对进入前五名的财务部长，择优推荐到项目总会计师岗位，新提拔的项目总会计师需在项目财务部长岗位上任职不少于两年、独立干一个完整项目、财务会计标准化检查处于中游以上、三年内无违规记录，具有良好的职业道德；对进入前三名的项目总会计师（含公司财务部副部长），择优推荐到代局指总会或其他重要的岗位上，对倒数的进行诫勉谈话。

五、学习例会及财会学会

（一）项目部成立财务学习及例会小组，组长由财务负责人担任。负责本单位的学习例会组织管理工作，完成公司下达的学习指标；各单位财务部每两周组织一次学习及例会，学习时长为1小时左右。学习并安排专人在学习日志中记录，学习日志记录应简明扼要，记录重点事项。

（二）每个学习小组每季度对新业务的核算及流程、财务制度的修订、工作作风及效能转变、财务团队建设等方面，至少向公司上报1条合理化建议，对采纳的"金点子""好课题"等活力创新方面优异小组，纳入年度财会学会评先评优。

（三）倡导财务人员践行"九项承诺"、提高文化修养，传递正能量、营造公平公正的工作氛围。

（四）项目财务主管参与公司财务会计手册等会计基础制度建设。

（五）年龄在45周岁（含）以下的财务主管每年撰写1篇论文，全体财务人员每年至少上报1篇通讯报道。对各单位财务管理、税务管理、财务会计标准化及流程、活力创新、业主及上级检查成果等全面进行宣传报道，促进财务人员交流，推广经验。

六、会计档案管理

（一）会计档案包括会计凭证、会计账簿、财务报告、合同协议、业务台账、移交清册、会计档案保管清册、财务预算、工作总结、各种文件资料及其他重要会议资料、重要收据等，收集完整专门存放专人保管；会计档案保管清册按年编制。

（二）会计凭证按月装订成册，次月20日前完成装订工作；会计凭证依照现金收款、现金付款、银行收款、银行付款、转账凭证的先后顺序装订；每类凭证前应当有该类凭证登记表。

（三）会计凭证装订厚度为3~3.5厘米；装订成册的会计凭证应做到平整、牢固、美观、不掉页、不串页、不压字、不倒置；凭证封面采用公司凭证表统一格式，要素填写完整，封面数字要使用数字章加盖。

（四）明细账按年打印,应在次年1月之前完成装订工作；明细账应按最末级科目打印；明细账打印装订成册时，必须连续编号；明细账封面、扉页、账户目录采用公司凭证表统一格式，要素填写完整；账户目录应按会计科目编号从一级科目至最末级科目依次顺序填列。

（五）合同协议均应原件保管，合同协议必须完整；应建立合同台账，完整、准确记录合同协议信息。

（六）会计档案妥善保管，不得丢失、损毁；会计档案应按规定办理移交手续和归档；除法律规定和单位领导人同意外，不得私自向外借阅本单位会计档案。

（七）财务人员在本岗位工作期间产生的非在公司和局服务器存储的电子数据，要分类存储，并按年打包报公司财务部存档备查。

第三节　财务纪律规定

为强化内控制度建设，降低财务风险，保障制度落地，提高财务管控力度，不断加强财经体系建设，对有关财务纪律规定如下：

一、严禁违反资金使用制度

严禁向利益相关者借入款项；严禁对外提供担保等表外业务；严禁利用虚假交易办理银行承兑汇票；严禁项目间私自拆借资金；严禁单位职工集资；严禁违反审批流程或个人口头意见办理款项支付；严禁无合同依据预付款、严禁超付款；严禁通过协作队伍或供应商套取资金；严禁多列成本、隐瞒收入等方式套取现金，设立"小金库"；严禁公款私存或超范围大额使用现金或向个人卡支付 5 万元以上款项；严禁私自改变备用金性质挪作他用或无理由退回；严禁违反银行预留印鉴、网银 U 盾、票据分管制度；严禁出借银行账户；严禁不按公司资金到位批复意见使用资金；严禁未经成本管理信息系统审批支付款项；严禁备用金、押金等应收款项长期不清理。

二、严禁违反成本管理制度

严禁违反收方盘点制度不按月对工程量、物资等收方盘点；严禁超期、跨期列支劳务租赁结算、物资收发、成本摊销、费用计提和经费核销等；严禁违背文件规定向利益相关者报销、摊派费用；严禁违反会计政策，滥用会计科目、乱列成本费用；严禁不办理手续将账面资产列支成本；严禁在同时承担的多个工程项目间调剂成本费用；严禁对材料、劳务、机械等合同相对人结算与合同无关的费用。

三、严禁违反薪酬管理制度

严禁领导干部领取期薪外收入；严禁违反审批程序或擅自提高标准发放工资奖金；严禁人为调整工资总额统计范围；严禁在职职工在其他企业兼职取酬；严禁无职工调转证明开具工资介绍信，严禁无人事令、工资关系介绍信计算工资；严禁拖欠职工工资及五险两金；严禁拖欠农民工工资，严禁无委托代发手续和结清手续支付农民工工资。

四、严禁违反规定报销费用

严禁报销娱乐、健身、旅游、购物卡和礼品等费用；严禁超标准报销烟、酒、茶、就餐费用；严禁超标准报销差旅费；严禁超标准报销通讯费；严禁以现金形式发放交通费补贴、伙食补贴、通讯费补贴；严禁违反"三重一大"和党政会签制度；严禁以福利名义乱发钱物；严禁领导干部职务消费超标准、超预算；严禁报销无支撑性的咨询费、会议费、住宿费等。

五、严禁违规购置处理资产

严禁无计划购置资产；严禁私分、盗窃和违规处置企业资产；严禁将企业财产登记至个人名下；严禁周转材料、小型机具、低值易耗品直接列支成本；严禁固定资产购置长期挂账不组固；严禁违规对外投资；严禁购置超标车辆。

六、严禁违反税收管理制度

严禁违反增值税"三流一致"原则；严禁劳务费、材料费、机械租赁费、间接费等无发票列支成本；严禁大额发票未经真伪验证报销入账；严禁虚开增值税专用发票；严禁增值税扣税凭证超期认证；严禁不履行个税扣缴义务支付职工薪酬；严禁未经公司同意预缴企业所得税，并列支成本；严禁支撑性依据不足，乱列研发费用；严禁合同、账簿不贴印花税。

七、严禁违反工作作风规定

严禁人为调节决算报告数据；严禁隐瞒项目实际盈亏情况，粉饰项目效益；严禁违反公司重大财务事项报告制度；严禁违反公司涉诉事项有关规定对外提供各种证据；严禁会计档案丢失或损毁；严禁消极对待各类检查、稽核、审计；严禁推诿扯皮，交办事项要做到善始善终；严禁以任何理由阻挠公司财务人员的调配工作；始终践行"爱企、守规、公正、担当"的财务文化。

第二章　货币资金

货币资金是指企业所拥有的处于货币形态的资产。按其存放地点和用途不同,将货币资金分类为库存现金和银行存款。

第一节　库存现金

一、定义

本书中的库存现金是指公司及项目部为满足日常零星开支而存放在财务部保险柜中的现款。

库存现金会计科目按币种进行明细核算,设置现金流量辅助。日常收到或支付现金时,应于业务发生当日进行会计处理。库存现金增加时,借记本科目;库存现金减少时,贷记本科目,期末余额在借方,反映公司或项目部库存现金的实际结存额。

二、相关规则

(一)各项目部应依据局、公司现金管理办法以及项目规模和生产经营需要,按照2~3日用量控制现金流,单笔或日累计提现额不得超过5万元,超额提现需报公司财务部审批;现金支出按《现金管理暂行条例》执行,出纳每日盘点库存现金,余额不得超过3万元,超出限额的,应于当日及时存入银行,保证现金安全。

(二)各项目部建立严格的值班和保管制度。库存现金存放地配置合格的防盗门窗及保险柜。出纳赴银行取送现金时,需使用项目部公务车辆,同行不少于2人。

(三)各项目部间严禁相互借用资金,严禁设立"小金库",严禁白条抵库,严禁公款私存,严禁坐支现金,所有现金收入必须入账。

(四)现金开支仅限于薪酬、差旅费和小额结算款;除民工工资外,不允许现金支付结算起点为1000元以上的各类结算款、材料费、机械费,必须使用转账支票等支付。

(五)办理现金收付款业务时,当事人需在收付款凭证上签名后办理收付款,并加盖"收讫或付讫"专用章,各项目部应设置"库存现金日记账",并由出纳根据每天的收、付款凭证,按照业务的发生顺序逐笔手工登记;现金支票办理付款的即日登记银行票据领购及使用登记簿。

（六）各项目部库存现金应该做到日清月结，会计主管每月盘点稽核不少于4次，并及时编制现金盘点表，现金盘点表应由当事人签字确认，确保现金账面余额与实际库存相符，发现不符的，应当及时查明原因，作出处理。

（七）公司财务审计人员到项目检查指导工作时需对项目部现金进行盘点并留存记录。

（八）依据《金融机构大额交易和可疑交易报告管理办法》，防范利用大额现金交易，从事腐败、偷逃税、逃避外汇管理等违法活动的风险。

三、业务处理

（一）现金收款业务

1. 提现业务

（1）业务流程

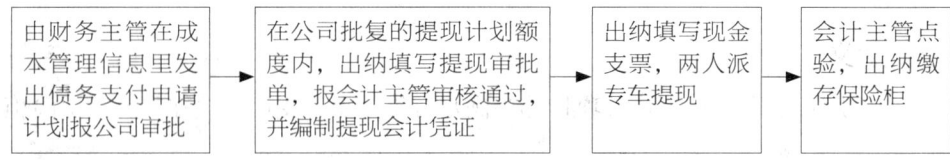

（2）业务举例

例2-1-1：××项目部在公司批复完债务支付申请后，经会计主管批准，由出纳聂某于2016年11月1日开具现金支票，赴××银行提取现金20000元。

附件审核：现金提取审批单与支票存根日期、支票号码、用途、金额一致，出纳在支票存根联签字。

凭证类别：银行付款凭证　　　　　　　　　　　制证日期：2016年11月1日

摘要	方向	会计科目（含辅助）	金额	附件	张数
提现	借：	库存现金－人民币[现金流量辅助：其他（不影响现金流）]	20000	支票存根、现金提取审批单	1
提现	贷：	银行存款－人民币[现金流量辅助：其他（不影响现金流）；银行名称辅助：××银行]	20000		

2. 收公司拨款

（1）业务流程

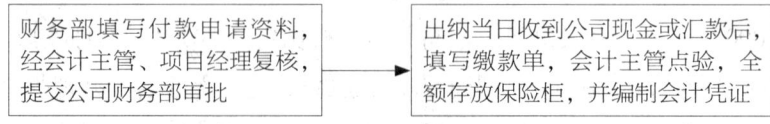

（2）业务举例

例2-1-2：××项目部于2016年11月8日向公司财务部申请并收到现金30000元。

附件审核：缴款单金额与公司通知书一致，出纳在凭证缴款人栏签字。

凭证类别：现金收款凭证　　　　　　　　　　　　　　　制证日期：2016年11月8日

摘要	方向	会计科目（含辅助）	金额	附件	张数
收公司拨款	借：	库存现金-人民币[现金流量辅助：其他收款]	30000	公司通知书、缴款单	2
收公司拨款	贷：	内部往来[内部往来类别辅助：公司内部往来：结算往来；客户往来辅助：公司财务部]	30000		

登记台账：现款上交台账

3.收物料处置款

（1）业务流程

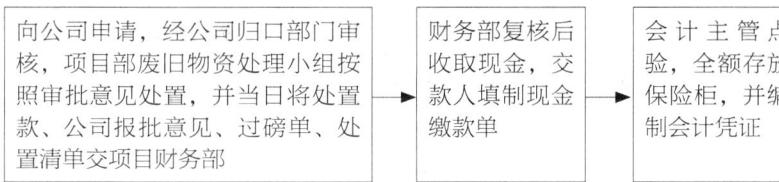

（2）业务举例

例2-1-3：经批准，××项目部物资部邓某2016年9月1日负责处理××隧道现场废钢筋头等废料，并于当日将出售款11700元交项目财务部。

附件审核：废旧物资处置申请；公司审批意见；废旧物资处置说明及清单（列明资产类别、数量及单价、总价款）；过磅单签字齐全；审核与公司审批意见一致；缴款单填写正确；邓某在凭证缴款人栏及现金缴款单签字。

凭证类别：现金收款凭证　　　　　　　　　　　　　　　制证日期：2016年9月1日

摘要	方向	会计科目（含辅助）	金额	附件	张数
收物料处置款	借：	库存现金-人民币[现金流量辅助：其他收款]	11700	废旧物资处置申请，公司审批意见单，废旧物资处理清单、缴款单、过磅单	据实
收物料处置款	贷：	工程施工-合同成本-直接材料费[工号核算：主体工程]	10000		
收物料处置款	贷：	应交税费-应交增值税-销项税[税率辅助：17%]	1700		

登记台账：工程施工-直接成本台账、应交税费统计分析表

例2-1-4：经批准，××项目部办公室赵某2016年11月1日负责处理项目部报废低值易耗品，获得出售款5850元，该批低值易耗品原值30000元，已摊销完毕。赵某当日将出售款5850元交项目财务部。

附件审核：废旧物资处置申请、废旧物资处置清单（列明资产类别、数量及单价、总价款），审核与公司审批意见一致；缴款单填写正确；赵某在凭证缴款人栏及现金缴款单签字。

凭证类别：现金收款凭证　　　　　　　　　　　　　　　制证日期：2016年11月1日

摘要	方向	会计科目（含辅助）	金额	附件	张数
低值易耗品处置款	借：	库存现金－人民币[现金流量辅助：其他收款]	5850	废旧物资处置申请，公司审批意见，废旧物资处理清单，缴款单	据实
低值易耗品处置款	贷：	工程施工－间接费用－低值易耗品摊销	5000		
低值易耗品处置款	贷：	应交税费－应交增值税－销项税额[税率辅助：17%]	850		

登记台账：现场经费预算执行分析表、应交税费统计分析表

同时，注销低值易耗品

凭证类别：转账凭证　　　　　　　　　　　　　　　　制证日期：2016年11月1日

摘要	方向	会计科目（含辅助）	金额	附件	张数
注销低值易耗品	借：	低值易耗品－摊销	30000	废旧物资处置申请，公司审批意见，废旧物资处理清单	据实
注销低值易耗品	贷：	低值易耗品－在用	30000		

登记台账：周转材料（机具）低值易耗品管理及摊销分析表

4. 收备用金

（1）业务流程

备用金挂支人根据规定到财务部填写缴款单，交回未使用的备用金 → 会计主管审核缴款单并制证入账，出纳开具收据

（2）业务举例

例2-1-5：××项目部汪某于2016年11月1日到财务部交回备用金余额1500元。

附件审核：缴款单日期、金额相符，内容填写完整；汪某在凭证缴款人栏签字。

凭证类别：现金收款凭证　　　　　　　　　　　　　　制证日期：2016年11月1日

摘要	方向	会计科目（含辅助）	金额	附件	张数
收职工交款	借：	库存现金－人民币[现金流量辅助：代垫费用、备用金]	1500	缴款单	1
收职工交款	贷：	其他应收款－备用金[人员核算辅助：汪某]	1500		

5. 收罚款

（1）业务流程

| 项目部根据项目领导签字的罚款单或公司转的罚款通知或文件，督促被罚人员按规定限期到财务部缴纳罚款 | → | 出纳收取罚款后，开具收据并将罚款放入保险柜，会计主管制单入账 |

（2）业务举例

例2-1-6：××项目部赵某等3人于2016年11月8日因违反劳动纪律被处罚款共计600元。当日，赵某等3人到项目财务部认缴罚款600元。

①财务部收到罚款通知

附件审核：罚款单所列人员、金额与罚款通知单一致，罚款通知单经单位主要领导审批。

凭证类别：转账凭证　　　　　　　　　　　　　　制证日期：2016年11月8日

摘要	方向	会计科目（含辅助）	金额	附件	张数
列罚款	借：	其他应收款-应收其他代垫款[人员核算辅助：赵某等；客户往来：罚款]	600	罚款通知单	据实
列罚款	贷：	工程施工-合同成本-其他直接费-其他[工号核算辅助：主体工程]	600		

登记台账：工程施工-其他直接成本台账

②赵某等3人交罚款

附件审核：缴款单与罚款单所列人员、金额一致，缴款单内容填写完整；赵某等在凭证缴款人栏签字。

凭证类别：现金收款凭证　　　　　　　　　　　　制证日期：2016年11月8日

摘要	方向	会计科目（含辅助）	金额	附件	张数
收交款	借：	库存现金-人民币[现金流量辅助：其他收款]	600	缴款单	据实
交收款	贷：	其他应收款-应收其他代垫款[人员核算辅助：赵某等；客户往来：罚款]	600		

6. 收保证金、押金

（1）业务流程

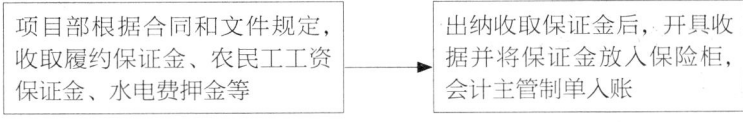

| 项目部根据合同和文件规定，收取履约保证金、农民工工资保证金、水电费押金等 | → | 出纳收取保证金后，开具收据并将保证金放入保险柜，会计主管制单入账 |

（2）业务举例

例2-1-7：××项目部于2016年11月1日与××公司签订建筑施工劳务合同，合同约定需缴纳现金履约保证金5000元，××公司于2016年11月1日向项目部缴纳现金5000元。

附件审核：缴款单日期、金额和实际发生日期、金额一致；缴纳金额和合同约定一致；经办人在凭证缴款人栏签字。

凭证类别：现金收款凭证				制证日期：2016年11月1日	
摘要	方向	会计科目（含辅助）	金额	附件	张数
收履约金	借：	库存现金 – 人民币 [现金流量辅助：其他]	5000	缴款单、收据记账联	据实
收履约金	贷：	其他应付款 – 保证金 – 履约保证金 [客户往来辅助：××公司]	5000		

登记台账：其他应付款 – 其他台账

7. 收超标费用

（1）业务流程

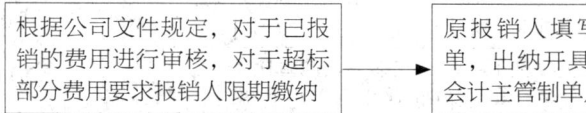

（2）业务举例

例2-1-8：公司财务部于2016年11月10日在××项目检查，发现办公室主任赵某于2016年10月10日报销前往杭州出差发生的差旅费400元（住宿费发票1张，数量：1天，单价：400元）超标，按规定标准予以核减100元，要求赵某限期缴纳，赵某于2016年11月11日现款交至项目财务部。

附件审核：缴款单日期、金额和实际发生日期、金额一致；赵某在凭证缴款人栏签字。

凭证类别：现金收款凭证				制证日期：2016年11月11日	
摘要	方向	会计科目（含辅助）	金额	附件	张数
收交款	借：	库存现金 – 人民币 [现金流量辅助：其他收款]	100	缴款单1份、收据记账联、原发票报销复印件备注说明	据实
收交款	贷：[特殊记账]	工程施工 – 间接费用 – 差旅费	100		

登记台账：现场经费预算执行分析表

8. 收社保清算款

（1）业务流程

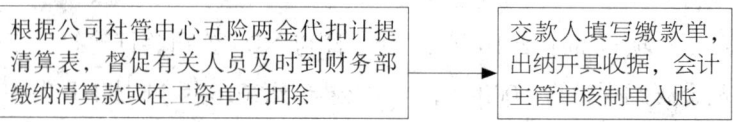

（2）业务举例

例 2-1-9：公司社管中心于 2016 年 11 月 10 日下发五险两金代扣计提清算表，其中办公室李某欠交社保款 500 元，李某于 2016 年 11 月 11 日将现款交至项目财务部。

附件审核：缴款单日期、金额和实际发生日期、金额一致；李某在凭证缴款人栏签字。

凭证类别：现金收款凭证　　　　　　　　　　　　制证日期：2016 年 11 月 11 日

摘要	方向	会计科目（含辅助）	金额	附件	张数
收交款	借：	库存现金－人民币 [现金流量辅助：其他收款]	500	缴款单、收据记账联、社管中心五险两金代扣计提清算表	据实
收交款	贷：	其他应收款－应收其他代垫款 [人员核算辅助：李某；客户往来：社保清算款]	500		

（二）现金付款业务

1. 付备用金

（1）业务流程

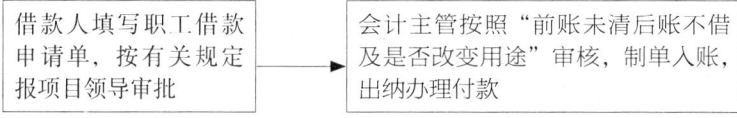

（2）业务举例

例 2-1-10：××项目部汪某于 2016 年 11 月 1 日因会议出差预支备用金 1000 元。

附件审核：借款申请单借款人、日期、理由、用款方式与实际相符，金额大小写一致；审批手续齐全；用途是否合规；汪某在凭证收款人栏签收。

凭证类别：现金付款凭证　　　　　　　　　　　　制证日期：2016 年 11 月 1 日

摘要	方向	会计科目（含辅助）	金额	附件	张数
付职工借款	借：	其他应收款－备用金 [人员核算辅助：汪某]	1000	职工借款申请单	1
付职工借款	贷：	库存现金－人民币 [现金流量辅助：职工借支款及备用金]	1000		

2. 付费用报销款

（1）业务流程

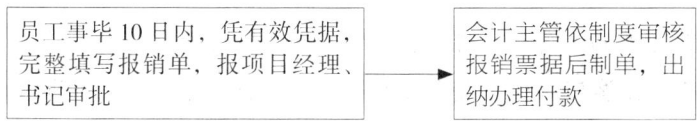

（2）业务举例

例 2-1-11：××项目部（一般计税）汤某于 2016 年 11 月 3 日到合肥机关本部开会（会议食宿统一安排），出差天数 4 天（其中住宿 2 天），中途无转车，乘坐高铁二等座往返票价450元，住宿费380元（每天190元）并取得增值税专用发票（其中税额21.51元），出差地交通费实际支出20元，出差时未借用备用金。2016年11月10日，汤某到财务部办理报销手续，并将增值税专用发票抵扣联交财务部。

附件审核：首先，检查出差派遣单填写是否正确，审批手续是否齐全，票据是否合法，购买方开票信息是否正确，粘贴是否合规。其次，计算差旅费报销限额：由于是到合肥机关本部开会且会议食宿统一安排，交通补助按照5元/天×2天=10元，住宿费未超标据实190元/天×2天=380元，往返路途伙食补助50元/天×2天=100元。审核时注意：住宿费、交通补助凭票据在标准内报销，超出部分不予报销。会议期间统一安排食宿的，不额外报销伙食补助；审核费用是否超部门预算；费用是否分类粘贴，汤某在凭证收款人栏签收。

凭证类别：现金付款凭证　　　　　　　　　　　制证日期：2016年11月10日

摘要	方向	会计科目（含辅助）	金额	附件	张数
汤某报差旅费	借：	工程施工－间接费用－差旅费	918.49	住宿发票、交通费票据、出差派遣证	据实
汤某报差旅费	借：	应交税费－应交增值税－进项税额[税率辅助：6%]	21.51		
汤某报差旅费	贷：	库存现金－人民币[现金流量辅助：办公费、差旅费等费用开支]	940		

注：审核依据公司差旅费管理办法。

登记台账：现场经费预算执行分析表、应交税费统计分析表

若××项目部为简易计税项目，则取得进项税额不允许抵扣，相关进项税额需做进项税额转出处理。

凭证类别：转账凭证　　　　　　　　　　　制证日期：2016年11月10日

摘要	方向	会计科目（含辅助）	金额	附件	张数
进项税额转出	借：	工程施工－间接费用－差旅费	21.51	住宿发票复印件	据实
进项税额转出	贷：	应交税费－应交增值税－进项税额转出	21.51		

登记台账：现场经费预算执行分析表、应交税费统计分析表

例2-1-11-2：某客户一行5人于2016年10月29日前往××项目部执行公务洽谈，项目部办公室于当日发生业务招待费用830元，其中餐饮费450元，酒380元（2瓶）。办公室主任赵某当日办理报销，项目部财务部在报销手续齐全后，当日办理支付。

附件审核：检查审批手续是否齐全、票据是否合法、粘贴是否合规；审核业务招待费报销限额，超出部分不予报销；赵某在凭证收款人栏签收。

凭证类别：现金付款凭证			制证日期：2016年10月29日		
摘要	方向	会计科目（含辅助）	金额	附件	张数
赵某报费用	借：	工程施工-间接费用-业务费用	830	发票	据实
赵某报费用	贷：	库存现金-人民币[现金流量辅助：办公费、差旅费等费用开支]	830		

注：审核依据公司业务招待费实施细则

登记台账：现场经费预算执行分析表

3.付农民工工资

（1）业务流程

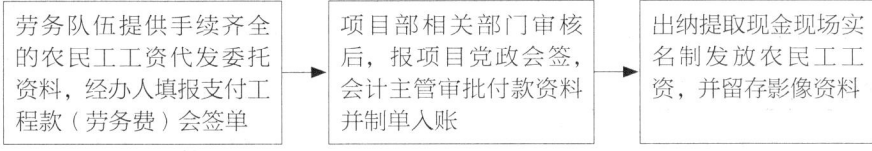

（2）业务举例

例2-1-12：××项目部劳务队伍A公司负责人杨某2016年11月1日申请支付农民工工资20000元，当日账面欠付A公司劳务费150000元，其中欠付应付农民工工资80000元，付款比例71%。2016年11月7日，杨某办理相关手续齐全后，项目部当日支付农民工工资20000元。

附件审核：付款金额是否在成本管理系统可付额度内；会签单审核及会签审批手续齐全；农民工工资代发委托书、农民工考勤表、农民工工资支付单、收据等资料内容完整正确；工资标准与合同约定的是否相符；审核及签章齐全；金额大小写一致；收款人、支付日期、金额与实际相符；发放人员是否在农民工名册中；杨某在凭证收款人栏签收。

凭证类别：现金付款凭证			制证日期：2016年11月7日		
摘要	方向	会计科目（含辅助）	金额	附件	张数
付民工工资	借：	应付账款-应付劳务款[客户往来辅助：A公司]	20000	支付工程款（劳务费）会签单、农民工工资代发委托书、农民工考勤表、农民工工资支付单、收据	据实
付民工工资	贷：	库存现金-人民币[现金流量辅助：购买商品、接受劳务支付的现金]	20000		

登记台账：应付账款-应付劳务款台账；按月上报农民工工资拖欠统计月报

4.付临租赁费（5万元以内的一次性支付的零星租赁可直接支付，可不通过负债科目核算）

（1）业务流程

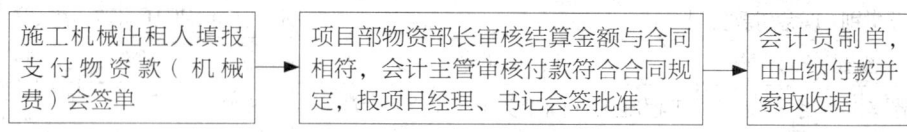

（2）业务举例

例 2-1-13：××项目部于 2016 年 11 月 8 日临时租赁××机械租赁公司挖掘机，当日办理结算 800 元，2016 年 11 月 9 日××机械租赁公司申请支付挖掘机租赁费 800 元并提供增值税专用发票，支付手续完成后，项目部财务部当日办理支付。

附件审核：会签单审批手续齐全、发票信息正确；收据内容及签章齐全，金额大小写一致；收款人、支付日期、金额与实际相符；党政会签手续齐全；授权委托书内容齐全、有效；授权人在凭证收款人栏签收。

凭证类别：现金付款凭证　　　　　　　　　　　　制证日期：2016 年 11 月 9 日

摘要	方向	会计科目（含辅助）	金额	附件	张数
付临租机械费	借：	应付账款–其他[客户往来辅助：××机械租赁公司]	800	支付物资款（机械费）会签单、收据、授权委托书	2
付临租机械费	贷：	库存现金–人民币[现金流量辅助：购买商品、接受劳务支付的现金]	800		

登记台账：应付账款–其他零星材料设备租赁台账

5. 付零星材料款

（1）业务流程

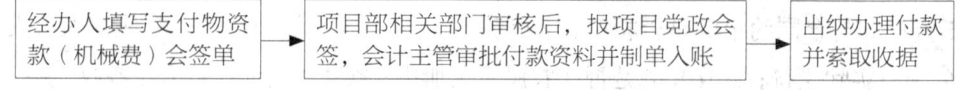

（2）业务举例

例 2-1-14：××项目部于 2016 年 11 月 1 日采购 B 公司零星电料 1000 元，当日取得增值税专用发票，办理入账手续，B 公司业务员 2016 年 11 月 3 日办理款项支付手续，支付手续齐全后出纳当日支付。

附件审核：会签单审批手续齐全；收据内容及签章齐全，金额大小写一致；授权委托书内容齐全、有效；授权人在会计凭证收款人栏签收。

凭证类别：现金付款凭证　　　　　　　　　　　　制证日期：2016 年 11 月 3 日

摘要	方向	会计科目（含辅助）	金额	附件	张数
付零星购料	借：	应付账款–其他[客户往来辅助：B 公司]	1000	支付物资款（机械费）会签单、收据、授权委托书	3
付零星购料	贷：	库存现金–人民币[现金流量辅助：购买商品、接受劳务支付的现金]	1000		

登记台账：应付账款－其他其他零星材料设备租赁台账

6. 付押金（保证金）

（1）业务流程

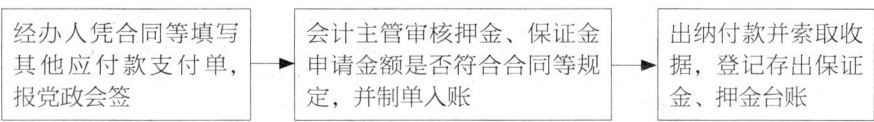

（2）业务举例

例2-1-15：××项目部于2016年10月13日与刘某签订住房合同一份，合同约定支付刘某房租押金1000元，支付手续齐全后，项目部财务部当日支付。

附件审核：其他应付款支付单审批手续齐全；收据金额大小写一致、符合合同规定；刘某在凭证收款人栏签收。

凭证类别：现金付款凭证　　　　　　　　　　制证日期：2016年10月13日

摘要	方向	会计科目（含辅助）	金额	附件	张数
付租房押金	借：	其他应收款－应收押金[客户往来辅助：刘某]	1000	其他应付款支付单、住房合同、收据	据实
付租房押金	贷：	库存现金－人民币[现金流量辅助：其他付款]	1000		

登记台账：其他应收款－保证金（押金）台账

7. 付职工薪酬

（1）业务流程

项目财务部根据考勤表、人事令、工资介绍信、预发绩效工资清单、司机出车费等，计算当月应付工资总额（分企业员工和劳务派遣人员）；代社保款、公积金、伙食费、工会会费、备用金等扣款事项，计算实际应支付工资；工资支付单报会计主管审核、项目党政会签 → 会计主管依据审批后的薪酬支付表制单入账，出纳办理付款

（2）业务举例

例2-1-16：2016年11月6日××项目部会计员聂某编制10月分企业职工工资支付单，应发工资300000元，实发工资250000元，当日工资经审批后，出纳提现支付员工工资。

附件审核：工资单原件审核签字齐全；考勤表、人事令、工资介绍信、预发绩效工资清单、司机出车费等是否符合规定，手续是否齐全；代扣社保款、公积金、伙食费、工会会费、备用金等扣款事项是否正确；工资支付单报会计主管审核、项目党政会签；发放金额与签收金额一致。

凭证类别：现金付款凭证　　　　　　　　　　　　　制证日期：2016年11月6日

摘要	方向	会计科目（含辅助）	金额	附件	张数
付职工10月薪酬	借：	应付职工薪酬－工资、奖金、津贴和补贴	250000	10月工资支付单、考勤表、伙食费扣款单等	据实
付职工10月薪酬	贷：	库存现金－人民币[现金流量辅助：支付给职工及为职工支付的现金]	250000		

注：临聘人员工资直接进工程施工－直接人工费。

8. 现金缴存银行

（1）业务流程

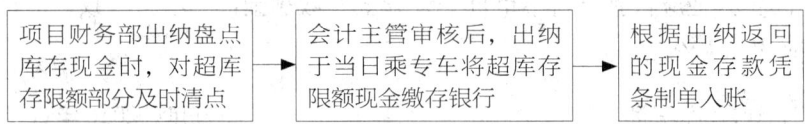

（2）业务举例

例2-1-17：××项目部出纳2016年10月28日收到赵某交废旧物资处理款50000元，原有库存现金5000元；公司规定库存现金限额为30000元，超限部分25000元出纳当日存入××银行。

附件审核：现金存款凭条盖章齐全，存入金额与送缴金额相符，出纳在凭证收款人栏签收。

凭证类别：现金付款凭证　　　　　　　　　　　　　制证日期：2016年10月28日

摘要	方向	会计科目（含辅助）	金额	附件	张数
缴存现金	借：	银行存款－人民币[现金流量辅助：其他（不影响现金流）；银行名称辅助：××银行]	25000	现金存款凭条	1
缴存现金	贷：	库存现金－人民币[现金流量辅助：其他（不影响现金流）]	25000		

9. 付征地拆迁款

（1）业务流程

经办人依据签订好的征地拆迁协议，拆迁人员办理支付手续，党政会签 → 会计主管审核支付手续并制单入账，出纳办理付款

（2）业务举例

例2-1-18：××项目部于2016年11月1日在施工过程中，不慎将便道旁居住的村民张某家的农田污染，经协商，同意补偿对方青苗费1000元，双方签订协议后，出纳于当日支付。

附件审核：补偿协议签字是否真实有效，身份证复印件，收据金额大小写一致，是否符合合同规定，张某在凭证收款人栏签收；征地（青苗）补偿计算单补偿标准是否符合规定。

凭证类别：现金付款凭证　　　　　　　　　　　　　　制证日期：2016年11月1日

摘要	方向	会计科目（含辅助）	金额	附件	张数
付征迁费	借：	工程施工－合同成本－其他直接费－征地拆迁费[工号核算：临时工程]	1000	补偿协议、征地（青苗）补偿计算单、收据、张某身份证复印件	据实
付征迁费	贷：	库存现金－人民币[现金流量辅助：征地拆迁款]	1000		

登记台账：工程施工－其他直接成本台账

10. 付安全费用

（1）业务流程

经办人员填写报销单，经安质部负责人审核，党政会签交项目财务部 → 会计主管根据审批后的报销单制单入账，出纳办理付款，并登记安全费用台账

（2）业务举例

例2-1-19：××项目部（一般计税）安质员蔡某于2016年10月10日取得一张金额为4240元的安全培训费用增值税专用发票（其中税额240元），经安质部负责人审核，项目经理审批后送至财务部办理报销手续。

附件审核：审核发票是否真实有效且留存查询记录，购买方开票信息是否完整正确；报销单经办人员签字齐全、填写正确；经安质部负责人签字审核；蔡某在凭证收款人处签字。

凭证类别：现金付款凭证　　　　　　　　　　　　　　制证日期：2016年10月10日

摘要	方向	会计科目（含辅助）	金额	附件	张数
付安全费用	借：	专项储备－安全生产费－使用[专项类别辅助：宣传、教育、培训支出]	4000	增值税专用发票联	据实
付安全费用	借：	应交税费－应交增值税－进项税额[税率辅助：6%]	240		
付安全费用	贷：	库存现金－人民币[现金流量辅助：其他会款]	4240		

登记台账：安全生产费用台账、应交税费统计分析表

第二节 银行存款

一、定义

本书中的银行存款是指项目部存入地方商业银行及局、公司结算中心的各种款项。

银行存款会计科目按币种进行明细核算，下设现金流量和银行名称两个辅助科目。银行存款增加时，借记本科目；银行存款减少时，贷记本科目，期末余额在借方，反映银行存款的实际结存额。

二、相关规则

（一）各单位在外部银行开户时，原则上应选择与"中国中铁资金管理系统"有接口的商业银行，按照建设银行、农业银行、工商银行、中国银行、交通银行、招商银行、中信银行、民生银行依次选择，向公司财务部提出书面申请，经审批后方可办理开户。

对于选择与"中国中铁资金管理系统"无接口商业银行开户的，须提供相关证明文件，经局金融管理部批准后方可开户。

（二）各单位在机构成立后，应同时在公司资金结算中心开立内部结算账户及保证金账户，内部结算账户用于各单位资金集中和对外付款，保证金账户用于各单位办理票据及保函收支保证金。

（三）各单位在商业银行开户后15日内，须填报银行账户基本信息表，与银行印鉴卡复印件一起报送公司资金结算中心备案管理。

（四）严禁违反规定多头开户，严禁出借银行账户，严禁以其他名义擅自开立银行账户，严禁私自办理银行理财及银行承兑汇票业务。

（五）各单位外部银行账户必须开通网上银行，优先选择使用"中国中铁资金管理系统"办理网银业务。开通网上银行后须将具有审核功能的电子钥匙7日内移交至公司财务部。

除提现及不能通过网银完成的工资代发业务，各单位各项付款均应采用网银支付，不得通过支票等付款。

（六）网银复核及审批，各单位只有网银指令录入、复核权限；代局指分部只有录入权限，复核归代局指财务负责人；所有网银指令审批由公司财务部负责。

复核网银指令应重点审查"收款人"、"银行账号"、"金额"等信息，确保资金安全，并与中国中铁成本管理信息系统债务集中支付申请表进行逐笔核对；公司财务部审批网银指令时须再次核对债务集中支付申请表付款信息。

（七）网银钥匙及银行预留印鉴

各单位录入、复核网银钥匙应分开保管，90天更新1次网银登录口令。严禁将本人账户和口令泄露给他人，严禁一人持两把钥匙同时录入和复核。

银行预留印鉴应分开保管，其中"单位负责人"印鉴应由单位负责人本人保管或委托办公室负责人保管，"财务专用章"由本单位财务负责人保管。印鉴章的使用必须建立备案制度，保管人因事外出时，办理临时交接，但财务专用章和负责人名章不得由同一人保管。印鉴章、空白支票必须分开保管，"票据领用及使用登记簿"按规定登记。

（八）银行收付款业务须一笔业务编制一张记账凭证，不得将多笔业务合并汇总记账。次月10日前将上月银行流水单和银行余额调节表原件邮寄至公司财务部，由财务部指派专人进行稽核。

各单位要按月进行银行对账，所有银行账户须编制银行余额调节表，银行存款余额调节表必须经财务负责人签字。

（九）各单位银行账户涉及账户信息变更时，履行与开户相同的申请、备案程序。

（十）各单位因工作需要须撤销外部银行账户时，在向开户银行申请撤户的同时办理授权注销手续，避免出现久悬账户。在开户银行办理完销户及注销授权手续后15日内，将填报的银行账户撤销资料复印件报公司资金结算中心备案。

内部账户撤销时，需填写内部账户销户申请表，同时将预留印鉴卡副卡交回，由公司资金结算中心统一办理内部结算账户的销户手续。预留印鉴卡副卡丢失的，需上报情况说明并由公司总会计师签字，方可办理账户的销户。

（十一）各单位办理银行票据必须以真实、合法的交易为基础，严禁办理无真实贸易背景的商业银行承兑汇票和内部期票。

各单位上报银行承兑汇票申请表、银行承兑汇票办理清单、商品交易或劳务合同，经公司财务部审核、总会计师审批，由公司资金结算中心将相关资料报局金融管理部办理出票。内部期票办理需提供内部期票申请表和局内业务单位的对账签认单。

（十二）现金保证金主要是指公司在投标、履约过程中以现金方式向投标单位、建设单位支付的各类保证金。主要包括投标保证金、履约保证金、农民工工资保证金等。

现金保证金由公司市场营销部负责办理，需要融资的由公司市场营销部向局申请专项融资款。

中标后现金保证金转为履约保证金的，由公司市场营销部办理责任移交手续，责任主体变更为新组建的项目经理部。

投标保证金由公司承担。其他保证金先由公司垫付，项目成立后通过往来列转项目经理部。

（十三）银行函证主要是指公司在投标、履约过程中向投标单位、建设单位支付的各类函证。主要包括：投标保函、履约保函、预付款保函、信贷证明、质保金保函、工程质量缺陷责任保函等。

公司市场营销部负责各类银行函证的办理派发，但市场营销部不代替责任主体承担责任。

函证保证金及函证手续费按局规定收取，未中标由公司承担，中标后公司财务部将函证保证金及函证手续费列转项目经理部。

（十四）现金保证金和银行函证跟踪与回收

按照"谁使用谁回收"的原则明确回收责任，因投标需要办理的现金保证金和银行函证的，由公司市场营销部负责回收（解除），营销人员对回收所经管项目的现金保证金、银行函证回收（解除）负有直接责任。中标后办理现金保证金、银行函证由所属项目负责回收（解除），项目部财务部负责人负有直接责任。

投标保证金和各项函证保证金由公司财务部统一管理，公司财务部建立现金保证金和银行函证台账，定期与公司市场营销部、局金融管理部进行核对，按月对现金保证金、银行保函办理、回收情况进行通报。

三、业务处理

（一）银行收款业务

1. 收公司拨款

（1）业务流程

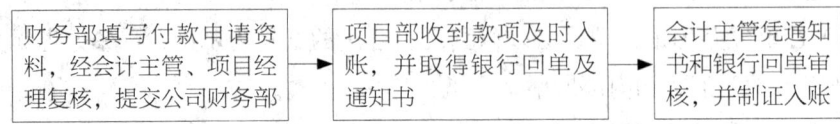

（2）业务举例

例2-2-1：××项目部于2016年7月10日向公司财务部申请拨款50000元，公司于当日将款项汇入项目部××银行。

附件审核：银行回单、公司财务部通知书签章齐全；金额与实际金额相符。

凭证类别：银行收款凭证　　　　　　　　　　　　　　制证日期：2016年7月10日

摘要	方向	会计科目（含辅助）	金额	附件	张数
收往来款	借	银行存款-人民币[现金流量辅助：其他收款；银行名称辅助：××银行]	50000	银行回单、通知书	2
收往来款	贷	内部往来[内部往来类别辅助：公司内部往来-结算往来；客户往来辅助：公司财务部]	50000		

登记台账：现款上交台账

2. 收业主预付款

（1）业务流程

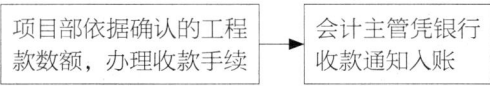

（2）业务举例

例2-2-2：××房建项目部（一般计税）于2016年7月25日收到业主××单位预付工程款11100000元，当日转入项目部××银行账户。根据合同约定，项目部于当日向公司申请开具增值税专用发票并提交××单位。

附件审核：收据记账联内容填写完整、正确、与银行回单金额一致；银行回单盖章齐全。

凭证类别：银行收款凭证　　　　　　　　　　　制证日期：2016年7月25日

摘要	方向	会计科目（含辅助）	金额	附件	张数
收预付款	借	银行存款－人民币[现金流量辅助：销售商品或提供劳务收到的现金；银行名称辅助：××银行]	11100000	银行回单、收据记账联	2
收预付款	贷	预收账款－工程款[客户往来辅助：××单位]	11100000		

24小时内上报公司：资金到位及使用审批表

登记台账：应收账款－应收工程款（质量保证金）台账、资金到位审批与执行台账

同时，确认销项税额

凭证类别：转账凭证　　　　　　　　　　　　　制证日期：2016年7月25日

摘要	方向	会计科目（含辅助）	金额	附件	张数
确认销项税	借	应收账款－预收账款增值税	1100000	增值税专用发票记账联	1
确认销项税	贷	应交税费－应交增值税－销项税额[税率辅助：11%]	1100000		

登记台账：应交税费统计分析表

3. 收业主工程款

（1）业务流程

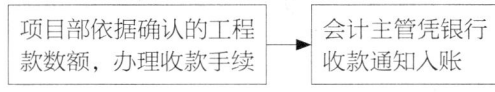

（2）业务举例

例2-2-3：①收到业主拨款不开具发票：××项目部（一般计税公路项目）于2016年9月10日收到业主××单位拨付工程款15540000元。合同约定，根据当月验工计价金额向业主开具增值税专用发票。

附件审核：收据记账联内容填写完整、正确、与银行回单金额一致；银行回单盖章齐全。

凭证类别：银行收款凭证				制证日期：2016年9月10日	
摘要	方向	会计科目（含辅助）	金额	附件	张数
收拨款	借	银行存款－人民币[现金流量辅助：销售商品或提供劳务收到的现金；银行名称辅助：××银行]	15540000	银行回单、收据记账联	2
收拨款	贷	应收账款－工程款－公路[客户往来辅助：××单位]	15540000		

24小时内上报公司：资金到位及使用审批表

登记台账：资金到位审批与执行台账、应收账款－应收工程款（质量保证金）台账

例2-2-4：②收到业主拨款并开具发票：××项目部（一般计税公路项目）于2016年9月10日收到业主××单位拨付工程款15540000元。合同约定，根据当月实际拨款金额向业主开具增值税专用发票，项目部于当日向公司申请开具增值税专用发票并交××单位。

附件审核：收据记账联内容填写完整、正确、与银行回单金额一致；银行回单盖章齐全。

凭证类别：银行收款凭证				制证日期：2016年9月10日	
摘要	方向	会计科目（含辅助）	金额	附件	张数
收拨款	借	银行存款－人民币[现金流量辅助：销售商品或提供劳务收到的现金；银行名称辅助：××银行]	15540000	银行回单、收据记账联	2
收拨款	贷	应收账款－工程款－公路[客户往来辅助：××单位]	15540000		

24小时内上报公司：资金到位及使用审批表

登记台账：资金到位审批与执行台账、应收账款－应收工程款（质量保证金）台账

同时，根据收款金额确认销项税

凭证类别：转账凭证				制证日期：2016年9月10日	
摘要	方向	会计科目（含辅助）	金额	附件	张数
确认销项税	借	应交税费－待转销项税额	1540000	增值税发票记账联	1
确认销项税	贷	应交税费－应交增值税－销项税额[税率辅助：11%]	1540000		

登记台账：应交税费统计分析表

4. 收回押金（保证金）

（1）业务流程

项目部收到退回押金、保证金通知后，办理收款手续 → 会计主管凭银行收款回单审核，并制证

（2）业务举例

例 2-2-5：××项目部××银行2016年6月28日收到××公司退还房租押金10000元。

附件审核：收据记账联内容填写完整、正确、与银行回单金额一致；银行回单盖章齐全。

凭证类别：银行收款凭证　　　　　　　　　　　　　制证日期：2016年6月28日

摘要	方向	会计科目（含辅助）	金额	附件	张数
收租房押金	借:	银行存款–人民币[现金流量辅助：其他收款，银行名称辅助：××银行]	10000	银行回单、收据记账联	2
收租房押金	贷:	其他应收款–应收押金[客户往来辅助：××公司]	10000		

登记台账：其他应收款–保证金（押金）台账

例 2-2-6：××项目部于2016年7月11日收到××管委会退还民工工资保证金200000元。

附件审核：收据记账联内容填写完整、正确、与银行回单金额一致；银行回单盖章齐全。

凭证类别：银行收款凭证　　　　　　　　　　　　　制证日期：2016年7月11日

摘要	方向	会计科目（含辅助）	金额	附件	张数
收民工工资保证金	借:	银行存款–人民币[现金流量辅助：其他收款；银行名称辅助：××银行]	200000	银行回单、收据记账联	2
收民工工资保证金	贷:	其他应收款–保证金–民工工资保证金[客户往来辅助：××管委会]	200000		

登记台账：其他应收款–保证金（押金）台账

例 2-2-7：2016年11月15日××公司按照与××项目部签订的劳务分包合同约定，缴纳履约保证金200000元，当日汇款至××项目部××银行。

附件审核：汇款金额和合同约定金额一致；收据记账联内容填写完整、正确、与银行回单金额一致；银行回单盖章齐全。

凭证类别：银行收款凭证　　　　　　　　　　　　　制证日期：2016年11月15日

摘要	方向	会计科目（含辅助）	金额	附件	张数
收履约金	借:	银行存款–人民币[现金流量辅助：其他收款；银行名称辅助：××银行]	200000	银行回单、收据记账联	2
收履约金	贷:	其他应付款–保证金–履约保证金[客户往来辅助：××公司]	200000		

登记台账：其他应付款–其他台账

5. 收银行利息

（1）业务流程

| 项目部每季度 21 日或账户销户时及时取回利息回单 | → | 会计主管凭银行利息单（或结算中心计付占用费清单）审核并制证 |

（2）业务举例

例 2-2-8：××项目部××地方银行 2016 年 9 月 21 日存款利息收入 82.5 元。

附件审核：利息单盖章齐全，金额与实际一致。

凭证类别：银行收款凭证　　　　　　　　　　　　制证日期：2016 年 9 月 21 日

摘要	方向	会计科目（含辅助）	金额	附件	张数
收存款利息	借：	银行存款－人民币[现金流量辅助：利息收入；银行名称辅助：××银行]	82.5	银行利息收入回单（或结算中心计付占用费清单）	1
收存款利息	贷：	财务费用－利息收入－存款利息收入－外部存款（或内部资金中心存款）[银行名称辅助：××银行]	82.5		

6. 收银行退汇

（1）业务流程

| 项目部收到银行退款单，与收款人及时联系，核对付款人名称、银行账户名称、银行账号、用途等 | → | 会计主管审核银行退款，并凭银行退款回单制单入账 |

（2）业务举例

例 2-2-9：××项目部于 2016 年 7 月 18 日通过××银行向××单位汇出一笔应付材料款 200000 元，由于汇款账号错误，2016 年 7 月 19 日收到银行退回汇款。

附件审核：银行退款回单盖章齐全、与原付款性质是否一致。

凭证类别：银行收款凭证　　　　　　　　　　　　制证日期：2016 年 7 月 19 日

摘要	方向	会计科目（含辅助）	金额	附件	张数
收退款	借：	银行存款－人民币[现金流量辅助：其他收款；银行名称辅助：××银行]	200000	银行退款回单	1
收退款	贷：[特殊记账]	应付账款－应付材料采购款[客户往来辅助：××单位]	200000		

登记台账：应付账款－应付材料采购款台账

7. 收公司奖励款

（1）业务流程

(2)业务举例

例2-2-10：××项目部××银行于2016年9月21日收到公司财务部拨付奖金合计8000元。

附件审核：奖励清单金额与银行回单金额一致，盖章齐全。

凭证类别：银行收款凭证			制证日期：2016年9月21日		
摘要	方向	会计科目（含辅助）	金额	附件	张数
收往来款	借：	银行存款－人民币 [现金流量辅助：其他收款；银行名称辅助：公司资金中心（账号）]	8000	奖励清单、银行回单	2
收往来款	贷：	内部往来 [内部往来类别辅助：公司内部往来－结算往来；客户往来辅助：公司财务部]	8000		

登记台账：现款上交台账

8. 收公司资金调剂款

(1) 业务流程

公司财务部按照公司领导批复的资金调剂申请金额向项目部拨款 → 会计主管核对金额并凭银行收款回单制证

(2) 业务举例

例2-2-11：××项目部因业主资金到位率低，于2016年6月10日向公司申请资金调剂款，公司领导同意拨付1000000元，公司财务部在2016年6月15日将资金调剂款1000000元拨付至××项目部××银行。

附件审核：资金调剂申请书签字齐全；银行回单盖章齐全、金额和实际相符。

凭证类别：银行收款凭证			制证日期：2016年6月15日		
摘要	方向	会计科目（含辅助）	金额	附件	张数
收调剂资金	借：	银行存款－人民币 [现金流量辅助：其他收款；银行名称辅助：公司资金中心（账号）]	1000000	通知书、银行回单	2
收调剂资金	贷：	内部往来 [内部往来类别辅助：公司内部往来－资金调剂往来；客户往来辅助：公司结算部]	1000000		

登记台账：现款上交台账

9. 收理赔款

(1) 业务流程

```
保险公司依据双方确认后的理赔金额进行拨款，  →  会计主管凭借银
项目会计主管审核金额是否与赔付协议一致           行回单制单入账
```

（2）业务举例

例 2-2-12：××项目部××银行于 2016 年 7 月 10 日收到××保险公司支付工程保险理赔款 150000 元。

附件审核：赔付协议签字盖章是否齐全有效；银行回单盖章是否齐全。

凭证类别：银行收款凭证　　　　　　　　　　　　制证日期：2016 年 7 月 10 日

摘要	方向	会计科目（含辅助）	金额	附件	张数
收理赔款	借	银行存款－人民币[现金流量辅助：其他收款；银行名称辅助：××银行]	150000	赔付协议、赔付清单、银行回单	据实
收理赔款	贷；[特殊记账]	工程施工－合同成本－其他直接费－其他[工号核算：主体工程]	150000		

登记台账：工程施工－其他直接成本台账

10. 收局指（代局指）拨款（分部无法开设独立银行账户）

（1）业务流程

```
会计主管依据确认的工程款数   →   会计主管制单入账，
额，办理收款手续                 并索要通知书
```

（2）业务举例

例 2-2-13：××分部因业主资金监管，无法开设独立银行账户，××局指于 2016 年 11 月 10 日通过模拟账户拨付××分部工程款 2000000 元。

附件审核：往来通知书签章齐全，金额与实际金额相一致。

凭证类别：银行收款凭证　　　　　　　　　　　　制证日期：2016 年 11 月 10 日

摘要	方向	会计科目（含辅助）	金额	附件	张数
收拨款	借	银行存款－人民币[现金流量辅助：销售商品、提供劳务收到的现金；银行名称辅助：经理部存款]	2000000	往来通知书	1
收拨款	贷	内部往来[内部往来类别辅助：母子公司往来－局指（代局指）往来－结算往来；客户往来辅助：××局指]	2000000		

24 小时内上报公司：资金到位及使用审批表

登记台账：应收账款－应收工程款（质量保证金）台账、资金到位审批与执行台账

注：局直管（代管）项目部分部无法开设独立银行账户，局直管（代管）项目部在"内部往来"科目下设辅助科目"资金拨付往来"，将各参建分部资金拨付单独核算；各参建分部在"银行名称"—"非金融机构"辅助科目下设立"经理部存款"辅助科目（科目

级次为1002-01-02-05）。

11. 收业主奖励款

（1）业务流程

```
项目部收到业主拨付奖励通知，  →  会计主管凭业主奖励文件和
前往业主财务部办理收款手续         银行回单审核，并制单入账
```

（2）业务举例

例2-2-14：××项目部于2016年7月11日收到业主甲公司发放项目月度劳动竞赛奖金100000元通知，项目财务开具收据，业主于2016年7月12日电汇至项目部××银行。

附件审核：银行回单、收据记账联与相关文件内容一致；银行回单盖章齐全。

凭证类别：银行收款凭证　　　　　　　　　制证日期：2016年7月12日

摘要	方向	会计科目（含辅助）	金额	附件	张数
收业主转款	借：	银行存款–人民币[现金流量辅助：其他收款；银行名称辅助：××银行]	100000	收款收据记账联、银行回单、奖励文件	据实
收业主转款	贷：	工程施工–合同成本–其他直接费–其他[工号核算：主体工程]	100000		

登记台账：工程施工–其他直接成本台账

注：①未给予计价的奖励，直接冲成本；②给予计价的奖励，视同业主拨付工程款，参见应收账款业主拨款核算。

12. 收物料处置款：参见"现金收款"小节物料处置相关要求

（二）银行付款业务

1. 成本管理信息系统银行付款业务流程

```
收到业主（或局指）资金后，   →  按照公司批复意见，制订具体详细  →  根据公司批
按照公司债务管理办法拟订        的资金支付方案，经项目领导审批       复的债务支
项目资金使用计划，向公司        后，在成本信息管理系统里发起债       付申请，填写
办理资金到位及使用审批          务支付申请流程，报公司审批          支付会签单
```

2. 提取现金

业务流程及业务举例参见第一节现金收款"提现业务"，此处不再赘述。

3. 付备用金

（1）业务流程

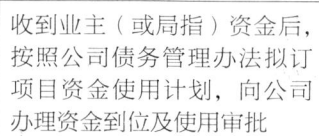

```
借款人填写职工借款申请单，按  →  会计主管审核借款是否一借一清，是否改变
有关规定报项目领导审批            用途，审核无误后制单入账，出纳办理付款
```

（2）业务举例

例2-2-15：××项目部李某2016年10月8日因会议出差需预支备用金10000元，在审批手续完成后，财务当日办理电汇支付。

附件审核：职工借款申请单填写内容和审批手续齐全；银行回单和职工借款单金额一致；银行回单盖章齐全。

凭证类别：银行付款凭证　　　　　　　　　　　　制证日期：2016年10月8日

摘要	方向	会计科目（含辅助）	金额	附件	张数
付职工借款	借：	其他应收款－备用金[人员核算辅助：李某]	10000	职工借款申请单、银行回单	2
付职工借款	贷：	银行存款－人民币[现金流量辅助：职工借支款及备用金；银行名称辅助：××银行]	10000		

4. 付劳务款

（1）业务流程

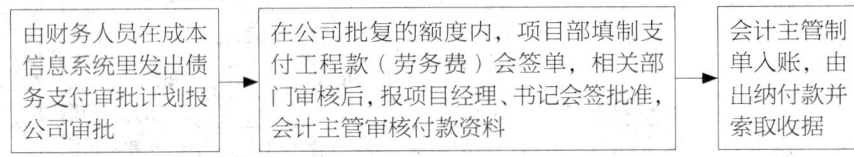

（2）业务举例

例2-2-16：××项目部于2016年9月20日根据公司批复的资金使用计划，支付××公司劳务费50000元，项目财务在审批手续完成后于当日办理支付。

附件审核：会签单内容填写完整、审批手续齐全；收据内容完整，审核及签章齐全，金额大小写一致；支票或网银录入信息与会签单一致；收款人信息与合同约定一致；银行回单盖章齐全、金额与实际相符。

凭证类别：银行付款凭证　　　　　　　　　　　　制证日期：2016年9月20日

摘要	方向	会计科目（含辅助）	金额	附件	张数
付劳务费	借：	应付账款－应付劳务款[客户往来辅助：××公司]	50000	支付工程款（劳务费）会签单、收据、银行回单、末次支付签订债务封闭说明书	3
付劳务费	贷：	银行存款－人民币[现金流量辅助：购买商品、接受劳务支付的现金）；银行名称辅助：××银行]	50000		

登记台账：应付账款－应付劳务款台账

5. 付机械租赁费

（1）业务流程

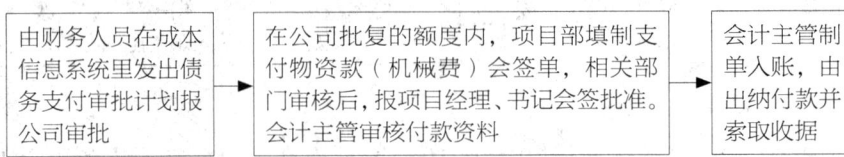

（2）业务举例

例 2-2-17：××项目部于 2016 年 9 月 20 日根据公司批准的资金使用计划支付××单位罐车租赁费 50000 元，项目财务部在审批手续完成后于当日办理支付。

附件审核：会签单内容填写完整、审批手续齐全；收据内容完整，审核及签章齐全，金额大小写一致；支票或网银录入信息与会签单一致；收款人信息与合同约定一致；银行回单盖章齐全、金额与实际相符。

凭证类别：银行付款凭证　　　　　　　　　　　　　　制证日期：2016 年 9 月 20 日

摘要	方向	会计科目（含辅助）	金额	附件	张数
付设备租赁费	借：	应付账款－应付租赁费－设备租赁 [客户往来辅助：××单位]	50000	支付物资款（机械费）会签单、收据、银行回单、末次支付签订债务封闭说明书	3
付设备租赁费	贷：	银行存款－人民币 [现金流量辅助：购买商品、接受劳务支付的现金；银行名称辅助：××银行]	50000		

登记台账：应付账款－应付租赁费－设备租赁台账

6. 付材料采购款

（1）业务流程

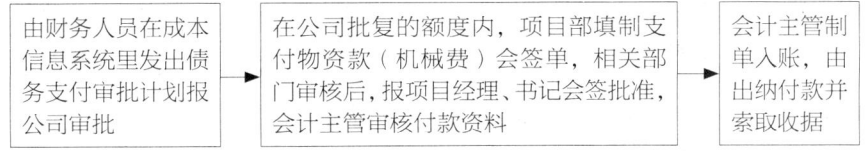

（2）业务举例

例 2-2-18：××项目部于 2016 年 9 月 20 日根据公司批准的资金使用计划支付××公司材料费 50000 元，项目财务在审批手续完成后于当日办理支付。

附件审核：会签单内容填写完整、审批手续齐全；收据内容完整，审核及签章齐全，金额大小写一致；支票或网银录入信息与会签单一致；收款人信息与合同约定一致；银行回单盖章齐全、金额与实际相符。

凭证类别：银行付款凭证　　　　　　　　　　　　　　制证日期：2016 年 9 月 20 日

摘要	方向	会计科目（含辅助）	金额	附件	张数
付材料费	借：	应付账款－应付材料采购款 [客户往来辅助：××公司]	50000	支付物资款（机械费）会签单、收据、银行回单、末次支付签订债务封闭说明书	3
付材料费	贷：	银行存款－人民币 [现金流量辅助：购买商品、接受劳务支付的现金；银行名称辅助：××银行]	50000		

登记台账：应付账款－应付材料采购款台账

7. 付公司往来款

（1）业务流程

项目部按照公司批示的资金到位及使用审批表意见，填写其他应付款支付单，报项目党政会签 → 会计主管制单，出纳办理付款并及时传递通知单

（2）业务举例

例2-2-19：××项目部（异地、一般计税）于2016年11月10日收到业主拨款11100000元，当日上报公司"资金到位及使用审批表"，公司批复项目部上交上管费800000元，支付社保款200000元，交公司增值税款差额900000元，项目部于2016年11月11日办理支付。

附件审核：会签单内容填写完整、审批手续齐全；银行回单和通知书日期、金额一致、盖章齐全。

凭证类别：银行付款凭证　　　　　　　　　　　　　制证日期：2016年11月11日

摘要	方向	会计科目（含辅助）	金额	附件	张数
付往来款	借	内部往来[内部往来类别辅助：公司内部往来-结算往来；客户往来辅助：公司财务部]	800000	其他应付款审批单、银行回单、通知书	据实
付往来款	借	内部往来[内部往来类别辅助：公司内部往来-社保往来；客户往来辅助：公司财务部]	200000		
付往来款	借	内部往来[内部往来类别辅助：公司内部往来-增值税往来；客户往来辅助：公司财务部]	900000		
付往来款	贷	银行存款-人民币[现金流量辅助：其他付款；银行名称辅助：××银行]	1900000		

登记台账：现款上交台账、应交税费统计分析表

8. 付银行手续费

（1）业务流程

出纳及时从银行取得手续费回单 → 会计主管审核银行手续费回单并制单入账。至少每周汇总编制一次银行手续费付款凭证，月末银行手续费不能有未达账项

（2）业务举例

例2-2-20：××项目部（一般计税）××银行于2016年10月31日发生对公账户维护费1笔360元，10月3日发生银行电汇手续费3笔，合计30元，10月4日购买支票，发生票据工本费1笔19元，10月6日发生银行电汇手续费1笔15元，共计金额424元，并取得××银行开具的增值税专用发票。

附件审核：单据粘贴单（非审批类）内容审核齐全；银行手续费票据粘贴合规；银行

回单盖章齐全；增值税专用发票信息完整、金额正确，购买方开票信息无误。

凭证类别：银行付款凭证　　　　　　　　　　　　**制证日期：2016年10月31日**

摘要	方向	会计科目（含辅助）	金额	附件	张数
付手续费	借：	财务费用－手续费支出－银行业务手续费－第三方[银行名称辅助：××银行]	400	银行手续费回单、增值税专用发票	据实
付手续费	借：	应交税费－应交增值税－进项税额[税率辅助：6%]	24		
付手续费	贷：	银行存款－人民币[现金流量辅助：金融机构手续费；银行名称辅助：××银行]	424		

登记台账：应交税费统计分析表

注：建议各单位与地方银行沟通，银行手续费尽量按月结算并开具增值税专用发票，减少凭证做账频次。

9. 预交增值税及附加

（1）业务流程

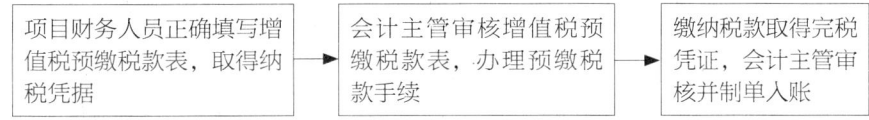

（2）业务举例

例2-2-21：××项目部（一般计税）于2016年10月10日收到业主B公司拨付工程款11100000元，项目部向公司申请开具增值税专用发票并提交业主，同时项目部取得分包单位C公司提供的增值税专用发票1110000元。项目部于当日在××银行缴纳税款207600元；其中：预缴增值税180000元、城建税12600元、教育费附加5400元、地方教育费附加3600元、水利基金等地方税费6000元，项目部财务部于当日入账。

附件审核：会签单内容填写完整、审批手续齐全；完税凭证、增值税预缴税款表、银行回单、金额一致，盖章齐全。

凭证类别：银行付款凭证　　　　　　　　　　　　**制证日期：2016年10月10日**

摘要	方向	会计科目（含辅助）	金额	附件	张数
缴税费	借：	应交税费－预缴增值税额－建筑服务[税率辅助：2%]	180000	完税凭证、增值税预缴税款表、其他应付款支付单、银行回单	据实
缴税费	借：	应交税费－应交城市维护建设税	12600		
缴税费	借：	应交税费－应交教育费附加－教育费附加	5400		
缴税费	借：	应交税费－应交教育费附加－地方教育费附加	3600		
缴税费	借：	应交税费－应交地方各项基金－水利建设基金	6000		
缴税费	贷：	银行存款－人民币[现金流量辅助：支付的各项税费；银行名称辅助：××银行]	207600		

登记台账：应交税费统计分析表

10. 付押金（保证金）

（1）业务流程

经办人根据合同约定填写其他应付款支付单，报项目经理审批 → 会计主管审核制单入账，出纳付款并索要收款凭据

（2）业务举例

例 2-2-22：××项目部于 2016 年 7 月 1 日租赁××村委会临时用地 10 亩用于现场施工，每亩需交纳复垦保证金 12000 元，合计 120000 元。当日签订土地复垦协议，办理电汇支付。

附件审核：合同协议内容齐全；会签单内容填写正确、审批手续齐全；收据签字（盖章）、内容完整、金额大小写一致；银行回单盖章齐全、金额与合同约定一致。

凭证类别：银行付款凭证　　　　　　　　　　　　制证日期：2016 年 7 月 1 日

摘要	方向	会计科目（含辅助）	金额	附件	张数
付复垦保证金	借：	其他应收款–应收保证金–其他 [客户往来辅助：××村委会]	120000	银行回单、收据、其他应付款支付单，合同协议	据实
付复垦保证金	贷：	银行存款–人民币 [现金流量辅助：支付的保证金；银行名称辅助：××银行]	120000		

登记台账：其他应收款–保证金（押金）台账

11. 付职工薪酬，比照现金付款业务支付职工薪酬实例

12. 付费用报销款，比照现金付款"费用报销"实例

13. 资金上收

（1）业务流程

项目部出纳通过网银在中铁资金管理系统输入资金上收指令 → 经会计主管审核后，公司财务部办理上收审批指令

（2）业务举例

例 2-2-23：某日局金融管理部上收 1000000 元。

附件审核：内、外银行回单签章齐全。

凭证类别：银行付款凭证　　　　　　　　　　　　制证日期：2016 年 7 月 12 日

摘要	方向	会计科目（含辅助）	金额	附件	张数
调户	借：	银行存款–人民币 [现金流量辅助：其他不影响现金流；银行名称辅助：局资金中心]	1000000	内、外银行回单	2
调户	贷：	银行存款–人民币 [现金流量辅助：其他不影响现金流；银行名称辅助：××银行]	1000000		

14. 付资金占用费

（1）业务流程

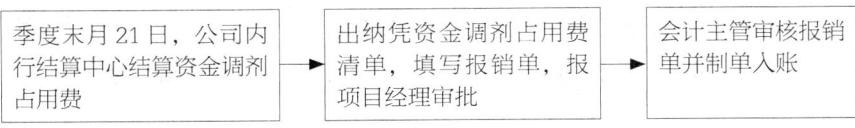

（2）业务举例

例2-2-24：××项目部因生产经营需要，于2016年1月20日向公司申请资金调剂款4000000元，公司结算中心于2016年6月21日结算2016年第二季度资金调剂占用费67057.78元。

附件审核：报销单签字是否齐全，票据粘贴是否合规，结算中心资金分配清单盖章是否齐全。

凭证类别：银行付款凭证　　　　　　　　　　　　制证日期：2016年6月21日

摘要	方向	会计科目（含辅助）	金额	附件	张数
付资金占用费	借：	财务费用-利息支出-借款利息支出-内部单位借款利息支出[银行名称辅助：××银行；专项类别：小于等于5年]	67057.78	结算中心资金分配清单	1
付资金占用费	贷：	银行存款-人民币[现金流量辅助：分配股利、利润或偿付利息所支付的现金-其他利息支出；银行名称辅助：公司资金中心（账号）]	67057.78		

15. 付网购材料费

（1）业务流程

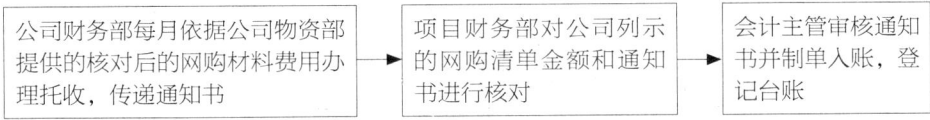

（2）业务举例

例2-2-25：公司资金结算中心于2016年6月25日托收××项目部6月份网购材料款80000元。

附件审核：通知书签章齐全、金额与网购清单金额一致。

凭证类别：银行付款凭证　　　　　　　　　　　　制证日期：2016年6月25日

摘要	方向	会计科目（含辅助）	金额	附件	张数
付电商料款	借：	应付账款-应付材料采购款[客户往来辅助：阿里巴巴网购材料]	80000	通知书、当月网购材料清单	据实
付电商料款	贷：	银行存款-人民币[现金流量辅助：购买商品、接受劳务支付的现金；银行名称辅助：公司资金中心（账号）]	80000		

登记台账：应付账款 – 应付材料采购款台账

例 2-2-26：公司资金结算中心于 2016 年 6 月 25 日从公司财务部在内部结算户托收各单位 6 月分网络采购服务费 15900 元，并取得增值税专用发票（其中增值税进项税额 900 元），其中 A 项目部（一般计税）8480 元（含税），B 项目部（简易计税）7420 元（含税）。

① A 项目部

附件审核：通知书签章齐全、金额与网购清单金额一致，发票分割单金额与网购清单金额一致。

凭证类别：转账凭证　　　　　　　　　　　　　　　制证日期：2016 年 6 月 25 日

摘要	方向	会计科目（含辅助）	金额	附件	张数
公司转往来款	借：	工程施工 – 合同成本 – 直接材料费 [工号核算辅助：主体工程]	8000	通知书、当月网购材料清单、发票分割单、发票复印件	据实
公司转往来款	贷：	内部往来 [内部往来类别辅助：结算往来；客户往来辅助：公司财务部]	8000		

登记台账：现款上交台账、合同成本 – 直接成本台账

② B 项目部

附件审核：通知书签章齐全、金额与网购清单金额一致，发票分割单金额与网购清单金额一致。

凭证类别：转账凭证　　　　　　　　　　　　　　　制证日期：2016 年 6 月 25 日

摘要	方向	会计科目（含辅助）	金额	附件	张数
公司转往来款	借：	工程施工 – 合同成本 – 直接材料费 [工号核算辅助：主体工程]	7420	通知书、当月网购材料清单、发票分割单、发票复印件	据实
公司转往来款	贷：	内部往来 [内部往来类别辅助：结算往来；客户往来辅助：公司财务部]	7420		

登记台账：现款上交台账、合同成本 – 直接成本台账

注：各单位每月发生的网购材料服务费由公司结算中心统一从公司现金财务部内行账户托收，再由公司财务部按月将各单位应承担的网购材料服务费列转至各单位。取得网购材料服务费专用发票相关进项税额由公司财务部统一抵扣。

16. 付保险费

（1）业务流程

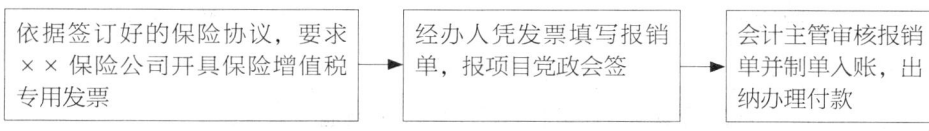

（2）业务举例

例 2-2-27：××项目部（一般计税）与平安保险公司在 2016 年 9 月 30 日签订工程保险协议，需缴纳建筑工程一切险及第三者责任险 106000 元，对方于 2016 年 10 月 8 日开具增值税专用发票后，项目部当日办理支付。

附件审核：审核发票是否真实，购买方开票信息完整正确；发票信息和合同信息一致；银行回单盖章齐全。

凭证类别：银行付款凭证　　　　　　　　　　　　　　　制证日期：2016 年 10 月 8 日

摘要	方向	会计科目（含辅助）	金额	附件	张数
付工程保险费	借：	工程施工－合同成本－其他直接费－其他 [工号核算：主体工程]	100000	增值税专用发票、保单、银行回单	据实
付工程保险费	借：	应交税费－应交增值税－进项税额 [税率辅助：6%]	6000		
付工程保险费	贷：	银行存款－人民币 [现金流量辅助：其他付款；银行名称辅助：××银行]	106000		

登记台账：合同成本－直接成本台账，应交税费统计分析表

17. 付银票保证金

（1）业务流程

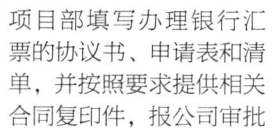

（2）业务举例

例 2-2-28：××项目部因业务需要于 2016 年 2 月 1 日向公司申请办理××公司银行承兑汇票 100000 元，经公司领导批示同意办理，汇票保证金按照汇票金额的 60% 支付，项目部当日进行电汇支付。于 2016 年 2 月 6 日收到公司办理好的银行承兑汇票（出票日期 2016 年 2 月 6 日，到期日 2016 年 8 月 6 日），当日进行支付。

附件审核：会签单填写内容完整；会签审批手续齐全，审核及签章齐全，金额大小写一致；银行回单盖章齐全、金额与实际相符；正反面复印后的银行承兑汇票领票人签字齐全（表明原件已收字样）；收据和实际金额一致。

①缴纳银票保证金

凭证类别：银行付款凭证　　　　　　　　　　　　　　　制证日期：2016年2月1日

摘要	方向	会计科目（含辅助）	金额	附件	张数
付银票保证金	借：	银行存款－人民币[现金流量辅助：其他（不影响现金流）；银行名称辅助：公司资金中心（保证金户账号）]	60000	款项支付申请单、银行回单	2
付银票保证金	贷：	银行存款－人民币[现金流量辅助：其他（不影响现金流）；银行名称辅助：××银行]	60000		

登记台账：银行承兑汇票台账

注：汇票保证金作为受限资金管理，登记台账，按月与公司核对，杜绝恶意透支。

②取得银票后支付欠款

凭证类别：转账凭证　　　　　　　　　　　　　　　　制证日期：2016年2月6日

摘要	方向	会计科目（含辅助）	金额	附件	张数
付材料款	借：	应付账款－应付材料采购费[客户往来辅助：××公司]	100000	银行承兑汇票复印件签字齐全（注明原件已收）、收据、付款会签单	3
付材料款	贷：	内部往来[内部往来类别辅助：母子公司往来－局金融管理部往来；客户往来辅助：局金融管理部]	100000		

登记台账：应付账款－材料采购款台账，现款上交台账

18. 到期银票解付

（1）业务流程

项目部依据当月到期的银行汇票金额开具内部转账支票，公司资金结算中心办理汇票解付，及时传递通知书 → 会计主管审核通知书制单入账，登记台账

（2）业务举例

例2-2-29：接例2-2-28，2016年8月6日，××项目部办理的100000元银行承兑汇票到期，公司财务部当日办理解付。

凭证类别：银行付款凭证　　　　　　　　　　　　　　制证日期：2016年8月6日

摘要	方向	会计科目（含辅助）	金额	附件	张数
调户	借：	银行存款－人民币[现金流量辅助：其他（不影响现金流）；银行名称辅助：公司资金中心（结算户账号）]	100000	内部转账支票	据实
调户	贷：	银行存款－人民币[现金流量辅助：其他（不影响现金流）；银行名称辅助：公司资金中心（保证金户账号）]	100000		

凭证类别：银行付款凭证　　　　　　　　　　　　　　制证日期：2016年8月6日

摘要	方向	会计科目（含辅助）	金额	附件	张数
付到期银票款	借	内部往来 [内部往来类别辅助：母子公司往来 – 局金融管理部往来；客户往来辅助：局金融管理部]	100000	通知书	1
付到期银票款	贷	银行存款 – 人民币 [现金流量辅助：其他付款；银行名称辅助：公司资金中国结算户账号）]	100000		

登记台账：银行承兑汇票台账，现款上交台账

注：项目部必须按时补齐汇票面值与保证金差额，在公司结算户（账号）余额充足，禁止恶意透支。

19. 资金集中

（1）业务流程

项目部按照公司批复的资金到位及使用审批表，将集中资金汇入公司结算中心	→	会计主管凭借银行回单审核、制单并入账

（2）业务举例

例2-2-30：××项目部于2016年7月1日收到业主A公司拨付工程款1000000元，项目部当日上报公司"资金到位及使用审批表"，公司领导批示要求××项目部向公司集中资金500000元，项目部于2016年7月2日按照公司要求办理。

附件审核：银行回单盖章齐全、金额与实际相符。

凭证类别：银行付款凭证　　　　　　　　　　　　　　制证日期：2016年7月2日

摘要	方向	会计科目（含辅助）	金额	附件	张数
调户	借	银行存款 – 人民币 [现金流量辅助：其他（不影响现金流）；银行名称辅助：公司资金中心（账号）]	500000	银行回单	1
调户	贷	银行存款 – 人民币 [现金流量辅助：其他（不影响现金流）；银行名称辅助：××银行]	500000		

登记台账：资金到位审批与执行台账

20. 付委托代付款

（1）业务流程

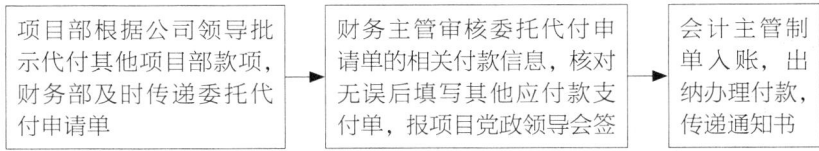

（2）业务举例

例2-2-31：公司在2016年6月1日要求被委托方A项目部代付委托方B项目部劳务费100000元，经公司领导批复委托代付申请单后，A项目部于2016年6月10日办理支付，

并传递通知书。

附件审核：委托代付申请单、会签单填写内容完整，审批手续齐全；收款人、支付日期、金额与实际相符；银行回单盖章齐全、金额与实际相符。

凭证类别：银行付款凭证　　　　　　　　　　制证日期：2016年6月10日

摘要	方向	会计科目（含辅助）	金额	附件	张数
付往来款	借	内部往来[内部往来类别辅助：公司内部往来–结算往来；客户往来辅助：公司财务部]	100000	其他应付款支付单、银行回单、通知书	据实
付往来款	贷	银行存款–人民币[现金流量辅助：代付款；银行名称辅助：××银行]	100000		

登记台账：现款上交台账

注：被委托方委托代付申请单另存，委托方留存银行付款回单复印件。

21. 付到期内部期票

（1）业务流程

公司财务部根据办理的期票台账，按时支付票面金额，及时传递通知书 → 会计主管凭银行回单审核制单并入账

（2）业务举例

例2-2-32：××项目因业务需要于2016年10月1日向××公司开具三个月期限的内部期票1000000元，需按照票面金额的20%交纳保证金，项目部财务部当日办理支付。

附件审核：会签单填写内容完整；会签审批手续齐全，审核及签章齐全，金额大小写一致；银行回单盖章齐全、金额与实际相符。

凭证类别：银行付款凭证　　　　　　　　　　制证日期：2016年10月1日

摘要	方向	会计科目（含辅助）	金额	附件	张数
付内部期票保证金	借	银行存款–人民币[现金流量辅助：其他（不影响现金流）；银行名称辅助：公司资金中心（账号）]	200000	款项支付申请单、银行回单	2
付内部期票保证金	贷	银行存款–人民币[现金流量辅助：其他（不影响现金流）；银行名称辅助：××银行]	200000		

22. 付研发费用

（1）业务流程

员工事毕10日内，凭有效凭据，填写报销单，经科研小组负责人审核，报项目党政会签 → 会计主管审核报销增值税专票后制单入账确认，出纳办理付款，并登记研发费用台账

（2）业务举例

例 2-2-33：××项目部（一般计税）于 2016 年 9 月 20 日因项目瓦斯隧道专项施工方案技术研究发生专家论证评审费 10600 元，并取得增值税专用发票（其中进项税额 600 元）。研发人员张某于 2016 年 9 月 25 日前往××项目部办理报销，××项目财务在审批手续完成后于 2016 年 9 月 26 日办理支付。

附件审核：发票数量、单价、金额是否完整、合规，审核及签章齐全，金额大小写一致，收款人、支付日期、金额与实际相符，银行回单盖章齐全、金额与实际相符。

凭证类别：银行付款凭证　　　　　　　　　　　制证日期：2016 年 9 月 25 日

摘要	方向	会计科目（含辅助）	金额	附件	张数
付研发费	借：	研发支出－费用化支出－其他－科研成果评审、评估、验收费	10000	增值税专用发票、银行回单	2
付研发费	借：	应交税费－应交增值税－进项税额[税率辅助：6%]	600		
付研发费	贷：	银行存款－人民币[现金流量辅助：其他付款；银行名称辅助：××银行]	10600		

登记台账：研究与开发费用台账、应交税费统计分析表

23. 付安全费用

（1）业务流程

员工事毕 10 日内，填写报销单，经安质部负责人审核，项目经理审批后交财务部 → 会计主管根据审批后的报销单进行账务处理，根据安全费用发票确认进项税额并及时登记安全费用台账。出纳办理支付

（2）业务举例

例 2-2-34：××项目部安质员王某 2016 年 10 月 1 日取得 1 张金额为 5300 元的安全培训费用增值税专用发票，经安质部负责人审核，项目经理审批后送至财务部办理报销手续，出纳当日支付。

附件审核：审核发票是否真实有效，报销单经办人员签字齐全、填写正确、经安质负责人审核、项目经理审批。

凭证类别：银行付款凭证　　　　　　　　　　　制证日期：2016 年 10 月 1 日

摘要	方向	会计科目（含辅助）	金额	附件	张数
付安全费	借：	专项储备－安全生产费－使用[专项类别辅助：宣传、教育、培训支出]	5000	增值税专用发票、银行回单	据实
付安全费	借：	应交税费－应交增值税－进项税额[税率辅助：6%]	300		
付安全费	贷：	银行存款－人民币[现金流量辅助：其他付款；银行名称辅助：××银行]	5300		

登记台账：安全生产费用台账、应交税费统计分析表

24. 付征地拆迁款，比照现金付款"付征迁费用"要求办理

第三章　债权债务

本书中的债权债务是指项目部在经济活动过程中所形成的应收、预收、应付、预付和其他应收、应付款项等,主要包括应收票据、应收账款、预付账款、其他应收款、应付账款、预收账款、其他应付款、内部往来。

第一节　应收票据

一、定义

应收票据是指企业持有的未到期或未兑现的商业票据,包括"银行承兑汇票"和"商业承兑汇票"两种。

二、相关规则

(一)项目要多措并举收取工程款和质保金,优先取得现款,确实无法取得现款的,可以采用承兑汇票等方式。

(二)项目取得银行承兑汇票,未到期前禁止贴现,并及时告知公司财务部,需履行辨别承兑汇票真假程序,登记承兑汇票台账。

(三)银行承兑汇票背书注意事项:(1)背书必须连续;(2)背书书写和所盖印鉴要清晰、正确,印鉴要齐全。名章与单位章不能重叠、压边,不能在边框外。

(四)银行承兑汇票属于重要的有价票据,需妥善保管。

(五)及时登记银行承兑汇票台账,保证银行承兑汇票的保证金到期解付,杜绝恶意透支。

(六)各单位收到银行承兑汇票且背书超过2次的,必须于当日到银行查验后方可进行账务处理。

三、业务处理

(一)收到银票

1.业务流程

```
┌─────────────────┐   ┌─────────────────┐   ┌─────────────────┐
│项目部根据业主拟开具│→ │项目财务人员将增值税│→ │项目收到承兑汇票后,│
│的承兑汇票金额,缴纳│   │发票、收款收据交业主│   │会计主管填制凭证入账│
│增值税销项税金及附加│   │督促业主给予承兑汇票│   │                 │
│,开具增值税发票  │   │                 │   │                 │
└─────────────────┘   └─────────────────┘   └─────────────────┘
```

2. 业务举例

例 3-1-1：2016 年 7 月 10 日，A 项目部（一般计税市政工程）业主以承兑汇票形式拨款 2220000 元，7 月 12 日，项目部收到面值 2220000 元承兑汇票。

（1）7 月 12 日，根据收款金额开具发票

附件审核：增值税专用发票金额及票面信息无误、承兑汇票盖章齐全、金额无误；收据记账联、承兑汇票金额一致，签字（盖章）齐全。

凭证类别：转账凭证　　　　　　　　　　　　　　制证日期：2016 年 7 月 12 日

摘要	方向	会计科目（含辅助）	金额	附件	张数
收拨款	借：	应收票据 – 银行承兑汇票 – 其他 [客户往来辅助：业主单位]	2220000	银行承兑汇票复印件、收据记账联	据实
收拨款	贷：	应收账款 – 工程款 – 市政 [客户往来辅助：业主单位]	2220000		

登记台账：银行承兑汇票台账、应收账款 – 应收工程款（质量保证金）台账、资金到位审批及执行台账

同时确认销项税额：

附件审核：增值税专用发票票面信息无误，金额与业主拨款金额一致。

凭证类别：转账凭证　　　　　　　　　　　　　　制证日期：2016 年 7 月 12 日

摘要	方向	会计科目（含辅助）	金额	附件	张数
确认销项税	借：	应交税费 – 待转销项税额	220000	增值税专用发票记账联	据实
确认销项税	贷：	应交税费 – 应交增值税 – 销项税额 [税率辅助：11%]	220000		

登记台账：应交税费统计分析表

（2）7 月 12 日，收款未开具发票

附件审核：承兑汇票盖章齐全、金额无误；收据记账联、承兑汇票金额一致，签字（盖章）齐全。

凭证类别：转账凭证　　　　　　　　　　　　　　制证日期：2016 年 7 月 12 日

摘要	方向	会计科目（含辅助）	金额	附件	张数
收拨款	借：	应收票据 – 银行承兑汇票 – 其他 [客户往来辅助：业主单位]	2220000	银行承兑汇票复印件、收据记账联	据实
收拨款	贷：	应收账款 – 工程款 – 市政 [客户往来辅助：业主单位]	2220000		

登记台账：银行承兑汇票台账、应收账款－应收工程款（质量保证金）台账、资金到位审批及执行台账

（三）背书支付外欠款

1. 业务流程

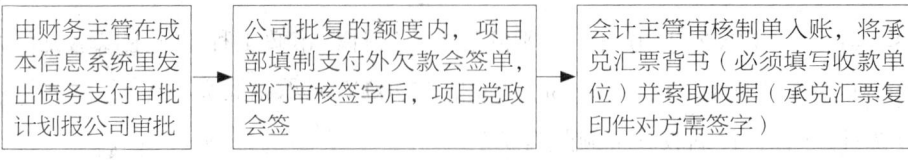

2. 业务举例

例3-1-2：××项目部于2016年7月12日根据公司审批通过的计划支付××公司劳务费2220000元，项目财务在支付手续完成后于当日办理承兑汇票背书。

附件审核：会签单内容填写完整、审批手续齐全；收据内容完整，审核及签章齐全，金额大小写一致；银行承兑汇票金额与会签单一致；承兑汇票背书符合要求。

凭证类别：转账凭证　　　　　　　　　　　　　　制证日期：2016年7月12日

摘要	方向	会计科目（含辅助）	金额	附件	张数
付劳务费	借：	应付账款－应付劳务款[客户往来辅助：××公司]	2220000	支付工程款（劳务费）会签单、收据、银行承兑汇票正反面复印件	3
付劳务费	贷：	应收票据－银行承兑汇票－其他[客户往来辅助：业主单位]	2220000		

注：①汇票复印件注明"汇票原件已领取"字样；②承兑汇票背书支付材料款、机械费核算同上。

登记台账：银行承兑汇票台账、应付账款－（应付材料采购款、应付劳务款、应付租赁费－设备租赁等债务结算支付台账）

（四）银行承兑汇票原件交公司抵往来款

1. 业务流程

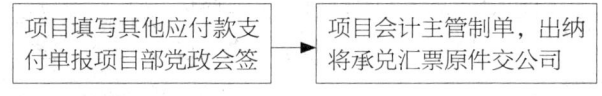

2. 业务举例

例3-1-3：××项目部于2016年7月12日收到业主6个月银行承兑汇票2220000元，项目部于2016年7月13日交公司抵往来款。

附件审核：会签单及会签审批手续齐全、银行承兑汇票、通知书等金额一致。

凭证类别：转账凭证　　　　　　　　　　　　　　制证日期：2016年7月13日

摘要	方向	会计科目（含辅助）	金额	附件	张数
列往来款	借：	内部往来[内部往来类别辅助：公司内部往来－结算往来；客户往来辅助：公司财务部]	2220000	其他款项支付单、通知书、承兑汇票复印件	3
列往来款	贷：	应收票据－银行承兑汇票－其他[客户往来辅助：业主单位]	2220000		

登记台账：银行承兑汇票台账、现款上交台账

第二节　应收账款

一、定义

本书的应收账款是指应收取的业主验工计价款,根据合同约定的回收条件不同,可分为应收工程款、应收质量保证金。

应收账款会计科目下设两个二级明细科目:工程款、质量保证金,并按工程项目类别(铁路、公路、市政、房建、轻轨/地铁、其他基建、其他)设置三级或四级明细科目,三级或四级明细科目下设置"客户往来"辅助核算。应收账款增加时,借记本科目;应收账款减少时,贷记本科目。

二、相关规则

(一)本书所称应收账款主要包括:按照施工合同,业主超过合同约定时间,尚未支付的"工程预付款、材料预付款、工程进度款、质量保证金"等。

(二)各项目经理部(或代局指)为过程清欠工作主体,应成立以项目经理(或常务指挥长)为组长的项目资金清欠小组,负责项目债权清理、对账签认和清收等工作。

项目经理(或常务指挥长)为清欠第一责任人,财务负责人为直接责任人,工经、技术负责人为辅助责任人,上述责任人在项目债权清算销号前,始终负责该项目资金清收工作。

(三)各单位财务部门应在季(年)度决算报告上报后5个工作日内,根据财务决算反映的成本及债权信息,结合销号和新增事项,对照各类经济合同逐期滚动编制清欠方案。

清欠方案应以"加快营业收入确认、加快应收款项变现"为原则,不得无理由、无期限减轻清收清欠责任。清欠方案应有相应的责任单位、责任领导、责任部门、具体责任人。以实现目标毛利为前提,按照法律法规要求、经济合同约定和市场通行原则等因素综合计算确定。

(四)清欠第一责任人应亲自上门清欠,且每月不少于两次电话联系;具体责任人每季度不少于一次上门蹲点清欠,上门蹲点清欠时要与债务方磋商不少于四小时;各清欠责任人上门蹲点清欠时应与对方单位办理对账手续,并取得对账签认单。

(五)各单位财务部门需健全债权档案,包括合同、决算(计价)资料、对账签认记录等原件,及时登记"应收账款-应收工程款(质量保证金)台账",做好清欠摸底等日常工作。

三、业务处理

（一）工程款、质量保证金的确认

1. 业务流程

项目工经部将业主批复后的验工计价资料原件交财务部 → 会计主管对计价资料进行审核，重点审核签字、盖章手续是否齐全，并根据合同约定计算工程款、质保金和增值税销项税额，制单入账

2. 业务举例

例 3-2-1：2016年10月25日，A项目部（一般计税地铁项目）上报10月验工计价资料得到业主B公司的批复，批复金额为11100000元，当期扣预付款3330000元，合同预定质保金比例为5%。

（1）按照当期业主验工计价扣除当期预付款开票：当期取得业主正式批复的计价结算单后，确认工程结算，同时转回当期扣除预付款对应的销项税额。

附件审核：计价单审批手续齐全，签字（盖章）齐全。注意核对质保金比例是否与合同一致。

凭证类别：转账凭证　　　　　　　　　　　　制证日期：2016年10月25日

摘要	方向	会计科目（含辅助）	金额	附件	张数
列10月计价	借	应收账款 – 工程款 – 轻轨/地铁[客户往来辅助：B公司]	7215000	业主验工计价单原件、增值税专用发票记账联	据实
列10月计价	借	应收账款 – 质量保证金 – 原值 – 轻轨/地铁[客户往来辅助：B公司]	555000		
列10月计价	借	预收账款 – 工程款[客户往来辅助：B公司]	3330000		
列10月计价	贷	工程结算[客户往来辅助：B公司]	10000000		
列10月计价	贷	应交税费 – 应交增值税 – 销项税额[税率辅助：11%]	770000		
列10月计价	贷	应收账款 – 预收账款增值税	330000		

登记台账：应收账款 – 应收工程款（质量保证金）台账、应交税费统计分析表

（2）当期业主验工计价扣除当期预付款未开票：当期取得业主正式批复的计价结算单后，确认工程结算，验工计价包含的销项税额暂计入"应交税费 – 待转销项税额"科目，同时转回当期扣除预付款对应的销项税额。

凭证类别：转账凭证　　　　　　　　　　　　　　　　制证日期：2016 年 10 月 25 日

摘要	方向	会计科目（含辅助）	金额	附件	张数
列 10 月计价	借：	应收账款－工程款－轻轨/地铁 [客户往来辅助：B 公司]	7215000	业主验工计价单原件	据实
列 10 月计价	借：	应收账款－质量保证金－原值－轻轨/地铁 [客户往来辅助：B 公司]	555000		
列 10 月计价	借：	预收账款－工程款 [客户往来辅助：B 公司]	3330000		
列 10 月计价	贷：	工程结算 [客户往来辅助：B 公司]	10000000		
列 10 月计价	贷：	应交税费－待转销项税额	770000		
列 10 月计价	贷：	应收账款－预收账款增值税	330000		

登记台账：应收账款－应收工程款（质量保证金）台账

（二）工程款、质量保证金的收回

1. 业务流程

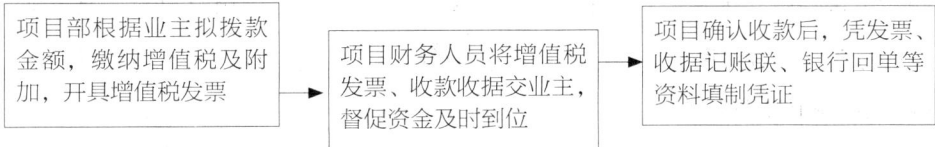

2. 业务举例

例 3-2-2：2016 年 7 月 10 日，A 项目部（一般计税公路项目）业主拟拨工程进度款 4440000 元，项目部于当日将收款收据交业主，7 月 12 日，项目部收到业主拨款 4440000 元。

附件审核：发票记账联、收据记账联、银行进账单金额一致，签字（盖章）齐全。

（1）未按拨款开具发票：

凭证类别：银行收款凭证　　　　　　　　　　　　　　制证日期：2016 年 7 月 12 日

摘要	方向	会计科目（含辅助）	金额	附件	张数
收拨款	借：	银行存款－人民币 [现金流量辅助：销售商品、提供劳务收到的现金；银行名称辅助：××银行]	4440000	银行回单、收据记账联	2
收拨款	贷：	应收账款－工程款－公路 [客户往来辅助：业主单位]	4440000		

24 小时内上报公司：资金到位及使用审批表

登记台账：应收账款－应收工程款（质量保证金）台账、资金到位审批与执行台账

（2）按拨款开具发票：

凭证类别：银行收款凭证　　　　　　　　　　　　　　制证日期：2016年7月12日

摘要	方向	会计科目（含辅助）	金额	附件	张数
收拨款	借：	银行存款-人民币[现金流量辅助：销售商品、提供劳务收到的现金；银行名称辅助：××银行]	4440000	银行回单、收据记账联	2
收拨款	贷：	应收账款-工程款-公路[客户往来辅助：业主单位]	4440000		

24小时内上报公司：资金到位及使用审批表

登记台账：应收账款-应收工程款（质量保证金）台账、资金到位审批与执行台账

同时，确认本次收款对应的销项税额

凭证类别：转账凭证　　　　　　　　　　　　　　　　制证日期：2016年7月12日

摘要	方向	会计科目（含辅助）	金额	附件	张数
确认销项税额款	借：	应交税费-待转销项税额	440000	增值税发票记账联	1
确认销项税额款	贷：	应交税费-应交增值税-销项税额[税率辅助：11%]	440000		

登记台账：应交税费统计分析表

（三）甲供材料：业主计价不包含甲供料时，各单位应建立甲供材料监控台账，不需进行账务处理。在季度项目经济活动分析时需对甲供料收支情况进行专题分析。

（四）业主扣缺陷整改费（业主委托第三方的视同分包处理）。

例3-2-3：2016年12月10日，A项目部（一般计税公路项目）业主扣缺陷整改费用555000元，项目部收到业主扣减收入的验工计价单和通知书。

1. 按验工计价开票

附件审核：验工计价单与缺陷整改清单内容完整、金额一致；通知书与验工计价单一致；增值税专用发票票面信息正确，金额与验工计价单一致；验工计价单、通知书是否报公司归口部门及分管领导审核。

凭证类别：转账凭证　　　　　　　　　　　　　　　　制证日期：2016年12月10日

摘要	方向	会计科目（含辅助）	金额	附件	张数
业主计价	借：	应收账款-工程款-公路[客户往来辅助：业主单位]	-555000	通知书、验工计价单、增值税专用发票记账联	据实
业主计价	贷：	应交税费-应交增值税-销项税额[税率辅助：11%]	-55000		
业主计价	贷：	工程结算[客户往来辅助：业主单位]	-500000		

登记台账：应收账款-应收工程款（质量保证金）台账、应交税费统计分析表

2. 未按验工计价开票

附件审核：验工计价单与缺陷整改清单内容完整、金额一致；通知书与验工计价单一致；验工计价单、通知书是否报公司归口部门及分管领导审核。

凭证类别：转账凭证				制证日期：2016年12月10日	
摘要	方向	会计科目（含辅助）	金额	附件	张数
业主计价	借：	应收账款－工程款－公路[客户往来辅助：业主单位]	-555000	通知书、验工计价单	据实
业主计价	贷：	应交税费－待转销项税额	-55000		
业主计价	贷：	工程结算[客户往来辅助：业主单位]	-500000		

登记台账：应收账款－应收工程款（质量保证金）台账

（五）业主转罚款

例3-2-4：2016年8月10日，A项目部业主列进度检查罚款150000元，其中赵某个人罚款2000元，单位罚款148000元，项目部收到业主通知书和罚款文件。

附件审核：通知书，罚款文件内容完整、金额一致；罚款事项是否报项目归口部门及项目领导审核批准。

1. 若合同约定按照业主验工计价开票

凭证类别：转账凭证				制证日期：2016年8月10日	
摘要	方向	会计科目（含辅助）	金额	附件	张数
业主转款	借：	工程施工－合同成本－其他直接费－其他[工号核算辅助：主体工程]	148000	通知书（项目领导审批签字）	1
业主转款	借：	其他应收款－应收其他代垫款[客户往来：罚款；人员核算：赵某]	2000		
业主转款	贷：	应收账款－工程款－公路[客户往来辅助：业主单位]	150000		

登记台账：应收账款－应收工程款（质量保证金）台账、工程施工－其他直接成本台账

2. 若合同约定按照拨款开票：罚款扣款凭证业务处理同上，同时，确认本次扣款对应的销项税额

凭证类别：转账凭证				制证日期：2016年8月10日	
摘要	方向	会计科目（含辅助）	金额	附件	张数
确认销项税额	借：	应交税费－待转销项税额	14864.86	发票记账联	1
确认销项税额	贷：	应交税费－应交增值税－销项税额	14864.86		

登记台账：应收账款－应收工程款（质量保证金）台账、应交税费统计分析表

（六）收到期质保金

例 3-2-5：A 项目（简易计税）2015 年 6 月 30 日办理竣工决算，应收工程质保金 10300000 元，质保期为竣工决算后 1 年。2016 年 6 月 30 日，收到业主拨剩余质保金 10300000 元。

附件审核：收据记账联内容完整、大小写金额一致，收款单位、支付日期、金额与实际相符，银行回单盖章齐全。

1. 若合同约定按照业主验工计价开票

凭证类别：银行收款凭证　　　　　　　　　　　　制证日期：2016 年 6 月 30 日

摘要	方向	会计科目（含辅助）	金额	附件	张数
收质保证金	借：	银行存款－人民币[现金流量辅助：销售商品、提供劳务收到的现金；银行名称辅助：××银行]	10300000	银行回单、收据记账联	2
收质保证金	贷：	应收账款－质量保证金－原值－公路[客户往来辅助：业主单位]	10300000		

24 小时内上报公司：资金到位及使用审批表

登记台账：应收账款－应收工程款（质量保证金）台账、收尾完工项目资金及债权债务月报、资金到位审批与执行台账

2. 若合同约定按照拨款开票：收款凭证业务处理同上，同时，确认本次收款对应的销项税额

凭证类别：转账凭证　　　　　　　　　　　　　　制证日期：2016 年 6 月 30 日

摘要	方向	会计科目（含辅助）	金额	附件	张数
确认销项税额	借：	应交税费－简易计税－待转简易计税	300000	发票记账联	1
确认销项税额	贷：	应交税费－简易计税－简易计税计提[税率辅助：3%]	300000		

登记台账：应交税费统计分析表

（七）预收账款增值税

是指收到业主的预付账款，尚未取得业主计价情况下，按照增值税纳税义务发生时间应确认的销项税额。待取得业主计价时，将相应的销项税额从本科目中转出。

1. 业务流程

项目部按照收讫销售款项时间、合同约定付款时间（工程结算）和开具发票时间孰先为原则，根据项目实际收到的预付款确认销项税额，并向项目所在地主管国税申报预缴增值税款 → 会计主管审核制单入账

2. 业务举例

例 3-2-6：2016 年 9 月四公司以公司资质中标安徽省黄山市某市政工程项目，于 2016 年 9 月 5 日与业主 B 公司（一般纳税人）签订一份合同总价为 333000000 元施工合同（其中合同价款 300000000 元，增值税销项税额 33000000 元）。工程于 2016 年 9 月 26 日开工，预计工期两年。合同约定如下：自合同签订后 30 日内按合同总价的 10% 付预付款，自第一次计量起每次计量扣回预付款总额的 10%；质保金扣除比例为 5%，进度款拨付比例为 95%。公司于 9 月分成立 A 项目部，A 项目部于 2016 年 9 月 20 日收到 B 公司拨付的 33300000 元预付款，按预付款金额向公司申请开具增值税专用发票并提交 B 公司，当日向项目所在地主管国税机关申报预缴增值税款 600000 元。

（1）9 月 20 日收到预付款

附件审核：收据记账联签字齐全、金额无误，与银行回单一致，收款金额与合同约定内容一致。

凭证类别：银行收款凭证　　　　　　　　　　　　　制证日期：2016 年 9 月 20 日

摘要	方向	会计科目（含辅助）	金额	附件	张数
收预付款	借	银行存款–人民币[现金流量辅助：销售商品、提供劳务收到的现金；银行名称：××银行]	33300000	收据记账联、银行回单、合同预付款条款复印件	据实
收预付款	贷	预收账款–工程款[客户往来辅助：B 公司]	33300000		

24 小时内上报公司：资金到位及使用审批表

登记台账：应收账款–应收工程款（质量保证金）台账、资金到位审批与执行台账

（2）按照预付款金额确认销项税额

附件审核：增值税专用发票记账联票面信息完整、正确、金额无误。

凭证类别：转账凭证　　　　　　　　　　　　　　制证日期：2016 年 9 月 20 日

摘要	方向	会计科目（含辅助）	金额	附件	张数
确认销项税额	借	应收账款–预收账款增值税	3300000	增值税专用发票记账联	据实
确认销项税额	贷	应交税费–应交增值税–销项税额[税率辅助：11%]	3300000		

登记台账：应交税费统计分析表

例 3-2-7：接例 3-2-6，2016 年 10 月 25 日，A 项目部上报 10 月验工计价资料得到业主 B 公司的批复，批复金额为 11100000 元，当期扣预付款 3330000 元。

①按照当期验工计价扣除预付款金额开具发票。

附件审核：验工计价单审批手续、签字（盖章）齐全；发票信息及金额正确；核对质保金比例是否与合同一致。

凭证类别：转账凭证　　　　　　　　　　　　制证日期：2016年10月25日

摘要	方向	会计科目（含辅助）	金额	附件	张数
列10月计价	借：	应收账款－工程款－公路 [客户往来辅助：B公司]	7215000	业主验工计价单原件、增值税专用发票抵扣联	据实
列10月计价	借：	应收账款－质量保证金－原值－公路 [客户往来辅助：B公司]	555000		
列10月计价	借：	预收账款－工程款 [客户往来辅助：B公司]	3330000		
列10月计价	贷：	工程结算 [客户往来辅助：B公司]	10000000		
列10月计价	贷：	应交税费－应交增值税－销项税额 [税率辅助：11%]	770000		
列10月计价	贷：	应收账款－预收账款增值税	330000		

登记台账：应收账款－应收工程款（质量保证金）台账、应交税费统计分析表

②当期验工计价扣除预付款金额未开具发票。

附件审核：验工计价单审批手续、签字（盖章）齐全；核对质保金比例是否与合同一致。

凭证类别：转账凭证　　　　　　　　　　　　制证日期：2016年10月25日

摘要	方向	会计科目（含辅助）	金额	附件	张数
列10月计价	借：	应收账款－工程款－公路 [客户往来辅助：B公司]	7215000	业主验工计价单原件	据实
列10月计价	借：	应收账款－质量保证金－原值－公路 [客户往来辅助：B公司]	555000		
列10月计价	借：	预收账款－工程款 [客户往来辅助：B公司]	3330000		
列10月计价	贷：	工程结算 [客户往来辅助：B公司]	10000000		
列10月计价	贷：	应交税费－待转销项税额	770000		
列10月计价	贷：	应收账款－预收账款增值税	330000		

登记台账：应收账款－应收工程款（质量保证金）台账

第三节　预付账款

一、定义

预付账款是指企业按照双方合同约定，预先支付给提供商品或服务单位的款项，施工企业的预付账款主要包括预付工程款、预付材料款等，是公司债权的组成部分。预付账款会计科目下设工程款、材料款两个二级明细科目，通过客户往来进行辅助核算。企业发生

预付款项时，借方表示企业支付给销货方或提供劳务方的款项，贷方表示退回多付的款项或转销收到劳务或商品的款项。

二、相关规则

（一）根据财税〔2016〕36号文附件1第45条第2款规定："纳税人提供建筑服务、租赁服务采取预收款方式的，其纳税义务发生时间为收到预收款的当天"。因此，项目在支付预付款时，应要求对方按照预付款金额提供发票。

（二）根据有关规定，在项目部资金使用过程中，原则上禁止预付工程款及材料款。当项目部确需发生预付款业务时，须以合同为基础，报公司进行评审。

（三）预付账款不得长期挂账。在结算后及时冲回，防止超付。项目财务主管须时刻监控预付单位的结算事项。

（四）建立健全预付账款清理责任制。月末要对预付账款的余额进行分析，与对方进行账务核对和签认，做到债权明确、账实、账账相符，禁止利用预付账款转移资金或私设小金库。

三、业务处理

（一）预付工程款

1. 业务流程

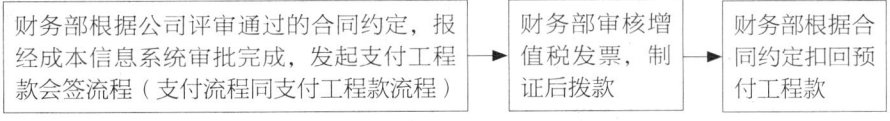

2. 业务举例

例3-3-1：A项目中标后（一般计税），于2016年6月5日与甲公司签订了劳务分包合同（合同约定甲公司提供11%增值税专用发票），合同总价20000000元，根据公司评审通过的合同要求，约定A项目需比照业主预付款比例同条件支付甲公司预付款。2016年7月10日A项目收到业主的预付款10000000元，根据合同约定需预付甲公司2000000元，并于7月15日由中国中铁成本管理信息系统发起资金支付申请，由公司审批后对甲公司进行支付，同时取得甲公司开具的增值税专用发票2000000元（其中税额198198.20元）。A项目工经部在7月25日对甲公司进行了验工计价，计价金额3330000元（含税），经各部门及公司审批后交财务部，财务部转销预付工程款2000000元，取得甲公司开具的增值税专用发票。

（1）2016年7月15日，支付甲公司预付款并取得增值税发票

附件审核：预付比例与合同是否一致，会签单内容填写完整、审批手续齐全；发票金额正确、真实完整盖章齐全；收据内容完整，签章齐全，金额大小写一致；支票或网银指

令信息与会签单一致；收款人信息与合同约定一致；银行回单盖章齐全、金额与实际相符。

凭证类别：银行付款凭证　　　　　　　　　　　　　　制证日期：2016年7月15日

摘要	方向	会计科目（含辅助）	金额	附件	张数
预付工程款	借：	预付账款－工程款[客户往来辅助：甲公司]	2000000	支付工程款（劳务费）会签单、授权委托书、电汇回单、甲公司收据	据实
预付工程款	贷：	银行存款－人民币[现金流量辅助：购买商品，接受劳务支付的现金]；银行名称辅助：××银行]	2000000		

确认预付账款进项税额：

凭证类别：转账凭证　　　　　　　　　　　　　　　　制证日期：2016年7月15日

摘要	方向	会计科目（含辅助）	金额	附件	张数
确认进项税额	借：	应交税费－应交增值税－进项税额[税率辅助：11%]	198198.20	增值税专用发票	据实
确认进项税额	贷：	应付账款－预付账款增值税	198198.20		

登记台账：应交税费统计分析表

（2）2016年7月15日，支付甲公司预付款未取得增值税发票

凭证类别：银行付款凭证　　　　　　　　　　　　　　制证日期：2016年7月15日

摘要	方向	会计科目（含辅助）	金额	附件	张数
预付工程款	借：	预付账款－工程款[客户往来辅助：甲公司]	2000000	支付工程款（劳务费）会签单、授权委托书、电汇回单、甲公司收据	据实
预付工程款	贷：	银行存款－人民币[现金流量辅助：购买商品，接受劳务支付的现金]；银行名称辅助：××银行]	2000000		

凭证类别：转账凭证　　　　　　　　　　　　　　　　制证日期：2016年7月15日

摘要	方向	会计科目（含辅助）	金额	附件	张数
确认待结算进项税	借：	待结算进项税额	198198.20	预付账款进项税额计算表	据实
确认待结算进项税	贷：	应付账款－预付账款增值税	198198.20		

7月20日收到甲公司开具增值税专用发票时转销待结算进项税额。

凭证类别：转账凭证　　　　　　　　　　　　　　　　制证日期：2016年7月20日

摘要	方向	会计科目（含辅助）	金额	附件	张数
确认进项税额	借：	应交税费－应交增值税－进项税额[税率辅助：11%]	198198.20	增值税专用发票记账联	据实
确认进项税额	贷：	待结算进项税额	198198.20		

登记台账：应交税费统计分析表

（3）2016年7月25日办理结算，并收到增值税专用发票，转销预付款。

附件审核：计价单签字完整、党政会签齐全、发票查询真实、金额无误，特别注意审核乙方负责人是否签字确认。

凭证类别：转账凭证　　　　　　　　　　　　　　制证日期：2016年7月25日

摘要	方向	会计科目（含辅助）	金额	附件	张数
7月劳务结算	借：	工程施工 – 合同成本 – 劳务成本 [工号核算：主体工程]	3000000	结算单原件、系统审批单、增值税专用发票发票联	据实计
7月劳务结算	借：	应付账款 – 预付账款增值税	198198.20		
7月劳务结算	借：	应交税费 – 应交增值税 – 进项税额 [税率辅助：11%]	131801.80		
7月劳务结算	贷：	应付账款 – 应付劳务费 [客户往来辅助：甲公司]	1330000		
7月劳务结算	贷：	预付账款 – 工程款 [客户往来辅助：甲公司]	2000000		

登记台账：应付账款 – 应付劳务款台账、工程施工 – 直接成本台账、应交税费统计分析表

（二）预付材料款

1. 业务流程

```
财务部根据公司评审通过的合同约定，报经成本信息系统审批完成，发起支付材料款会签流程（付款流程同支付材料采购款流程）  →  财务部根据合同规定扣回预付材料款
```

2. 业务举例

例3-3-2：A项目部（一般计税）根据公司评审通过的采购合同，于2016年6月5日签订了与乙公司的模板加工合同，合同总价2000000元，预付款比例20%。2016年7月10日通过银行电汇给乙公司预付模板款400000元。7月31日A项目部收到乙公司发来模板5套，合计2000000元，并取得票面金额为2000000元的增值税专用发票（其中税额290598.29元）物资部张某点收入库。

（1）2016年7月10日，支付预付款

附件审核：预付比例与合同是否一致，会签单内容填写完整、审批手续齐全；收据内容完整，签章齐全，金额大小写一致；支票或网银指令信息与会签单一致；收款人信息与合同约定一致；银行回单盖章齐全、金额与实际相符。

凭证类别：银行付款凭证　　　　　　　　　　　　　　制证日期：2016 年 7 月 10 日

摘要	方向	会计科目（含辅助）	金额	附件	张数
预付周转料款	借：	预付账款 – 材料款 – 工程施工原材料款 [客户往来辅助：乙公司]	400000	支付物资（机械费）会签单、电汇回单、乙公司收据	据实
预付周转料款	贷：	银行存款 – 人民币 [现金流量辅助：购买商品，接受劳务支付的现金；银行名称辅助：××银行]	400000		

（2）2015 年 7 月 31 日，模板结算，同时转销预付账款

附件审核：审核发票合法、合规性，材料点收单签字齐全，过磅（理论计量）数量真实、单价符合合同约定，金额与实际相一致。审核报销单内容填写完整、审批手续齐全。

凭证类别：转账凭证　　　　　　　　　　　　　　制证日期：2015 年 7 月 31 日

摘要	方向	会计科目（含辅助）	金额	附件	张数
购周转料	借：	材料采购 [材料采购类别辅助：自购料]	1709401.71	点收单、材料采购分类统计表、增值税专用发票	据实
购周转料	借：	应交税费 – 应交增值税 – 进项税额 [税率辅助：17%]	290598.29		
购周转料	贷：	应付账款 – 应付材料采购款 [客户往来辅助：乙公司]	1600000		
购周转料	贷：	预付账款 – 材料款 – 工程施工原材料款 [客户往来辅助：乙公司]	400000		

登记台账：物资采购分类统计台账、应付账款 — 应付材料采购台账、应交税费统计分析表

第四节　其他应收款

一、定义

其他应收款是除应收票据、应收账款和预付账款等经营活动以外的其他各种应收、暂付款项。其主要内容包括应收的各种赔款、罚款、应向职工收取的各种垫付款项、存出保证金等。

企业在发生其他应收、暂付款项时，借记本科目，收回或转销各种款项时，贷记本科目。该科目借方余额为项目应收其他债权，原则上该科目不允许出现贷方余额。

二、相关规则

（一）各项目部应根据施工合同和各类押金、保证金合同约定，及时清欠各项逾期债权，并将清欠工作作为一项常态化经营管理工作，也作为财务管理工作的核心内容，建立健全

债权档案，并及时登记资金清收台账和存出保证金、押金台账。

（二）备用金

1. 备用金主要分为定额备用金及非定额备用金两种。

定额备用金主要包括：食堂周转金、小车司机的日常费用，以及办公室主任用于购买办公用品等零星开支的款项。

除定额备用金以外的借支均为非定额备用金。主要包括差旅费、培训费、水电费、通讯费、招待费、诉讼费、咨询费以及其他与经营活动有关，且因外部因素难以实现集中管理或转账支付的各种零星开支。

2. 对经常使用备用金的内部各部门或工作人员实行定额备用金制度，核定备用金使用额度为：办公室主任20000元以内，食堂采购人员按人均500元/月，小车司机5000元。

3. 借支人员月末应与财务部核对备用金，季度末除定额备用金外，非定额备用金必须清理完毕。

4. 备用金不得转借他人，不得挪作他用，必须专款专用，备用金不得改变用途作为个人垫付外包结算款、代付民工费、转借他人和代发奖金等，否则以违反财经纪律论处。

5. 非定额备用金的使用要遵循"限额使用，一借一清"原则，杜绝跨期费用，借款人必须在事毕后十日内到财务部报销清账。对未按规定时间办理结清手续的，财务部可采取以下措施：停止借款人所在部门借款的权利，直到办理结清手续为止，在此期间对工作带来的影响由该部门负责；从借款人工资扣还。

6. 对调出员工所借的备用金，应在调转前全部结清，否则财务部门不予办理工资关系调转手续。

7. 禁止超过1万元的备用金支取后又无理由交回；禁止机关人员在基层单位借支备用金，同时禁止各单位对本单位以外的人员（包含聘用人员）借支备用金。

（三）保证金

1. 项目缴纳的各类保证金超过300000元，需按照公司《项目重要财务会计事项报告制度》报经公司财务部审批。

2. 红线外征地、便道复垦保证金，要完善协议、回单、收据及现场影像等资料，为后期变更索赔的可能性做好充分准备。

3. 公司各类银行保函的办理、现金保证金的缴纳需严格遵循各级审批程序。

4. 项目部应及时登记各类保证金台账，及时清收。因赔偿问题全部或部分确定无法收回时，及时取得相关凭证进行账务处理。

5. 项目财务主管须积极筹划，尽可能提前收回保证金或利用银行保函置换现款保证金。

6. 根据国办发〔2016〕49号文，除依法依规设立的投标保证金、履约保证金、工程质量保证金、农民工工资保证金外，其他保证金一律取消，且以上保证金尽量采取银行保函的形式，本科目原则上仅核算以上四类保证金，对于确需缴纳的其他保证金，需向公司专项报告。

（四）押金

1. 有关押金的合同原件要妥善保管，项目部及时登记各类押金台账，关注到期日期，及时清收。

2. 押金需及时收回，项目经理为第一责任人、经办人员为第二责任人，财务部为辅责部门。因赔偿或损失缘由导致押金全部或部分确定无法收回时，及时取得相关凭证进行账务处理。

（五）网络采购

1. 项目若出现当月网购材料扣款金额与实际收到材料金额不一致的，项目物设部应及时与公司物设部沟通，在下月网购材料扣款时予以抵减或增加扣款。

2. 项目网络采购服务费每月由公司财务部统一支付，不再从项目结算户托收，财务部根据各单位每月网络采购情况进行分摊列账。

（六）各单位除项目部自用二三项料外，原则上不代劳务队伍采购二三项料，由劳务队伍自行采购。确需代采购的，劳务队伍领用二三项料应在办理结算时扣回，并登记扣款台账。

三、业务处理

（一）备用金业务

本书所指备用金是指付给公司内部各职能部门或员工，备作零星开支、零星采购或差旅费等用途的款项，分为定额备用金及非定额备用金两种。

1. 支付备用金

业务流程及业务举例参见第二章"付备用金"业务案例。

2. 收回备用金

（1）业务流程

| 备用金使用人在办理完相关经济业务后根据规定到财务部办理报销冲账业务，同时填写缴款单，交回未使用的备用金 | → | 项目部会计主管根据报销人提供的缴款单、报销单等原始凭证资料，冲销备用金 |

（2）业务举例

例3-4-1：××项目部（一般计税）办公室吴某因公出差借支4000元备用金，于2016年7月10日出差归来，将领导已审批的出差通知文件、出差派遣单、差旅费发票及抵扣联交至财务部。会计主管按公司差旅费管理办法审核后，核定报销金额为3800元（其中住宿费取得增值税专用发票1980元，票面载明税额112.08元），王某填写缴款单并将200元备用金余款交出纳。

①报销抵充备用金

附件审核：验证发票真实，购买方开票信息完整正确；报销单经项目党政审批齐全，会计主管在审核栏签章，根据公司文件规定核定金额正确，标准符合规定。

凭证类别：转账凭证　　　　　　　　　　　　　　制证日期：2016 年 7 月 10 日

摘要	方向	会计科目（含辅助）	金额	附件	张数
吴某报差旅费	借：	工程施工 – 间接费用 – 差旅费	3687.92	出差派遣单、差旅费报销单、汇总通知书	据实
吴某报差旅费	借：	应交税费 – 应交增值税 – 进项税额 [税率辅助：6%]	112.08		
吴某报差旅费	贷：	其他应收款 – 备用金 [人员核算辅助：吴某]	3800		

登记台账：现场经费预算执行分析表、应交税费统计分析表

②收回备用金

业务流程及业务操作参见第二章"收回备用金"业务案例。

（二）履约保证金

本书所指履约保证金是工程发包人为防止承包人在合同执行过程中违反合同规定或违约，要求承包人支付的现金保证金。

1. 支付履约保证金

（1）业务流程

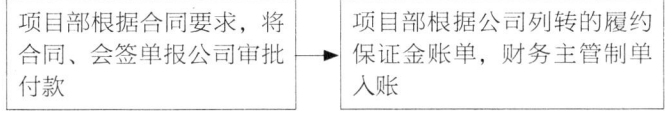

（2）业务举例

例 3-4-2：×× 项目部根据合同约定向 ×× 公司缴纳履约保证金 4500000 元（此工程项目以公司资质中标），2016 年 7 月 1 日项目部向公司提报合同履约保证金条款扫描件及履约支付审批单，公司于当日按照合同约定支付了履约保证金。

附件审核：其他款项支付单、金额与合同约定相一致；银行回单盖章齐全；公司通知书盖章齐全。

凭证类别：转账凭证　　　　　　　　　　　　　　制证日期：2016 年 7 月 1 日

摘要	方向	会计科目（含辅助）	金额	附件	张数
转缴履约金	借：	其他应收款 – 保证金 – 履约保证金 [客户往来辅助：×× 公司]	4500000	其他款项支付单、公司通知书、银行回单复印件	3
转缴履约金	贷：	内部往来 [内部往来类别辅助：公司内部往来 – 结算往来；客户往来辅助：公司财务部]	4500000		

登记台账：其他应收款－保证金（押金）台账、现款上交台账

2. 收回履约保证金

（1）业务流程

项目部根据合同条款及施工进度，将履约保证金纳入清欠范围，向对方单位催办履约保证金退回 → 项目部办理收款手续，制单入账

（2）业务举例

例 3-4-3：××项目部于 2016 年 7 月 1 日工程竣工验收，项目部向××公司申请退回履约保证金 4500000 元，业主当日将款项汇至公司账户。

附件审核：公司通知书、银行回单复印件。

凭证类别：转账凭证　　　　　　　　　　　　　　　制证日期：2016 年 7 月 1 日

摘要	方向	会计科目（含辅助）	金额	附件	张数
转退履约金	借：	内部往来[内部往来类别辅助：公司内部往来－结算往来；客户往来辅助：公司财务部]	4500000	公司通知书、银行回单复印件	2
转退履约金	贷：	其他应收款－保证金－履约保证金[客户往来辅助：××公司]	4500000		

登记台账：其他应收款－保证金（押金）台账、现款上交台账

（三）民工工资保证金

本书所指民工工资保证金是在工程开工之前，主管工程项目审批的政府部门要求施工单位按照工程合同价款的一定比例或固定金额收取的农民工权益保障专项资金。

1. 支付民工工资保证金

（1）业务流程

项目部根据合同内容或当地政府明文规定、施工要求，会签单经项目会计主管、项目党政领导签字，并按照项目重要会计事项报告制度向公司财务部汇报 → 报经成本信息系统审批完成，按照审批意见支付款项，取得对方单位收据和相关文件

（2）业务举例

例 3-4-4：××项目部于 2016 年 7 月 8 日向××委员会缴纳民工工资保证金 300000 元，项目部根据审批后的付款申请单支付款项。

附件审核：其他款项支付单审批手续齐全、××委员会提供政府部门文件、金额与实际相一致，收据签字（盖章）齐全、大小写金额一致、支付日期、金额与实际相一致，银行回单盖章齐全。

凭证类别：银行付款凭证				制证日期：2016年7月8日	
摘要	方向	会计科目（含辅助）	金额	附件	张数
付民工工资保证金	借：	其他应收款–保证金–民工工资保证金[客户往来辅助：××委员会]	300000	地方政府文件、收据、银行回单、其他款项支付单	据实
付民工工资保证金	贷：	银行存款–人民币[现金流量辅助：支付的保证金；银行名称辅助：××银行]	300000		

登记台账：其他应收款–保证金（押金）台账

2.民工工资保证金收回

业务流程及业务操作参见第二章"收回押金、保证金"业务案例。

（四）复垦保证金

支付土地使用复垦保证金

（1）业务流程

项目部根据合同有关条款报经成本信息系统审批，填写其他应付款会签单，经项目党政领导审批 → 项目部根据审批的付款申请单支付款项，取得对方单位收据

（2）业务举例

例3-4-5：××项目部于2016年5月10日需缴纳××村民委员会土地使用复垦保证金250000元，项目根据审批后的付款申请单于当日支付款项。

附件审核：地方政府复垦文件规定的复垦标准与合同或协议约定一致，地方签订的合同或协议与实际缴纳金额一致；其他款项支付单审批手续齐全、金额与实际相一致；收据签字（盖章）齐全、大小写金额一致；支付日期、金额与实际相一致；银行回单盖章齐全。

凭证类别：银行付款凭证				制证日期：2016年5月10日	
摘要	方向	会计科目（含辅助）	金额	附件	张数
付复垦保证金	借：	其他应收款–保证金–其他[客户往来辅助：××委员会]	250000	支持性协议或合同、收据、银行回单、其他款项支付单	据实
付复垦保证金	贷：	银行存款–人民币[现金流量辅助：支付的保证金；银行名称辅助：××银行]	250000		

登记台账：其他应收款–保证金（押金）台账

注：①项目完工仍不能退回的，须取得地方政府支撑性材料，履行收尾项目审批管理程序，列支成本，复垦保证金不允许移交公司；②根据国务院办公厅关于清理规范工程建设领域保证金的通知（国办发[2016]49号）规定，对建筑业企业在工程建设中需缴纳的保证金，除依法依规设立的投标保证金、履约保证金、工程质量保证金、农民工工资保证金外，其他保证金一律取消。对取消的保证金，自本通知印发之日起，一律停止收取。

（五）应收押金

应收押金指租赁合同承租人为了履行合同义务担保而支付给出租人的金额，项目部应收押金主要包括应收住房押金、应收周转料租赁押金、应收临时用水电押金、应收道路、河道等使用押金等。

1. 应收押金的支付

（1）业务流程

> 项目财务部根据租赁合同（协议）约定报经成本信息系统审批，填写会签单，会计主管审核，项目党政领导签字 → 会计主管制单入账，出纳办理付款手续并索要收据

（2）业务举例

例 3-4-6：××项目部于 2016 年 6 月 10 日因施工需要租赁××公司办公楼一栋，按合同缴纳押金 100000 元，通过银行付款后，取得对方收据。

附件审核：会签单审批手续齐全、合同（协议）签字齐全、金额与实际相一致；收据签字（盖章）齐全、大小写金额一致；支付日期、金额与实际相一致，银行回单盖章齐全。

凭证类别：银行付款凭证　　　　　　　　　　　制证日期：2016 年 6 月 10 日

摘要	方向	会计科目（含辅助）	金额	附件	张数
付租房押金	借：	其他应收款－应收押金[客户往来辅助：××公司]	100000	合同（协议）原件、银行回单、收据、其他款项支付单	据实
付租房押金	贷：	银行存款－[现金流量辅助：支付的保证金；银行名称辅助：××银行]	100000		

登记台账：其他应收款－保证金（押金）台账

2. 应收押金的收回

（1）业务流程

> 项目部根据租赁合同于租赁期满退还租赁房屋（财产）后，向对方单位申请退回押金并办理收款手续 → 款项收取后会计主管制单入账，出纳开具收据

（2）业务举例

例 3-4-7：××项目部租赁××公司一栋办公楼，2016 年 7 月 1 日租赁期满，合同约定押金 10000 元于租赁期满 5 日内退回。2016 年 7 月 5 日，××公司开具转账支票一张，退回押金 10000 元，会计办理入账手续。

附件审核：收据记账联签字齐全、大小写金额一致、收据内容合理正确，银行回单签章齐全。

凭证类别：银行收款凭证			制证日期：2016年7月5日		
摘要	方向	会计科目（含辅助）	金额	附件	张数
收回租房押金	借：	银行存款－人民币[现金流量辅助：其他收款；银行名称辅助：××银行]	10000	银行回单、收据	2
收回租房押金	贷：	其他应收款－应收押金[客户往来辅助：××公司]	10000		

登记台账：其他应收款－保证金（押金）台账

（六）应收其他代垫款：仅核算内部职工代垫款。在客户往来增加罚款、定额备用金、社保清算款等明细辅助。

应收代垫职工大病医疗费用

（1）业务流程

职工申请借支大病医疗费用，报经成本信息系统审批，填写会签单，会计主管审核，项目党政领导签字	→	财务主管审核职工医疗保险及大病救助保险缴纳情况，会计主管制单入账，出纳办理付款手续并索要收据

（2）业务举例

例3-4-8：2016年11月25日公司A项目职工朱某体检发现重大疾病需住院治疗，朱某家庭经济条件一般，公司工会要求A项目部暂时垫付朱某医疗费用50000元，于当日电汇至朱某本人账户，要求朱某于出院后30日内，办理医疗保险并归还借款。

附件审核：其他付款会签单签字齐全，银行回单、收据金额一致，大小写金额一致，朱某医疗保险及大病救助保险正常缴纳。

凭证类别：银行付款凭证			制证日期：2016年11月25日		
摘要	方向	会计科目（含辅助）	金额	附件	张数
垫付职工医疗费	借：	其他应收款－应收其他代垫款[客户往来辅助：人员核算－朱某]	50000	其他付款会签单、银行回单、收据	3
垫付职工医疗费	贷：	银行存款－人民币[现金流量辅助：代付款；银行名称辅助：××银行]	50000		

例3-4-9：接例3-4-8，于2016年12月25日，朱某治疗结束，医疗保险办理完结，归还A项目部垫付款50000元，款项缴存银行。

附件审核：银行回单与应收其他代垫款[客户往来：人员核算－朱某]余额核对一致。

凭证类别：银行收款凭证　　　　　　　　　　　　　制证日期：2016年12月25日

摘要	方向	会计科目（含辅助）	金额	附件	张数
职工退医疗费	借：	银行存款－人民币[现金流量辅助：代收款；银行名称辅助：××银行]	50000	银行回单、通知书	2
职工退医疗费	贷：	其他应收款－应收其他代垫款[客户往来：人员核算－朱某]	50000		

（七）其他

核算应收外部单位和个人零星租金、水电费、伙食费相关款项及预缴电费。

1. 业务流程

相关部门将经对方单位签字确认且审批手续齐全的应扣材料发料单、水电费扣款单及租赁费扣款单等报财务部 → 会计主管审核制单入账

2. 业务举例

例3-4-10：2016年7月31日，地方××公司使用××项目部电费500元，物资部提供电费扣款计算单交财务部。（视同销售）

附件审核：电费扣款单计算是否有误，对方单位签字盖章是否齐全，审批手续是否齐全。

凭证类别：转账凭证　　　　　　　　　　　　　制证日期：2016年7月31日

摘要	方向	会计科目（含辅助）	金额	附件	张数
应收电费	借：	其他应收款－其他[客户往来辅助：××公司]	500	电费扣款单	据实
应收电费	贷：	工程施工－合同成本－其他直接费－燃料动力费[工号辅助：主体工程]	427.35		
应收电费	贷：	应交税金－应交增值税－销项税额[税率辅助：17%]	72.65		

登记台账：工程施工－其他直接成本台账、应交税费统计分析表

例3-4-11：2016年8月5日，项目部收到××公司缴纳电费500元，存入项目部地方银行账户。

附件审核：缴款单填写正确，缴款金额与账面应缴金额一致。

凭证类别：银行收款凭证　　　　　　　　　　　　　制证日期：2016年8月5日

摘要	方向	会计科目（含辅助）	金额	附件	张数
收××公司缴纳电费	借：	银行存款－人民币[现金流量辅助：其他收款；银行名称辅助：××银行]	500	银行进账单、缴款单、收据存根联	据实
收××公司缴纳电费	贷：	其他应收款－其他[客户往来辅助：××公司]	500		

例 3-4-12：2016 年 7 月 31 日，××项目根据当地供电要求，电费使用必须先预缴后使用（购电卡），××项目预缴××供电局电费 120000 元。

附件审核：其他款项支付会签单内容填写完整、审批手续齐全；收据内容完整，审核及签章齐全，金额大小写一致；支票或网银指令信息与会签单一致；收款人信息与合同约定一致；银行回单盖章齐全、金额与实际相符。

凭证类别：银行付款凭证　　　　　　　　　　　　　制证日期：2016 年 7 月 31 日

摘要	方向	会计科目（含辅助）	金额	附件	张数
预缴电费	借：	其他应收款－其他 [客户往来辅助：××供电局]	120000	其他款项支付会签单、收据、回单	据实
预缴电费	贷：	银行存款－人民币 [现金流量辅助：购买商品、接受劳务支付的现金；银行名称辅助：××银行]	120000		

例 3-4-13：接例 3-4-12，2016 年 9 月 5 日取得供电局开具的增值税专用发票 105300 元（其中税额 15300 元）。

附件审核：审核发票真实，购买方信息完整正确，发票专用章、单位名称与发票记录相一致；审核用电量与使用明细一致（月初度数与上月末度数一致）、电费单价与合同（协议）约定一致；报销单签字、审批手续是否齐全，会计主管在审核栏签章，单据张数、金额正确。

凭证类别：转账凭证　　　　　　　　　　　　　　制证日期：2016 年 9 月 5 日

摘要	方向	会计科目（含辅助）	金额	附件	张数
列 8 月电费	借：	工程施工－合同成本－其他直接费－燃料动力费 [工号核算：主体工程]	90000	发票、电费结算单、合同成本工号核算分配表	据实
列 8 月电费	借：	应交税金－应交增值税－进项税额 [税率辅助：17%]	15300		
列 8 月电费	贷：	其他应收款－其他 [客户往来辅助：××供电局]	105300		

登记台账：工程施工－其他直接成本台账、应交税费统计分析表

第五节　应付账款

一、定义

本节应付账款是指因购买材料、接受劳务和租赁机械设备或周转材料而形成的债务。各单位材料采购、劳务结算、设备及周转料租赁需通过应付账款科目核算，启用"应

付材料采购款"、"应付劳务款"、"应付租赁费"、"其他"四个二级科目，应付账款确认时，贷记本科目；款项支付时，借记本科目。

二、相关规则

（一）应付劳务费

1. 确认程序

现场评估施工队伍自带机械设备价值→合同评审→中国中铁成本管理信息系统合同审批→合同交底→月度收方结算→业务部门会签结算及扣款事项→中国中铁成本管理信息系统结算审批→按审批意见账务处理→签订封账协议。

2. 债务审核

审核结算数量、单价、内容与收方数量、合同单价、合同内容的一致性；审核结算扣款与合同约定、实际应扣款项的一致性；审核结算手续、审批签字的齐备情况。

3. 入账依据

中国中铁成本管理信息系统结算审批表、劳务结算会签单、劳务结算单、扣款会签单、收方单等原件。

（二）应付材料费

1. 确认程序

合同评审→中国中铁成本管理信息系统合同审批→合同交底→月度结算→中国中铁成本管理信息系统材料采购结算审批→发票真伪查询→按审批意见进行账务处理→签订封账协议。

2. 债务审核

审核原始验收单据所载数量与实际结算数量的一致性；审核结算单价与合同单价的一致性。

3. 入账依据

中国中铁成本管理信息系统结算审批表、点收单、发票、验收单原件。

（三）应付机械租赁费

1. 确认程序

合同评审→中国中铁成本管理信息系统合同审批→合同交底→月度结算→中国中铁成本管理信息系统机械租赁结算审批→发票真伪查询程序→按审批意见进行账务处理→签订封账协议。

2. 重点审核事项

（1）结算数量、单价：审核结算数量、单价与机械运转记录、合同条款的一致性。

（2）例外结算事项：审核维修、保养、机械进出场费等例外结算事项与合同条款的一致性。

3. 入账依据

中国中铁成本管理信息系统结算审批表、机械结算会签单、机械结算单、机械台班签认记录原件。

（四）确认时间要求

1. 当月劳务费、材料费、机械费、其他款项等须于次月 5 日前完整归集，完成财务入账手续。

2. 当月结算申请须于当月月末录入中国中铁成本管理信息系统，公司部门在收到结算申请后须于 24 小时内完成审批。

（五）债务支付控制比例：职工工资、绩效奖励和五险两金按月足额支付，不得拖欠；外部债务综合支付比例在遵守合同约定的基础上，不得高于业主资金拨付比率。

（六）劳务人员工资支付管理

1. 劳务人员工资计算

（1）工资标准：按备案的劳动合同执行，工资标准应在正常水平范围内。

（2）考勤表：以施工队伍负责人、单位现场负责人签字的月度考勤表，作为计算劳务人员工资的考勤依据。

（3）劳务人员工资支付单：次月 3 日前，由施工队伍负责人上报当月工资支付单，单位财务部按工资标准及考勤表逐一审核，经单位负责人审批，作为劳务人员工资支付依据。

2. 劳务人员工资发放

（1）单位支付劳务费用前，优先代付全部劳务人员工资。

（2）单位代付劳务人员工资，应取得代付劳务人员工资代付委托书和当月劳务人员工资结清手续。

（3）所有劳务人员工资发放均采用打卡方式支付，未能足额发放的劳务人员工资应在次月补足。

3. 劳务人员工资发放资料归档

各单位按劳务人员工资支付单、银行代发工资记录、考勤表的次序按月、分施工队伍整理、装订劳务人员工资发放资料。

（七）各单位应统筹安排债务支付，按年、季、月资金计划，合理控制支付比例，债务支付应按月固定时点集中支付，同类债务基本保持相同的付款比例；各单位在债务支付过程中积极主动，充分解释沟通，温情接待，避免激化矛盾。

（八）债务支付严禁无合同依据预付款，不得超付款。债务支付流程如下：

到款资金计划→中国中铁成本管理信息系统付款审批→填制付款会签单→会签→编制付款凭证→办理付款→签订债务结清手续。

（九）各单位应妥善保管债务结算确认资料，按月及时准确登记债务结算支付统计分析表、应付劳务款台账、应付材料采购款台账、应付租赁费台账、零星材料设备租赁台账。

（十）各单位发生一次性支付结算金额不超过5万元的零星采购、零星租赁可不通过"应付账款－其他"科目核算,零星采购需通过"材料采购"科目核算,不得直接列支成本。

（十一）严禁各单位通过"应付账款－未提账单"科目直接支付供应商欠款。

三、业务处理

（一）应付材料采购款

1. 应付材料采购款的确认

（1）业务流程

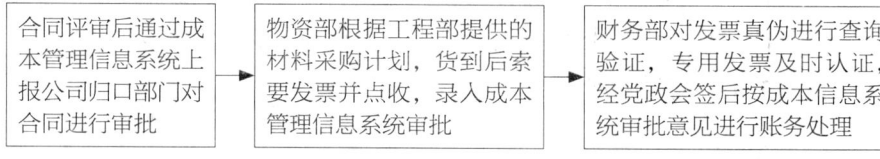

（2）业务举例

①发票账单与材料同时到达，货款尚未支付

例3-5-1：A项目部（一般计税）物资部张某2016年6月30日从B公司购买碎石一批，增值税专用发票于当日开具，票面记载不含税销售额2000000.00元，增值税进项税额340000.00元，发票已认证，材料已点收，货款尚未支付。

附件审核：验证发票真实有效、购买方信息完整正确且留存查询记录；保存并及时传递专用发票抵扣联、收料单、材料清单与发票数量金额一致；采购单价与合同单价一致。

凭证类别：转账凭证　　　　　　　　　　　　　　制证日期：2016年6月30日

摘要	方向	会计科目（含辅助）	金额	附件	张数
购材料	借：	材料采购[材料采购类别辅助：自购料]	2000000	发票、收料单、材料清单、材料采购分类统计表	据实
购材料	借：	应交税费－应交增值税－进项税额[税率辅助：17%]	340000		
购材料	贷：	应付账款－应付材料采购款[客户往来辅助：B公司]	2340000		

登记台账：物资采购分类统计台账，应付账款－应付材料采购款台账，应交税费统计分析表

②材料已到达并验收，但发票账单等结算凭证未到，货款未支付

例3-5-2：A项目部（一般计税）物资部张某2016年6月30日购买B公司碎石一批，入库结算单据合计总价2340000元（含税），发票暂未开具，材料已预点。

附件审核：审核原始单据、预点收料单的一致性；经办人员签字齐全，领导审批齐全；材料采购分类统计表编制正确；数量与原始验收单据核对无误，单价与合同核对无误。

凭证类别：转账凭证　　　　　　　　　　　　　　制证日期：2016年6月30日

摘要	方向	会计科目（含辅助）	金额	附件	张数
预点自购料	借：	材料采购 [材料类别辅助：自购料]	2000000	预点收料单、验收单、材料采购分类统计表	据实
预点自购料	贷：	应付账款 – 应付材料采购款 [客户往来辅助：未提账单]	2000000		

登记台账：物资采购分类台账、应付账款 – 应付材料采购款 – 未提账单台账

注：一般计税项目，预点材料按不含税价点收，简易计税项目按价税合计点收。

2. 应付材料采购款的支付

（1）业务流程

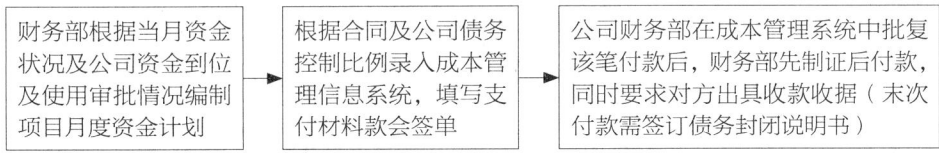

（2）业务举例

例3-5-3：A项目部依据合同约定于2016年6月30日电汇支付B公司碎石款1500000元。

附件审核：支付物资（机械费）会签单内容填写完整、审批手续齐全；收据内容完整、金额正确；会签单收款人信息与合同约定一致；支票或网银指令录入信息与会签单一致。

凭证类别：银行付款凭证　　　　　　　　　　　　制证日期：2016年6月30日

摘要	方向	会计科目（含辅助）	金额	附件	张数
付材料款	借：	应付账款 – 应付材料采购款 [客户往来辅助：B公司]	1500000	支付物资（机械费）会签单、收据、银行回单、债务封闭说明书（末次付款时）	据实
付材料款	贷：	银行存款 – 人民币 [现金流量辅助：购买商品、接受劳务支付的现金；银行名称辅助：××银行]	1500000		

登记台账：应付账款 – 应付材料采购款台账

例3-5-4：A项目部于2016年6月30日从B公司零星采购二三项料一批，开具增值税专用发票，不含税价格80000元，进项税额13600元；由C运输公司将材料运抵施工现场，运费开具增值税专用发票不含税金额3000元，进项税额330元；材料已点收，项目物设部未与供货方签订采购合同。

附件审核：收料单与材料清单单价、数量、型号填写无误且与发票数量金额一致，发票真实有效、购买方信息完整正确且留存查询记录，增值税专用发票发票联与抵扣联提供完整。

凭证类别：转账凭证　　　　　　　　　　　　　　　　制证日期：2016年6月30日

摘要	方向	会计科目（含辅助）	金额	附件	张数
零星购料	借：	材料采购-[材料采购类别辅助：自购料]	80000	发票、收料单、材料清单、材料采购分类统计表	据实
零星购料	借：	应交税费-应交增值税-进项税额[税率辅助：17%]	13600		
零星购料	贷：	应付账款-其他[客户往来辅助：B公司]	93600		

登记台账：物资采购分类统计台账，应付账款-其他-零星材料设备租赁台账，应交税费统计分析表

凭证类别：转账凭证　　　　　　　　　　　　　　　　制证日期：2016年6月30日

摘要	方向	会计科目（含辅助）	金额	附件	张数
列材料运费	借：	工程施工-合同成本-其他直接费[工号核算辅助：主体工程]	3000	运费发票、运输清单、协议	据实
列材料运费	借：	应交税费-应交增值税-进项税额[税率辅助：11%]	330		
列材料运费	贷：	应付账款-其他[客户往来辅助：C公司]	3330		

登记台账：工程施工-其他直接成本台账、应付账款-其他-零星材料设备租赁台账、应交税费统计分析表

例3-5-5：根据例3-5-2，该公司已于2016年9月30日开具碎石发票（增值税专用发票），票面不含税金额2000000元，进项税额340000元，物资部办理报销手续，发票抵扣联提交财务。

附件审核：审核预点收料单填写正确，单价、数量、金额无误；会计主管审核；材料采购分类统计表编制正确。

凭证类别：转账凭证　　　　　　　　　　　　　　　　制证日期：2016年9月30日

摘要	方向	会计科目（含辅助）	金额	附件	张数
冲销预点材料	借：	材料采购-[材料类别辅助：自购料]	-2000000	收料单（负数）、材料采购分类统计表	据实
冲销预点材料	贷：	应付账款-应付材料采购款[客户往来辅助：未提账单]	-2000000		

登记台账：物资采购分类台账，应付账款-应付材料采购款-未提账单台账

附件审核：审核成本信息系统审批表，审核发票、收料单与合同一致；验证发票是否真实有效，是否有抵扣联，专票及时认证；收料单经办人员签字齐全；报销单项目党政会签；材料采购分类统计表编制正确；数量与原始验收单据核对无误，单价与合同核对一致。

凭证类别：转账凭证　　　　　　　　　　　　　　　　　制证日期：2016年9月30日

摘要	方向	会计科目（含辅助）	金额	附件	张数
购材料	借：	材料采购[材料类别辅助：自购料]	2000000	发票、收料单、验收单、成本信息系统审批单，材料采购分类统计表	据实
购材料	借：	应交税费－应交增值税－进项税额[税率辅助：17%]	340000		
购材料	贷：	应付账款－应付材料采购款[客户往来辅助：B公司]	2340000		

登记台账：物资采购分类统计台账，应付账款－应付材料采购款台账，应交税费统计分析表

（二）应付劳务费

1. 应付劳务费的确认

（1）业务流程

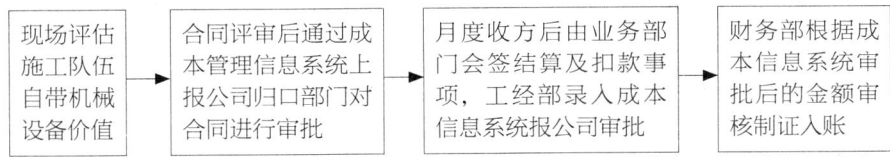

（2）业务举例

例3-5-6：××项目部（一般计税）2016年6月30日工经部根据工程部的收方资料结算B公司劳务价款1140000元，电费扣款10000元，二三项料扣款20000元，扣款后结算金额1110000元（含税），根据结算单列示劳务人员工费999000元（含税）、研发人员工费55500元（含税）、安全施工费55500元（含税），结算资料审批手续齐全。同时取得B公司开具的增值税专用发票1110000元，其中进项税额110000元。

附件审核：结算数量、单价、内容与收方数量、合同内容一致；结算扣款与合同约定、实际应扣款项一致；结算手续、审批签字齐备，增值税专用发票发票联抵扣联提供齐全，票面信息正确，金额与结算单一致。

凭证类别：转账凭证　　　　　　　　　　　　　　　　　制证日期：2016年6月30日

摘要	方向	会计科目（含辅助）	金额	附件	张数
6月劳务结算	借：	工程施工－合同成本－劳务成本[工号核算辅助：主体工程]	900000	成本管理信息系统审批单、劳务结算单原件、扣款会签单、收方单原件、合同成本工号核算分配表、增值税专用发票	据实
6月劳务结算	借：	专项储备－安全生产费－使用[专项辅助类别：××项目]	50000		
6月劳务结算	借：	研发费用－费用化支出－人工费－工资薪金	50000		
6月劳务结算	借：	应交税费－应交增值税－进项税额[税率辅助：11%]	110000		
6月劳务结算	贷：	应付账款－应付劳务款[客户往来辅助：B公司]	1110000		

登记台账：应付账款－应付劳务费台账、安全生产费用台账、研究与开发费用台账、工程施工－直接成本台账、应交税费统计分析表

2. 劳务费的支付

（1）业务流程

财务部根据当月资金状况及公司资金到位及使用审批情况编制项目月度资金计划 → 根据合同及公司债务控制比例录入成本管理信息系统，填写支付劳务费会签单 → 公司财务部在成本管理系统中批复该笔付款后，财务部先制证后付款，同时要求对方出具收款收据，末次付款需签订债务封闭说明书

（2）业务举例

例 3-5-7：A 项目部于 2016 年 6 月 30 日准备支付 B 公司劳务结算款，B 公司开累结算 10000000 元，开累支付 7500000 元（含民工工资）。合同约定在施工过程支付比例为 85%，项目财务部依据资金使用计划表，在成本管理信息系统提报债务支付申请表，经公司批准，填写债务支付会签单，报项目党政正职审批后支付 1000000 元（其中支付至 B 公司账户 15 万元，代 B 公司支付民工工资 85 万元）。

附件审核：支付工程款（劳务费）会签单内容填写完整、审批手续齐全；收据内容完整，金额正确；会签单收款人信息与合同约定一致；支票或网银指令录入信息与会签单一致。

①付劳务费

凭证类别：银行付款凭证　　　　　　　　　　　制证日期：2016 年 6 月 30 日

摘要	方向	会计科目（含辅助）	金额	附件	张数
付劳务费	借：	应付账款－应付劳务款[客户往来辅助：B公司]	150000	支付工程款（劳务费）会签单、收据、银行回单	3
付劳务费	贷：	银行存款－人民币[现金流量辅助：购买商品、接受劳务等支付的现金；银行名称辅助：××银行]	150000		

登记台账：应付账款－应付劳务费台账

②代发农民工工资

附件审核：农民工工资代发委托书签字盖章齐全；民工工资支付单计算正确，金额无误、农民工考勤表人员名单与备案劳动合同书及劳务人员花名册相符；银行批量代发清单盖章齐全与实际发放金额核对无误。

凭证类别：银行付款凭证　　　　　　　　　　　制证日期：2016 年 6 月 30 日

摘要	方向	会计科目（含辅助）	金额	附件	张数
付民工工资	借：	应付账款－应付劳务款[客户往来辅助：B公司]	850000	支付工程款（劳务费）会签单、收据、银行回单、农民工工资代发委托书、劳务人员工资支付单、农民工考勤表、银行批量代发清单	据实
付民工工资	贷：	银行存款－人民币[现金流量辅助：购买商品、接受劳务等支付的现金；银行名称辅助：××银行]	850000		

登记台账：应付账款－应付劳务费台账，农民工工资月报

（三）应付租赁费

1. 应付租赁费的确认

（1）业务流程

合同评审后通过成本管理信息系统上报公司归口部门对合同进行审批 → 项目部相关业务部门等对机械结算单签字审核，物资部录入成本管理信息系统报公司审批 → 项目财务部根据成本管理信息系统审批后的金额审核制证，查验认证增值税专用发票

（2）业务举例

例3-5-8：A项目（一般计税）物机部月租C公司挖机两台，根据2016年10月的机械派遣单和机械运转记录，对C公司办理机械租赁结算，当月结算总额为50000元（含税），并取得C公司开具的增值税专用发票。

附件审核：结算数量、单价与机械运转记录、合同条款一致；维修、保养、机械进出场费等例外结算事项与合同条款一致；成本管理信息系统审批金额与结算金额一致；结算手续、审批签字齐备。

凭证类别：转账凭证　　　　　　　　　　　　　　制证日期：2016年10月28日

摘要	方向	会计科目（含辅助）	金额	附件	张数
6月设备租赁费	借：	工程施工-合同成本-机械使用费-机械租赁费[工号核算辅助：主体工程]	42735.04	成本信息系统审批表、机械结算单原件、增值税专用发票发票联、机械台班签认记录（机械运转记录）、合同成本工号核算分配表	据实
6月设备租赁费	借：	应交税费-应交增值税-进项税额[税率辅助：17%]	7264.96		
6月设备租赁费	贷：	应付账款-应付租赁费-设备租赁费[客户往来辅助：C公司]	50000		

登记台账：应付账款-应付租赁费-设备租赁台账、工程施工-直接成本台账、应交税费统计分析表

例3-5-9：A项目（一般计税）物机部于2016年6月1日租赁H公司碗扣杆件1批，根据合同约定当日缴纳租赁押金30000元。2016年6月30日根据现场周转材料盘点及合同约定，对H公司周转材料租赁办理结算，总额为6000元（含税），并取得H公司开具的增值税专用发票。

附件审核：结算数量、单价与收料记录、现场盘点记录、合同条款一致；例外结算事项与合同条款一致；成本管理信息系统审批金额与结算金额一致；结算手续、审批签字齐备，发票内容与结算内容一致。

①6月1日缴纳押金业务流程和核算要求参见"其他应收款-保证金（押金）"相关要求，此处不再赘述。

②周转材料租赁结算

凭证类别：转账凭证　　　　　　　　　　　　　　**制证日期：2016年6月30日**

摘要	方向	会计科目（含辅助）	金额	附件	张数
6月周转料租赁费	借：	工程施工–合同成本–直接材料费[工号核算辅助：主体工程]	5128.21	成本信息系统审批表、周转料租赁结算单原件、增值税专用发票、合同成本工号核算分配表	据实
6月周转料租赁费	借：	应交税费–应交增值税–进项税额[税率辅助：17%]	871.79		
6月周转料租赁费	贷：	应付账款–应付租赁费–其他租赁费[客户往来辅助：H公司]	6000		

登记台账：应付账款–应付租赁费–其他租赁台账、工程施工–直接成本台账、应交税费统计分析表

2. 应付租赁费的支付

业务流程及业务举例比照本节应付劳务费、材料费的支付，此处不再赘述。

（四）应付其他款

仅指应付零星采购材料款和临时机械租赁费的结算，签订协议并通过开具增值税专用发票直接结算。

应付其他款的确认

（1）业务流程

项目部相关业务部门等对零星采购材料收料单、临时租赁机械派工单签字审核，并取得相应的发票，报项目主要领导审批 → 项目财务部根据审批后的金额审核制证，验证发票真伪，并完成专票认证，审核结算资料完善齐全

（2）业务举例

例3-5-10：A项目（一般计税）物机部于2016年6月1日临时租赁地方李某的吊车1部，按300元/小时支付租金，现场队长开具机械派工单签字审批齐全，使用8小时；结算金额2400元，李某向税务部门申请代开增值税普通发票2400元。

附件审核：审核派工单签字审批齐全；审核机械结算单与发票金额一致、与派工单数量一致；验证发票真实有效且留存查询记录；保存并及时传递专用发票抵扣联。

凭证类别：转账凭证　　　　　　　　　　　　　　**制证日期：2016年6月30日**

摘要	方向	会计科目（含辅助）	金额	附件	张数
临租设备费	借：	工程施工–合同成本–机械使用费–机械租赁费[工号核算辅助：主体工程]	2400	机械结算单原件、机械台班签认记录（机械运转记录）、增值税普通发票、合同成本工号核算分配表	据实
临租设备费	贷：	应付账款–其他[客户往来辅助：李某]	2400		

登记台账：应付账款－其他－零星材料设备租赁台账、工程施工－直接成本台账

例3-5-11：A项目：（一般计税）2016年6月30日物机部张某零星采购劳保用品一批，含税金额3000元，款项未付。X商店代开增值税专用发票3000元（含税），物机部张某履行财务报销手续。

附件审核：审核物资收料单与发票内容一致；报销单部门审核和领导签字齐全；验证发票真实有效、购买方信息完整正确且留存查询记录；保存并及时传递专用发票抵扣联。

凭证类别：转账凭证　　　　　　　　　　　　　　制证日期：2016年6月30日

摘要	方向	会计科目（含辅助）	金额	附件	张数
零星购材料	借：	材料采购－[材料类别辅助：自购料]	2912.62	增值税专用发票发票联及抵扣联、点收单、材料清单、材料采购分类统计表	据实
零星购材料	借：	应交税费－应交增值税－进项税额[税率辅助：3%]	87.38		
零星购材料	贷：	应付账款－其他[客户往来辅助：X商店]	3000		

登记台账：物资采购分类统计台账、应付账款－其他－零星材料设备租赁台账、应交税费统计分析表

第六节　预收账款

一、定义

本节所指预收账款是指发包人按照合同约定，按照合同金额的一定比例无息预付给承包人的款项。

本科目主要核算的是业主拨付的动员预付款、材料预付款等，在本科目的二级明细科目"工程款"科目下通过客户往来辅助核算。收款时，借记本科目；转销时，贷记本科目。

二、相关规则

（一）项目部研究合同条款，按合同条款规定向业主单位催收预收款。

（二）结合政策规定对纳税义务发生时间、计税基础等事项的判定，切实履行纳税义务，降低税务风险。

（三）建立应收账款－应收工程款（质量保证金）台账，及时登记、核对业主资金到位及扣回金额。

（四）在未达到业主扣回条款，预收账款未全额扣回的，在编制财务决算时预收账款与应收账款合并抵销填列。

（五）项目部关注预付款保函的办理、解付，按时解付到期预付款保函。

三、业务处理

（一）收业主拨付预付款

1. 业务流程

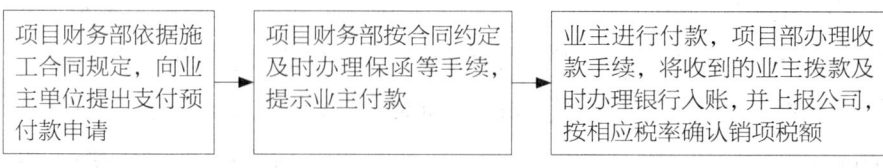

2. 业务举例

例 3-6-1：2016 年 8 月 15 日，某公司 A 项目部与 B 业主公司签订一份 20000000 元公路施工合同，合同约定如下：自合同签订后 20 日内按合同总价的 10% 支付预付款，自第一次计量全额扣回；质保金扣除比例为 5%，进度款拨付比例为 95%。2016 年 8 月 25 日收到 B 公司拨付的 2000000 元预付款。

附件审核：收据记账联签字齐全、金额无误，与银行回单相一致，收款金额与合同约定内容一致。

凭证类别：银行收款凭证　　　　　　　　　　　制证日期：2016 年 8 月 25 日

摘要	方向	会计科目（含辅助）	金额	附件	张数
收预付款	借：	银行存款 – 人民币 [现金流量辅助：销售商品、提供劳务收到的现金；银行名称：×× 银行]	2000000	收据记账联、银行回单、合同预付款条款复印件	据实
收预付款	贷：	预收账款 – 工程款 [客户往来辅助：B 公司]	2000000		

24 小时内上报公司：资金到位及使用审批表

登记台账：应收账款 – 应收工程款（质量保证金）台账、资金到位审批与执行台账

确认销项税额，金额为 198198.20 元 =2000000÷（1+11%）×11%

凭证类别：转账凭证　　制证日期：2016 年 8 月 25 日

摘要	方向	会计科目（含辅助）	金额	附件	张数
确认销项税额	借：	应收账款 – 预收账款增值税	198198.20	收据记账联、银行回单、合同预付款条款复印件	据实
确认销项税额	贷：	应交税费 – 应交增值税 – 销项税额 [税率辅助：11%]	198198.20		

登记台账：应交税费统计分析表

（二）预收账款转销

1. 业务流程

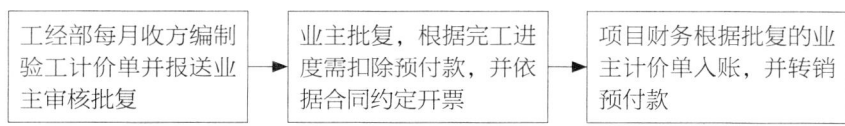

2. 业务举例

例3-6-2：接例3-6-1，2016年9月25日，A项目部完成对业主验工计价1000万元，按合同约定从本次工程进度款中全额扣除工程预付款。

（1）合同约定按业主验工计价开票

附件审核：验工计价单（含扣预付款资料）签章齐全、金额与实际相一致，合同约定扣回条款复印件，增值税专用发票金额与验工计价单金额核对一致。

凭证类别：转账凭证　　　　　　　　　　　　制证日期：2016年9月25日

摘要	方向	会计科目（含辅助）	金额	附件	张数
列业主验工计价	借：	预收账款－工程款[客户往来辅助：B公司]	2000000	验工计价单（含扣预付款资料），增值税专用发票	据实
列业主验工计价	借：	应收账款－工程款－公路[客户往来辅助：B公司]	8000000		
列业主验工计价	贷：	工程结算	9009009.01		
列业主验工计价	贷：	应交税费－应交增值税－销项税额[税率辅助：11%]	792792.79		
列业主验工计价	贷：	应收账款－预收账款增值税	198198.20		

登记台账：应收账款－应收工程款（质量保证金）台账、应交税费统计分析表

（2）合同约定按收款开票

附件审核：验工计价单（含扣预付款资料）签章齐全、金额与实际相一致，合同约定扣回条款复印件。

凭证类别：转账凭证　　制证日期：2016年9月25日

摘要	方向	会计科目（含辅助）	金额	附件	张数
列业主验工计价	借：	预收账款－工程款[客户往来辅助：B公司]	2000000	验工计价单（含扣预付款资料）	据实
列业主验工计价	借：	应收账款－工程款－公路[客户往来辅助：B公司]	8000000		
列业主验工计价	贷：	工程结算	9009009.01		
列业主验工计价	贷：	应交税费－待转销项税额	792792.79		
列业主验工计价	贷：	应收账款－预收账款增值税	198198.20		

登记台账：应收账款－应收工程款（质量保证金）台账

第七节 其他应付款

一、定义

其他应付款是指企业在主营业务以外发生的应付和暂收款项。指企业除应付账款、预收账款、应付职工薪酬、应交税费等以外的应付、暂收其他单位或个人的款项。

项目涉及范围主要有存入保证金、民工工资保证金、项目风险责任保证金、收取的外单位用水用电押金、收取的员工风险抵押金、应付暂收款、代扣员工个人缴纳的社保公积金、代扣应上交公司的员工工会会费等。

二、相关规则

（一）其他应付款确认：项管会研究→合同评审→合同报批→合同交底→结算→票据审核→账务处理；支付需审核结算金额与结算依据的一致性及审核费用承担主体并落实扣款，严格按照支付手续审批支付。

（二）所有其他应付款项涉及设备进出场运费、宣传费、电费、检测费、施工配合费、征地拆迁款等必须通过本科目办理结算、付款手续，保证成本费用核算的完整性，原则上不允许直接付款入成本费用。

（三）建立其他应付款-其他台账并及时登记，每季度定时清理。

三、业务处理

（一）保证金

1. 民工工资保证金

（1）业务流程

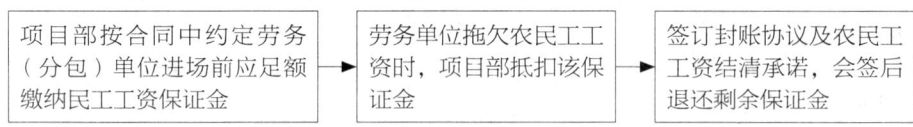

（2）业务举例

例3-7-1：××项目部与甲公司签订的劳务分包合同约定：甲公司开工前向该项目部缴纳100000元民工工资保证金，2016年3月7日甲公司足额缴纳；2016年8月15日甲公司退场，项目依约退还全部保证金（当日电汇到账）。

①收取保证金

附件审核：收据记账联、银行回单签章齐全、与合同内容一致。

凭证类别：银行收款凭证　　　　　　　　　　　　　　　　　　制证日期：2016年3月7日

摘要	方向	会计科目（含辅助）	金额	附件	张数
收民工工资保证金	借：	银行存款－人民币[现金流量辅助：其他收款；银行名称辅助：××]	100000	银行回单、收据记账联、缴款单	据实
收民工工资保证金	贷：	其他应付款－保证金－民工工资保证金[客户往来辅助：甲公司]	100000		

登记台账：其他应付款－其他台账

②退还保证金

附件审核：会签手续审批齐全、收据签字签章齐全、金额无误、内容完整正确，农民工工资结清手续签字盖章齐全，银行回单盖章齐全，金额与实际相一致，退还日期与合同约定一致。

凭证类别：银行付款凭证　　　　　　　　　　　　　　　　　　制证日期：2016年8月15日

摘要	方向	会计科目（含辅助）	金额	附件	张数
退民工工资保证金	借：	其他应付款－保证金－民工工资保证金[客户往来辅助：甲公司]	100000	银行回单、收据、农民工工资结清手续、其他应付款会签单	据实
退民工工资保证金	贷：	银行存款－人民币[现金流量辅助：其他付款；银行名称辅助：××银行]	100000		

登记台账：其他应付款－其他台账

（二）代扣个人社保、公积金参见"应付职工薪酬"章节

（三）应付押金

核算应付外部单位缴纳的押金，含用水、电押金；周转料租赁押金等。

1. 业务流程

2. 业务举例

例3-7-2：××项目部于2016年6月10日收取丙公司用电押金1500元，项目部与其签订的用电协议，规定用电押金可以在丙公司退场后抵扣用电费用，2016年9月30日，丙公司退场，9月电费800元未交，丙公司同意押金冲抵，剩余700元押金退还丙公司。

（1）收取押金

附件审核：收据记账联签章齐全、金额与协议一致，交款人在凭证收款人栏签字。

凭证类别：现金收款凭证				制证日期：2016年6月10日	
摘要	方向	会计科目（含辅助）	金额	附件	张数
收用电押金	借：	库存现金 – 人民币 [现金流量辅助：其他收款]	1500	收款收据记账联、缴款单	2
收用电押金	贷：	其他应付款 – 应付押金 [客户往来辅助：丙公司]	1500		

登记台账：其他应付款 – 其他台账

（2）丙公司退场，押金冲抵9月电费

附件审核：9月丙公司电费使用签认单（数量与实际一致、单价与合同一致），签字齐全。

凭证类别：转账凭证				制证日期：2016年9月30日	
摘要	方向	会计科目（含辅助）	金额	附件	张数
电费抵押金	借：	其他应付款 – 应付押金 [客户往来辅助：丙公司]	800	9月丙公司电费使用签认单	据实
电费抵押金	贷：	工程施工 – 合同成本 – 其他直接费 – 燃料动力费 [工号核算辅助：主体工程]	683.76		
电费抵押金	贷：	应交税费 – 应交增值税 – 销项税额 [税率辅助：17%]	116.24		

登记台账：其他应付款 – 其他台账、工程施工 – 其他直接成本台账、应交税费统计分析表

（3）退还剩余押金

凭证类别：银行付款凭证				制证日期：2016年9月30日	
摘要	方向	会计科目（含辅助）	金额	附件	张数
退用电押金	借：	其他应付款 – 应付押金 [客户往来辅助：丙公司]	700	其他应付款会签单、银行回单、收据	据实
退用电押金	贷：	银行存款 – 人民币 [现金流量辅助：其他付款；银行名称辅助：××银行]	700		

登记台账：其他应付款 – 其他台账

（四）应付暂收款：该应付暂收款仅核算应付内部职工款项。

1. 业务流程

依据文件等收到应付的暂收款，会计主管审核制单入账，并登记台账 → 暂收款经审批后使用或冲减成本

2. 业务举例

例3-7-3：××项目部办公室李某2016年7月11日收到本项目职工缴纳给公司的职

工意外保险 30000 元，并将该笔资金缴存银行，项目部于 7 月 15 日代缴公司工会。

（1）暂收职工缴纳意外保险 30000 元

附件审核：银行回单与职工意外险清单金额一致、签字齐全。

凭证类别：银行收款凭证　　　　　　　　　　　制证日期：2016 年 7 月 11 日

摘要	方向	会计科目（含辅助）	金额	附件	张数
收职工交款	借：	银行存款 – 人民币 [现金流量辅助：代收款；银行名称辅助：××银行]	30000	银行回单、职工意外险清单	据实
收职工交款	贷：	其他应付款 – 应付暂收款 [客户往来辅助：职工意外保险]	30000		

（2）代缴公司工会职工意外保险 30000 元

凭证类别：银行付款凭证　　　　　　　　　　　制证日期：2016 年 7 月 15 日

摘要	方向	会计科目（含辅助）	金额	附件	张数
付职工交款	借：	其他应付款 – 应付暂收款 [客户往来辅助：职工意外保险]	30000	职工意外险清单复印件、银行回单、其他应付款会签单	据实
付职工交款	贷：	银行存款 – 人民币 [现金流量辅助：代付款；银行名称辅助：××银行]	30000		

（五）应付工会经费

1. 业务流程

月底，项目财务部根据公司规定代扣个人工会经费，会计主管审核制单入账 → 季末上缴代扣个人工会会费，及时传递通知书及扣款清单给公司

2. 业务举例

例 3-7-4：××项目部于 2016 年 9 月工资实扣工会经费 120 元，第三季度工资单扣个人承担工会经费共计 360 元，截至 2016 年 12 月 25 日，该项目部当年共代扣工会经费 1500 元，项目部工会主席石某提取该笔经费用于职工福利和慰问，凭据到公司工会办理报销手续。

（1）代扣职工工会会费

附件审核：工资支付单签章齐全、计算金额无误。

凭证类别：转账凭证　　　　　　　　　　　制证日期：2016 年 9 月 30 日

摘要	方向	会计科目（含辅助）	金额	附件	张数
代扣工会经费	借：	应付职工薪酬 – 工资、奖金、津贴、补贴	120	工资支付单	据实
代扣工会经费	贷：	其他应付款 – 应付工会经费	120		

（2）使用职工工会会费

附件审核：其他应付款会签单签字齐全、汇总通知书金额与会签单金额、账面余额一致。

凭证类别：银行付款凭证　　　　　　　　证制证日期：2016年12月25日

摘要	方向	会计科目（含辅助）	金额	附件	张数
付工会经费	借：	其他应付款–应付工会经费	1500	其他应付款会签单、汇总通知书	2
付工会经费	贷：	银行存款–人民币[现金流量辅助：其他付款；银行名称辅助：××银行]	1500		

（六）其他（设备进出场运费、宣传费、电费、检测费、施工配合费、征地拆迁款等）

1. 业务流程

项目经办部门根据相关协议、发票、结算单经党政会签后到财务部办理结算手续 → 财务部审核结算单、发票、协议等结算资料制证

2. 业务举例

例3-7-5：A项目部（一般计税）综合办公室张某于2016年6月25日报销应付B工务段施工配合费8万元，并取得增值税专用发票，其中税额7927.93元；应付C乡D村委会征地拆迁费5万元、应付D村村民王某青苗补偿费2万元，款项尚未支付。

（1）施工配合费

附件审核：发票金额与协议内容一致。

凭证类别：转账凭证　　　　　　　　制证日期：2016年6月25日

摘要	方向	会计科目（含辅助）	金额	附件	张数
列施工配合费	借：	工程施工–合同成本–其他直接费–征地拆迁费[工号核算辅助：措施费]	72072.07	发票、协议、合同成本工号核算分配表	据实
列施工配合费	借：	应交税费–应交增值税–进项税额[税率辅助：11%]	7927.93		
列施工配合费	贷：	其他应付款–其他[客户往来辅助：B工务段]	80000		

登记台账：其他应付款–其他台账、工程施工–其他直接费台账、应交税费统计分析表

（2）征地拆迁补偿费

附件审核：征地拆迁协议签盖齐备（须盖村镇及以上政府部门公章）；补偿金额符合法定标准；财政统一收据签章完备、内容齐全、金额正确与协议一致。

凭证类别：转账凭证　　　　　　　　　　　　　　制证日期：2016年6月25日

摘要	方向	会计科目（含辅助）	金额	附件	张数
列征迁费	借：	工程施工－合同成本－其他直接费－征地拆迁费[工号核算辅助：临时工程]	50000	征地拆迁协议、现场量测单据、补偿标准文件、合同成本工号核算分配表	据实
列征迁费	贷：	其他应付款－其他[客户往来辅助：D村委会]	50000		

登记台账：其他应付款－其他台账、工程施工－其他直接成本台账

（3）青苗补偿费

附件审核：青苗补偿费金额符合法定标准、协议签章齐全（须盖村镇及以上政府部门公章）；村民王某签字的身份证复印件、补偿清单签章齐全；收据签字完备加按手印、内容齐全、金额正确与协议一致。

凭证类别：转账凭证　　　　　　　　　　　　　　制证日期：2016年6月25日

摘要	方向	会计科目（含辅助）	金额	附件	张数
列青苗补偿费	借：	工程施工－合同成本－其他直接费－征地拆迁费[工号核算辅助：临时工程]	20000	青苗补偿协议、王某身份证复印件、补偿清单、补偿标准文件、合同成本工号核算分配表	据实
列青苗补偿费	贷：	其他应付款－其他[客户往来辅助：王某]	20000		

登记台账：其他应付款－其他台账、工程施工－其他直接成本台账

例3-7-6：A项目部（一般计税）工程部李某于2016年6月25日报销应付X电力公司电费117000元（其中税额17000元），应付Q自来水公司水费11300元（其中税额1300元），应付W广告公司安全标识牌制作费53000元（其中税额3000元），应付M桥梁研究院技术服务费31800元（其中税额1800元）、仪器标定费15900元（其中税额900元），均取得增值税专用发票，款项尚未支付。

①施工用水电费

附件审核：供水、供电合同（协议）签章齐全，结算单据、水电费发票内容、金额一致，购买方信息完整正确，报销时抵扣联同时移交财务部，报销单据审批完善。

凭证类别：转账凭证　　　　　　　　　　　　　制证日期：2016年6月25日

摘要	方向	会计科目（含辅助）	金额	附件	张数
李某报水电费	借：	工程施工 – 合同成本 – 其他直接费 – 燃料动力费 [工号核算辅助：主体工程]	110000	水费、电费结算单据、水电费专用发票、合同成本工号核算分配表	据实
李某报水电费	借：	应交税费 – 应交增值税 – 进项税额 [税率辅助：17%]	11700		
李某报水电费	借：	应交税费 – 应交增值税 – 进项税额 [税率辅助：13%]	1300		
李某报水费	贷：	其他应付款 – 其他 [客户往来辅助：Q自来水公司]	11300		
李某报电费	贷：	其他应付款 – 其他 [客户往来辅助：X电力公司]	117000		

登记台账：其他应付款 – 其他台账、工程施工 – 其他直接成本台账、应交税费统计分析表

②安全宣传费

附件审核：结算清单会签齐全、发票与结算清单金额一致，购买方信息完整正确，报销时抵扣联同时移交财务部，报销单据审批完善。

凭证类别：转账凭证　　　　　　　　　　　　　制证日期：2016年6月25日

摘要	方向	会计科目（含辅助）	金额	附件	张数
李某报安全费	借：	专项储备 – 安全生产费 – 使用 [专项类别辅助：宣传、教育、培训支出]	50000	结算清单、宣传费专用发票	据实
李某报安全费	借：	应交税费 – 应交增值税 – 进项税额 [税率辅助：6%]	3000		
李某报安全费	贷：	其他应付款 – 其他 [客户往来辅助：W广告公司]	53000		

登记台账：其他应付款 – 其他台账、安全生产费用台账、应交税费统计分析表

③试验检测、技术服务费

附件审核：试验检测、技术服务费合同（协议），会签齐全的结算清单、发票与结算清单金额一致，购买方信息完整正确，报销时抵扣联同时移交财务部，与合同（协议）内容一致，报销单据审批完善。

凭证类别：转账凭证　　　　　　　　　　　　　　　　制证日期：2016年6月25日

摘要	方向	会计科目（含辅助）	金额	附件	张数
李某报标定费	借：	工程施工－合同成本－其他直接费－检验试验费[工号核算辅助：主体工程]	15000	结算清单、增值税专用发票、合同成本工号核算分配表	据实
李某报技术服务费	借：	工程施工－合同成本－其他直接费－设计及技术援助费[工号核算辅助：主体工程]	30000		
李某报标定费和技术服务费	借：	应交税费－应交增值税－进项税额[税率辅助：6%]	2700		
李某报标定费和技术服务费	贷：	其他应付款－其他[客户往来辅助：M桥梁研究院]	47700		

登记台账：其他应付款－其他台账、工程施工－其他直接成本台账、应交税费统计分析表

第八节　内部往来

一、定义

内部往来科目为共同类科目，用于核算集团内部会计主体间发生的往来业务，借方反映各主体间应收、预付、其他应收及转销的款项，贷方反映各主体间应付、预收、其他应付及转销的款项。期末余额既可在借方，也可在贷方，借方余额反映应收内部单位款项，贷方余额反映应付内部单位款项。

内部往来科目按内部往来类别进行明细核算。内部往来辅助按中国中铁财务信息平台"14内部往来类别"和"03客户往来"设置，其中内部往来类别下设"公司内部往来"、"母公司与子公司往来"、"子公司之间往来"辅助进行核算，其中"公司内部往来"下设"结算往来"、"社保往来"、"增值税往来"、"资金调剂往来"辅助进行明细核算。

二、相关规则

（一）现款上交是指各单位依据经济承包合同必须交纳的管理费、应交纳职工的"五险两金"、公司收取的固定资产租赁费、税金及工资附加费等其他往来款项。现款上交按照"即时交纳、月度通报、季度考核"的原则，即项目按照收到业主拨付的款项逐笔向公司交纳现款，月底公司对现款上交执行情况进行通报，季末公司财务部依据有关资料进行考核清算。

（二）公司对所属各单位的资金调剂包括临时生产周转资金调剂、银行承兑汇票兑付透支调剂、电商采购资金划转透支调剂三类。资金调剂期限一般为三个月，最长不得超过六个月。

1. 临时生产周转资金调剂：指各单位因生产资金周转困难向公司申请的临时资金调剂，经公司财务部、总会计师和总经理审批后由公司资金结算中心办理。

2. 银行承兑汇票兑付透支调剂：承兑汇票到期兑付造成透支的，在兑付后 10 日内补足，未补足的，经公司财务部、总会计师、总经理签字后，转为 3 个月融资。

3. 电商采购资金划转透支调剂：电商采购资金划款后造成透支的，在次月 10 日内补足，未补足的，经公司财务部、总会计师、总经理签字后，转为 3 个月融资。

（三）公司内部往来中，除刚性单位外，杜绝各项目部之间直接单列往来。同一局指（代局指）项目间经济业务通过局指（代局指）往来进行列转，其他项目间经济业务一律通过公司财务部往来进行列转。

（四）项目部收到和归还公司结算部资金调剂款项，通过"公司内部往来－资金调剂往来"核算，客户往来为"××公司结算部"；项目部统一在局结算中心办理银行承兑汇票，通过"母公司与子公司往来－局金融管理部往来"核算，及时登记银行承兑汇票台账。

（五）委托代付业务的原则是先申请后付款，填写"委托代付申请单"，委托方和被委托方盖公章，财务主管及项目领导签字齐全，报公司相关部门及公司领导审批，被委托方付款后，向公司财务部传递通知书，公司财务部向委托方列转往来，被委托方及时入账。

（六）往来通知书不得直接办理入账，须相关部门主管审核，经过单位主要领导审批后办理入账。各项目部应规范内部往来核算内容，通知书签章齐全，通知书由发起方传递，做到当月通知书当月传递，月末通知书次月 5 日内传递至公司财务部。不得单方挂往来账项。

（七）项目部次月 5 日前向公司财务部上报现款上交台账，上报前结算往来、社保往来、增值税往来、资金调剂往来须核对一致，社保考核纳入现款上交考核范围。

（八）季度末涉及母子公司往来、子公司、关联方往来的单位，在进行内部往来账务核对的同时，应取得内部往来签认记录。

（九）禁止公司各项目之间相互列转职工待领工资，所有待领工资均应在原项目部直接发放；公司列转各单位的工资奖励需在职工所在项目部全额扣缴个人所得税。

三、业务处理

（一）公司内部往来

1. 公司财务部拨付启动资金

（1）业务流程

| 项目部填写其他应付款项支付单，报公司财务部及公司领导审批，公司财务部拨付启动资金 | → | 依据通知书和银行收款通知联会计主管审核制单入账 |

（2）业务举例

例 3-8-1：××项目部于 2016 年 6 月 10 日申请拨付启动资金 300000 元，填写其他应付款项支付单，经公司财务部和公司领导审批后，公司财务部按项目提供账号拨付启动资金，会计主管依据通知书和银行回单审核制单入账。

附件审核：银行回单和通知书金额相符、签章齐全。

凭证类别：银行收款凭证　　　　　　　　　　　　　制证日期：2016 年 6 月 10 日

摘要	方向	会计科目（含辅助）	金额	附件	张数
收公司拨款	借：	银行存款 – 人民币 [现金流量辅助：其他收款；银行名称辅助：×× 银行]	300000	银行回单、通知书	2
收公司拨款	贷：	内部往来 [内部往来类别辅助：公司内部往来 – 结算往来；客户往来辅助：公司财务部]	300000		

登记台账：现款上交台账

2. 还公司启动资金

（1）业务流程

项目部根据经项目经理签字后的其他款项支付单，在中国中铁项目成本管理系统发出支付申请报公司审批后，办理付款 → 会计主管审核制单入账，通知书传递至公司财务部

（2）业务举例

例 3-8-2：2016 年 9 月 25 日，××项目部现款归还公司启动资金 300000 元。

附件审核：其他款项支付单填写完整、金额正确、审批齐全，银行回单金额与其他款项支付单一致。

凭证类别：银行付款凭证　　　　　　　　　　　　　制证日期：2016 年 9 月 25 日

摘要	方向	会计科目（含辅助）	金额	附件	张数
还启动资金	借：	内部往来 [内部往来类别辅助：公司内部往来 – 结算往来；客户往来辅助：公司财务部]	300000	其他款项支付单、银行回单、汇总通知书	3
还启动资金	贷：	银行存款 – 人民币 [现金流量辅助：其他付款；银行名称辅助：×× 银行]	300000		

登记台账：现款上交台账

3. 上交公司现款

（1）业务流程

项目部根据经项目经理签字后的其他款项支付单，在中国中铁项目成本管理系统发出支付申请报公司审批后，办理付款 → 会计主管审核制单入账，通知书传递至公司财务部

（2）业务举例

例 3-8-3：2016 年 9 月 25 日，××项目部上交公司现款 1000000 元。

附件审核：其他款项支付单填写完整、金额正确、审批齐全，银行回单金额与其他款项支付单一致。

凭证类别：银行付款凭证　　　　　　　　　　　　制证日期：2016 年 9 月 25 日

摘要	方向	会计科目（含辅助）	金额	附件	张数
付往来款	借：	内部往来[内部往来类别辅助：公司内部往来–结算往来；客户往来辅助：公司财务部]	1000000	其他款项支付单、银行回单、汇总通知书	3
付往来款	贷：	银行存款–人民币[现金流量辅助：其他付款；银行名称辅助：××银行]	1000000		

登记台账：现款上交台账

4. 公司财务部汇总奖金列账

（1）业务流程

财务部按季度汇总奖金明细清单并挂网，要求项目核对，项目部按公司制度核对奖金明细清单，核对无误后通知公司财务部进行奖金列账 → 项目部依据通知书、奖金明细清单和相关文件会计主管审核制单入账

（2）业务举例

例 3-8-4：依据公司归口部门提供的文件及奖金明细清单，2016 年 6 月 15 日××项目部收到公司财务部列第二季度汇总奖金通知书，金额 50000 元，会计主管审核制单入账。

附件审核：奖金明细清单、相关文件和通知书金额相符，通知书签章齐全，奖金分配清单与文件、通知书核对无误。

凭证类别：转账凭证　　　　　　　　　　　　制证日期：2016 年 6 月 15 日

摘要	方向	会计科目（含辅助）	金额	附件	张数
公司转奖金	借：	内部往来[内部往来类别辅助：公司内部往来–结算往来；客户往来辅助：公司财务部]	50000	奖金明细清单、通知书、奖金文件、奖励分配清单	据实
公司转奖金	贷：	应付职工薪酬–工资、奖金、津贴和补贴	50000		

登记台账：现款上交台账、企业职工（劳务派遣人员）收入统计台账

5. 公司财务部汇总罚款列账

（1）业务流程

公司归口部门向公司财务部提供罚款文件及清单，公司财务部按季度汇总罚款列账（文件规定向公司缴纳现金的罚款除外）→ 项目部依据通知书、罚款明细清单和相关文件，会计主管审核制单入账

（2）业务举例

例 3-8-5：××项目部于 2016 年 6 月 15 日收到公司财务部列第二季度汇总罚款通知书，金额 55000 元，其中项目罚款 50000 元、张三个人罚款 5000 元，会计主管审核制单入账。

附件审核：罚款明细清单、相关文件和通知书金额相符，通知书签章齐全。

凭证类别：转账凭证　　　　　　　　　　　　　　　　　　制证日期：2016 年 6 月 15 日

摘要	方向	会计科目（含辅助）	金额	附件	张数
公司转款	借：	工程施工 – 合同成本 – 其他直接费 – 其他 [工号辅助：主体工程]	50000	罚款文件、通知书	据实
公司转款	借：	其他应收款 – 应收其他代垫款 [客户往来：张三]	5000		
公司转款	贷：	内部往来 [内部往来类别辅助：公司内部往来 – 结算往来；客户往来辅助：公司财务部]	55000		

登记台账：现款上交台账

6. 公司财务部列工资附加费

例 3-8-6：××项目部于 2016 年 6 月 30 日，上交工会经费、职工教育经费、"三不让"资金费用，其中工会经费 26000 元、职工教育经费 13000 元、"三不让"资金 13000 元，共 52000 元，经项目经理审批后入账。

附件审核：计提基数与当期工资总额核对一致，与企业劳动情况月报表核对一致，审批手续是否齐全。

凭证类别：转账凭证　　　　　　　　　　　　　　　　　　制证日期：2016 年 6 月 30 日

摘要	方向	会计科目（含辅助）	金额	附件	张数
缴工资附加费	借：	应付职工薪酬 – 工会经费	26000	通知书、工资附加费计提表	2
缴工资附加费	借：	应付职工薪酬 – 职工教育经费	13000		
缴工资附加费	借：	应付职工薪酬 – 福利费用 – 非货币性福利	13000		
缴工资附加费	贷：	内部往来 [内部往来类别辅助：公司内部往来 – 结算往来；客户往来辅助：公司财务部]	52000		

注：项目计提工资附加费参见应付职工薪酬章节，严格遵守"先计提、后列转"，具体不在此说明。

登记台账：现款上交台账

7. 公司列固定资产租赁费

（1）业务流程

```
每季度公司财务部按物设部、质检中心、技术     与归口管理部门核实固定资
中心、司办提供的集中核算固定资产租赁费计  →  产租赁费计算单准确无误，
算单进行汇总，向各经理部列固定资产租赁费     会计主管审核制单入账
```

（2）业务举例

例3-8-7：2016年6月25日公司列××项目部第二季度固定资产租赁费共180000元，其中机械设备租赁费60000元，试验仪器租赁费50000元，测量仪器租赁费40000元，小汽车租赁费20000元，办公固定资产租赁费10000元，项目部归口管理部门核实后，会计主管审核制单入账。

附件审核：固定资产租赁费计算单及通知书金额相符，签章齐全，所列租赁费涉及的固定资与项目代管固定资产备查台账核对一致。

凭证类别：转账凭证　　　　　　　　　　　　　　制证日期：2016年6月25日

摘要	方向	会计科目（含辅助）	金额	附件	张数
公司转固资租赁费	借：	工程施工－合同成本－机械使用费－机械租赁费 [工号辅助：主体工程]	60000	固定资产租赁费计算单、通知书、合同成本工号核算分配表	据实
公司转固资租赁费	借：	工程施工－合同成本－其他直接费－检验试验费 [工号辅助：主体工程]	50000		
公司转固资租赁费	借：	工程施工－合同成本－其他直接费－工程定位复测及点交费 [工号辅助：主体工程]	40000		
公司转固资租赁费	借：	工程施工－间接费用－租赁费－其他	30000		
公司转固资租赁费	贷：	内部往来 [内部往来类别辅助：公司内部往来－结算往来；客户往来辅助：公司财务部]	180000		

登记台账：现款上交台账，项目代管固定资产备查台账、合同成本－直接成本台账、合同成本－其他直接成本台账、现场经费预算执行分析表

8. 委托代付其他项目劳务费

（1）业务流程

```
A项目部根据审批后的委托       A项目部付款后将通知         B项目部依据公司财务部
代付申请单，在中国中铁项       书附银行付款回单传递         通知书，审批后的委托
目成本管理信息系统发出债  →   至公司财务部，公司财      →  代付申请单、款项支付
务支付申请报公司审批后，       务部向B项目部列转             会签单、银行付款回单
会计主管审核制单入账           往来通知书                    会计主管审核制单入账
```

（2）业务举例

例 3-8-8：2016 年 6 月 25 日 A 项目部根据审批后的委托代付申请单，代付 B 项目部××公司劳务费 100000 元，公司及双方项目领导审批后，A 项目部会计主管审核制单入账并将通知书传递至公司财务部，B 项目部依据款项支付会签单、银行付款回单和公司财务部列转通知书及时入账。

①被委托方 A 项目部代付款项

附件审核：委托代付申请单审批手续齐全，金额与银行回单、通知书相符，通知书签章齐全，委托代付申请单另存。

凭证类别：银行付款凭证　　　　　　　　　制证日期：2016 年 6 月 25 日

摘要	方向	会计科目（含辅助）	金额	附件	张数
付往来款	借：	内部往来[内部往来类别辅助：公司内部往来–结算往来；客户往来辅助：公司财务部]	100000	汇总通知书、银行付款回单	2
付往来款	贷：	银行存款–人民币[现金流量辅助：其他付款；银行名称辅助：××银行]	100000		

登记台账：现款上交台账

②委托方 B 项目部列销债务

凭证类别：转账凭证　　　　　　　　　　　制证日期：2016 年 6 月 25 日

摘要	方向	会计科目（含辅助）	金额	附件	张数
公司代付劳务费	借：	应付账款–应付劳务费[客户往来辅助：××公司]	100000	通知书、银行付款回单、款项支付会签单	3
公司代付劳务费	贷：	内部往来[内部往来类别辅助：公司内部往来–结算往来；客户往来辅助：公司财务部]	100000		

登记台账：现款上交台账、应付账款–应付劳务款台账

注：委托代付材料费、机械费等款项业务流程和审核事项同上，不再赘述。

9. 按月向公司财务部列计提和代扣的五险两金

（1）业务流程

项目依据工资单，按当月个人缴费基数为基础填制五险两金代扣计提汇总表 → 按月向公司财务部通过社保往来列计提和代扣的五险两金，会计主管审核制单入账

（2）业务举例

例 3-8-9：××项目部于 2016 年 6 月 30 日向公司财务部列 6 月计提和代扣的五险两金，其中职工养老保险费 30000 元（单位 22000 元、个人 8000 元）、企业年金 7000 元（单位

5000 元、个人 2000 元）、基本医疗保险 10000 元（单位 8000 元、个人 2000 元）、补充医疗保险 4000 元、失业保险 2000 元（单位 1500 元、个人 500 元）、工伤保险 1000 元、生育保险 500 元、住房公积金 26000 元（单位 13000 元、个人 13000 元），合计 80500 元。

附件审核：五险两金计提金额正确，计提表和通知书签章齐全。
凭证类别：转账凭证   制证日期：2016 年 6 月 30 日

摘要	方向	会计科目（含辅助）	金额	附件	张数
转 6 月五险两金	借：	应付职工薪酬－社会保险费－基本养老保险费	22000	五险两金代扣计提汇总表、通知书	据实
转 6 月五险两金	借：	应付职工薪酬－社会保险费－补充养老保险费	5000		
转 6 月五险两金	借：	应付职工薪酬－社会保险费－基本医疗保险费	8000		
转 6 月五险两金	借：	应付职工薪酬－社会保险费－补充医疗保险费	4000		
转 6 月五险两金	借：	应付职工薪酬－社会保险费－失业保险费	1500		
转 6 月五险两金	借：	应付职工薪酬－社会保险费－工伤保险费	1000		
转 6 月五险两金	借：	应付职工薪酬－社会保险费－生育保险费	500		
转 6 月五险两金	借：	应付职工薪酬－住房费用－住房公积金	13000		
转 6 月五险两金	借：	其他应付款－代扣个人社保费－基本养老保险	8000		
转 6 月五险两金	借：	其他应付款－代扣个人社保费－补充养老保险	2000		
转 6 月五险两金	借：	其他应付款－代扣个人社保费－基本医疗保险	2000		
转 6 月五险两金	借：	其他应付款－代扣个人社保费－失业保险	500		
转 6 月五险两金	借：	其他应付款－代扣个人住房公积金	13000		
转 6 月五险两金	贷：	内部往来 [内部往来类别辅助：公司内部往来－社保往来；客户往来辅助：公司财务部]	80500		

登记台账：现款上交台账

10. 项目缴纳社保款

（1）业务流程

项目部根据经项目经理签字后的其他款项支付单，在中国中铁项目成本管理系统发出支付申请报公司审批后，办理付款 → 会计主管审核制单入账，将通知书传递至公司财务部，支付金额登记现款上交台账

(2)业务举例

例 3-8-10：2016 年 7 月 5 日，××项目部预缴第三季度社保款及住房公积金 250000 元，办理付款，会计主管审核制单入账。

附件审核：其他款项支付单经项目经理审批，其他款项支付单与通知书金额相符无误、签章齐全。

凭证类别：银行付款凭证　　　　　　　　　　　　　　　制证日期：2016 年 7 月 5 日

摘要	方向	会计科目（含辅助）	金额	附件	张数
缴职工五险两金	借：	内部往来 [内部往来类别辅助：公司内部往来 – 社保往来；客户往来辅助：公司财务部]	250000	其他款项支付单、银行回单、通知书	据实
缴职工五险两金	贷：	银行存款 – 人民币 [现金流量辅助：支付给职工及为职工支付的现金；银行名称辅助：××银行]	250000		

登记台账：现款上交台账

11. 项目社保款清算

业务流程及业务举例参见第五章职工薪酬"五险两金"清算业务，此处不再赘述。

12. 归还公司结算部资金调剂款

(1) 业务流程

项目部根据经项目党政正职审批后的其他款项支付单，在中国中铁项目成本管理系统发出支付申请报公司审批后，办理付款 → 会计主管审核制单入账，将通知书传递至公司财务部，支付金额登记现款上交台账

(2) 业务举例

例 3-8-11：2016 年 9 月 25 日，××项目部归还公司结算部内部调剂资金 500000 元。

凭证类别：银行付款凭证　　　　　　　　　　　　　　　制证日期：2016 年 9 月 25 日

摘要	方向	会计科目（含辅助）	金额	附件	张数
还调剂款	借：	内部往来 [内部往来类别辅助：公司内部往来 – 资金调剂往来；客户往来辅助：公司结算部	500000	其他款项支付单、结算部内转支票回单	4
还调剂款	贷：	银行存款 – 人民币 [现金流量辅助：其他付款；银行名称辅助：××银行]	500000		

登记台账：现款上交台账

13. 按月向公司列转增值税相关明细科目发生额

(1) 业务流程

项目月末按"应交税费"明细科目发生额填制分支机构结转税额明细表 → 会计主管审核制单入账，将通知书及明细表传递至公司财务部

（2）业务举例

例 3-8-12：A 项目部（一般计税）2016 年 9 月"应交税费 – 应交增值税 – 进项税额"借方发生额 161000 元，"应交税费 – 应交增值税 – 销项税额"贷方发生额 550000 元，"应交税费 – 预交增值税"借方发生额 80000 元，填制分支机构结转税额明细表，分明细科目向公司财务部列转发生额，会计主管审核制单入账。

附件审核：分支机构结转税额明细表与明细账、通知书金额核对无误、签章齐全。

凭证类别：转账凭证　　　　　　　　　　　　　　　制证日期：2016 年 9 月 30 日

摘要	方向	会计科目（含辅助）	金额	附件	张数
列 9 月进项税额	借：	内部往来 [内部往来类别辅助：公司内部往来 – 增值税往来；客户往来辅助：公司财务部]	161000	通知书、分支机构结转税额明细表	2
列 9 月进项税额	贷：	应交税费 – 增值税纳税申报结转	161000		

凭证类别：转账凭证　　　　　　　　　　　　　　　制证日期：2016 年 9 月 30 日

摘要	方向	会计科目（含辅助）	金额	附件	张数
列 9 月销项税额	借：	应交税费 – 增值税纳税申报结转	550000	通知书、分支机构结转税额明细表	2
列 9 月销项税额	贷：	内部往来 [内部往来类别辅助：公司内部往来 – 增值税往来；客户往来辅助：公司财务部]	550000		

凭证类别：转账凭证　　　　　　　　　　　　　　　制证日期：2016 年 9 月 30 日

摘要	方向	会计科目（含辅助）	金额	附件	张数
列 9 月预缴增值税额	借：	内部往来 [内部往来类别辅助：公司内部往来 – 增值税往来；客户往来辅助：公司财务部]	80000	通知书、分支机构结转税额明细表	2
列 9 月预缴增值税额	贷：	应交税费 – 增值税纳税申报结转	80000		

登记台账：现款上交台账、应交税费统计分析表

注：各单位按月向公司列转"应交税费 – 应交增值税 – 进项税额"、"应交税费 – 应交增值税 – 进项税额转出"、"应交税费 – 应交增值税 – 销项税额"、"应交税费 – 简易计税 – 简易计税抵减"、"应交税费 – 简易计税 – 预交简易计税"、"应交税费 – 简易计税 – 简易计税计提"、"应交税费 – 预交增值税 – 建筑服务"明细科目发生额。

（二）母公司与子公司往来

1. 局指（代局指）列往来款

（1）局指（代局指）列验工计价

①业务流程

局指依据局指工经部提供的验工计价单，向项目部列计价 → 项目部会计主管向工经部复核计价金额后，依据局指审批计价单，制单入账

②业务举例

例 3-8-13：2016 年 9 月 30 日 A 项目（一般计税）局指依据工经部提供的第三季度验工计价单，向 A 项目部列第三季度计价 55500000 元，其中增值税 5500000 元，A 项目会计主管审核制单入账。

A. 按验工计价开具发票

附件审核：复核验工计价单与通知书金额无误、签章齐全，经局成本管理部门审核签章齐全，增值税税额计算无误；增值税发票金额与验工计价单金额一致。

凭证类别：转账凭证　　　　　　　　　　　　　制证日期：2016 年 9 月 30 日

摘要	方向	会计科目（含辅助）	金额	附件	张数
列第三季度计价	借：	内部往来 [内部往来类别辅助：母子公司往来 – 局指（代局指）往来 – 结算往来；客户往来辅助：×× 局指]	55500000	通知书、验工计价单原件、增值税发票记账联	据实
列第三季度计价	贷：	工程结算 [客户往来辅助：×× 局指]	50000000		
列第三季度计价	贷：	应交税费 – 应交增值税 – 销项税额 [税率辅助：11%]	5500000		

登记台账：应收账款 – 应收工程款（质量保证金）台账、应交税费统计分析表

B. 未按验工计价开具发票

凭证类别：转账凭证　　　　　　　　　　　　　制证日期：2016 年 9 月 30 日

摘要	方向	会计科目（含辅助）	金额	附件	张数
列第三季度计价	借：	内部往来 [内部往来类别辅助：母子公司往来 – 局指（代局指）往来 – 结算往来；客户往来辅助：×× 局指]	55500000	通知书、验工计价单原件	据实
列第三季度计价	贷：	工程结算 [客户往来辅助：×× 局指]	50000000		
列第三季度计价	贷：	应交税费 – 待转销项税额	5500000		

登记台账：应收账款 – 应收工程款（质量保证金）台账

（2）局指（代局指）列保函手续费

例 3-8-14：2016 年 12 月 31 日 ×× 项目部收到代局指列第四季度保函手续费 40942.53 元，会计主管审核通知书及保函手续费分摊表，经项目主要领导审批后制单入账。

附件审核：复核通知书与保函手续费分摊表金额一致，费用分摊金额正确，通知书经项目主要领导审批。

凭证类别：转账凭证　　　　　　　　　　　　　　制证日期：2016年12月31日

摘要	方向	会计科目（含辅助）	金额	附件	张数
列保函手续费	借：	财务费用－手续费支出－银行业务手续费－中铁内部[银行名称辅助：××银行]	40942.53	通知书、保函手续费分摊表	据实
列保函手续费	贷：	内部往来[内部往来类别辅助：母子公司往来－局指（代局指）往来－结算往来；客户往来辅助：××局指]	40942.53		

登记台账：应收账款－应收工程款（质量保证金）台账

（3）局指列共同费用分摊费用

例3-8-15：2016年12月31日××项目部收到代局指列第四季度中心实验室费用50000元，会计主管审核通知书及中心实验室费用分摊表，经项目主要领导审批后制单入账。

附件审核：复核通知书与中心实验室费用分摊表金额一致，费用分摊金额正确，通知书经项目主要领导审批。

凭证类别：转账凭证　　　　　　　　　　　　　　制证日期：2016年12月31日

摘要	方向	会计科目（含辅助）	金额	附件	张数
列中心实验室费用	借：	工程施工－合同成本－其他直接费－检验试验费[工号核算辅助：主体工程]	50000	通知书、中心实验室费用分摊表	据实
列中心实验室费用	贷：	内部往来[内部往来类别辅助：母子公司往来－局指（代局指）往来－结算往来；客户往来辅助：××局指]	50000		

登记台账：应收账款－应收工程款（质量保证金）台账

2. 资质共享项目总包方对分包方计价

（1）业务流程

总包方依据业主批复的验工计价，会计主管向工经部复核计价金额，总包方制单入账 → 总包方对分包方计价，会计主管复核金额，账列通知书，分包方制单入账

（2）业务举例

例3-8-16：2016年9月30日A项目（局资质中标）上报的9月验工计价资料得到业主甲公司的批复，批复金额为33300000元，其中增值税3300000元，依据工经部提供的第三季度验工计价单，总包方对分包方列第三季度计价33300000元，会计主管审核制单入账。

①未按验工计价开票

A.总包方

附件审核：复核验工计价单与通知书金额无误、签章齐全，增值税税额计算无误。

凭证类别：转账凭证　　　　　　　　　　　　　　　　制证日期：2016 年 9 月 30 日

摘要	方向	会计科目（含辅助）	金额	附件	张数
列 9 月计价	借：	工程施工 – 合同成本 – 其他直接费 – 其他 [工号核算辅助：主体工程]	30000000	通知书、验工计价单原件	据实
列 9 月计价	借：	待结算进项税额	3300000		
列 9 月计价	贷：	内部往来 [内部往来类别辅助：母子公司往来 –（局指）代局指往来 – 结算往来；客户往来辅助：分包方 A 项目部]	33300000		

B. 分包方

附件审核：复核验工计价单与通知书金额无误、签章齐全，增值税税额计算无误。

凭证类别：转账凭证　　　　　　　　　　　　　　　　制证日期：2016 年 9 月 30 日

摘要	方向	会计科目（含辅助）	金额	附件	张数
局指列 9 月计价	借：	内部往来 [内部往来类别辅助：母子公司往来 –（局指）代局指往来 – 结算往来；客户往来辅助：总包方 A 项目部]	33300000	通知书、验工计价单原件	据实
局指列 9 月计价	贷：	工程结算 [客户往来辅助：总包方 A 项目部]	30000000		
局指列 9 月计价	贷：	应交税费 – 待转销项税额	3300000		

登记台账：应收账款 – 应收工程款（质量保证金）台账

②按验工计价开具发票

A. 总包方

附件审核：复核验工计价单与通知书金额无误、签章齐全，增值税税额计算无误；取得分包方开具的增值税发票金额与验工计价一致，发票信息完整正确。

凭证类别：转账凭证　　　　　　　　　　　　　　　　制证日期：2016 年 9 月 30 日

摘要	方向	会计科目（含辅助）	金额	附件	张数
列 9 月计价	借：	工程施工 – 合同成本 – 其他直接费 – 其他 [工号核算辅助：主体工程]	30000000	通知书、验工计价单原件、增值税发票发票联	据实
列 9 月计价	借：	应交税费 – 应交增值税 – 进项税额 [税率辅助：11%]	3300000		
列 9 月计价	贷：	内部往来 [内部往来类别辅助：母子公司往来 –（局指）代局指往来 – 结算往来；客户往来辅助：分包方 A 项目部]	33300000		

B. 分包方

附件审核：复核验工计价单与通知书金额无误、签章齐全，增值税税额计算无误；增值税发票金额与验工计价一致，发票信息完整正确。

凭证类别：转账凭证　　　　　　　　　　　　　　**制证日期**：2016年9月30日

摘要	方向	会计科目（含辅助）	金额	附件	张数
局指列9月计价	借：	内部往来[内部往来类别辅助：母子公司往来-（局指）代局指往来-结算往来；客户往来辅助：总包方A项目部]	33300000	通知书、验工计价单原件、增值税发票记账联	据实
局指列9月计价	贷：	工程结算[客户往来辅助：总包方A项目部]	30000000		
局指列9月计价	贷：	应交税费-应交增值税-销项税额[税率辅助：11%]	3300000		

登记台账：应收账款-应收工程款（质量保证金）台账、应交税费统计分析表

3. 资质共享项目总包方对分包方拨款

（1）业务流程

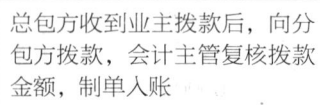

（2）业务举例

例3-8-17：2016年10月10日A项目（局资质中标）总包方对分包方拨工程款26640000元，会计主管审核制单入账。

①未按拨款开具发票

A. 总包方

附件审核：银行回单与通知书金额无误、签章齐全。

凭证类别：银行付款凭证　　　　　　　　　　　　**制证日期**：2016年10月10日

摘要	方向	会计科目（含辅助）	金额	附件	张数
拨工程款	借：	内部往来[内部往来类别辅助：母子公司往来-（局指）代局指往来-结算往来；客户往来辅助：分包方A项目部]	26640000	银行回单、通知书	2
拨工程款	贷：	银行存款-人民币[现金流量辅助：购买商品、接受劳务等支付的现金；银行名称辅助：××银行]	26640000		

B. 分包方

附件审核：银行回单与通知书金额无误、签章齐全。

凭证类别：银行收款凭证　　　　　　　　　　　　　　　　　制证日期：2016年10月10日

摘要	方向	会计科目（含辅助）	金额	附件	张数
收拨款	借：	银行存款－人民币[现金流量辅助：销售商品、提供劳务收到的现金；银行名称辅助：××银行]	26640000	银行回单、通知书	2
收拨款	贷：	内部往来[内部往来类别辅助：母子公司往来－（局指）代局指往来－结算往来；客户往来辅助：总包方A项目部]	26640000		

登记台账：应收账款－应收工程款（质量保证金）台账

②按拨款开具发票

A. 总包方

附件审核：银行回单与通知书金额无误、签章齐全。

凭证类别：银行付款凭证　　　　　　　　　　　　　　　　　制证日期：2016年10月10日

摘要	方向	会计科目（含辅助）	金额	附件	张数
拨工程款	借：	内部往来[内部往来类别辅助：母子公司往来－（局指）代局指往来－结算往来；客户往来辅助：分包方A项目部]	26640000	银行回单、通知书	2
拨工程款	贷：	银行存款－人民币[现金流量辅助：购买商品、接受劳务等支付的现金；银行名称辅助：××银行]	26640000		

收到分包方增值税专用发票：

附件审核：增值税专用发票要素齐全、票面金额与拨款金额一致。

凭证类别：转账凭证　　　　　　　　　　　　　　　　　　制证日期：2016年10月10日

摘要	方向	会计科目（含辅助）	金额	附件	张数
确认进项税额	借：	应交税费－应交增值税－进项税额[税率辅助：11%]	2640000	增值税专用发票联	2
确认进项税额	贷：	待结算进项税额	2640000		

B. 分包方

附件审核：银行回单与通知书金额无误、签章齐全。

凭证类别：银行收款凭证　　　　　　　　　　　　　　　　制证日期：2016年10月10日

摘要	方向	会计科目（含辅助）	金额	附件	张数
收拨款	借：	银行存款－人民币[现金流量辅助：销售商品、提供劳务收到的现金；银行名称辅助：××银行]	26640000	银行回单、通知书	2
收拨款	贷：	内部往来[内部往来类别辅助：母子公司往来－（局指）代局指往来－结算往来；客户往来辅助：总包方A项目部]	26640000		

登记台账：应收账款－应收工程款（质量保证金）台账

附件审核：增值税专用发票要素齐全、票面金额与收款金额一致。

凭证类别：银行收款凭证　　　　　　　　　　　**制证日期：2016年10月10日**

摘要	方向	会计科目（含辅助）	金额	附件	张数
确认销项税额	借：	应交税费－待转销项税额	2640000	增值税专用发票记账联	2
确认销项税额	贷：	应交税费－应交增值税－销项税额[税率辅助：11%]	2640000		

登记台账：应交税费统计分析表

4. 通过局结算中心办理银行承兑汇票

（1）业务流程

A项目部提供银行承兑汇票申请表、合同或协议书，缴纳保证金，通过局结算中心办理银行承兑汇票 → 会计主管复核银行承兑汇票票面信息，制单入账

（2）业务举例

例3-8-18：A项目部于2016年6月22日向公司提供银行承兑汇票申请表、劳务合同、委托协议，申请为××公司办理银行承兑汇票，金额100000元，经公司财务部、总会计师审批后，于2016年6月23日由公司财务部向局金融管理部申请办理，2016年6月30日取得银票，并交付××公司，会计主管审核制单入账。

附件审核：付款会签单填写完整，银行承兑汇票票面信息核对无误，金额正确与付款会签单一致。

凭证类别：转账凭证　　　　　　　　　　　　　**制证日期：2016年6月30日**

摘要	方向	会计科目（含辅助）	金额	附件	张数
付劳务费	借：	应付账款－应付劳务费[客户往来辅助：××公司]	100000	银行承兑汇票复印件（签字盖章齐全）、付款会签单、收据	据实
付劳务费	贷：	内部往来[内部往来类别辅助：母公司与子公司往来－局金融管理部往来；客户往来辅助：局金融管理部]	100000		

登记台账：银行承兑汇票台账、应付账款－应付劳务费台账

（三）子公司间往来

1. 业务流程

比照外部结算单位，审核与子公司经济业务合同（协议）、经济事项结算或支付资料的合理性、合规性和合法性 → 会计主管复核往来列账结算资料、往来通知书等，制单入账

2. 业务举例

例 3-8-19：××集团甲公司 A 项目部与乙公司 B 项目部同时施工 F 高速公路，A 项目部因施工需要拟购入 B 项目部衬砌台车 1 套，经协商价格为 936000 元（含税），并报上级公司审批，2016 年 10 月 25 日，B 项目部开具增值税专用发票，价税合计 936000 元。甲公司 A 项目部与乙公司 B 项目部均为一般计税。

（1）甲公司 A 项目部

附件审核：审核采购合同（协议）签章齐全，采购价格与公司审批意见一致；增值税发票金额与合同（协议）一致，发票票面信息完整、正确，与通知书一致。

凭证类别：转账凭证　　　　　　　　　　　　　　　　制证日期：2016 年 10 月 25 日

摘要	方向	会计科目（含辅助）	金额	附件	张数
购周转料	借：	材料采购 [材料采购类别辅助：内部调拨材料]	800000	合同（协议）、公司审批意见、通知书、增值税专用发票、材料采购分类统计表	据实
购周转料	借：	应交税费 – 应交增值税 – 进项税额 [税率辅助：17%]	136000		
购周转料	贷：	内部往来 [内部往来类别辅助：子公司之间往来；客户往来辅助：乙公司 B 项目部]	936000		

登记台账：物资采购分类统计台账、应交税费统计分析表

（2）乙公司 B 项目部

附件审核：审核采购合同（协议）签章齐全，采购价格与公司审批意见一致；增值税发票金额与合同（协议）一致，发票票面信息完整、正确，与通知书一致。

凭证类别：转账凭证　　　　　　　　　　　　　　　　制证日期：2016 年 10 月 25 日

摘要	方向	会计科目（含辅助）	金额	附件	张数
处置周转料	借：	内部往来 [内部往来类别辅助：子公司之间往来；客户往来辅助：甲公司 A 项目部]	936000	合同（协议）、内部周转材料调拨单、公司审批意见、增值税专用发票、通知书	据实
处置周转料	贷：	工程施工 – 合同成本 – 直接材料费 [工号核算辅助：措施费]	800000		
处置周转料	贷：	应交税费 – 应交增值税 – 销项税额 [税率辅助：17%]	136000		

登记台账：工程施工 – 直接成本台账、应交税费统计分析表

注：与分公司之间的交易，通过"内部往来 – 母子公司往来 – 分公司往来"核算，比照子公司往来核算要求，在此不做赘述。

第四章　应交税费

应交税费指企业按照税法等规定在生产经营过程中计算应缴纳的各种税费，包括增值税、所得税、城市维护建设税、教育费附加、地方各项基金等。项目部常见的税费费率有：增值税税率3%（简易计税）、11%（一般计税）、城市维护建设税税率7%（城市市区）、5%（县城、建制镇）、1%（其他地区），教育费附加税率3%、地方教育费附加税率2%、地方各项基金（如水利基金等）以项目所在地税务部门规定税率计算缴纳。

第一节　增值税

一、定义

增值税是对销售货物或者提供加工、修理修配劳务以及进口货物的单位和个人就其实现的增值额征收的一个税种。

二、相关规定

（一）增值税专用发票是由国家税务总局监制设计印制，只限于增值税一般纳税人领购使用，既作为纳税人反映经济活动中的重要会计凭证又是兼记销货方纳税义务和购货方进项税额的合法证明；我国刑法第二百零五条规定，为他人虚开、为自己虚开、让他人为自己虚开、介绍他人虚开增值税发票，骗取国家税款，数额特别巨大，情节特别严重，给国家利益造成特别重大损失的，处无期徒刑或死刑，并处没收财产。

（二）增值税销项发票统一由公司财务部申领、开具、保管；各单位开具发票应履行审批程序，向客户交付发票应办理签收手续。严禁取得虚开增值税专用发票；各单位按应抵尽抵原则取得合法的扣税凭证，并在规定的期限内报销。业务部门对所取得的扣税凭证负直接责任，财务部门应确保扣税凭证按期认证抵扣。

（三）《国家税务总局关于纳税人对外开具增值税专用发票有关问题的公告》（国家税务总局公告2014年第39号）规定，从开具发票增值税方的角度规定对外开具发票原则"三流合一"，具体包括"货物、劳务及应税服务流"、"资金流"、"发票流"必须都是同一受票方，禁止项目违反该原则办理各类款项支付。

（四）一般纳税人税收优惠政策

1. 一般纳税人以清包工方式提供的建筑服务，可以选择适用简易计税方法计税。以清包工方式提供建筑服务，是指施工方不采购建筑工程所需的材料或只采购辅助材料，并收取人工费、管理费或者其他费用的建筑服务。

2. 一般纳税人为甲供工程提供的建筑服务，可以选择适用简易计税方法计税。

甲供工程，是指全部或部分设备、材料、动力由工程发包方自行采购的建筑工程。

3. 一般纳税人为建筑工程老项目提供的建筑服务，可以选择适用简易计税方法计税。

（五）异地预缴增值税款

1. 一般纳税人跨县（市）提供建筑服务，适用一般计税方法计税的，应以取得的全部价款和价外费用为销售额计算应纳税额。纳税人应以取得的全部价款和价外费用扣除支付的分包款后的余额，按照2%的预征率在建筑服务发生地预缴税款后，向机构所在地主管税务机关进行纳税申报。

2. 一般纳税人跨县（市）提供建筑服务，选择适用简易计税方法计税的，应以取得的全部价款和价外费用扣除支付的分包款后的余额为销售额，按照3%的征收率计算应纳税额。纳税人应按照上述计税方法在建筑服务发生地预缴税款后，向机构所在地主管税务机关进行纳税申报。

（六）各单位与公司内部刚性单位之间发生经济业务签订合同，合同单价均为不含税价，且不需提供增值税发票，在合同中不需约定提供发票条款。

（七）各单位与外部单位间发生经济业务往来，签订合同前应要求对方提供纳税人身份信息证明资料，或按照对方提供的纳税人识别号，通过各省国税局网站查询，确定其纳税人身份是一般纳税人还是小规模纳税人。

（八）各单位与外部单位签订合同时，根据合同性质，合同约定提供发票的税率应区别对待。除一般纳税人符合简易征收政策外，合同条款中约定对方提供发票的税率应与其纳税人身份信息一致，严禁出现约定提供发票税率与纳税人身份信息不一致现象。

（九）外经证办理

项目部设立后应及时联系公司财务部办理外经证，资质共享项目还须办理总包方外经证。项目部应自外经证签发之日起30日内，向项目所在地税务机关办理报验登记。外经证有效期为180天，项目部须在外经证到期前办理缴销手续，外经证缴销须向税务局提供发票、完税凭证复印件。

（十）增值税专用发票管理

1. 发票索取。一般计税项目应遵循"进项应抵尽抵"原则,除餐饮、健身、娱乐、交通费、集体福利等事项不可抵扣，可取得普通发票外，其他所有业务均须取得增值税专用发票。

2. 发票初验。项目部财务人员收到增值税专用发票应对发票进行初步校验，增值税专用发票应满足以下要素：购货（服务）方和销货方名称、纳税人识别号、地址、电话、开户行及银行账号应准确无误；增值税专用发票打印字迹应清晰对格，密码区不得压线、出格，发票不得折叠、粘贴、票面不得涂改、污损；货物或应税劳务、服务名称、规格型号、单位、数量、单价、金额、税率、税额应填写齐全，并与合同相对方信息核对一致；增值税发票联和抵扣联必须加盖发票专用章；接受建筑服务取得的增值税发票备注栏须注明"建筑服务发生地县（市、区）名称及项目名称"。以上信息若核对有误，当月应及时退回开票单位重新开具。

3. 发票报销。因增值税专用发票的认证期限为180天，项目部应要求业务经办人员在规定期限内（发票开具后10日内）报销，严禁逾期报销。业务经办人员必须依据合同条款，对交易的真实性承担直接责任，抵扣联须于报销当日连同发票联一并提交财务部门。如因保管不当丢失、损毁或延期提交，造成不可抵扣，给公司造成损失的，应就损失金额进行赔偿。财务部门严禁对未提供合格发票和未通过发票认证的业务进行付款，防止出现发票不合格无法抵扣进项税额的情况。财务部门应严格按照合同约定的银行账户进行付款，不符合"三流"一致，财务部门可拒绝付款。

4. 发票认领。项目部须在每月3日前完成所属单位专票认领工作，由公司财务部根据各单位认领的专票统一进行认证。财务部门应确保取得的专票无异常情况，保证专票流入发票查询平台可进行勾选认证操作，异常发票应退回对方重开。原则上取得的增值税专用发票当月需进行认证抵扣，若当月未能抵扣的，须确保在开票之日起180天（2017年7月1日及以后取得的增值税专用发票为360天）内进行认证，避免出现申报期内的不完全抵扣。各单位完成认领工作后须将专票抵扣联传递至公司，并在台账中对抵扣联流向做好标记，禁止抵扣联丢失。

5. 发票保管。为避免折痕、污渍等影响认证，项目财务人员应妥善保管增值税专用发票抵扣联，确保抵扣联安全、整洁、清晰。每月专票认领工作完成后，项目部须将抵扣联传递至公司财务部，由公司财务部按认证所属期装订成册，按照《会计档案管理办法》要求进行保管。

（十一）增值税发票开具

项目部应按合同约定，向公司申请增值税发票开具，按业主拨款或业主验工计价提供发票，资质共享项目须同时向公司和总包方提出开票申请。项目部应于计划开票前进行增值税预缴，发票申请须提供以下资料：开票申请书、业主合同复印件、加盖业主公章的开票信息、一般纳税人资格证明、工程支付证书、结算单据、预缴税款证明、增值税预缴税款表。业务经办人员应及时将发票交付业主，并取得《增值税发票签收回执单》。

（十二）增值税申报纳税结转

项目部应在税款所属期次月8日前完整、正确传递销项、进项、进项转出、预缴、分包抵扣等数据。同时,将相应通知书原件、分支机构税额结转明细表原件、完税凭证扫描件、增值税预缴税款表扫描件传递公司财务部。由公司本部汇总核对各单位的应纳税额,每月 15 日前向机构所在地主管税务机关汇总申报纳税,并在机构所在地解缴入库。各项目部应在公司纳税申报前将增值税应纳税额及附加上交公司。

三、业务处理

(一)一般计税

1. 销项税额

(1)收业主拨付预付款

① 业务流程

| 项目部按照收讫销售款项时间、合同约定付款时间(工程结算)和开具发票时间孰先为原则,根据项目实际收到的预付款确认销项税额,并向项目所在地主管国税申报预缴增值税款 | → | 会计主管审核制单入账 |

② 业务举例

例 4-1-1:2016 年 9 月 ×× 公司以自有资质中标安徽省黄山市某市政工程项目,于 2016 年 9 月 5 日与 B 业主公司(一般纳税人)签订一份合同总价为 333000000 元施工合同(其中合同价款 300000000 元,增值税销项税额 33000000 元)。工程于 2016 年 9 月 26 日开工,预计工期两年。合同约定如下:自合同签订后 30 日内按合同总价的 10% 付预付款,自第一次计量起每次计量扣回预付款总额的 10%;质保金扣除比例为 5%,进度款拨付比例为 95%。×× 公司于 9 月成立 A 项目部,A 项目部于 2016 年 9 月 20 日收到 B 公司拨付的 33300000 元预付款,按预付款金额向公司申请开具增值税专用发票并提交 B 公司,当日向项目所在地主管国税机关申报预缴增值税款 600000 元。

A.9 月 20 日收到预付款

附件审核:收据记账联签字齐全、金额无误,与银行回单一致,收款金额与合同约定内容一致。

凭证类别:银行收款凭证　　　　　　　　　　　　制证日期:2016 年 9 月 20 日

摘要	方向	会计科目(含辅助)	金额	附件	张数
收预付款	借:	银行存款-人民币[现金流量辅助:销售商品、提供劳务收到的现金;银行名称:×× 银行]	33300000	收据记账联、银行回单、合同预付款条款复印件	据实
收预付款	贷:	预收账款-工程款[客户往来辅助:B 公司]	33300000		

24 小时内上报公司:资金到位及使用审批表

登记台账:应收账款-应收工程款(质量保证金)台账、资金到位审批与执行台账

B.按照预付款金额确认销项税额

附件审核：增值税专用发票记账联票面信息完整、正确、金额无误。

凭证类别：转账凭证　　　　　　　　　　　　　制证日期：2016年9月20日

摘要	方向	会计科目（含辅助）	金额	附件	张数
确认销项税额	借：	应收账款－预收账款增值税	33300000	增值税专用发票记账联	据实
确认销项税额	贷：	应交税费－应交增值税－销项税额[税率辅助：11%]	33300000		

登记台账：应交税费统计分析表

C.9月20日预缴税款

附件审核：其他应付款项支付单内容填写完整、审批手续齐全；增值税预缴税款表纳税信息完整、预缴金额计算正确无误，与税收缴款书、银行回单一致。

凭证类别：银行付款凭证　　　　　　　　　　　制证日期：2016年9月20日

摘要	方向	会计科目（含辅助）	金额	附件	张数
预缴增值税款	借：	应交税费－预缴增值税－建筑服务[税率辅助：2%]	600000	增值税预缴税款表、税收缴款书、银行回单、其他应付款项支付单	据实
预缴增值税款	贷：	银行存款－人民币－[现金流量辅助：支付的各项税费，银行名称辅助：××银行]	600000		

登记台账：应交税费统计分析表

注：各单位收到业主预付款无论是否开具发票均应根据增值税纳税义务发生时间确认销项税，并预交增值税款及附加。

（2）取得业主验工计价，确认工程结算，并按验工计价开具发票

①业务流程

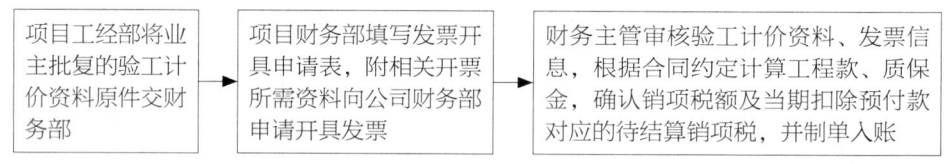

②业务举例

例4-1-2：2016年10月25日，A项目部上报10月验工计价资料得到业主B公司的批复，批复金额为11100000元，当期扣预付款3330000元，合同约定质保金比例为5%。根据合同约定，按照当期验工计价扣除预付款金额开具增值税专用发票，A项目向公司申请开具增值税专用发票并提交B公司。本月取得分包方C公司（一般纳税人）开具的分包款增值税专用发票价税合计1110000元（其中价款1000000元、税额110000元）。A项目于当日向项目所在地主管国税机关申报预缴增值税款120000元。

A.10 月 25 日验工计价并开具发票

附件审核：验工计价单审批手续、签字（盖章）齐全；发票信息及金额正确；核对质保金比例是否与合同一致。

凭证类别：转账凭证　　　　　　　　　　　　　制证日期：2016 年 10 月 25 日

摘要	方向	会计科目（含辅助）	金额	附件	张数
列 10 月计价	借：	应收账款 – 工程款 – 市政 [客户往来辅助：B 公司]	7215000	业主验工计价单原件、增值税专用发票抵扣联	据实
列 10 月计价	借：	应收账款 – 质量保证金 – 原值 – 市政 [客户往来辅助：B 公司]	555000		
列 10 月计价	借：	预收账款 – 工程款 [客户往来辅助：B 公司]	3330000		
列 10 月计价	贷：	工程结算 [客户往来辅助：B 公司]	10000000		
列 10 月计价	贷：	应交税费 – 应交增值税 – 销项税额 [税率辅助：11%]	770000		
列 10 月计价	贷：	应收账款 – 预收账款增值税	330000		

登记台账：应收账款 – 应收工程款（质量保证金）台账、应交税费统计分析表

B.10 月 25 日向项目所在地主管国税机关申报预缴增值税款

附件审核：其他应付款项支付单内容填写完整、审批手续齐全；增值税预缴税款表纳税信息完整、预缴金额计算正确无误，与税收缴款书、银行回单一致。

凭证类别：银行付款凭证　　　　　　　　　　　制证日期：2016 年 10 月 25 日

摘要	方向	会计科目（含辅助）	金额	附件	张数
预缴增值税款	借：	应交税费 – 预缴增值税 – 建筑服务 [税率辅助：2%]	120000	增值税预缴税款表、税收缴款书、银行回单、其他应付款项支付单	据实
预缴增值税款	贷：	银行存款 – 人民币 – [现金流量辅助：支付的各项税费，银行名称辅助：×× 银行]	120000		

登记台账：应交税费统计分析表

注：当期应预缴增值税额 =（7770000–1110000）÷（1+11%）×2%=120000 元

（3）取得业主验工计价，确认工程结算，未开具发票

①业务流程

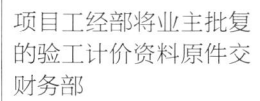

项目工经部将业主批复的验工计价资料原件交财务部 → 财务主管审核验工计价资料、发票信息，根据合同约定计算工程款、质保金，计算待确认销项税额及当期扣除预付款对应的待结算销项税，并制单入账

②业务举例

例 4-1-3：2016 年 10 月 25 日，A 项目部上报 10 月验工计价资料得到业主 B 公司的批复，

批复金额为 11100000 元，当期扣预付款 3330000 元，合同约定质保金比例为 5%。

附件审核：验工计价单审批手续、签字（盖章）齐全；核对质保金比例是否与合同一致。

凭证类别：转账凭证　　　　　　　　　　　　　　　制证日期：2016 年 10 月 25 日

摘要	方向	会计科目（含辅助）	金额	附件	张数
列 10 月计价	借：	应收账款 – 工程款 – 市政 [客户往来辅助：B 公司]	7215000	业主验工计价单原件	据实
列 10 月计价	借：	应收账款 – 质量保证金 – 原值 – 市政 [客户往来辅助：B 公司]	555000		
列 10 月计价	借：	预收账款 – 工程款 [客户往来辅助：B 公司]	3330000		
列 10 月计价	贷：	工程结算 [客户往来辅助：B 公司]	10000000		
列 10 月计价	贷：	应交税费 – 待转销项税额	770000		
列 10 月计价	贷：	应收账款 – 预收账款增值税	330000		

登记台账：应收账款 – 应收工程款（质量保证金）台账

（4）收业主拨付工程款、并开具发票

① 业务流程

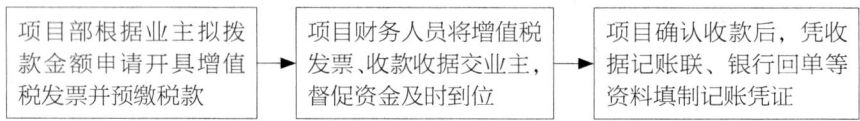

② 业务举例

例 4-1-4：2016 年 10 月 25 日，A 项目部上报 10 月验工计价资料得到业主 B 公司的批复，批复金额为 11100000 元，当期扣预付款 3330000 元，合同约定质保金比例为 5%，进度款拨付比例为 95%，项目依据收款金额向 B 公司开具增值税专用发票。2016 年 11 月 10 日，A 项目部收到业主拨付工程款 7215000 元，项目部于当日预缴增值税，并向公司申请开具增值税专用发票提交 B 公司。

A.2016 年 11 月 10 日收工程款

附件审核：收据记账联签字齐全、金额无误，与银行回单一致，收款金额与合同约定内容一致。

凭证类别：银行收款凭证　　　　　　　　　　　　　制证日期：2016 年 11 月 10 日

摘要	方向	会计科目（含辅助）	金额	附件	张数
收拨款	借：	银行存款 – 人民币 [现金流量辅助：销售商品、提供劳务收到的现金；银行名称：×× 银行]	7215000	收据记账联、银行回单	据实
收拨款	贷：	应收账款 – 工程款 – 市政 [客户往来辅助：B 公司]	7215000		

24小时内上报公司：资金到位及使用审批表

登记台账：应收账款-应收工程款（质量保证金）台账、资金到位审批与执行台账

B. 确认销项税额

附件审核：增值税专用发票记账联票面信息完整、正确、金额无误。

凭证类别：转账凭证　　　　　　　　　　　　　　　制证日期：2016年11月10日

摘要	方向	会计科目（含辅助）	金额	附件	张数
确认销项税额	借：	应交税费-待转销项税额	7215000	增值税专用发票记账联	据实
确认销项税额	贷：	应交税费-应交增值税-销项税额[税率辅助：11%]	7215000		

登记台账：应交税费统计分析表

C. 预缴增值税款

附件审核：其他应付款项支付单内容填写完整、审批手续齐全；增值税预缴税款表纳税信息完整、预缴金额计算正确无误，与税收缴款书、银行回单一致。

凭证类别：银行付款凭证　　　　　　　　　　　　　制证日期：2016年11月10日

摘要	方向	会计科目（含辅助）	金额	附件	张数
预缴增值税款	借：	应交税费-预缴增值税-建筑服务[税率辅助：2%]	130000	增值税预缴税款表、税收缴款书、银行回单、其他应付款项支付单	据实
预缴增值税款	贷：	银行存款-人民币-[现金流量辅助：支付的各项税费，银行名称辅助：××银行]	130000		

登记台账：应交税费统计分析表

2. 进项税额

（1）业务流程

一般计税项目遵循"进项应抵尽抵"原则，取得增值税专用发票；简易计税项目索取增值税普通发票 → 财务部校验发票的正确性、真伪性，登记发票台账，妥善保管专票抵扣联 → 会计主管审核，根据适用税率制单入账

（2）业务举例

例4-1-5，2016年12月2日，××项目（一般计税）物资部根据工程部提供的物资使用计划，从A公司购入钢材一批，价税合计金额175500元，取得销售方开具的增值税专用发票并认证相符。当日验收入库，物资部将收料单、发票联、抵扣联交财务部入账。

附件审核：验证发票真实有效且留存查询记录；收料单、材料清单与发票载明的数量金额一致；采购单价与合同单价一致。

凭证类别：转账凭证　　　　　　　　　　　　　　制证日期：2016年12月2日

摘要	方向	会计科目（含辅助）	金额	附件	张数
购材料	借：	材料采购[材料采购类别辅助：自购材料]	150000	发票、收料单、材料清单、材料采购分类统计表	据实
购材料	借：	应交税费–应交增值税–进项税额[税率辅助：17%]	25500		
购材料	贷：	应付账款–应付材料采购款[客户往来辅助：A公司]	175500		

登记台账：物资采购分类统计台账、应付账款–应付材料采购款台账、应交税费统计分析表

注：其他相关业务进项税额核算已在本书其他章节分别举例，在此不再赘述。

3. 待抵扣不动产进项税额

（1）业务流程

购入时，进项税额的60%于当期抵扣，40%记入待抵扣不动产进项税额，第13个月，将剩余40%转入进项税额 → 会计主管审核，根据适用税率制单入账

（2）业务举例

例4-1-6，2016年12月10日，××公司购入一批钢材1170000元，用于新建办公楼，取得增值税专用发票并认证相符，专用发票上注明的税额为170000元。当日验收入库，物资部将收料单、发票联、抵扣联交财务部入账。

附件审核：验证发票真实有效且留存查询记录；收料单、材料清单与发票载明的数量金额一致；采购单价与合同单价一致。

凭证类别：转账凭证　　　　　　　　　　　　　　制证日期：2016年12月10日

摘要	方向	会计科目（含辅助）	金额	附件	张数
购材料	借：	材料采购[材料采购类别辅助：自购材料]	1000000	发票、收料单、材料清单、材料采购分类统计表	据实
购材料	借：	应交税费–应交增值税–进项税额[税率辅助：17%]	102000		
购材料	借：	应交税费–待抵扣进项税额–待抵扣不动产进项税额	68000		
购材料	贷：	银行存款–人民币[银行名称辅助：××银行；现金流量辅助：购买商品、接受劳务支付的现金]	1170000		

凭证类别：转账凭证　　　　　　　　　　　　　　制证日期：2016年12月10日

摘要	方向	会计科目（含辅助）	金额	附件	张数
转进项税额	借：	应交税费–应交增值税–进项税额[税率辅助：17%]	68000	待抵扣不动产进项税额清单、发票复印件	据实
转进项税额	贷：	应交税费–待抵扣进项税额–待抵扣不动产进项税额	68000		

登记台账：物资采购分类统计台账、应交税费统计分析表

注：按政策规定，2016年5月1日后发生的不动产在建工程，其进项税额分2年从销项税额中抵扣，在所属期2016年12月抵扣60%，在所属期2018年1月抵扣40%。

（四）预交增值税额

1. 业务流程

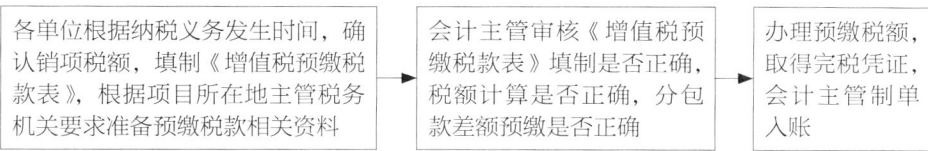

2. 业务举例

例4-1-7，2016年12月10日，××项目（一般计税）收到业主拨付工程款1110万元，根据合同约定，业主要求提供增值税专用发票。当月，项目部取得劳务分包发票111万元（含税），财务部于项目所在地国税局预缴增值税，并提供分包发票以差额预缴，预缴税额18万元[（1110-111）÷1.11×2%]，并向公司提出开票申请。

附件审核：其他应付款项支付单内容填写完整、审批手续齐全；增值税预缴税款表纳税信息完整、预缴金额计算正确无误，与税收缴款书、银行回单一致。

凭证类别：银行付款凭证　　　　　　　　　　　制证日期：2016年12月10日

摘要	方向	会计科目（含辅助）	金额	附件	张数
预缴增值税款	借：	应交税费－预交增值税额－建筑服务[税率辅助：2%]	180000	增值税预缴税款表、税收缴款书、银行回单、其他应付款项支付单	据实
预缴增值税款	贷：	银行存款－人民币[现金流量辅助：支付的各项税费；银行名称辅助：××银行]	180000		

登记台账：应交税费统计分析表

（五）进项税额转出

1. 业务流程

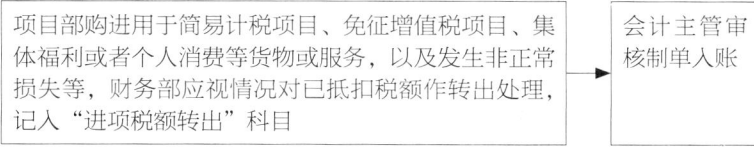

2. 业务举例

例4-1-8，2016年11月3日，××项目（一般计税）办公室李某招待用酒10瓶，取得票面金额1580元（其中增值税额229.57元）的增值税专用发票一张，并于当日经项目主要领导审批后，将增值税专用发票抵扣联及报销单据交财务部办理报销手续，财务部于当日将报销款汇至李某账户。

附件审核：增值税专用发票票面信息正确，发票是否折叠、损坏、密码区是否出格等；招待用酒是否超标，报销单据领导审批是否完整。

凭证类别：银行付款凭证　　　　　　　　　　　　制证日期：2016年11月3日

摘要	方向	会计科目（含辅助）	金额	附件	张数
付李某报销款	借：	工程施工–合同成本–间接费用–业务费用	1350.43	增值税专用发票、银行回单	据实
付李某报销款	借：	应交税费–应交增值税–进项税额 [税率辅助：17%]	229.57		
付李某报销款	贷：	银行存款–人民币 [现金流量辅助：办公费、差旅费等费用开支；银行名称辅助：××银行]	1580		

同时转出进项税额：

凭证类别：转账凭证　　　　　　　　　　　　制证日期：2016年11月3日

摘要	方向	会计科目（含辅助）	金额	附件	张数
列进项税额转出	借：	工程施工–合同成本–间接费用–业务费用	229.57	发票复印件	1
列进项税额转出	贷：	应交税费–应交增值税–进项税额转出	229.57		

登记台账：现场经费预算执行分析表、应交税费统计分析表

（六）增值税申报纳税结转

1. 业务流程

每月末，项目部将增值税相关科目当月发生额通过"增值税申报纳税结转"科目正确列转至公司财务部 → 会计主管审核制单入账，将通知书、分支机构税额结转明细表传递至公司财务部，月末清算增值税往来

2. 业务举例

例4-1-9，××项目（一般计税），2016年12月增值税业务相关发生额如下：

①应交税费–应交增值税–销项税额贷方发生额7833800元；

②应交税费–应交增值税–进项税额借发生额127500元；

③应交税费–待抵扣进项税额–待抵扣不动产进项税额借方发生额68000元；

④应交税费–预交增值税额借方发生额1600000元；

⑤应交税费–应交增值税–进项税额转出贷方发生额164.77元。

附件审核：分支机构结转税额明细表填报正确，与应交税费各明细科目当月发生额一致。

凭证类别：转账凭证				制证日期：2016 年 12 月 31 日	
摘要	方向	会计科目（含辅助）	金额	附件	张数
列公司销项税额	借：	应交税费－增值税申报纳税结转	7833800	通知书、分支机构税额结转明细表	据实
列公司销项税额	贷：	内部往来 [内部往来类别辅助：公司内部往来－增值税往来；客户往来辅助：公司财务部]	7833800		

凭证类别：转账凭证				制证日期：2016 年 12 月 31 日	
摘要	方向	会计科目（含辅助）	金额	附件	张数
列公司进项税额	借：	内部往来 [内部往来类别辅助：公司内部往来－增值税往来；客户往来辅助：公司财务部]	127500	通知书、分支机构税额结转明细表	据实
列公司进项税额	贷：	应交税费－增值税申报纳税结转	127500		

凭证类别：转账凭证				制证日期：2016 年 12 月 31 日	
摘要	方向	会计科目（含辅助）	金额	附件	张数
列公司待抵扣进项税额	借：	内部往来 [内部往来类别辅助：公司内部往来－增值税往来；客户往来辅助：公司财务部]	68000	通知书、分支机构税额结转明细表	据实
列公司待抵扣进项税额	贷：	应交税费－增值税申报纳税结转	68000		

凭证类别：转账凭证				制证日期：2016 年 12 月 31 日	
摘要	方向	会计科目（含辅助）	金额	附件	张数
列公司预交增值税额	借：	内部往来 [内部往来类别辅助：公司内部往来－增值税往来；客户往来辅助：公司财务部]	1600000	通知书、分支机构税额结转明细表	据实
列公司预交增值税额	贷：	应交税费－增值税申报纳税结转	1600000		

凭证类别：转账凭证				制证日期：2016 年 12 月 31 日	
摘要	方向	会计科目（含辅助）	金额	附件	张数
列公司进项税额转出	借：	应交税费－增值税申报纳税结转	164.77	通知书、分支机构税额结转明细表	据实
列公司进项税额转出	贷：	内部往来 [内部往来类别辅助：公司内部往来－增值税往来；客户往来辅助：公司财务部]	164.77		

登记台账：现款上交台账

（七）税金及附加

（1）业务流程

```
项目部根据当期缴纳的增值      会计主管审核
税正确计提增值税附加，并  →  制单入账
按期缴纳，取得完税凭证
```

（2）业务举例

例4-1-10：××项目位于A市城区（一般计税），2016年12月10日，收到业主拨付工程款11100000元。当日，项目部预缴增值税税额180000元，其中取得劳务分包发票1110000元，可差额预缴。并于当日向项目所在地主管地税局申报缴纳城建税12600元，教育费附加5400元，地方教育费附加3600元，水利建设基金6000元（11100000÷1.11×0.06%）。另外依据与业主签订合同额缴纳印花税90000元。

①计提增值税附加

附件审核：增值税附加计提表计算正确、填写规范、签字齐全。

凭证类别：转账凭证　　　　　　　　　　　　　制证日期：2016年12月10日

摘要	方向	会计科目（含辅助）	金额	附件	张数
计提税费	借：	税金及附加-城市维护建设税	12600	增值税附加计提表表	据实
计提税费	借：	税金及附加-教育费附加	5400		
计提税费	借：	税金及附加-地方教育费附加	3600		
计提税费	借：	税金及附加-印花税	90000		
计提税费	借：	税金及附加-其他	6000		
计提税费	贷：	应交税费-应交城建税	12600		
计提税费	贷：	应交税费-应交教育费附加-教育费附加	5400		
计提税费	贷：	应交税费-应交教育费附加-应交地方教育费附加	3600		
计提税费	贷：	应交税费-应交地方各项基金-水利建设基金	6000		
计提税费	贷：	应交税费-应交印花税	90000		

②缴纳增值税附加及印花税

附件审核：完税凭证与银行回单金额一致，盖章齐全；会签单内容填写完整，审批手续齐全。

凭证类别：银行付款凭证　　　　　　　　　　制证日期：2016年12月10日

摘要	方向	会计科目（含辅助）	金额	附件	张数
缴税费	借：	应交税费－应交城建税	12600	完税凭证、会签单、银行回单	据实
缴税费	借：	应交税费－应交教育费附加－教育费附加	5400		
缴税费	借：	应交税费－应交教育费附加－应交地方教育费附加	3600		
缴税费	借：	应交税费－应交地方各项基金－水利建设基金	6000		
缴税费	借：	应交税费－应交印花税	90000		
缴税费	贷：	银行存款－人民币[现金流量辅助：支付的各项税费；银行名称辅助：××银行]	117600		

登记台账：应交税费统计分析表

注：一般计税项目只需计提当期在项目所在地主管税务机关按照2%预缴增值税部分附加税，剩余在公司本部主管国税机关缴纳的增值税部分应缴纳的附加税由公司财务部统一计提缴纳，项目部不需计提。

（八）简易计税

1.建筑工程老项目业主验工计价

（1）业务流程

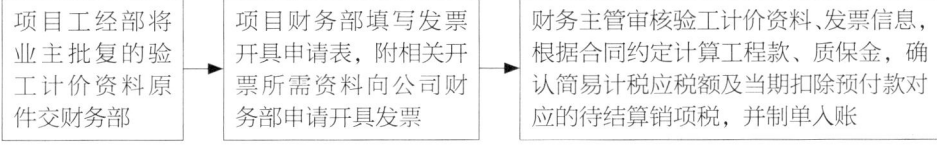

（2）业务举例

例4-1-11：××公司（一般纳税人）于2015年7月5日中标贵州省凯里市某房建项目，并与业主甲公司签订房建固定造价合同，合同总金额20600万元，合同约定付款比例为80%，质保金扣除比例5%，按月进行验工计价，次月10日拨付工程款。工程于2015年7月20日开工，预计工期两年。根据约定2015年7月25日收到业主预付款1030万元，至2016年4月底累计验工计价10300万元，扣除预付款515万元，共收到业主拨款8755万元。2016年5月25日业主对项目验工计价2060万元，根据合同约定需扣除预付款103万元。

①若4月底前根据验工计价已向业主开具建安发票10300万元（营业税计税基数为10300万元）

A.5月25日取得业主验工计价，确认工程结算，开具发票

附件审核：验工计价单审批手续、签字（盖章）齐全；发票信息及金额正确；核对质

保金比例是否与合同一致。

凭证类别：转账凭证　　　　　　　　　　　　　　　**制证日期：2016 年 5 月 25 日**

摘要	方向	会计科目（含辅助）	金额	附件	张数
列10月计价	借：	应收账款－工程款－房建[客户往来辅助：甲公司]	18540000	业主验工计价单原件、增值税发票记账联	据实
列10月计价	借：	应收账款－质量保证金－原值－房建[客户往来辅助：甲公司]	1030000		
列10月计价	借：	预收账款－工程款[客户往来辅助：甲公司]	1030000		
列10月计价	贷：	工程结算[客户往来辅助：甲公司]	20000000		
列10月计价	贷：	应交税费－简易计税－简易计税计提	600000		

登记台账：应收账款－应收工程款（质量保证金）台账、应交税费统计分析表

B.5 月 25 日取得业主验工计价，确认工程结算，未开具发票

附件审核：验工计价单审批手续、签字（盖章）齐全；核对质保金比例是否与合同一致。

凭证类别：转账凭证　　　　　　　　　　　　　　　**制证日期：2016 年 5 月 25 日**

摘要	方向	会计科目（含辅助）	金额	附件	张数
列10月计价	借：	应收账款－工程款－房建[客户往来辅助：甲公司]	18540000	业主验工计价单原件	据实
列10月计价	借：	应收账款－质量保证金－原值－房建[客户往来辅助：甲公司]	1030000		
列10月计价	借：	预收账款－工程款[客户往来辅助：甲公司]	1030000		
列10月计价	贷：	工程结算[客户往来辅助：甲公司]	20000000		
列10月计价	贷：	应交税费－简易计税－待转简易计税	600000		

登记台账：应收账款－应收工程款（质量保证金）台账

②若根据收款向业主开具发票（营业税计税基数为 8755 万元）

A.5 月 25 日取得业主验工计价，确认工程结算

附件审核：验工计价单审批手续、签字（盖章）齐全；核对质保金比例是否与合同一致。

凭证类别：转账凭证				制证日期：2016年5月25日	
摘要	方向	会计科目（含辅助）	金额	附件	张数
列10月计价	借：	应收账款－工程款－房建[客户往来辅助：甲公司]	18540000	业主验工计价单原件	据实
列10月计价	借：	应收账款－质量保证金－原值－房建[客户往来辅助：甲公司]	1030000		
列10月计价	借：	预收账款－工程款[客户往来辅助：甲公司]	1030000		
列10月计价	贷：	工程结算[客户往来辅助：甲公司]	20030000		
列10月计价	贷：	应交税费－简易计税－待转简易计税	570000		

登记台账：应收账款－应收工程款（质量保证金）台账

2. 建筑老工程收业主拨付工程款，并开具发票

（1）业务流程

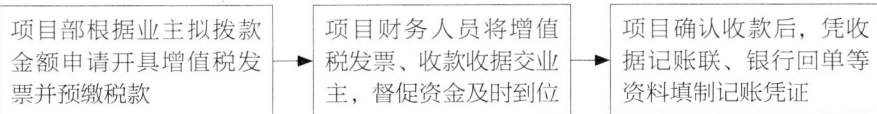

（2）业务举例

例4-1-12：2016年6月8日，贵州省凯里市某房建项目收到业主拨付工程款15450000元，向公司申请开具增值税专用发票提交甲公司，项目6月8日取得分包方开具增值税普通发票价税合计4120000元，项目部于当日预缴增值税。

① 2016年6月8日收工程款

附件审核：收据记账联签字齐全、金额无误，与银行回单一致，收款金额与合同约定内容一致。

凭证类别：银行收款凭证				制证日期：2016年6月8日	
摘要	方向	会计科目（含辅助）	金额	附件	张数
收拨款	借：	银行存款－人民币[现金流量辅助：销售商品、提供劳务收到的现金；银行名称：××银行]	15450000	收据记账联、银行回单	据实
收拨款	贷：	应收账款－工程款－房建[客户往来辅助：甲公司]	15450000		

24小时内上报公司：资金到位及使用审批表

登记台账：应收账款－应收工程款（质量保证金）台账、资金到位审批与执行台账

②确认简易计税应纳税额

附件审核：增值税普通发票记账联票面信息完整正确、金额无误，备注栏填写完整

正确。

凭证类别：转账凭证　　　　　　　　　　　　　　　　　　制证日期：2016年6月8日

摘要	方向	会计科目（含辅助）	金额	附件	张数
确认应纳税额	借：	应交税费－简易计税－待转简易计税	450000	增值税普通发票记账联	据实
确认应纳税额	贷：	应交税费－简易计税－简易计税计提	450000		

登记台账：应交税费统计分析表

③取得分包方开具的增值税普通发票

附件审核：增值税普通发票发票联票面信息完整正确、金额无误；备注栏填写完整正确。

凭证类别：转账凭证　　　　　　　　　　　　　　　　　　制证日期：2016年6月8日

摘要	方向	会计科目（含辅助）	金额	附件	张数
确认简易计税抵减	借：	应交税费－简易计税－简易计税抵减	120000	增值税普通发票发票联	据实
确认简易计税抵减	贷：	工程施工－合同成本－劳务成本[工号核算辅助：主体工程]	120000		

登记台账：应交税费统计分析表，合同成本－直接成本台账

④预交增值税款

附件审核：其他应付款项支付单内容填写完整、审批手续齐全；增值税预缴税款表纳税信息完整、预交金额计算正确无误，与税收缴款书、银行回单一致。

凭证类别：银行付款凭证　　　　　　　　　　　　　　　　制证日期：2016年6月8日

摘要	方向	会计科目（含辅助）	金额	附件	张数
预交增值税款	借：	应交税费－简易计税－预交简易计税	330000	增值税预缴税款表、税收缴款书、银行回单、其他应付款项支付单	据实
预交增值税款	贷：	银行存款－人民币－[现金流量辅助：支付的各项税费；银行名称辅助：××银行]	330000		

登记台账：应交税费统计分析表

（九）销售废旧物资

1. 业务流程

向公司申请，经公司归口部门审核，项目部废旧物资处理小组按照审批意见处置，并当日将处置协议、处置款、公司批复意见、处置单、废旧物资处置表交项目财务部 → 财务收款，编制凭证，登记台账

2. 业务举例

例 4-1-13：××项目部物资部在 2016 年 11 月 1 日处理一批废旧钢材。经公司物设部审批后，11 月 1 日项目部资产处理小组出售该批钢材并收到李某汇入银行的出售款 33800 元。当日，项目物资部将协议、公司批复单、废旧物资处置表、过磅单、银行回单交财务部办理入账手续。

附件审核：物资处置单、协议手续齐全；物资类别、数量、单价、总价与协议、处置单、收据记账联一致；缴款人在缴款单上签字。

凭证类别：银行收款凭证　　　　　　　　　　　　　　制证日期：2016 年 11 月 1 日

摘要	方向	会计科目（含辅助）	金额	附件	张数
收废料处理款	借	银行存款–人民币[现金流量辅助：其他]	33800	废旧物资处置表、银行回单、公司批复单、收据记账联、处置单	据实
收废料处理款	贷	工程施工–合同成本–直接材料费[工号核算辅助：主体工程]	28888.89		
收废料处理款	贷	应交税费–应交增值税–销项税额[税率辅助：17%]	4911.11		

登记台账：应交税费统计分析表、工程施工–直接成本台账、物资处置台账

第二节　增值税特殊业务

一、定义

此业务是指为满足资质共享项目而采用总分包模式的增值税业务，目的是满足增值税"三流一致"抵扣要求，完善增值税抵扣链条。

二、相关规则

（一）采用总分包模式的单位在与业主签订合同后，应及时与公司财务部联系办理签订内部分包合同；同时根据总包方和分包方下达机构令，申请设置"总包方项目账套"和"分包方项目账套"，账套名称必须与下达的机构令保持一致；分别以总包方和分包方名义开立项目部银行账户，以总包方名义开立的项目银行账户在"总包方项目账套"核算，以分包方名义开立的项目银行账户在"分包方项目账套"核算。

（二）项目部完成"三流一致"相关工作后，及时到项目所在地主管国税机关办理总分包、分包、银行账户等税务报验登记工作。

（三）利用清包工、甲供工程、建筑工程老项目税收优惠，合理选择项目计税方法，实现增值税源头筹划。项目计税方法应在选定后报公司财务部审批。

（四）增值税销项发票统一由公司财务部申领、开具、保管，各单位开具发票应履行

审批程序，向客户交付发票应办理签收手续，严禁取得虚开增值税专用发票。

（五）以局总包方名义支付的中标服务费、签订总包合同缴纳的印花税、总包方办理保函产生的费用、局总包方银行账户产生的利息收入及手续费等应在新设局资质账套核算并在总包方报表予以反映，形成亏损的以局收取参建单位管理费形式予以弥补。

（六）各单位在收到总包方或分包方财务部门开具的发票后，应妥善保管，及时将发票转交给客户，提请对方核对票面信息内容，并进行签收。对客户拒收的发票，业务部门须在当月退还本单位财务部门。

（七）销项发票跨月退回，需开红字发票的，由业务经办人员填写《红字发票开具申请单》，提供客户拒收证明，经审批同意后开具红字发票。

（八）根据上级规定以局资质中标的非铁路项目，局按照业主验工计价的0.5%收取分包差价。

三、业务处理

（一）总包方发生中标服务费、印花税等

1. 业务流程

2. 业务举例

例4-2-1：2016年9月××公司以局资质中标合肥市××市政项目，发生中标服务费1283928元，取得增值税专用发票及抵扣联一份，发票显示税额72675.17元，2016年10月8日经办人李某将经项目经理、书记审批后的报销单及增值税专用发票抵扣联一同交项目财务部办理报销手续。

附件审核：审核发票是否真实有效，购买方信息完整正确；报销单经办人员签字齐全，填写正确，项目经理、书记审批。

凭证类别：银行付款凭证　　　　　　　　　　　制证日期：2016年10月8日

摘要	方向	会计科目（含辅助）	金额	附件	张数
付中标服务费	借：	工程施工 – 合同成本 – 其他直接费 – 其他 [工号核算辅助：主体工程]	1211252.83	增值税专用发票	据实
付中标服务费	借：	应交税费 – 应交增值税 – 进项税额 [税率辅助：6%]	72675.17		
付中标服务费	贷：	银行存款 – 人民币 [现金流量辅助：其他付款；银行名称辅助：××银行]	1283928		

登记台账：应交税费统计分析表

例4-2-2：2016年9月公司以局资质中标合肥市××市政项目，2016年12月21日银行存款利息收入 109.26 元。

附件审核：利息单盖章齐全，金额与实际相符；复核利息计算是否正确。

凭证类别：银行收款凭证　　　　　　　　　　　制证日期：2016 年 12 月 21 日

摘要	方向	会计科目（含辅助）	金额	附件	张数
收存款利息	借：	银行存款 – 人民币 [现金流量辅助：利息收入；银行名称辅助：××银行]	109.26	银行利息收入回单	据实
收存款利息	贷：	财务费用 – 利息收入 – 存款利息收入 – 外部存款 [银行名称辅助：××银行]	109.26		

（二）业主拨付预付款

例 4-2-3：2016 年 9 月甲公司以局资质中标安徽省黄山市某市政工程项目，于 2016 年 9 月 5 日与 B 业主公司（一般纳税人）签订一份合同总价为 333000000 元施工合同（其中合同价款 300000000 元，增值税销项税额 33000000 元）。工程于 2016 年 9 月 26 日开工，预计工期两年。合同约定如下：自合同签订后 30 日内按合同总价的 10% 付预付款，按月进行计量，自第一次计量起每次计量扣回预付款总额的 10%；质保金扣除比例为 5%，进度款拨付比例为 95%。公司于 9 月成立局 ×× 项目部、甲公司 ×× 项目部，分别以局和甲公司名义设置账套进行核算，局 ×× 项目部于 2016 年 9 月 20 日收到 B 公司拨付的 33300000 元预付款，并于当日向甲公司 ×× 项目部拨款 33300000 元，甲公司 ×× 项目部于当日向项目所在地主管国税机关申报预缴增值税款 600000 元。

1．"局账套"账务处理

（1）9 月 20 日收到预付款

附件审核：收据记账联签字齐全、金额无误，与银行回单一致，收款金额与合同约定内容一致。

凭证类别：银行收款凭证　　　　　　　　　　　制证日期：2016 年 9 月 20 日

摘要	方向	会计科目（含辅助）	金额	附件	张数
收预付款	借：	银行存款 – 人民币 [现金流量辅助：销售商品、提供劳务收到的现金；银行名称：××银行]	33300000	收据记账联、银行回单、合同预付款条款复印件	据实
收预付款	贷：	预收账款 – 工程款 [客户往来辅助：B 公司]	33300000		

24 小时内上报公司：资金到位及使用审批表

登记台账：应收账款 – 应收工程款（质量保证金）台账、资金到位审批与执行台账

（2）确认销项税额

附件审核：增值税专用发票票面信息完整、正确、金额无误。

凭证类别：转账凭证　　　　　　　　　　　　　　制证日期：2016 年 9 月 20 日

摘要	方向	会计科目（含辅助）	金额	附件	张数
确认销项税额	借：	应收账款－预收账款增值税	3300000	增值税专用发票发票联	据实
确认销项税额	贷：	应交税费－应交增值税－销项税额[税率辅助：11%]	3300000		

登记台账：应交税费统计分析表

（3）确认进项税额

附件审核：增值税专用发票票面信息完整、正确、金额无误。

凭证类别：转账凭证　　　　　　　　　　　　　　制证日期：2016 年 9 月 20 日

摘要	方向	会计科目（含辅助）	金额	附件	张数
确认进项税额	借：	应交税费－应交增值税－进项税额[税率辅助：1%]	3300000	增值税专用发票记账联	据实
确认进项税额	贷：	内部往来[客户往来辅助：甲公司××项目部；内部往来类别辅助：母子公司往来－局指（代局指）往来－增值税往来]	3300000		

登记台账：应交税费统计分析表

（4）预交增值税

预交增值税额=（33300000-33300000）÷（1+11%）×2%=0

（5）拨款

附件审核：会签单填写完整正确，会签完整；银行回单金额与会签单一致。

摘要	方向	会计科目（含辅助）	金额	附件	张数
付往来款	借：	内部往来[客户往来辅助：甲公司××项目部；内部往来类别辅助：母子公司往来－局指（代局指）往来－结算往来]	33300000	会签单、银行回单	据实
付往来款	贷：	银行存款－人民币[现金流量辅助：购买商品、接收劳务支付的现金；银行名称：××银行]	33300000		

2．"甲公司账套"账务处理

（1）收"局账套"拨款

附件审核：收据记账联签字齐全、金额无误，与银行回单一致。

凭证类别：银行收款凭证　　　　　　　　　　　　　　　制证日期：2016年9月20日

摘要	方向	会计科目（含辅助）	金额	附件	张数
收工程款	借：	银行存款–人民币［现金流量辅助：销售商品、提供劳务收到的现金；银行名称：××银行］	33300000	收据记账联、银行进账单、合同预付款条款复印件	据实
收工程款	贷：	内部往来［客户往来辅助：局××项目部；内部往来类别辅助：母子公司往来–局指（代局指）往来–结算往来］	33300000		

登记台账：应收账款–应收工程款（质量保证金）台账

（2）确认销项税额

附件审核：增值税专用发票票面信息完整、正确、金额无误。

凭证类别：转账凭证　　　　　　　　　　　　　　　　制证日期：2016年9月20日

摘要	方向	会计科目（含辅助）	金额	附件	张数
确认销项税额	借：	内部往来［客户往来辅助：局××项目部；内部往来类别辅助：母子公司往来–局指（代局指）往来–增值税往来］	3300000	增值税专用发票发票联	据实
确认销项税额	贷：	应交税费–应交增值税–销项税额［税率辅助：11%］	3300000		

登记台账：应交税费统计分析表

（3）预交增值税

附件审核：预交增值税申请表填报正确，预交金额计算正确；其他款项支付会签单金额与预交增值税申请表一致，项目主要领导审批完整，完税凭证金额与预交增值税申请表一致。

凭证类别：银行付款凭证　　　　　　　　　　　　　　制证日期：2016年9月20日

摘要	方向	会计科目（含辅助）	金额	附件	张数
预交增值税	借：	应交税费–预交增值税–建筑服务［税率辅助：2%］	600000	预交增值税申请表、完税凭证、其他款项支付会签单	据实
预交增值税	贷：	银行存款–人民币［现金流量辅助：支付的各项税费；银行名称：××银行］	600000		

登记台账：应交税费统计分析表

（三）业主验工计价

1. 取得业主验工计价，确认工程结算，并按验工计价开具发票

（1）"局账套"账务处理

①业务流程

```
┌─────────────────────┐   ┌─────────────────────┐   ┌─────────────────────┐
│ 项目工经部将业主    │   │ 项目财务部填写发票  │   │ 财务主管审核验工计价资料、发票 │
│ 批复的验工计价资    │ → │ 开具申请表，附相关开│ → │ 信息，根据合同约定计算工程款、 │
│ 料原件交财务部      │   │ 票所需资料向公司财  │   │ 质保金，确认销项税额及当期扣除 │
│                     │   │ 务部申请开具发票    │   │ 预付款对应的待结算销项税，并制 │
│                     │   │                     │   │ 单入账                │
└─────────────────────┘   └─────────────────────┘   └─────────────────────┘
```

②业务举例

例4-2-4：2016年10月25日，局××项目部上报10月验工计价资料得到业主B公司的批复，批复金额为11100000元，当期扣预付款3330000元，合同约定质保金比例为5%。根据规定，以局资质中标的非铁路项目需收取0.5%的分包差价，局向甲公司分批计价11044500元。根据合同约定，按照当期验工计价扣除预付款金额开具增值税专用发票。甲公司××项目部向公司申请开具增值税专用发票、局××项目部向局申请开具增值税专用发票并提交B公司。

A.10月25日验工计价，并向业主开具发票

附件审核：验工计价单审批手续、签字（盖章）齐全；发票信息及金额正确；核对质保金比例是否与合同一致。

凭证类别：转账凭证　　　　　　　　　　　　　　制证日期：2016年10月25日

摘要	方向	会计科目（含辅助）	金额	附件	张数
列10月计价	借：	应收账款－工程款－市政[客户往来辅助：B公司]	7215000	业主验工计价单原件、增值税专用发票记账联	据实
列10月计价	借：	应收账款－质量保证金－原值－市政[客户往来辅助：B公司]	555000		
列10月计价	借：	预收账款－工程款[客户往来辅助：B公司]	3330000		
列10月计价	贷：	工程结算[客户往来辅助：B公司]	10000000		
列10月计价	贷：	应交税费－应交增值税－销项税额[税率辅助：11%]	770000		
列10月计价	贷：	应收账款－预收账款增值税	330000		

登记台账：应收账款－应收工程款（质量保证金）台账、应交税费统计分析表

B.10月25日局××项目部给甲公司××项目部验工计价，甲公司向局开具发票

附件审核：验工计价单审批手续、签字（盖章）齐全；发票信息及金额正确。

凭证类别：转账凭证　　　　　　　　　　　　　　　制证日期：2016 年 10 月 25 日

摘要	方向	会计科目（含辅助）	金额	附件	张数
列甲公司 10 月计价	借：	工程施工 – 合同成本 – 其他直接费 [工号核算辅助 – 主体工程]	9950000	局验工计价单原件、增值税专用发票发票联	据实
列甲公司 10 月计价	借：	应交税费 – 应交增值税 – 进项税额 [税率辅助：11%]	764500		
列甲公司 10 月计价	借：	内部往来 [客户往来辅助：甲公司 ×× 项目部；内部往来类别辅助：母子公司往来 – 局指（代局指）往来 – 增值税往来]	330000		
列甲公司 10 月计价	贷：	内部往来 [内部往来类别辅助：母子公司往来 – 局指（代局指）往来 – 结算往来；客户往来辅助：甲公司 ×× 项目部]	11044500		

登记台账：应交税费统计分析表

（2）"甲公司账套"账务处理

10 月 25 日局 ×× 项目部给甲公司 ×× 项目部验工计价，甲公司向局开具发票

附件审核：验工计价单审批手续、签字（盖章）齐全；发票信息及金额正确。

凭证类别：转账凭证　　　　　　　　　　　　　　　制证日期：2016 年 10 月 25 日

摘要	方向	会计科目（含辅助）	金额	附件	张数
列 10 月计价	借：	内部往来 [内部往来类别辅助：母子公司往来 – 局指（代局指）往来 – 结算往来；客户往来辅助：局 ×× 项目部]	11044500	局验工计价单原件、增值税专用发票记账联	据实
列 10 月计价	贷：	工程结算 [客户往来辅助：局 ×× 项目部]	9950000		
列 10 月计价	贷：	应交税费 – 应交增值税 – 销项税额 [税率辅助：11%]	764500		
列 10 月计价	贷：	内部往来 [客户往来辅助：局 ×× 项目部；内部往来类别辅助：母子公司往来 – 局指（代局指）往来 – 增值税往来]	330000		

登记台账：应收账款 – 应收工程款（质量保证金）台账、应交税费统计分析表

2. 取得业主验工计价，确认工程结算，未开具发票

（1）"局账套"账务处理

①业务流程

项目工经部将业主批复的验工计价资料原件交财务部	→	财务主管审核验工计价资料、发票信息，根据合同约定计算工程款、质保金，计算待确认销项税额及当期扣除预付款对应的待结算销项税，并制单入账

②业务举例

例 4-2-5：2016 年 10 月 25 日，局××项目部上报 10 月验工计价资料得到业主 B 公司的批复，批复金额为 11100000 元，当期扣预付款 3330000 元，合同约定质保金比例为 5%，同时局××项目部按同等金额向甲公司××项目部办理验工计价。根据局文件规定，以局资质中标的非铁路项目需收取 0.5% 的分包差价，局向甲公司分批计价 11044500 元。

A. 取得业主验工计价、确认工程结算

附件审核：验工计价单审批手续、签字（盖章）齐全；核对质保金比例是否与合同一致。

凭证类别：转账凭证　　　　　　　　　　　　　制证日期：2016 年 10 月 25 日

摘要	方向	会计科目（含辅助）	金额	附件	张数
列 10 月计价	借：	应收账款 – 工程款 – 市政 [客户往来辅助：B 公司]	7215000	业主验工计价单原件	据实
列 10 月计价	借：	应收账款 – 质量保证金 – 原值 – 市政 [客户往来辅助：B 公司]	555000		
列 10 月计价	借：	预收账款 – 工程款 [客户往来辅助：B 公司]	3330000		
列 10 月计价	贷：	工程结算 [客户往来辅助：B 公司]	10000000		
列 10 月计价	贷：	应交税费 – 待转销项税额	770000		
列 10 月计价	贷：	应收账款 – 预收账款增值税	330000		

登记台账：应收账款 – 应收工程款（质量保证金）台账

B. 局向甲公司计价

附件审核：验工计价单审批手续、签字（盖章）齐全。

凭证类别：转账凭证　　　　　　　　　　　　　制证日期：2016 年 10 月 25 日

摘要	方向	会计科目（含辅助）	金额	附件	张数
列甲公司 10 月计价	借：	工程施工 – 合同成本 – 其他直接费 [工号核算辅助 – 主体工程]	9950000	局验工计价单原件	据实
列甲公司 10 月计价	借：	待结算进项税额	764500		
列甲公司 10 月计价	借：	内部往来 [客户往来辅助：甲公司××项目部；内部往来类别辅助：母子公司往来 – 局指（代局指）往来 – 增值税往来]	330000		
列甲公司 10 月计价	贷：	内部往来 [内部往来类别辅助：母子公司往来 – 局指（代局指）往来 – 结算往来；客户往来辅助：甲公司××项目部]	11044500		

（2）"甲公司账套"账务处理

附件审核：验工计价单审批手续、签字（盖章）齐全。

凭证类别：转账凭证　　　　　　　　　　　　制证日期：2016年10月25日

摘要	方向	会计科目（含辅助）	金额	附件	张数
列10月计价	借：	内部往来[内部往来类别辅助：母子公司往来－局指（代局指）往来－结算往来；客户往来辅助：局××项目部]	11044500	局验工计价单原件	据实
列10月计价	贷：	工程结算[客户往来辅助：局××项目部]	9950000		
列10月计价	贷：	应交税费－待转销项税额	764500		
列10月计价	贷：	内部往来[客户往来辅助：局××项目部；内部往来类别辅助：母子公司往来－局指（代局指）往来－增值税往来]	330000		

登记台账：应收账款－应收工程款（质量保证金）台账

（四）业主拨付工程款

1. 按照收款开具发票

（1）"局账套"账务处理

①业务流程

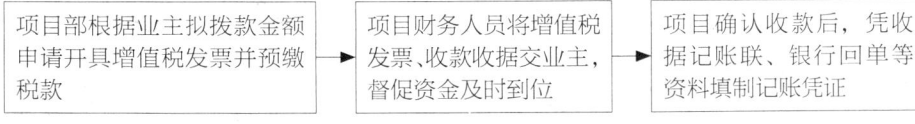

②业务举例

例4-2-6：2016年10月25日，局××项目部上报10月验工计价资料得到业主B公司的批复，批复金额为11100000元，当期扣预付款3330000元，合同约定质保金比例为5%，进度款拨付比例为95%。2016年11月10日，局××项目部收到业主拨付工程款7215000元，并于当日拨付甲公司××项目部工程款7215000元。甲公司于当日按照收款向局开具增值税专用发票，同时向局申请开具增值税专用发票并提交业主B公司。

A.2016年11月10日收工程款

附件审核：收据记账联签字齐全、金额无误，与银行进账单一致，收款金额与合同约定内容一致。

凭证类别：银行收款凭证　　　　　　　　　　　　　制证日期：2016 年 11 月 10 日

摘要	方向	会计科目（含辅助）	金额	附件	张数
收拨款	借：	银行存款－人民币 [现金流量辅助：销售商品、提供劳务收到的现金；银行名称：××银行]	7215000	收据记账联、银行回单	据实
收拨款	贷：	应收账款－工程款 [客户往来辅助：B 公司]	7215000		

登记台账：应收账款－应收工程款（质量保证金）台账

B. 确认销项税额

附件审核：增值税专用发票票面信息完整、正确、金额无误。

凭证类别：转账凭证　　　　　　　　　　　　　　制证日期：2016 年 11 月 10 日

摘要	方向	会计科目（含辅助）	金额	附件	张数
确认销项税额	借：	应交税费－待转销项税额	715000	增值税专用发票记账联	据实
确认销项税额	贷：	应交税费－应交增值税－销项税额 [税率辅助：11%]	715000		

登记台账：应交税费统计分析表

C. 确认进项税额

附件审核：增值税专用发票发票联票面信息完整、正确、金额无误、与拨款金额一致。

凭证类别：转账凭证　　　　　　　　　　　　　　制证日期：2016 年 11 月 10 日

摘要	方向	会计科目（含辅助）	金额	附件	张数
确认进项税额	借：	应交税费－应交增值税－进项税额 [税率辅助：11%]	715000	增值税专用发票发票联	据实
确认进项税额	贷：	待结算进项税额	715000		

登记台账：应交税费统计分析表

D. 向甲公司××项目拨款

附件审核：会签单填写完整、金额正确，与银行回单金额一致，项目经理、书记审批。

凭证类别：银行付款凭证　　　　　　　　　　　　制证日期：2016 年 11 月 10 日

摘要	方向	会计科目（含辅助）	金额	附件	张数
付往来款	借：	内部往来 [内部往来类别辅助：母子公司往来－局指（代局指）往来－结算往来；客户往来辅助：甲公司××项目部]	7215000	增值税专用发票发票联、会签单	据实
付往来款	贷：	银行存款－人民币 [现金流量辅助：购买商品、接收劳务支付的现金；银行名称：××银行]	7215000		

(2)"甲公司账套"账务处理

A.2016年11月10日收工程款,

附件审核:收据记账联签字齐全、金额无误,与银行回单一致,收款金额与合同约定内容一致。

凭证类别:银行收款凭证　　　　　　　　　　　　　制证日期:2016年11月10日

摘要	方向	会计科目(含辅助)	金额	附件	张数
收拨款	借:	银行存款－人民币[现金流量辅助:销售商品、提供劳务收到的现金;银行名称:××银行]	7215000	收据记账联、银行回单	据实
收拨款	贷:	内部往来[客户往来辅助:局××项目部;内部往来类别辅助:母子公司往来－局指(代局指)往来－结算往来]	7215000		

登记台账:应收账款－应收工程款(质量保证金)台账

B.确认销项税额

附件审核:增值税专用发票票面信息完整、正确、金额无误。

凭证类别:转账凭证　　　　　　　　　　　　　　制证日期:2016年11月10日

摘要	方向	会计科目(含辅助)	金额	附件	张数
确认销项税额	借:	应交税费－待转销项税额	715000	增值税专用发票记账联	据实
确认销项税额	贷:	应交税费－应交增值税－销项税额[税率辅助:11%]	715000		

登记台账:应交税费统计分析表

2.未按照收款开具发票

(1)"局账套"账务处理

①业务流程

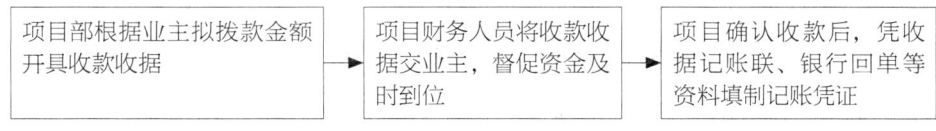

②业务举例

例4-2-7:2016年10月25日,局××项目部上报10月验工计价资料得到业主B公司的批复,批复金额为11100000元,当期扣预付款3330000元,合同约定质保金比例为5%,进度款拨付比例为95%。2016年11月10日,局××项目部收到业主拨付工程款7215000元,并于当日拨付甲公司××项目部工程款7215000元。

A.2016年11月10日收工程款

附件审核:收据记账联签字齐全、金额无误,与银行回单一致,收款金额与合同约定内容一致。

凭证类别：银行收款凭证　　　　　　　　　　　制证日期：2016 年 11 月 10 日

摘要	方向	会计科目（含辅助）	金额	附件	张数
收拨款	借	银行存款 – 人民币 [现金流量辅助：销售商品、提供劳务收到的现金；银行名称：×× 银行]	7215000	收据记账联、银行回单	据实
收拨款	贷	应收账款 – 工程款 – 市政 [客户往来辅助：B 公司]	7215000		

登记台账：应收账款 – 应收工程款（质量保证金）台账

B. 向甲公司 ×× 项目拨款

附件审核：会签单填写完整、金额正确，与银行回单金额一致，项目经理、书记审批。

凭证类别：银行付款凭证　　　　　　　　　　　制证日期：2016 年 11 月 10 日

摘要	方向	会计科目（含辅助）	金额	附件	张数
付往来款	借	内部往来 [内部往来类别辅助：母子公司往来 – 局指（代局指）往来 – 结算往来；客户往来辅助：甲公司 ×× 项目部]	7215000	会签单、银行回单	据实
付往来款	贷	银行存款 – 人民币 [现金流量辅助：购买商品、接收劳务支付的现金；银行名称：×× 银行]	7215000		

（2）"甲公司账套"账务处理

附件审核：收据记账联签字齐全、金额无误，与银行回单一致，收款金额与合同约定内容一致。

凭证类别：银行收款凭证　　　　　　　　　　　制证日期：2016 年 11 月 10 日

摘要	方向	会计科目（含辅助）	金额	附件	张数
收拨款	借	银行存款 – 人民币 [现金流量辅助：销售商品、提供劳务收到的现金；银行名称：×× 银行]	7215000	收据记账联、银行回单	据实
收拨款	贷	内部往来 [内部往来类别辅助：母子公司往来 – 局指（代局指）往来 – 结算往来；客户往来辅助：局 ×× 项目部]	7215000		

登记台账：应收账款 – 应收工程款（质量保证金）台账

第三节　所得税

一、企业所得税

（一）定义

企业所得税是指对中华人民共和国境内的企业（居民企业及非居民企业）和其他取得收入的组织以其生产经营所得为课税对象所征收的一种所得税。作为企业所得税纳税人，应依照《中华人民共和国企业所得税法》缴纳企业所得税。

（二）相关规则

1. 严格按照企业所得税法关于收入、扣除、资产税务处理的规定，处理涉税事项。各单位不得截留收入、虚计成本费用或虚报利润、多计税金。
2. 加强发票管理，保证各类资产、成本、费用均取得合法有效凭证。
3. 所属单位就地预缴企业所得税前需报公司财务部同意，缴纳时应取得完税凭证，缴纳后不得直接列支成本，全额实现企业所得税汇算清缴抵扣。
4. 公司要充分利用研发费用加计扣除税收优惠政策，合理进行企业所得税税负筹划。

（三）业务处理

1. 业务流程

```
项目部按当地主管税务机关要求，        会计主管审核制单入账，登记台账，
向项目所在地主管税务机关预缴企   →   年末将完税凭证扫描件传递公司以
业所得税，取得完税凭证                备公司企业所得税汇算清缴
```

2. 业务举例

例4-3-1，××项目部（一般计税）于2016年11月18日，根据纳税义务发生时间，预缴当期增值税款，同时预缴企业所得税20000元。

附件审核：企业所得税计算正确无误，完税凭证，银行回单，审批手续齐全。

凭证类别：银行付款凭证　　　　　　　　　　　　制证日期：2016年11月18日

摘要	方向	会计科目（含辅助）	金额	附件	张数
预缴企业所得税	借：	应交税费－应交企业所得税	20000	税收通用缴款书、银行回单、会签单	据实
预缴企业所得税	贷：	银行存款－人民币[现金流量辅助：支付的各项税费；银行名称辅助：××银行]	20000		

登记台账：应交税费统计分析表

例4-3-2，次年5月21日，××项目部收到公司所得税清算通知书，金额162200元。

凭证类别：转账凭证　　　　　　　　　　　　制证日期：2017年5月21日

摘要	方向	会计科目（含辅助）	金额	附件	张数
清算企业所得税	借：	内部往来－[客户往来类别辅助：公司内部往来－结算往来；内部往来类别辅助：公司财务部]	162200	往来通知书	据实
清算企业所得税	贷：	应交税费－应交企业所得税	162200		

登记台账：应交税费统计分析表，现款上交台账

二、个人所得税

（一）定义

在中国境内有住所，或者无住所而在境内居住满一年的个人，从中国境内和境外取得

的所得，依照《中华人民共和国个人所得税法》规定缴纳个人所得税。

（二）相关规则

1. 员工的全部工资、薪金所得，均应缴纳个人所得税，发放单位负有代扣代缴义务。

2. 按照建筑安装业跨省异地工程作业人员个人所得税征收的规定，不得出现由当地税务机关核定征收个人所得税的情形。

3. 各单位财务部门应充分利用个人所得超额累进税率政策及全年一次性奖金的征税规定，合理筹划缴纳个人所得税。

4. 各单位扣缴的个人所得税必须及时申报缴纳，严禁出现代扣不申报缴纳现象。

5. 各单位应加强与项目所在主管地税务机关沟通，个人所得税通过按月申报缴纳。

（三）业务处理

1. 业务流程

项目财务部计算工资单时，按照个人所得税法计算应代扣个人所得税，并足额缴纳 → 会计主管审核制单入账

2. 业务举例

例 4-3-3，××项目部，2016 年 11 月工资单中代扣个人所得税合计 2123.60 元。

附件审核：工资支付单签字齐全，个税计算金额无误。注意审核个税税前扣除项目不包括工会会费、伙食费。

凭证类别：转账凭证　　　　　　　　　　　　　　制证日期：2016 年 11 月 30 日

摘要	方向	会计科目（含辅助）	金额	附件	张数
代扣个人所得税	借：	应付职工薪酬－工资、奖金、津贴和补贴	2123.6	工资支付计算单	据实
代扣个人所得税	贷：	应交税费－应交个人所得税	2123.6		

例 4-3-4，2016 年 12 月 10 日，项目部缴纳上月扣缴的个税 2123.60 元。

凭证类别：银行付款凭证　　　　　　　　　　　　制证日期：2016 年 12 月 10 日

摘要	方向	会计科目（含辅助）	金额	附件	张数
代缴个人所得税	借：	应交税费－应交个人所得税	2123.6	个税完税证明	据实
代缴个人所得税	贷：	银行存款－人民币[现金流量辅助：支付的各项税费；银行名称辅助：××银行]	2123.6		

3. 全年一次性奖励个人所得税筹划

①全年一次性奖金，单独作为一个月工资、薪金所得计算纳税

②将当月取得的全年一次性奖金，除以 12 个月，以其商数确定适用税率和速算扣除数。

③全年一次性奖金个人所得税计算公式：

A. 当月工资薪金所得高于（或等于）税法规定的费用扣除额的。适用公式为：应纳税额＝雇员当月取得全年一次性奖金×适用税率－速算扣除数；

B. 当月工资薪金所得低于税法规定的费用扣除额的。适用公式为：应纳税额＝（雇员当月取得全年一次性奖金－雇员当月工资薪金所得与费用扣除额的差额）×适用税率－速算扣除数。

全年一次性奖金计算明细表

序号	全年一次性奖金	年平均后月收入额	计算过程	实缴个税	备注
1	0–18000（以18000为例）	18000÷12=1500	18000×3%	540	第一级税率
2	18001–54000（以54000为例）	54000÷12=4500	54000×10%−105	5295	第二级税率
3	54001–108000（以108000为例）	108000÷12=9000	108000×20%−555	21045	第三级税率
4	108001–420000（以420000为例）	420000÷12=35000	420000×25%−1005	103995	第四级税率
5	420001–660000（以660000为例）	660000÷12=55000	660000×30%−2755	195245	第五级税率
6	660001–960000（以960000为例）	960000÷12=80000	960000×35%−5505	330495	第六级税率
7	960001以上（以1000000为例）	1000000÷12=83333.33	1000000×45%−13505	436495	第七级税率

注：①上表未考虑当月工资是否达到3500元起征点；②在每一级税率档，均可按实发奖金数套用计算公式计算应代扣代缴个人所得税；③在一个纳税年度内，对每一个纳税人，该计税办法只允许采用一次。

个人所得税临界点（适用于全年一次性奖金），按照目前个税超额累进的方法，有可能造成虽然多发了一元钱，但会因此多交几千元税金的情况出现。发18001元比18000元多纳个税1155.1元；发54001元比54000元多纳个税4950.2元；发108001元比108000元多纳个税4950.25元；发420001元比420000元多纳个税19250.3元；发660001元比660000元多纳个税30250.35元；发960001元比960000元多纳个税88000.45元。

三、其他税费筹划

1. 城建税筹划。利用项目所在地区域划分导致的税率差，争取低税率。

2. 地方基金筹划。争取地方价格调节基金、水利建设基金、垃圾清运费、防洪基金、残疾人就业保障金等地方性基金的减免。

3. 耕地占用税筹划。利用两年内恢复所占用耕地原状退税政策，降低耕地占用税支出。

第五章 存 货

本书中的存货主要是指项目部在施工生产、管理过程中耗用的材料、物料等。项目部持有的存货大致可划分为在途物资、原材料、周转材料、低值易耗品、工程物资等。

第一节 材料采购

一、定义

材料采购是指项目部为购进用以工程施工的各类材料而进行日常核算的会计科目。材料成本包括买价、运输费以及税费等。本科目下设"自购材料、电商采购、甲供料、局转材料、内部调拨材料"五种材料采购来源辅助科目进行明细核算。购入材料时借记本科目，点收时贷记本科目。

二、相关规则

（一）项目部财务部门应参与供应商的比选工作，整理收集并识别供应商纳税人身份，选择综合成本最低的供应商。

（二）材料采购前要先签订合同（除零星采购），财务部评审合同时，要核对合同要素，审核合同双方名称与盖章是否一致、付款比例是否符合公司规定、合同具体条款是否按照评审意见修改、收款人信息填写是否齐全、分包商资质和身份、明确合同价款是否为含税价款、明确提供发票类型、明确发票开具时间及送到时限、不能按合同约定提供相应增值税发票的违约责任条款、明确增值税专用发票的具体应税税目税率等。财务部应保存合同原件、项目部和公司评审记录的复印件，及时登记材料采购合同-授权书台账。

（三）材料进场、入库都必须经过检测，检测合格后方可入库。物资数量的验收需至少两人以上共同参与，如实记录进场数量。项目财务部要对原材料原始单据核查并确认，核查原材料验收环节的相关数据计算是否正确，监督材料验收环节的验收是否符合合同规定的验收方法。财务部门要定期或不定期地到现场监督验收。对于验收单数量太多，不便放入凭证的，可以单独装订，并标注相应凭证号。

（四）严禁直接用物资采购发票报销单直接支付资金、列支成本；严禁通过委托付款书方式付款至第三家单位或个人，确保"三流一致"。

（五）登记物资采购分类统计台账目的是项目考核主要材料的限额使用情况，在做材料采购凭证时应凭材料采购分类统计表逐一登记，材料类别按照工程项目特点进行分类，包括钢筋、型钢、混凝土、水泥、碎石、石灰、锚具、波纹管、支座、桥梁伸缩缝、外加剂等。

（六）本科目的借方余额为在途材料，每月应登记台账、及时清理。

（七）应付材料费"未提账单"台账必须在发生一笔就立即着手登记，避免出现重复点收或核算错误，因财务人员未及时对"未提账单"台账进行核对，导致经济责任，将追究责任人；财务人员每月物资结算时必须审核原始验收单据（过磅单、检尺计算方法），履行财务监督和审核程序。

（八）一般计税项目，预点材料时按不含税价点收，简易项目按含税价点收。

（九）除周转材料、低耗品等资产类物资外，严禁简易计税项目向一般计税项目调拨各类材料物资；一般计税项目向简易计税项目调拨物资需对调出的材料物资所取得的进项税额做进项税额转出处理。

三、业务处理

1. 业务流程

物资部根据工程部提供的材料使用计划，确定采购方式、做好供应单位比选，拟定合同，经项目自评后通过成本管理信息系统上报公司归口部门对合同进行审批 → 党政会签、成本信息系统审批后，财务部对发票真伪进行查询验证，编制"材料采购分类统计表"并进行账务处理。登记相关台账 → 项目部依据公司财务部通知书，审批后的委托代付申请单、款项支付会签单、银行付款回单会计主管审核制单入账

2. 业务举例

例5-1-1：××项目（一般计税）于2016年10月1日成立，物资部张某根据合同在2016年11月1日从A公司购入水泥500吨，取得增值税专用发票上注明含运费价款为200000元，增值税进项税额为34000元的发票一份；从B公司购入方桩8000米，取得增值税专用发票价款为1000000元，增值税进项税额为170000元；取得运费发票金额为33300元，其中税额3300元。增值税专票均及时认证。当日验收入库后，张某填写收料单连同发票到财务部办理入账手续。

附件审核：审核成本信息系统审批表、审核材料验收原始单据；验证发票是否真实有效，是否有抵扣联；税控系统开具的清单、收料单、发票与合同的一致性；原始单据、收料单经办人员签字齐全；报销单经项目党政会签；数量与原始验收单据核对无误，单价与合同核对无误；材料采购分类统计表统计正确、签字齐全。

凭证类别：转账凭证　　　　　　　　　　　　　　　　制证日期：2016年11月1日

摘要	方向	会计科目（含辅助）	金额	附件	张数
张某报自购料	借：	材料采购 [材料采购类别辅助：自购材料]	1230000	发票、收料单、材料采购分类统计表、成本信息系统审批表、验收单	据实
张某报自购料	借：	应交税费 – 应交增值税 – 进项税额 [税率辅助：17%]	204000		
张某报自购料	借：	应交税费 – 应交增值税 – 进项税额 [税率辅助：11%]	3300		
张某报自购料	贷：	应付账款 – 应付材料采购款 [客户往来辅助：A 公司]	234000		
张某报自购料	贷：	应付账款 – 应付材料采购款 [客户往来辅助：B 公司]	1203300		

登记台账：物资采购分类统计台账、应付账款 – 应付材料采购款台账、应交税费统计分析表

例 5-1-2：××项目于 2015 年 10 月成立，确认采取简易计税方式。物资部尉某于 2016 年 6 月 8 日网上采购安全帽 100 顶，土工布 10 卷。2016 年 6 月 25 日收到安全帽金额为 2500 元的增值税普通发票，取得土工布增值税专用发票上注明价款 2000 元，增值税进项税额为 340 元的发票一份，专票及时认证。当日到货验收入库后，尉某填写收料单连同发票到财务部办理入账手续。

附件审核：审核成本信息系统审批表、审核材料验收原始单据；验证发票是否真实有效，是否有抵扣联；收料单、发票与合同的一致性；原始单据、收料单经办人员签字齐全；报销单经项目党政会签；数量与原始验收单据核对无误，单价与合同核对无误；材料采购分类统计表统计正确、签字齐全。

凭证类别：转账凭证　　　　　　　　　　　　　　　　制证日期：2016年6月25日

摘要	方向	会计科目（含辅助）	金额	附件	张数
尉某报电商购料	借：	材料采购 [材料采购类别辅助：电商采购]	4500	发票、收料单、材料采购分类统计表、成本信息系统审批表、验收单	据实
尉某报电商购料	借：	应交税费 – 应交增值税 – 进项税额 [税率辅助：17%]	340		
尉某报电商购料	贷：	应付账款 – 应付材料采购款 [客户往来辅助：网购材料]	4840		

同时编制进项税额转出凭证

凭证类别：转账凭证　　　　　　　　　　　　　　　　制证日期：2016年6月25日

摘要	方向	会计科目（含辅助）	金额	附件	张数
进项税额转出	借：	材料采购 [材料采购类别辅助：电商采购]	340	发票复印件	据实
进项税额转出	贷：	应交税费 – 应交增值税 – 进项税额转出	340		

登记台账：物资采购分类统计台账、应付账款－应付材料采购款台账、应交税费统计分析表

例5-1-3：××项目采取一般计税方式。张某根据签订的采购合同在2016年10月9日从B公司购进碎石500吨，料已验收入库，月末发票尚未收到。该批碎石金额为45000元（不含税），合同约定提供增值税专用发票，税率3%。张某预点收料经领导审批后到财务部办理入账手续。

附件审核：审核原始单据、预点收料单的一致性；经办人员签字齐全，领导审批齐全；材料采购分类统计表编制正确；数量与原始验收单据核对无误，单价与合同核对无误。

凭证类别：转账凭证　　　　　　　　　　　　　　　制证日期：2016年10月9日

摘要	方向	会计科目（含辅助）	金额	附件	张数
预点自购料	借：	材料采购[材料采购类别辅助：自购材料]	45000	预点收料单、材料采购分类统计表、验收单	据实
预点自购料	贷：	应付账款－应付材料采购款[客户往来辅助：未提账单]	45000		

登记台账：物资采购分类统计台账、应付账款－应付材料采购款－未提账单台账。

例5-1-4：接例5-1-3，××项目部在2016年11月5日收到B公司开具的碎石增值税专用发票一份，注明价款45000元，增值税进项税额1350元。物资部张某核对无误后，填制负数收料单，冲减未提账单，同时填写收料单、连同发票经党政会签到财务部办理报销手续。

①冲减未提账单

附件审核：审核预点收料单填写正确，单价、数量、金额无误；会计主管审核；材料采购分类统计表编制正确。

凭证类别：转账凭证　　　　　　　　　　　　　　　制证日期：2016年11月5日

摘要	方向	会计科目（含辅助）	金额	附件	张数
冲销预点料	借：	材料采购[材料采购类别辅助：自购材料]	-45000	收料单（负数）、材料采购分类统计表	据实
冲销预点料	贷：	应付账款－应付材料采购款[客户往来辅助：未提账单]	-45000		

登记台账：物资采购分类统计台账、应付账款－应付材料采购款－未提账单台账

②发票报销入账：

附件审核：审核成本信息系统审批表，审核发票、收料单与合同的一致性；验证发票是否真实有效，是否有抵扣联，专票及时认证；收料单经办人员签字齐全；报销单经项目党政会签；材料采购分类统计表编制正确；数量与原始验收单据核对无误，单价与合同核对无误。

凭证类别：转账凭证　　　　　　　　　　　　　　　制证日期：2016年11月5日

摘要	方向	会计科目（含辅助）	金额	附件	张数
张某报自购料	借：	材料采购 [材料采购类别辅助：自购材料]	45000	发票、收料单、材料采购分类统计表、审核成本信息系统审批表、验收单	据实
张某报自购料	借：	应交税费 – 应交增值税 – 进项税额 [税率辅助：17%]	1350		
张某报自购料	贷：	应付账款 – 应付材料采购款 [客户往来辅助：B公司]	46350		

登记台账：物资采购分类统计台账、应付账款–应付材料采购款台账、应交税费统计分析表

例5-1-5：××分部采取一般计税，2016年10月收到材料厂提供的当月采保费增值税专用发票159000元，经项目党政会签后物资部到财务部办理报销手续。

附件审核：增值税专用发票票面信息完整、正确，金额与当月采购金额匹配，报销单经党政会签。

凭证类别：转账凭证　　　　　　　　　　　　　　制证日期：2016年10月31日

摘要	方向	会计科目（含辅助）	金额	附件	张数
列材料采保费	借：	工程施工 – 合同成本 – 直接材料费 [工号核算辅助：主体工程]	150000	增值税专用发票	据实
列材料采保费	借：	应交税费 – 应交增值税 – 进项税额 [税率辅助：6%]	9000		
列材料采保费	贷：	内部往来 [内部往来类别辅助：子公司之间往来；客户往来辅助：××材料厂]	159000		

登记台账：应交税费统计分析表

例5-1-6：X项目为一般计税项目，X项目经过公司物设部批准从内部Y项目（一般计税）调入钢筋10吨，经双方协商一致金额为25000元，运费由X项目承担，吊装费由Y项目承担。2016年6月25日钢筋已调入至X项目现场，发生运费3330元。吊装费1170元由X项目临时租赁代为支付。运费专用发票（税率11%,已认证）、机械费发票（税率17%,已认证）、材料调拨单及公司列转通知书均已到，物资部点收入库，填写收料单到财务部办理报销手续。

① X项目调入钢筋

附件审核：审核原始单据；账单明细和收料单的单价、数量及金额一致；收料单经办人员签字齐全；报销单经党政会签；材料采购分类统计表编制正确。

凭证类别：转账凭证　　　　　　　　　　　　　　　　　制证日期：2016 年 6 月 25 日

摘要	方向	会计科目（含辅助）	金额	附件	张数
内部调拨料	借	材料采购 [材料采购类别辅助：内部调拨料]	25000	材料调拨单、公司通知书、收料单、材料采购分类统计表	据实
内部调拨料	贷	内部往来 [内部往来类别辅助：公司内部往来 – 结算往来；客户往来辅助：公司财务部]	25000		

登记台账：物资采购分类统计台账、现款上交台账

② X 项目材料运费结算

附件审核：验证发票信息正确，是否有抵扣联；报销单经党政会签；运费合同约定与发票一致。

凭证类别：转账凭证　　　　　　　　　　　　　　　　　制证日期：2016 年 6 月 25 日

摘要	方向	会计科目（含辅助）	金额	附件	张数
列运费	借	工程施工 – 合同成本 – 其他直接费 – 其他 [工号核算辅助：主体工程]	3000	运费发票、承运协议	据实
列运费	借	应交税费 – 应交增值税 – 进项税额 [税率辅助：11%]	330		
列运费	贷	应付账款 – 其他 [客户往来辅助：× 运输公司]	3330		

登记台账：合同成本 – 其他直接成本台账、应付账款 – 其他 – 零星材料设备租赁台账、应交税费统计分析表

注：常态化材料运费应折合点入材料单价，在"材料采购"科目核算；零星采购运费若不能点收的，可在"工程施工 – 合同成本 – 其他直接费"科目核算。

③代付 Y 项目吊装费

附件审核：验证发票是否真实有效；报销单经党政会签；调拨协议明确约定费用承担主体与列账单位一致。

凭证类别：转账凭证　　　　　　　　　　　　　　　　　制证日期：2016 年 6 月 25 日

摘要	方向	会计科目（含辅助）	金额	附件	张数
列 Y 项目机械费	借	内部往来 [内部往来类别辅助：公司内部往来 – 结算往来；客户往来辅助：公司财务部]	1170	机械发票复印件、通知书	据实
列 Y 项目机械费	贷	应付账款 – 其他 [客户往来辅助：× 客户]	1170		

登记台账：应付账款 – 其他台账、现款上交台账

例 5-1-7：X 项目为一般计税项目，X 项目经过公司物设部批准从内部 Y 项目（一般计税）调入钢板 20 吨，经双方协商一致金额为 35000 元。Y 项目钢板作为周转材料管理，原价 80000 元，账面净值 32000 元。

① Y 项目调出周转材料

附件审核：审核调拨签认单签字审批齐全，内部调拨协议约定金额与调拨金额一致，公司批复意见单与协议一致；所有资料审核签字齐全。

凭证类别：转账凭证　　　　　　　　　　　　　制证日期：2016年6月25日

摘要	方向	会计科目（含辅助）	金额	附件	张数
内部调拨料	借：	内部往来[内部往来类别辅助：公司内部往来－结算往来；客户往来辅助：公司财务部]	35000	材料调拨单、通知书、公司批复意见表	据实
内部调拨料	贷：[特殊记账]	工程施工－合同成本－直接材料费[工号核算辅助：主体工程]	35000		

登记台账：现款上交台账、合同成本－直接成本台账

② 同时Y项目注销该笔周转材料

凭证类别：转账凭证　　　　　　　　　　　　　制证日期：2016年6月25日

摘要	方向	会计科目（含辅助）	金额	附件	张数
补提周转料摊销	借：	工程施工－合同成本－直接材料费[工号核算辅助：主体工程]	32000	周转材料摊销表	据实
补提周转料摊销	贷：	周转材料－摊销	32000		

凭证类别：转账凭证　　　　　　　　　　　　　制证日期：2016年6月25日

摘要	方向	会计科目（含辅助）	金额	附件	张数
注销周转料	借：	周转材料－摊销	80000	周转材料摊销表	据实
注销周转料	贷：	周转材料－在用	80000		

登记台账：周转材料（机具）低品管理及摊销分析表、合同成本－直接成本台账

③ X项目调入周转材料

附件审核：审核调拨签认单签字审批齐全，内部调拨协议约定金额与调拨金额一致，公司批复意见单与协议一致；所有资料审核签字齐全。

凭证类别：转账凭证　　　　　　　　　　　　　制证日期：2016年6月25日

摘要	方向	会计科目（含辅助）	金额	附件	张数
内部调拨料	借：	材料采购[材料采购类别辅助：内部调拨料]	35000	材料调拨单、通知书、公司批复意见表	据实
内部调拨料	贷：	内部往来[内部往来类别辅助：公司内部往来－结算往来；客户往来辅助：公司财务部]	35000		

登记台账：物资采购分类统计台账、现款上交台账

例5-1-8：X项目采用一般计税方式。物资部李某于2016年6月20日零星采购甲单位临建用材料一批。取得增值税专用发票上注明价款8000元，增值税进项税额为1360元。材料已点收，项目物设部未与供货方签订采购合同，报销单经项目党政会签后到财务部办

理报销入账，同时将抵扣联移交财务部。

附件审核：审核成本信息系统审批表、审核材料验收原始单据；验证发票是否真实有效，是否有抵扣联；收料单、发票是否一致；原始单据、收料单经办人员签字齐全；报销单经项目党政会签；数量与原始验收单据核对无误；材料采购分类统计表统计正确、签字齐全。

凭证类别：转账凭证　　　　　　　　　　　　　　　制证日期：2016年6月20日

摘要	方向	会计科目（含辅助）	金额	附件	张数
李某零星购料	借：	材料采购 [材料采购类别辅助：自购材料]	8000	发票、收料单、材料采购分类统计表、审核成本信息系统审批表、验收单	据实
李某零星购料	借：	应交税费 – 应交增值税 – 进项税额 [税率辅助：17%]	1360		
李某零星购料	贷：	应付账款 – 其他 [客户往来辅助：甲单位]	9360		

登记台账：应付账款 – 其他 – 零星材料设备租赁台账、物资采购分类统计台账、应交税费统计分析表

第二节　原材料

一、定义

本书中的原材料是指项目部购入的、用以工程施工的各种材料、物料，分为主要材料、辅助材料及燃料三大类。主要材料是构成工程主要实体的材料，包括钢筋、型钢、混凝土、水泥、碎石、石灰、锚具、波纹管、支座、桥梁伸缩缝、外加剂等；辅助材料是不构成工程主要实体但有助于工程形成的各种辅助材料，如二三项料等；燃料主要指柴油、汽油等。原材料增加时，借记本科目；原材料减少时，贷记本科目。

二、相关规则

（一）材料的发放必须按照计划实行限额（定额）发放，严禁一次性全部发放到现场。材料发放时，经办人员与领料人需履行签字手续。项目物资部应及时填制发料单，编制材料动态表，做好收料、发料和库存记录，正确进行分工号核算。财务部在审核领料原始单据时要复核签字领料人是否为有权领料人，对发现的问题，应责成物资部及时整改。材料采购及材料支出成本需按月入账。

（二）落实月盘点制度，由项目经理带队，项目物资部会同财务部等相关部门定期对库存材料进行盘点，做好盘点记录，盘盈、盘亏的材料要进行认真分析，找出盈亏原因，保证原材料账实相符。按月对材料消耗情况进行核算，对主材数量超耗或主材数量盈余要查明原因，堵塞管理漏洞，落实结算扣款，防范管理风险。

（三）废料和剩余材料处置。项目部废料和工程完工后的剩余材料的处置，必须上报公司物设部审批后方可进行，严禁项目私自处置。废料处理、分包扣款业务视同销售，均需缴纳增值税。

（四）财务部在对收料单粘贴时，按照材料类别进行分类粘贴，并登记材料类别汇总表。点收原材料凭证后需附材料类别统计表，发出材料凭证后需附材料支出分配表。二三项料发出时全额列支成本。

（五）财务部要建立未提账单台账、在途材料台账、发票真伪查询台账、材料扣款复核台账并及时核对。

三、业务处理

（一）材料收支

1. 业务流程

次月5日前物资部将签字齐全的材料动态表及收、发料单（包括原始验收小票）交财务部 → 财务部审核材料动态表期初期末一致，收、发料单数量、单价、金额与动态表本月收发一致，收发料单签字齐全合规，材料收支量、价核算正确 → 财务主管审核无误后入账并登记相应台账

2. 业务举例

（1）材料入库

例5-2-1：X项目为一般计税项目。10月局指列钢材200吨，不含税金额600000元、钢绞线40吨，不含税金额160000元、水泥（袋装）60吨，不含税金额24000元、柴油10吨，不含税金额60000元；自行购入商品砼100m³，不含税金额25000元、黄沙3000吨，不含税金额180000元；电商采购二三项料不含税200000元。物资部将10月材料动态表及收料单送至财务部，财务部审核无误后制证。

附件审核：材料动态表是否签字齐全；材料动态期初明细及汇总金额与上月期末余额一致；收料单数量、单价、金额与材料动态收入一致；收料单签字齐全合规；按照按材料采购来源分类粘贴，主要料、辅料、油料区分正确。

凭证类别：转账凭证　　　　　　　　　　**制证日期：2016年10月30日**

摘要	方向	会计科目（含辅助）	金额	附件	张数
10月材料入库	借：	原材料－主要材料	989000	收料单、材料动态汇总表	据实
10月材料入库	借：	原材料－燃料	60000		
10月材料入库	借：	原材料－辅助材料	200000		
10月材料入库	贷：	材料采购[材料采购类别辅助：局指（代局指）转材料]	844000		
10月材料入库	贷：	材料采购[材料采购类别辅助：自购料]	205000		
10月材料入库	贷：	材料采购[材料采购类别辅助：电商采购]	200000		

（2）发出材料

例 5-2-2：X 项目为一般计税项目。10月发出钢材200吨，不含税金额600000元、钢绞线40吨，不含税金额160000元用于桥梁工程施工；发出水泥600吨，不含税金额240000元、发出黄沙1650吨，不含税金额99000元、碎石1600吨，不含税金额64000元、矿粉31吨，不含税金额8370元、瓜子片720吨，不含税金额32400元、粉煤灰200吨，不含税金额32000元、外加剂10吨，不含税金额35000元，用于搅拌站自拌混凝土；AB料3000吨，不含税金额75000元用于路基工程施工；发出不含税80000元二三项料应对××劳务公司进行扣款；发出不含税金额120000元二三项料用于临建工程，由项目部自己承担；发出柴油10吨，不含税金额60000元用于包月租赁机械；发出不含税金额2000元安全网用于安全防护；发出钢模板不含税金额300000元用于桥梁施工；发出小型机具不含税金额50000元用于桥梁施工。11月2日，签字手续齐全的发料单、材料动态表交至财务部。

附件审核：发料单经办人员、有权领料人签字齐全；发料单单价、数量、金额与物资动态表一致；工号支出总额正确；涉及安全支出由安质部人员签字；研发材料支出是否是研发人员签字；材料支出分配表编制正确；审核自拌混凝土动态表是否正确。

凭证类别：转账凭证　　　　　　　　　　　　　制证日期：2016年11月02日

摘要	方向	会计科目（含辅助）	金额	附件	张数
10月支出材料	借：	工程施工－合同成本－直接材料费[工号核算辅助：主体工程]	1425770	发料单、材料支出分配表，材料动态汇总表	据实
10月支出材料	借：	工程施工－合同成本－直接材料费[工号核算辅助：临建工程]	120000		
10月支出材料	借：	工程施工－合同成本－机械使用费－燃料动力费[工号核算辅助：主体工程]	60000		
10月支出材料	借：	专项储备－安全生产费－使用[专项类别辅助：安全生产支出（工程施工）－安全防护用品支出]	2000		
10月支出材料	借：	周转材料－在用	300000		
10月支出材料	借：	低值易耗品－在用[类别辅助：生产类]	50000		
10月支出材料	贷：	原材料－主要材料	1645770		
10月支出材料	贷：	原材料－燃料	60000		
10月支出材料	贷：	原材料－辅助材料	252000		

登记台账：工程施工－合同成本台账、安全生产费用台账、周转材料（机具）低品管理摊销分析表

3. 调拨材料

（1）业务流程

项目物资部调拨材料经公司审批后填写调拨单，双方核对一致后在材料调拨单上签字 → 调出方会计主管审核调拨单后入账，及时传递通知书，调入方会计主管审核公司通知书和调拨单后入账，登记台账

（2）业务举例

例 5-2-3：X 项目部（一般计税）与 Y 项目部（一般计税）同属于甲公司的两个分支机构。2016 年 10 月 30 日 X 项目部将钢材 10 吨调入 Y 项目部，不含税金额 24000 元；经公司物设部审批同意后，当日全部调拨给 Y 项目部。物资部将手续齐全的材料调拨单、收（发）料单交给财务部入账。

附件审核：审核材料调拨单签字、盖章齐全；调拨材料数量、单价、金额、日期无误；调拨单签字齐全，与物资动态表一致。

凭证类别：转账凭证　　　　　　　　　　　　　　　　制证日期：2016 年 10 月 30 日

摘要	方向	会计科目（含辅助）	金额	附件	张数
内部调拨料	借	内部往来[内部往来类别辅助：公司内部往来-结算往来；客户往来辅助：公司财务部]	24000	材料调拨单、汇总通知书	据实
内部调拨料	贷	原材料-主要材料	24000		

登记台账：现款上交台账

例 5-2-4：X 项目部（一般计税）与 Y 项目部（简易计税）同属于甲公司的二个分支机构。2016 年 10 月 30 日 X 项目部将钢材 10 吨（自购材料）调入 Y 项目部，含税金额 28080 元（其中税额 4080 元）；经公司物设部审批同意后，当日全部调拨给 Y 项目部。物资部将手续齐全的材料调拨单、收（发）料单交给财务部入账。

附件审核：审核材料调拨单签字、盖章齐全；调拨材料数量、单价、金额、日期无误；调拨单签字齐全，与物资动态表一致。

凭证类别：转账凭证　　　　　　　　　　　　　　　　制证日期：2016 年 10 月 30 日

摘要	方向	会计科目（含辅助）	金额	附件	张数
内部调拨料	借	内部往来[内部往来类别辅助：公司内部往来-结算往来；客户往来辅助：公司财务部]	28080	材料调拨单、汇总通知书	据实
内部调拨料	贷	原材料-主要材料	28080		

登记台账：现款上交台账

对该批材料对应进项税额做进项税额转出处理，同时由物设部点收入账

凭证类别：转账凭证				制证日期：2016 年 10 月 30 日	
摘要	方向	会计科目（含辅助）	金额	附件	张数
进项税额转出	借：	材料采购 [材料采购类别辅助：自购料]	4080	材料调拨单、发票复印件、材料采购分类统计表	据实
进项税额转出	贷：	应交税费 – 应交增值税 – 进项税额转出	4080		

凭证类别：转账凭证				制证日期：2016 年 10 月 30 日	
摘要	方向	会计科目（含辅助）	金额	附件	张数
材料入库	借：	原材料 – 主要材料	4080	收料单	据实
材料入库	贷：	材料采购 [材料采购类别辅助：自购料]	4080		

登记台账：应交税费统计分析表、物资采购分类统计台账

4. 废料、剩余材料处理及存货退回

（1）业务流程

向公司申请，经公司归口部门审核，项目部废旧物资处理小组按照审批意见处置，并当日将处置协议、处置款、公司报批意见、过磅单、废旧物资处置表交项目财务部 → 财务收款，编制凭证，登记台账。项目财务部审核购买方纳税人身份，向公司申请开具发票

（2）业务举例

例 5-2-5：X 项目部为一般纳税人。物资部在 2016 年 10 月 9 日处理一批废旧钢材。经公司物设部审批后，10 月 9 日项目部资产处理小组出售该批钢材并收到 A 公司汇入银行的出售款 35100 元，经审核对方单位为一般纳税人。当日，项目物资部将协议、公司批复单、废旧物资处置表、过磅单、银行回单交财务部办理入账手续。

附件审核：废旧物资处置申请；公司审批意见；废旧物资处置说明及清单（列明资产类别、数量及单价、总价款）；过磅单签字齐全；审核与公司审批意见一致；银行回单金额与处置金额一致。

凭证类别：银行收款凭证				制证日期：2016 年 10 月 9 日	
摘要	方向	会计科目（含辅助）	金额	附件	张数
收废料处置款	借：	银行存款 – 人民币 [现金流量辅助：其他收款；银行名称辅助：××银行]	35100	废旧物资处置表、银行回单、公司批复单、收据记账联、过磅单、增值税专用发票	据实
收废料处置款	贷：	工程施工 – 合同成本 – 直接材料费 [工号核算辅助：主体工程]	30000		
收废料处置款	贷：	应交税费 – 应交增值税 – 销项税额 [税率辅助：17%]	5100		

登记台账：工程施工 – 直接成本台账、应交税费统计分析表、物资处置台账

例：5-2-6：X 项目需处理一批废旧物资价值 35100 元，参与该项目施工的劳务公司表示愿意收购该批物资，但是资金紧张申请从应付账款抵扣，经公司、项目同意后，于 2016 年 10 月 19 日手续办理完毕。该劳务公司为小规模纳税人。

附件审核：废旧物资处置申请；公司审批意见；废旧物资处置说明及清单（列明资产类别、数量及单价、总价款）；过磅单签字齐全；审核与公司审批意见一致；法定代表人或授权委托人出具的收据盖章、签字齐全，金额与处置金额一致。

凭证类别：转账凭证　　　　　　　　　　　　　　　　　　　　制证日期：2016 年 10 月 19 日

摘要	方向	会计科目（含辅助）	金额	附件	张数
废旧物资抵账	借：	应付账款 – 应付劳务费 [客户往来辅助：×× 公司]	35100	公司批复单、废旧物资处置单、过磅单、处置抵账协议、收据记账联、增值税普通发票	据实
废旧物资抵账	贷：	工程施工 – 合同成本 – 直接材料费 [工号核算辅助：主体工程]	30000		
废旧物资抵账	贷：	应交税费 – 应交增值税 – 销项税额 [税率辅助：17%]	5100		

登记台账：工程施工 – 直接成本台账、应付账款 – 应付劳务款台账、应交税费统计分析表、物资处置台账

例：5-2-7：X 项目为一般计税方式。2016 年 10 月 1 日于 A 单位采购了 10 吨预埋螺栓，含税金额 35100 元（税率 17%），经验收全部不合格，需退回；同日于 B 单位采购了 20 吨防落梁预埋件，含税金额 93600 元，经验收全部不合格，需退回。两家单位增值税发票均已经开具，均已报销入账。其中 A 单位专票未认证，B 单位专票已经认证。

①退 A 单位预埋螺栓。

附件审核：退货证明。

凭证类别：转账凭证　　　　　　　　　　　　　　　　　　　　制证日期：2016 年 10 月 1 日

摘要	方向	会计科目（含辅助）	金额	附件	张数
材料退回	借：	材料采购 [材料采购类别辅助：自购材料]	–30000	退货证明、发票复印件	据实
材料退回	借：	应交税费 – 应交增值税 – 进项税额 [税率辅助：17%]	–5100		
材料退回	贷：	应付账款 – 应付材料采购款 – A 单位	–35100		

登记台账：物资采购分类统计台账、应付账款 – 应付材料采购款台账、应交税费统计分析表

②退 B 单位防落梁预埋件。

附件审核：退货证明；红字增值税专用发票通知单；红字增值税专用发票。

凭证类别：转账凭证　　　　　　　　　　　　　　制证日期：2016年10月1日

摘要	方向	会计科目（含辅助）	金额	附件	张数
材料退回	借：	应付账款－应付材料采购款－B单位	93600	退货证明、红字增值税专用发票通知单；红字增值税专用发票、材料采购分类统计表	据实
材料退回	贷：	材料采购[材料采购类别辅助：自购材料]	80000		
材料退回	贷：	应交税费－应交增值税－进项税额转出	13600		

登记台账：物资采购分类统计台账、应付账款－应付材料采购款台账、应交税费统计分析表

第三节　周转材料

一、定义

本书中的周转材料是指项目部能够多次使用、逐渐转移其价值但仍保持原有形态不确认为固定资产的材料。主要包括钢模板、木模板、竹胶板、脚手架、扣件等。

本科目下设"在用"、"摊销"两个明细科目。周转材料增加时，借记本科目；减少时，贷记本科目。

二、相关规则

（一）各项目部需要使用周转材料的，应向公司物设部报送"周转材料使用计划"，经批准后方可调拨、租赁或购置；经批准后按照规定与供应商签订合同，对进场的周转材料进行验收。需要试验检测的周转材料，必须试验检测合格后方可入场。

（二）项目物资部必须建立周转材料动态台账，做好周转材料的进出场以及定期盘点工作；建立健全周转材料管理机制，加强周转材料管理，避免周转材料丢失、被盗等情况的发生；财务部应加强对周转料丢失的账务处理，对于丢失周转料在劳务结算扣款的情况，应注意冲销原值。

（三）项目财务部在审核材料动态时，应审核是否存在周转材料直接列支成本，并及时通知物资部整改。财务部按月摊销周转料，对于涉及安全类支出的周转料，采取一次性摊销列入专项储备的方式，不留残值。

（四）各项目周转材料闲置时，不得擅自外借、外租、变卖周转材料。周转材料的处置必须经公司物设部批准后方可进行。

（五）所有周转材料（提供发票或结算类）等实物资产必须通过物设部核算，履行材料的收、发、摊销和处置程序，禁止通过其他途径规避公司审批，禁止资产直接转化为项

目成本，严肃公司财经纪律。

（六）简易计税项目和一般计税项目购置资产均需取得的增值税专用发票。

（七）在经济活动分析中，应参考按施工进度与工期，对周转料摊销分析其对项目期间效益的影响；

（八）各单位与公司内部刚性单位之间发生经济业务签订合同，合同单价均为不含税价，且不需提供增值税发票，在合同中不需约定提供发票条款。

（九）周转材料残值率：竹（木）胶版0，方木5%～10%，墩柱、挂篮等模板20%～30%，工字钢、螺旋焊管、平板模、钢轨、挂篮桁架等40%～60%，活动房、料棚及钢筋大棚5%～10%。

三、业务处理

1. 周转材料购入

（1）业务流程

| 物资部根据工程部提供的材料使用计划，向公司物设部申报，经批准后确定采购方式、做好供应单位比选、拟定合同，经项目自评后通过成本管理信息系统上报公司归口部门对合同进行审批。经批准后签订采购合同，组织采购 | → | 物设部验收入库，编制收料单，连同发票经党政会签后，到财务部报销。会计审核报销单，进行账务处理 | → | 月末，物资部材料动态列支周转料，并进行相应会计处理，登记台账 |

（2）业务举例

例5-3-1：××项目部（一般计税）按需向公司物设部报购钢模板，公司批准后在2016年10月1日与工地模架中心签订合同订购钢模板30万元（不含税）。2016年10月3日钢模板到场并取得内部结算单一份。物资部张某组织钢模板验收入库后，填制收料单连同结算单到财务部办理报销手续。

附件审核：审核结算单、合同、收料单内容是否一致，结算单经项目党政会签，材料采购分类统计表填制正确。

凭证类别：转账凭证　　　　　　　　　　　　　　　　　　　制证日期：2016年10月3日

摘要	方向	会计科目（含辅助）	金额	附件	张数
采购周转料	借：	材料采购[材料采购类别辅助：自购材料]	300000	结算单、收料单、材料采购分类统计表、通知书	据实
采购周转料	贷：	内部往来[内部往来类别辅助：公司内部往来－结算往来；客户往来辅助：工地模架中心]	300000		

登记台账：物资采购分类统计台账、债务结算支付统计分析表

例5-3-2：接例5-3-1，××项目物资部于2016年10月30日将300000元钢模板收、发料单及材料动态表交财务入账。

①周转材料入库

附件审核：收料单数量、单价、金额与动态表一致。

凭证类别：转账凭证　　　　　　　　　　　　　　　　　　制证日期：2016 年 10 月 30 日

摘要	方向	会计科目（含辅助）	金额	附件	张数
10月周转料入库	借：	原材料 – 主要材料	300000	收料单、材料动态汇总表、材料采购分类统计表	据实
10月周转料入库	贷：	材料采购[材料采购类别辅助：自购材料]	300000		

②周转料使用

附件审核：审核发料单签字齐全，内容填写正确；审核发料单数量、单价、金额与动态表一致，材料支出分配表填制正确。

凭证类别：转账凭证　　　　　　　　　　　　　　　　　　制证日期：2016 年 10 月 30 日

摘要	方向	会计科目（含辅助）	金额	附件	张数
发出周转料	借：	周转材料 – 在用	300000	发料单、材料支出分配表、材料动态汇总表	据实
发出周转料	贷：	原材料 – 主要材料	300000		

登记台账：周转材料（机具）低品管理及摊销分析表

2. 周转材料摊销：周转材料扣除预留净残值后，一次性摊销。

（1）业务流程

项目物资部组织有关部门确定摊销工号，根据公司残值率，编制周转材料摊销表 → 财务主管审核制证，登记台账

（2）业务举例

例 5-3-3：××项目 10 月购置安全围挡，金额 210000 元；10 月购置钢模，金额 300000 元。按公司残值率规定，钢模残值率 40%，围挡 100% 摊销。围挡作安全防护，钢模属研发费用支出。物资部在 10 月 30 日将周转材料摊销表交财务部做账。

附件审核：周转材料摊销表内容填写正确，科研小组负责人等签字审批齐全。

凭证类别：转账凭证　　　　　　　　　　　　　　　　　　制证日期：2016 年 10 月 30 日

摘要	方向	会计科目（含辅助）	金额	附件	张数
摊销周转料	借：	研发支出 – 费用化支出 – 材料费	180000	周转料（低易品）摊销计算表	据实
摊销周转料	借：	专项储备 – 安全生产费 – 使用[专项类别辅助：完善、改造和维护安全防护设备、设施支出]	210000		
摊销周转料	贷：	周转材料 – 摊销	390000		

登记台账：安全生产费用台账、研发费用统计台账、周转材料（机具）低品管理及摊销分析表

3. 周转材料处置

（1）周转料调拨

①业务流程

| 项目物资部周转材料处置申请经公司审批填写调拨单，双方核对一致后在材料调拨单上签字 | → | 调出方会计主管审核调拨单后入账，及时传递通知书，调入方会计主管审核公司通知书和调拨单后入账，登记台账 |

②业务举例

例5-3-4，X项目（一般计税）经公司物设部审批在2016年10月20日将原值60000元（不含税）钢模板调往Y项目部（一般计税），经双方协商一致金额按30000元（不含税）列转，账面净值25000元。项目物资部将签字齐全的调拨单、收（发）料单交项目财务部列账。

a.X项目调出

附件审核：周转料处置申请经公司审批，审核周转材料调拨单签字、盖章齐全，调拨单材料数量、单价、金额、日期无误。

凭证类别：转账凭证　　　　　　　　　　　　　制证日期：2016年10月20日

摘要	方向	会计科目（含辅助）	金额	附件	张数
内部调拨周转料	借：	内部往来[内部往来类别辅助：公司内部往来－结算往来；客户往来辅助：公司财务部]	30000	周转料处置申请、调拨单、通知书	据实
内部调拨周转料	贷：[特殊记账]	工程施工－合同成本－直接材料费[工号核算辅助：措施费]	30000		

登记台账：现款上交台账、工程施工－直接成本台账、物资处置台账

补提摊销（总价60000-已摊销35000=25000元）

凭证类别：转账凭证　　　　　　　　　　　　　制证日期：2016年10月20日

摘要	方向	会计科目（含辅助）	金额	附件	张数
补提周转料摊销	借：	工程施工－合同成本－直接材料费[工号核算辅助：措施费]	25000	摊销表	据实
补提周转料摊销	贷：	周转材料－摊销	25000		

登记台账：工程施工－直接成本台账、周转材料（机具）低品管理及摊销分析表

注销该型号周转料：

凭证类别：转账凭证　　　　　　　　　　　　　制证日期：2016年10月20日

摘要	方向	会计科目（含辅助）	金额	附件	张数
注销周转料	借：	周转材料－摊销	60000	周转料注销表	据实
注销周转料	贷：	周转材料－在用	60000		

登记台账：周转材料（机具）低品管理及摊销分析表

b.Y 项目调入

附件审核：审核周转材料调拨单签字、盖章齐全，调拨单材料数量、单价、金额、日期无误。

凭证类别：转账凭证　　　　　　　　　　　　　　制证日期：2016 年 10 月 20 日

摘要	方向	会计科目（含辅助）	金额	附件	张数
内部调拨周转料	借：	材料采购 [材料采购类别辅助：内部调拨材料]	30000	调拨单、收料单、通知书、材料采购分类统计表	据实
内部调拨周转料	贷：	内部往来 [内部往来类别辅助：公司内部往来 – 结算往来；客户往来辅助：公司财务部]	30000		

登记台账：物资采购分类统计台账，现款上交台账。

注：调入方入库、使用、摊销参见周转材料入库、点收和使用业务规定。

（2）周转材料变卖

①业务流程

向公司申请，经公司归口部门审核，项目部废旧物资处理小组按照审批意见处置，并当日将处置协议、处置款、公司报批意见、过磅单、废旧物资处置表交项目财务部 → 财务收款，编制凭证，登记台账。项目财务部审核购买方纳税人身份，去公司开具增值税专用（普通）发票

②业务举例

例 5-3-5：X 项目（一般计税）处于完工阶段，经公司审批于 2016 年 10 月 15 日开始清理周转料，10 月 20 日，项目部将原值 150000 元（不含税）的钢板变卖，该钢板账面净值 40000 元。经审核对方单位为一般纳税人，买方将 58500 元（含税）交 X 项目银行账户。

a. 处置收款

附件审核：审核协议内容；审核废旧物资处置单审批手续齐全；过磅单与处置数量一致；废旧物资类别、数量、单价、总价与处置单、收据记账联、处置协议一致；废旧物资处置表审核无误。

凭证类别：银行收款凭证　　　　　　　　　　　　制证日期：2016 年 10 月 20 日

摘要	方向	会计科目（含辅助）	金额	附件	张数
收周转料处置款	借：	银行存款 – 人民币 [银行名称辅助：×× 银行；现金流量辅助：其他]	58500	收款收据记账联、公司批复单、废旧物资处理单、过磅单、银行回单、处置协议、增值税专用发票	据实
收周转料处置款	贷：[特殊记账]	工程施工 – 合同成本 – 直接材料费 [工号核算辅助：措施费]	50000		
收周转料处置款	贷：	应交税费 – 应交增值税 – 销项税额 [税率辅助：17%]	8500		

登记台账：合同成本-直接成本台账、应交税费统计分析表、物资处置台账

b. 补提摊销（总价150000-已摊销110000=40000元）

凭证类别：转账凭证　　　　　　　　　　　　　制证日期：2016年10月20日

摘要	方向	会计科目（含辅助）	金额	附件	张数
补提周转料摊销	借：	工程施工-合同成本-直接材料费[工号核算辅助：措施费]	40000	摊销表	据实
补提周转料摊销	贷：	周转材料-摊销	40000		

登记台账：合同成本-直接成本台账、周转材料（机具）低品管理及摊销分析表

c. 注销该型号周转料：

凭证类别：转账凭证　　　　　　　　　　　　　制证日期：2016年10月20日

摘要	方向	会计科目（含辅助）	金额	附件	张数
注销周转料	借：	周转材料-摊销	150000	周转料注销表	据实
注销周转料	贷：	周转材料-在用	150000		

登记台账：周转材料（机具）低品管理及摊销分析表

例5-3-6：X一般计税项目于2016年10月20日丢失周转料一批，原值50000元（不含税），账面净值40000元。经查明原因为X劳务公司施工队伍看管不力被盗，项管会研究决定由该施工队伍赔偿46800元。施工队伍表示资金紧张，申请从其工程款中扣除。

附件审核：物资部出具的扣款单数量、金额是否正确；是否由该劳务公司法定代表人或委托授权人签字确认。

凭证类别：转账凭证　　　　　　　　　　　　　制证日期：2016年10月20日

摘要	方向	会计科目（含辅助）	金额	附件	张数
周转料丢失赔偿	借：	应付账款-应付劳务费[客户往来辅助：X劳务公司]	46800	扣款单、增值税专用发票记账联	据实
周转料丢失赔偿	贷：[特殊记账]	工程施工-合同成本-直接材料费[工号核算辅助：措施费]	40000		
周转料丢失赔偿	贷：	应交税费-应交增值税-销项税额[税率辅助：17%]	6800		

登记台账：应付账款-应付劳务费台账、合同成本-直接成本台账、应交税费统计分析表

注：补提摊销及注销该型号周转料凭证制作参见例5-3-5

例5-3-7：X一般计税项目于2016年6月20日购置竹胶板一批，并作为周转材料管理，账面原值20000元（不含税），按照规定已按100%摊销，账面净值为0。因施工过程中自然损耗，该批竹胶板已消耗完毕，项目申请核销该批周转材料经公司物设部批准后办理核

销手续。

附件审核：周转材料注销表；项目主要领导审批签字齐全。

摘要	方向	会计科目（含辅助）	金额	附件	张数
注销周转料	借：	周转材料 – 摊销	20000.00	周转料注销表	据实
注销周转料	贷：	周转材料 – 在用	20000.00		

登记台账：周转材料（机具）低品管理及摊销分析表

第四节 低值易耗品

一、定义

低值易耗品指项目部在生产、管理中使用，未纳入固定资产管理，使用寿命在一年以上，单位价值在 50000 元以下的有形资产，或者使用年限在一年以内，不能作为固定资产的劳动资料。主要包括各种工具、办公设备、试验仪器等，其具有单位价值较低、使用期限相对于固定资产较短、在使用过程中基本保持其原有实物形态不变的特点。

低值易耗品科目下设"在用"和"摊销"两个二级明细科目进行明细核算，并同时按"生产类、管理类、测量类、试验类"设置低值易耗品类别辅助。低值易耗品增加时，借记本科目；减少时，贷记本科目。

二、相关规则

（一）项目部购置低值易耗品需要经过项目党政领导批准，并上报公司审批，优先在全公司统一调配闲置的低值易耗品。对无购置计划擅自购置低值易耗品的，将追究相关人员的责任。

（二）项目财务部应该加强对低值易耗品报销入账的审核，根据重要性及必要性原则进行区分，尤其要注意项目部在安装变压器等小型机具时，对小型机具的点收入账。财务部应按月一次性摊销低值易耗品。

（三）项目办公室、物资部、工程部、试验室应建立健全低值易耗品管理机制，建立低值易耗品管理卡片及保管台账，定期进行低值易耗品盘点。对于人为原因造成的低值易耗品损毁、丢失、被盗，应严格追究相关责任人的责任。财务部应加强对低值易耗品丢失的账务处理，并注意注销原值。

（四）项目收尾需分析低值易耗品在用金额，完善低耗品处置手续，落实内部调拨或报废，及时进行注销，禁止项目账务移交公司时账面留有余额。

（五）调拨劳务队伍低值易耗品（小型机具）时，可向使用队伍收取一定金额的押金，队伍退场未归还的，落实扣款。

（六）各项目需要处置低值易耗品时，必须先报公司批准，公司同意后方可进行处置，不得私自处理。对于违反规定的，将追究相关人员的责任。

三、业务处理

（一）低值易耗品的取得

1. 业务流程

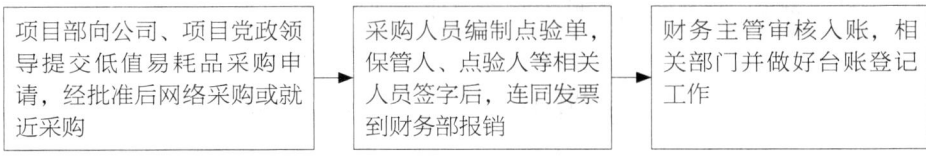

2. 业务举例

例 5-4-1：X 项目为一般计税项目。办公室范某于 2016 年 11 月 1 日根据项目党政领导审批及公司对口部门批准的低值易耗品采购计划在市场购买了办公用低值易耗品一批，取得增值税专用发票上注明价款 10000 元，增值税进项税额为 1700 元的发票和税控系统开具的清单各一份。范某当日编制点验单，连同发票、购货清单到财务部办理报销手续，当日增值税专票及时认证。

附件审核：审核发票真实有效，抵扣联是否符合规定；审核点验单填写内容是否正确，是否经保管人、点验人等签字；购置计划批复申请、发票、点验单金额是否一致；报销单是否经项目党政会签。

凭证类别：银行付款凭证　　　　　　　　　　　　**制证日期：2016 年 11 月 1 日**

摘要	方向	会计科目（含辅助）	金额	附件	张数
范某报低耗品	借：	低值易耗品 – 在用 [低值易耗品类别辅助：办公类]	10000	增值税专用发票、税控系统开具的清单、采购申请批复单、低值易耗品点验单	据实
范某报低耗品	借：	应交税费 – 应交增值税 – 进项税额 [税率辅助：17%]	1700		
范某报低耗品	贷：	银行存款 – 人民币 [现金流量辅助：办公费、差旅费等费用开支；银行名称辅助：×× 银行]	11700		

登记台账：周转材料（机具）低品管理及摊销分析表、应交税费统计分析表

例 5-4-2：X 项目为一般计税项目。物资部尉某于 2016 年 11 月 6 日根据项目党政领导审批及公司物设部批准的小型机具采购计划在市场购买了 2 台钢筋直螺纹滚丝机，取得增值税专用发票上注明价款 10000 元，增值税进项税额为 1700 元的发票和税控系统开具的清单各一份。尉某当日编制点验单，连同发票、购货清单到财务部办理报销付款手续，当日增值税专票及时认证。

附件审核：审核发票真实有效，抵扣联是否符合规定；审核点验单填写内容是否正确，

是否经保管人、点验人等签字；购置计划批复申请、发票、点收单金额是否一致；报销单是否经项目党政会签；材料采购分类统计表填制正确。

凭证类别：银行付款凭证　　　　　　　　　　　　　　制证日期：2016年11月6日

摘要	方向	会计科目（含辅助）	金额	附件	张数
购低耗品	借：	材料采购[材料采购类别辅助：自购材料]	10000	增值税专用发票、购置申请批复单、采购明细、点收单、材料采购分类统计表	据实
购低耗品	借：	应交税费-应交增值税-进项税额[税率辅助：17%]	1700		
购低耗品	贷：	银行存款-人民币[银行名称辅助：××银行；现金流量辅助：购买商品、接受劳务支付的现金]	11700		

登记台账：物资采购分类统计台账、应交税费统计分析表

对于生产类低耗品，期末根据物资部的材料动态，收、发料单制作如下凭证。

①低耗品入库

附件审核：审核收料单数量、单价、金额与材料动态一致。

凭证类别：转账凭证　　　　　　　　　　　　　　制证日期：2016年11月30日

摘要	方向	会计科目（含辅助）	金额	附件	张数
11月低耗品入库	借：	原材料-辅助材料	10000	收料单、材料动态汇总表	据实
11月低耗品入库	贷：	材料采购[材料采购类别辅助：自购材料]	10000		

②低耗品发出

附件审核：审核发料单上签字审批齐全，内容填写正确，发料单与材料动态审核无误。

凭证类别：转账凭证　　　　　　　　　　　　　　制证日期：2016年11月30日

摘要	方向	会计科目（含辅助）	金额	附件	张数
低耗品发出	借：	低值易耗品-在用[类别辅助：生产类]	10000	发料单、料动态汇总表	据实
低耗品发出	贷：	原材料-辅助材料	10000		

登记台账：周转材料（机具）低品管理及摊销分析表

例5-4-3：X项目为一般计税项目。试验室姚某于2016年10月10日根据项目党政领导审批及公司质检中心批准的低值易耗品采购计划在Y试验仪器销售部购买了1台混凝土养护仪，取得增值税专用发票上注明价款16000元，增值税进项税额为2720元的发票和税控系统开具的清单各一份。张某当日编制点验单，连同发票、购货清单到财务部办理报销手续，增值税专票及时认证。

附件审核：审核点验单填写内容正确，经保管人、点验人等签字；发票真实有效，与

计划批复申请、点验单一致，报销单经项目党政会签。

凭证类别：转账凭证　　　　　　　　　　　　　制证日期：2016年10月10日

摘要	方向	会计科目（含辅助）	金额	附件	张数
姚某购低耗品	借：	低值易耗品－在用[类别辅助：试验类]	16000	增值税专用发票、购置申请批复单、低值易耗品点验单	据实
姚某购低耗品	借：	应交税费－应交增值税－进项税额[税率辅助：17%]	2720		
姚某购低耗品	贷：	应付账款－其他[客户往来辅助：××试验仪器销售部]	18720		

登记台账：周转材料（机具）低品管理及摊销分析表、应付账款－其他－零星材料设备租赁台账、应交税费统计分析表

例5-4-4：X项目为一般计税项目。工程部韩某于2016年10月15日根据公司、项目党政领导审批的低值易耗品采购计划购买了1套水准仪，取得增值税专用发票上注明价款1000元，增值税进项税额为170元的发票和税控系统开具的清单各一份。韩某当日编制点验单，连同发票、购货清单到财务部办理报销付款手续，增值税专票及时认证。

附件审核：审核点验单填写内容正确，经保管人、点验人等签字；发票真实有效，与购置计划批复申请、点验单一致，报销单经项目党政会签，银行回单与报销单金额一致。

凭证类别：银行付款凭证　　　　　　　　　　　制证日期：2016年10月15日

摘要	方向	会计科目（含辅助）	金额	附件	张数
韩某购低耗品	借：	低值易耗品－在用[类别辅助：测量类]	1000	增值税专用发票、采购申请批复单、低值易耗品点验单、银行回单	据实
韩某购低耗品	借：	应交税费－应交增值税－进项税额[税率辅助：17%]	170		
韩某购低耗品	贷：	银行存款－人民币[现金流量辅助：购买商品、接受劳务支付的现金；银行名称辅助：××银行]	1170		

登记台账：周转材料（机具）低品管理及摊销分析表、应交税费统计分析表

（二）低值易耗品的摊销：低值易耗品采用一次摊销法摊销。

1. 业务流程

低值易耗品月末一次性摊销，编制低值易耗品摊销表，报党政会签 → 财务部审核点验单、摊销表正确后入账，登记台账

2. 业务举例

例5-4-5：X项目财务账面数据显示2016年10月30日低值易耗品在用科目为40000元（办公类8000、试验类16000、生产类15000、测量类1000）。当日，财务部一次性摊销上述低值易耗品。

附件审核：审核低值易耗品摊销表内容与点验单一致、填写正确、经会计主管签字审批。

凭证类别：转账凭证　　　　　　　　　　　　　　　　　制证日期：2016年10月30日

摘要	方向	会计科目（含辅助）	金额	附件	张数
10月低品摊销	借：	工程施工－间接费用－低值易耗品摊销	8000	周转料（低易品）摊销计算表	据实
10月低品摊销	借：	工程施工－合同成本－其他直接费－试验检验费[工号辅助：主体工程]	16000		
10月低品摊销	借：	工程施工－合同成本－直接材料费[工号核算辅助：措施费]	15000		
10月低品摊销	借：	工程施工－合同成本－其他直接费－工程定位复测及点交费[工号辅助：主体工程]	1000		
10月低品摊销	贷：	低值易耗品－摊销	40000		

登记台账：合同成本－直接成本台账，合同成本－其他直接成本台账，现场经费预算执行分析表、周转材料（机具）低品管理及摊销分析表

（三）低值易耗品的调拨

1. 业务流程

项目部需用或有闲置的低值易耗品时，向公司上报采购或调拨申请，由公司相关部门负责协调调拨 → 项目部按调拨单调拨低值易耗品、交接双方核对一致后，在调拨单上签字并盖公章 → 调出方会计审核调拨单后入账，及时传递通知书，调入方会计审核公司通知书、调拨单后入账，登记台账

2. 业务举例

例5-4-6：公司于2016年10月15日批准调拨甲项目部（一般计税）一批空调至乙项目部（一般计税），两项目部共同核定该批空调金额为5000元（不含税），该批空调原值15000元（不含税），全部摊销完毕。2016年10月20日办公室将调拨单交财务部办理入账手续。

①甲项目调出

附件审核：审核调拨单签字、盖章齐全，内容填写正确。

凭证类别：转账凭证　　　　　　　　　　　　　　　　　制证日期：2016年10月20日

摘要	方向	会计科目（含辅助）	金额	附件	张数
内部调拨低耗品	借：	内部往来[内部往来类别辅助：公司内部往来－结算往来；客户往来辅助：公司财务部]	5000	调拨单、汇总通知书	据实
内部调拨低耗品	贷：[特殊记账]	工程施工－间接费用－低值易耗品摊销	5000		

登记台账：现款上交台账

同时注销该批低值易耗品：

凭证类别：转账凭证				制证日期：2016年10月20日	
摘要	方向	会计科目（含辅助）	金额	附件	张数
注销低耗品	借	低值易耗品 – 摊销	15000	低耗品注销表	据实
注销低耗品	贷	低值易耗品 – 在用 [类别辅助：办公类]	15000		

登记台账：周转材料（机具）低品管理及摊销分析表

② 乙项目调入低值易耗品：

附件审核：审核调拨单签字、盖章齐全，内容填写正确，与公司通知书一致。

凭证类别：转账凭证				制证日期：2016年10月20日	
摘要	方向	会计科目（含辅助）	金额	附件	张数
内部调拨低耗品	借	低值易耗品 – 在用 [类别辅助：办公类]	5000	调拨单、通知书	据实
内部调拨低耗品	贷	内部往来 [内部往来类别辅助：公司内部往来 – 结算往来；客户往来辅助：公司财务部]	5000		

登记台账：周转材料（机具）低品管理及摊销分析表、现款上交台账

（四）低值易耗品的处理

1. 业务流程

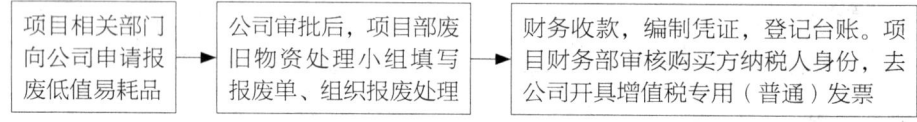

2. 业务举例

例 5-4-7：甲项目物资部根据公司批复的报废申请于 2016 年 11 月 2 日处理了一批生产用低值易耗品，取得收入 3510 元（含税），买方为小规模纳税人。买方将款项交项目银行账户，财务部办理入账手续。该批生产用原值为 10000 元（不含税），摊销完毕。

① 收到低值易耗品处置款

附件审核：审核废旧物资处理单内容填写正确，废旧物资类别、数量、单价、总价与收据记账联一致，经财务部复核，党政会签；银行回单金额正确。

凭证类别：银行收款凭证				制证日期：2016年11月2日	
摘要	方向	会计科目（含辅助）	金额	附件	张数
收低耗品处置款	借	银行存款 – 人民币 [现金流量辅助：其他收款；银行名称辅助：××银行]	3510	公司批复单、废旧物资处理单、银行回单、收据记账联、增值税普通发票	据实
收低耗品处置款	贷	应交税费 – 应交增值税 – 销项税额 [税率辅助：17%]	510		
收低耗品处置款	贷	工程施工 – 合同成本 – 直接材料费 [工号核算辅助：措施费]	3000		

登记台账：应交税费统计分析表、物质处置台账、工程施工 – 直接成本台账

②注销该批低值易耗品：

凭证类别：转账凭证　　　　　　　　　　　　　　　制证日期：2016年11月2日

摘要	方向	会计科目（含辅助）	金额	附件	张数
注销低耗品	借：	低值易耗品 – 摊销	10000	低耗品注销表	据实
注销低耗品	贷：	低值易耗品 – 在用 [类别辅助：生产类]	10000		

登记台账：周转材料（机具）低品管理及摊销分析表

第五节　工程物资

一、定义

工程物资指的是项目经公司批准购置待报公司组固的固定资产，如大型机械设备、运输设备、生产指挥车、测量仪器等。

工程物资科目下设明细科目"其他"，按"客户往来"设置辅助科目。购置固定资产时借记本科目，列转公司组固时贷记本科目。

二、相关规则

（一）固定资产由公司统一管理，项目上报的固定资产购置申请未经公司批准，不得私自购置；禁止超预算和超标准购置固定资产。

（二）项目部在资产购置后，应收集组固相关手续，及时向公司办理组固，"工程物资"挂账禁止超过三个月。

（三）公司委托项目购置的固定资产，项目支付的货款作为上交公司款项处理。

（四）项目部对固定资产的保管、使用应明确责任部门和责任人，并做好维护、保养工作。

（五）固定资产在公司内部调拨时，双方应填制固定资产调拨单，办理移交手续。

（六）项目部应及时向公司归口部门汇报固定资产闲置情况，避免长期承担折旧费。

（七）严禁违规将企业财产登记至个人名下；严禁私分、盗窃或违规处置企业财产，严肃财经纪律。

三、业务处理

1. 业务流程

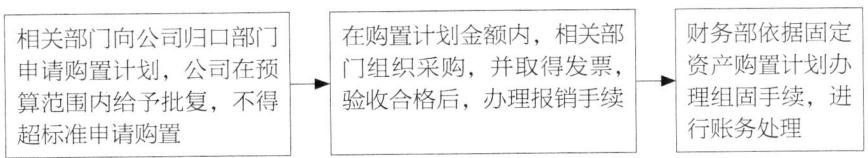

2. 业务举例

例 5-5-1：X 项目为一般计税项目。工程部需购置徕卡全站仪一台，在公司固资预算范围内，经公司资产管理领导小组审批后，于 2016 年 11 月 5 日签订合同并采购，取得增值税专用发票上注明价款 100000 元，增值税进项税额为 17000 元的发票一份，工程部徐某到财务部办理报销手续。11 月 30 日项目财务部收集固定资产组固手续后，账列公司进行组固。

（1）固资购置

附件审核：合同或协议原件单价、数量、金额是否一致，金额是否在预算内，购置单价是否超标；购置计划是否经过公司资产管理小组审批；购置金额是否在审批金额范围内；发票上网查询是否真实；是否经党政领导会签。

凭证类别：转账凭证　　　　　　　　　　　　　　制证日期：2016 年 11 月 5 日

摘要	方向	会计科目（含辅助）	金额	附件	张数
徐某购工程仪器	借	工程物资 – 其他 [客户往来辅助：××公司]	100000	合同或协议复印件、购置计划原件、发票复印件	据实
徐某购工程仪器	借	应交税费 – 应交增值税 – 进项税额 [税率辅助：17%]	17000		
徐某购工程仪器	贷	应付账款 – 其他 [客户往来辅助：××公司]	117000		

登记台账：应付账款 – 其他 – 零星材料设备租赁台账、项目代管固定资产备查台账、应交税费统计分析表

（2）固定资产组固

附件审核：合同或协议、发票内容一致；固定资产交接记录、固定资产卡片、购置计划文件签字审批齐全，内容完整。

凭证类别：转账凭证　　　　　　　　　　　　　　制证日期：2016 年 11 月 30 日

摘要	方向	会计科目（含辅助）	金额	附件	张数
转公司仪器组固	借	内部往来 [内部往来类别辅助：公司内部往来 – 结算往来；客户往来辅助：公司财务部]	100000	合同或协议复印件、购置计划复印件、发票复印件、固定资产卡片复印件、交接记录复印件、汇总通知书	据实
转公司仪器组固	贷	工程物资 – 其他 [客户往来辅助：××公司]	100000		

登记台账：现款上交台账

第六章　职工薪酬

一、定义

职工薪酬是指企业为获得职工提供的服务或解除劳动关系而给予的各种形式的报酬或补偿。职工薪酬包括短期薪酬、离职后福利、辞退福利和其他长期职工福利。企业提供给职工配偶、子女、受赡养人、已故员工遗属及其他受益人的福利，也属于职工薪酬。

本书中应付职工薪酬所核算的内容主要是短期薪酬和离职后福利，包括职工工资（含各种有薪假工资）、奖金、津贴和补贴，职工福利费，养老保险费、失业保险费、医疗保险费、工伤保险费、生育保险费等社会保险费，企业年金，住房公积金，工会经费和职工教育经费，"三不让资金"等。

职工是指与企业订立劳动合同的所有人员，含全职、兼职和临时职工，也包括虽未与企业订立劳动合同但由企业直接任命的人员。具体指以下几个方面。

（一）企业职工：即"正式职工"。指与企业签订正式劳动合同的企业员工，包括在岗职工、下岗职工、内退人员等，与劳动工资"职工工资总额"的统计范畴一致。

（二）劳务派遣人员：即"协议生"。指未与企业订立劳动合同或未由企业正式任命，但向企业所提供的服务与职工所提供服务类似，通过与劳务中介公司签订用工合同而向企业提供服务的劳务派遣人员。

（三）施工劳务企业人员：指未与企业订立劳动合同或未由企业正式任命，但向企业所提供的服务与职工所提供服务类似，通过与经局批准成立的施工劳务企业签订用工合同而向企业（局属各单位）提供劳务、技术、管理等服务的人员。

（四）其他人员：指按照企业会计准则应纳入"应付职工薪酬"会计科目进行核算的所有其他人员。

应付职工薪酬科目按薪酬种类进行明细核算。计提、分摊职工薪酬时，贷记本科目；支付、使用职工薪酬时，借记本科目。

二、相关规则

（一）严格执行公司薪酬有关规定。工资的计算、支付须有公司人事命令、工资介绍信、考勤表；绩效工资预发、清算发放按公司审批执行；业主、局指、代局指奖励支付需经公司审批；禁止支付领导班子期薪外收入。

（二）各单位应准确完整归集、统计工资总额，正式职工工资总额在"应付职工薪酬－工资、奖金、津贴和补贴"明细科目完整归集；协议生工资总额在"应付职工薪酬－劳务派遣费"明细科目完整归集。

（三）工资总额统计年度为上年12月到本年11月。其中工资金额按照工资结算支付单上年12月到本年11月应付金额统计；其他工资性收入按照上年12月到本年11月实发金额统计，执行谁实际发放谁统计原则，工资总额统计金额应与"应付职工薪酬－工资、奖金、津贴和补贴"金额一致，严禁未通过薪酬科目核算直接支付职工薪酬。

（四）各单位应按月及时采用银行委托代发形式发放职工工资奖金，各单位对实际发放的工资薪金，应依法履行代扣代缴个人所得税的义务。各单位要高度重视，提高纳税意识，严格依法纳税，必须及时足额代扣代缴员工个人所得税，不得刻意不扣、少扣个人所得税，并与项目所在地主管地税机关联系，及时办理个人所得税的申报与缴纳工作。

三、业务处理

（一）应付职工薪酬确认

1. 工资、奖金、津贴及补贴确认

（1）业务流程

| 当月末，项目办公室将经项目主要领导审批的考勤表、伙食费扣款、小车司机行车里程等工资计算要件交财务部 | 项目财务部根据考勤表、人事令、工资介绍信，编制工资支付单、月度预发绩效工资单、司机安全行车奖等月度薪酬支付单据。代扣个税、社保、住房公积金、年金、伙食费、工会会费、备用金等扣款事项。薪酬支付单据报会计负责人审核、项目党政会签 | 每月审核应付职工薪酬－工资、奖金、津贴和补贴账面余额与薪酬支付单金额一致。根据职工从事工作不同，编制薪酬分配表，将薪酬分摊到间接费用、研发费用等，登记台账 |

（2）业务举例

例6-1：××项目部于2016年7月31日计算当月正式职工薪酬。其中应付工资250000元，本月代扣职工养老保险26000元、企业年金12000元、医疗保险7000元、失业保险2000元、住房公积金40000元、工会会费600元、伙食费用4500元、公司转五险两金清算款3000元、罚款1000元、备用金2500元、代扣个人所得税10000元，合计扣款108600元，实付工资141400元。应付绩效工资100000元。司机安全行车奖1500元。以上共计应付职工薪酬元351500（其中：研发人员薪金50000元，一般管理人员薪金301500元），实付薪酬共计242900元。

附件审核：薪酬支付单计算正确、党政会签齐全；薪酬分配表计算准确、审批手续齐全。

工资（奖金）分配单研发人员与技术部门提供的研发人员清单相符。

凭证类别：转账凭证　　　　　　　　　　　　　　制证日期：2016 年 7 月 31 日

摘要	方向	会计科目（含辅助）	金额	附件	张数
7月应领工资	借：	工程施工－间接费用－职工薪酬[职工薪酬辅助：工资、奖金、津贴及补贴－企业职工]	301500	薪酬分配表，工资奖金支付单复印件，考勤表原件	据实
7月应领工资	借：	研发支出－费用化支出－人工费－工资薪金	50000		
7月应领工资	贷：	应付职工薪酬－工资、奖金、津贴和补贴	351500		

登记台账：企业职工（劳务派遣人员）收入统计表，现场经费预算执行分析表，企业劳动情况月报表、研究与开发费用统计台账

2. 五险两金计提

（1）业务流程

依据工资支付单及其他缴费凭证计算个人缴费，按个人缴费反算企业负担，编制五险两金代扣及计提汇总表 → 会计主管审核制单入账，登记台账

（2）业务举例

例 6-2：2016 年 7 月 31 日，按当月工资代扣的社保及住房公积金，计算企业负担养老保险 65000 元、企业年金 26000 元、基本医疗保险 28000 元、补充医疗保险 14000 元、失业保险 6000 元、工伤保险 3000 元、生育保险 1500 元、住房公积金 40000 元，合计 183500 元。五险两金清算个人扣款 3000 元（养老金 1200 元，住房公积金 1800 元），经界定，企业负担部分均应列支成本，共 4800 元（养老金 1200 元，住房公积金 1800 元）。

附件审核：个人缴费与应扣缴金额一致，计提金额用个人缴费基数反算无误，财务主管审核签字齐全。

凭证类别：转账凭证　　　　　　　　　　　　　　制证日期：2016 年 7 月 31 日

摘要	方向	会计科目（含辅助）	金额	附件	张数
应提7月五险两金	借：	工程施工－间接费用－职工薪酬[职工薪酬辅助：社会保险费－基本养老保险费]	68000		
应提7月五险两金	借：	工程施工－间接费用－职工薪酬[职工薪酬辅助：社会保险费－补充养老保险费]	26000		
应提7月五险两金	借：	工程施工－间接费用－职工薪酬[职工薪酬辅助：社会保险费－基本医疗保险费]	28000		
应提7月五险两金	借：	工程施工－间接费用－职工薪酬[职工薪酬辅助：社会保险费－补充医疗保险费]	14000		

摘要	方向	会计科目（含辅助）	金额	附件	张数
应提7月五险两金	借：	工程施工－间接费用－职工薪酬[职工薪酬辅助：社会保险费－失业保险费]	6000	五险两金代扣及计提汇总表	1
应提7月五险两金	借：	工程施工－间接费用－职工薪酬[职工薪酬辅助：社会保险费－工伤保险费]	3000		
应提7月五险两金	借：	工程施工－间接费用－职工薪酬[职工薪酬辅助：社会保险费－生育保险费]	1500		
应提7月五险两金	借：	工程施工－间接费用－职工薪酬[职工薪酬辅助：住房费用－住房公积金]	41800		
应提7月五险两金	贷：	应付职工薪酬－社会保险费－基本养老保险费	65000		
应提7月五险两金	贷：	应付职工薪酬－社会保险费－补充养老保险费	26000		
应提7月五险两金	贷：	应付职工薪酬－社会保险费－基本医疗保险费	28000		
应提7月五险两金	贷：	应付职工薪酬－社会保险费－补充医疗保险费	14000		
应提7月五险两金	贷：	应付职工薪酬－社会保险费－失业保险费	6000		
应提7月五险两金	贷：	应付职工薪酬－社会保险费－工伤保险费	3000		
应提7月五险两金	贷：	应付职工薪酬－社会保险费－生育保险费	1500		
应提7月五险两金	贷：	应付职工薪酬－住房费用－住房公积金	40000		
应提7月五险两金	贷：	其他应收款－应收其他代垫款[客户往来辅助：社保清算款；人员辅助：××]	4800		

登记台账：现场经费预算执行分析表

3．工资附加费计提

（1）业务流程

季度末月，依据公司财务部列转工资附加费账单金额，计提工资附加费，编制工资附加费计提表 → 会计主管审核制单入账，计提基数与当期工资总额核对一致，登记现款上缴台账

（2）业务举例

例6-3：××项目部于2016年6月30日，收到公司财务部列转工资附加费账单，其中工会经费26000元、职工教育经费13000元、"三不让"资金13000元，共52000元，项目财务部编制工资附加费计提表。

附件审核：计提基数与当期工资总额核对一致，财务主管审核签字齐全。

凭证类别：转账凭证　　　　　　　　　　　　　　　　制证日期：2016年6月30日

摘要	方向	会计科目（含辅助）	金额	附件	张数
计提第二季度工资附加费	借：	工程施工－间接费用－职工薪酬[职工薪酬辅助：工会经费]	26000	第二季度工资附加费计提表	1
计提第二季度工资附加费	借：	工程施工－间接费用－职工薪酬[职工薪酬辅助：职工教育经费]	13000		
计提第二季度工资附加费	借：	工程施工－间接费用－职工薪酬[职工薪酬辅助：职工福利费－其他福利费]	13000		
计提第二季度工资附加费	贷：	应付职工薪酬－工会经费	26000		
计提第二季度工资附加费	贷：	应付职工薪酬－职工教育经费	13000		
计提第二季度工资附加费	贷：	应付职工薪酬－福利费用－非货币性福利	13000		

登记台账：现场经费预算执行分析表

（二）应付职工薪酬支付

1. 工资、预发绩效等月度薪酬发放

（1）业务流程

出纳依据工资支付单、月度预发绩效工资单、司机安全行车奖等月度薪酬支付单据及职工银行账号，编制工资代发清单 → 财务主管审核代发清单，出纳通过银行办理代发薪酬

（2）业务举例

例6-4：××项目部于2016年8月3日发放上月正式职工薪酬242900元，于当日通过银行代发。

附件审核：薪酬支付单党政会签齐全；委托银行代发清单经银行盖章。

①支付薪酬

凭证类别：银行付款凭证　　　　　　　　　　　　　　制证日期：2016年8月3日

摘要	方向	会计科目（含辅助）	金额	附件	张数
付7月薪酬	借：	应付职工薪酬－工资、奖金、津贴和补贴	242900	工资支付单、绩效工资支付单、司机安全行车奖支付单原件、银行回单、银行代发清单（盖章）	据实
付7月薪酬	贷：	银行存款－人民币[现金流量辅助：支付给职工及为职工支付的现金；银行名称辅助：××银行]	242900		

② 工资扣款凭证类别：转账凭证　　　制证日期：2016 年 7 月 31 日

摘要	方向	会计科目（含辅助）	金额	附件	张数
7月工资扣款	借：	应付职工薪酬－工资、奖金、津贴和补贴	108600	工资汇总单复印件	据实
7月工资扣款	贷：	其他应付款－代扣个人住房公积金	40000		
7月工资扣款	贷：	其他应付款－代扣个人社保费－基本养老保险	26000		
7月工资扣款	贷：	其他应付款－代扣个人社保费－补充养老保险	12000		
7月工资扣款	贷：	其他应付款－代扣个人社保费－基本医疗保险	7000		
7月工资扣款	贷：	其他应付款－代扣个人社保费－失业保险	2000		
7月工资扣款	贷：	其他应付款－应付工会经费	600		
7月工资扣款	贷：	应交税费－应交个人所得税	10000		
7月工资扣款	贷：	其他应收款－备用金 [人员核算辅助]	2500		
7月工资扣款	贷：[特殊记账]	工程施工－间接费用－职工薪酬 [职工薪酬辅助：职工福利费－伙食补贴]	4500		
7月工资扣款	贷：	其他应收款－应收其他代垫款 [客户往来辅助：社保清算款；人员辅助]	3000		
7月工资扣款	贷：	其他应收款－应收其他代垫款－职工罚款	1000		

登记台账：现场经费预算执行分析表

2.绩效工资季度清算发放

（1）业务流程

收到公司人力资源部批复上季度绩效工资当月，项目办公室将经党政会签的季度绩效工资清算支付单交财务部 → 出纳根据季度绩效工资清算支付单，通过银行办理代发，及时登记职工收入统计台账和待领工资台账

（2）业务举例

同工资支付例 6-4

3.协议生工资奖金津贴及补贴、项目年度绩效薪酬、项目期末考核兑现、上级列转一次性奖励比照上述业务流程、凭证制作处理，项目年度绩效薪酬、项目期末考核兑现、上级列转一次性奖励支付履行公司审批程序。

4.五险两金支付

(1)向公司财务部列转当月代扣和计提的五险两金

①业务流程

依据五险两金代扣计提汇总表,扣除包含的公司转五险两金清算款,制证将当月应付五险两金转至公司财务部 → 向公司财务部传递账单,登记台账

②业务举例

例6-5:2016年7月31日,××项目部代扣及计提当月五险两金270500元,其中养老保险91000元(企业负担65000元、个人26000元),企业年金38000元(企业负担26000元、个人12000元),基本医疗保险35000元(企业负担28000元、个人7000元),补充医疗保险企业负担14000元、失业保险8000元(企业负担6000元、个人2000元)、工伤保险企业负担3000元、生育保险企业负担1500元、住房公积金80000元(企业负担40000元、个人40000元)。当日列转公司财务部。(不含五险两金清算款7800元)

附件审核:按五险两金代扣及计提汇总表金额扣除包含的公司转五险两金清算款向公司列账,列转后五险两金相关会计科目无余额。

凭证类别:转账凭证　　　　　　　　　　　　　　　**制证日期:2016年7月31日**

摘要	方向	会计科目(含辅助)	金额	附件	张数
列公司7月五险两金	借:	应付职工薪酬-社会保险费-基本养老保险费	65000	通知书、五险两金代扣及计提汇总表	2
列公司7月五险两金	借:	应付职工薪酬-社会保险费-补充养老保险费	26000		
列公司7月五险两金	借:	应付职工薪酬-社会保险费-基本医疗保险费	28000		
列公司7月五险两金	借:	应付职工薪酬-社会保险费-补充医疗保险费	14000		
列公司7月五险两金	借:	应付职工薪酬-社会保险费-失业保险费	8000		
列公司7月五险两金	借:	应付职工薪酬-社会保险费-工伤保险费	3000		
列公司7月五险两金	借:	应付职工薪酬-社会保险费-生育保险费	1500		
列公司7月五险两金	借:	应付职工薪酬-住房费用-住房公积金	40000		
列公司7月五险两金	借:	其他应付款-代扣个人住房公积金	40000		
列公司7月五险两金	借:	其他应付款-代扣个人社保费-基本养老保险	26000		
列公司7月五险两金	借:	其他应付款-代扣个人社保费-补充养老保险	12000		
列公司7月五险两金	借:	其他应付款-代扣个人社保费-基本医疗保险	7000		

摘要	方向	会计科目（含辅助）	金额	附件	张数
列公司7月五险两金	借：	其他应付款–代扣个人社保费–失业保险	2000		
列公司7月五险两金	贷：	内部往来[内部往来类别辅助：公司内部往来–社保往来；客户往来辅助：公司财务部]	270500		

登记台账：现款上交台账

（2）五险两金清算

①业务流程

公司社管中心季度清算公司五险两金代扣计提情况，向公司财务部提供五险两金代扣计提季度清算表，公司财务部对项目列账 → 项目财务主管审核制证入账

②业务举例

例6-6：2016年7月15日，公司财务部收到社管中心五险两金代扣计提第二季度清算表，其中××项目部应补养老保险8400元（企业负担6000元、个人2400元），住房公积金7200元（企业负担3600元、个人3600元），公司财务部当日列转项目部，项目部于7月18日收到账单。

附件审核：公司清算表金额是否正确，企业负担是否应由个人承担。

凭证类别：转账凭证　　　　　　　　　　　　制证日期：2016年7月18日

摘要	方向	会计科目（含辅助）	金额	附件	张数
社保公积金清算	借：	其他应收款–应收其他代垫款[客户往来辅助：社保清算款；人员辅助]	15600	通知书、社管中心五险两金代扣计提第二季度清算表	2
社保公积金清算	贷：	内部往来[内部往来类别辅助：公司内部往来–社保往来；客户往来辅助：公司财务部]	15600		

登记台账：现款上交台账

5.工资附加费支付：

（1）业务流程

季度末月，公司财务部列转工会经费、职工教育经费、"三不让"资金费用账单，经项目经理审批 → 会计主管审核制单入账，计提基数与当期工资总额核对一致，登记现款上缴台账

（2）业务举例

例6-7：××项目部于2016年6月30日，收到公司财务部列转工会经费、职工教育经费、"三不让"资金费用账单，其中工会经费26000元、职工教育经费13000元、"三不让"

资金 13000 元，共 52000 元，经项目经理审批后入账。

附件审核：计提基数与当期工资总额核对一致，审批手续是否齐全。

凭证类别：转账凭证　　　　　　　　　　　　　制证日期：2016 年 6 月 30 日

摘要	方向	会计科目（含辅助）	金额	附件	张数
缴第二季度工资附加费	借：	应付职工薪酬 – 工会经费	26000	公司往来通知书、第二季度工会经费、职工教育经费、"三不让"资计提表	2
缴第二季度工资附加费	借：	应付职工薪酬 – 职工教育经费	13000		
缴第二季度工资附加费	借：	应付职工薪酬 – 福利费用 – 非货币性福利	13000		
缴第二季度工资附加费	贷：	内部往来 [内部往来类别辅助：公司内部往来 – 结算往来；客户往来辅助：公司财务部]	52000		

登记台账：现款上交台账

（三）职工福利费支付

项目部职工福利费主要包括为职工供暖费补贴、防暑降温费、职工困补费、丧葬抚恤费、独生子女费、职工探亲路费、伙食补贴、"三不让"资金。除"三不让"资金外，其他福利项目均直接在"工程施工 – 间接费用 – 职工薪酬"科目核算，不通过应付职工薪酬科目核算。

第七章 成本费用

本书中的成本是指建筑产品成本,即项目部施工过程中所发生的直接人工费、直接材料费、机械使用费、劳务成本、其他直接费等直接成本,以及项目部为组织和管理工程施工所发生的各种间接费用。本书中的费用是指不能归属于产品成本,发生后直接记入当期损益的期间费用,包括管理费用、财务费用等。

本章均以一般计税项目业务举例,简易征收项目取得增值税普通发票即可;简易征收项目取得增值税专用发票的,业务处理比照本章节,同时做进项税额转出处理。

第一节 直接成本

一、定义

本书中的直接成本是指项目部可直接计入成本核算对象的各项费用支出,包括直接人工费、直接材料费、机械使用费、劳务成本及其他直接费。

直接成本通过"工程施工-合同成本"科目下设的"直接人工费"、"直接材料费"、"机械使用费"、"劳务成本"和"其他直接费"五个三级科目进行明细核算。工号设置"主体工程"、"临时工程"、"措施费"。归集直接成本时,借记本科目;结转时,贷记本科目。

二、相关规则

(一)收方盘点:每月20日是工、料、机成本发生截止日;每月21日,由项目经理带队、各部门负责人参与,两日内完成分包单位完成的实物工程量现场收方,对物资、设备和机具等进行盘点,收方与盘点应当匹配。季末次月5日前完成劳务、机械、材料收发等财务入账手续。

(二)劳务结算规定

1. 四个严禁:严禁跨期收方结算;严禁通过劳务结算回流资金;严禁通过实体劳务队伍结算职工补助、各种奖金、考核兑现、业务招待费等;严禁仅凭农民工工资单、劳务费会签单直接付款列支成本。

2. 劳务结算必须执行九不准制度:没有签订合同不准结算,工程数量未经现场收方不准结算,各部门、副经理、领工员未明确当期有无扣款不准结算,不准超合同或补充合同数量结算,不准超合同或补充合同单价结算,结算手续不全或无支撑材料不准结算,工程质量不合格不准结算,不准通过实体队伍出账、不准上报虚假资料。

3. 劳务结算必须做到"三统一"原则,即统一合同、统一单价、统一台账。

4. 劳务结算扣款原则:依据唯一原则、时间统一原则、按月足额原则、集中扣款原则、双重监督原则、扣清封账原则。

5. 分包队伍退场后,一个月内应完成劳务封账手续。

(三)机械租赁费结算

1. 使用机械时,优先考虑月租,优先选择工作量法计算机械租赁费,禁止以小时或以台班计费长期租赁机械,从严控制按车、趟、次计量使用费。

2. 严禁通过机械租赁结算回流资金;严禁通过实体机械租赁公司结算职工补助、各种奖金、考核兑现、业务招待费等;严禁使用公司内部各级领导、员工及亲属提供的机械。

3. 设备租赁结算应严格执行"四不结算"制度:没有合同的不结算、租赁期限、台班数量及工作量超出合同没有补充依据的不结算、超出合同单价未修订的不结算、不符合设备租赁管理规定的不结算。

4. 机械退场后一个月内签订末次结算封账协议。

(四)每期的劳务费用结算、周转料摊销及租赁、机械租赁结算及加油、其他直接费的受益对象分摊,由相关部门提供相关数据。

三、业务处理

(一)直接人工费

直接人工费指项目部支付给临时聘用人员及短期实习生的工资、奖金,工号设置"主体工程"核算。

1. 业务流程

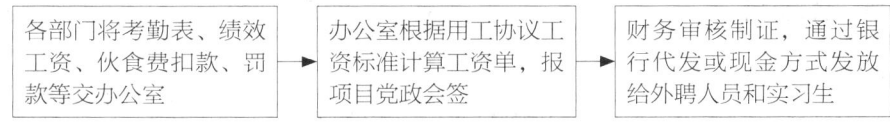

2. 业务举例

例 7-1-1:××项目部于 2016 年 6 月 26 日计算并批准发放当月临时外聘和短期实习生工资,应付工资 120000 元,其中本月应付工资 80000 元,绩效工资 20000 元、安全奖 20000 元;本月代扣伙食费用 3000 元、代扣个人所得税 2000 元,合计扣款 5000 元;实付工资 115000 元,于当日通过银行代发。

附件审核:考勤表、计算单是否党政会签;是否按公司批复的标准进行计算,计算是否正确;应扣款项是否全额扣除;代发清单与支付单是否一致。

①工资扣款

凭证类别：转账凭证　　　　　　　　　　　　　　制证日期：2016年6月26日

摘要	方向	会计科目（含辅助）	金额	附件	张数
6月工费	借：	工程施工－合同成本－直接人工费[工号核算辅助：主体工程]	5000	工资单复印件、伙食费扣款单	据实
6月个税	贷：	应交税费－应交个人所得税	2000		
6月扣款	贷：[特殊记账]	工程施工－间接费用－[职工薪酬核算辅助：职工福利费－伙食补贴]	3000		

登记台账：合同成本－直接成本台账、外聘人员（短期实习生）收入统计台账、现场经费预算执行分析表

②支付工费

凭证类别：银行付款凭证　　　　　　　　　　　　制证日期：2016年6月26日

摘要	方向	会计科目（含辅助）	金额	附件	张数
付6月工费	借：	工程施工－合同成本－直接人工费[工号核算辅助：主体工程]	115000	工资支付单、考勤表、代发明细、银行回单	据实
付6月工费	贷：	银行存款－人民币[现金流量辅助：办公费、差旅费等费用开支；银行名称辅助：××银行]	115000		

登记台账：合同成本－直接成本台账

（二）直接材料费

直接材料费是指在施工过程中所耗用的、构成工程实体的材料、结构件、机械配件和有助于工程形成的其他材料以及周转料摊销、周转料租赁费、小型机具等低品摊销等。

1．原材料成本

（1）原材料支出

①业务流程

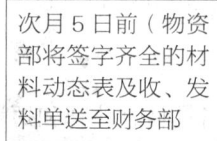

次月5日前（物资部将签字齐全的材料动态表及收、发料单送至财务部） → 财务部审核材料动态表期初期末一致，收、发料单数量、单价、金额与动态表本月收发一致，收发料单签字齐全合规，材料支出核算正确 → 财务审核无误后入账，登记台账

②业务举例

例7-1-2：××项目部（简易计税）于2016年6月发出钢材200吨，金额600000元、钢绞线40吨，金额160000元用于桥梁工程施工；发出水泥600吨，金额240000元、发出黄沙1650吨，金额99000元、碎石1600吨，金额64000元、矿粉31吨，金额8370元、瓜子片720吨，金额32400元、粉煤灰200吨，金额32000元、外加剂10吨，金额35000元、

用于搅拌站自拌混凝土；AB 料 3000 吨，金额 75000 元用于路基工程施工；发出 80000 元二三项料应对 ×× 劳务公司进行扣款；发出 120000 元二三项料用于临建工程，由项目部自己承担；发出柴油 10 吨，金额 60000 元用于包月租赁机械；发出 2000 元安全网用于安全防护；发出钢模板 300000 元用于桥梁施工；发出小型机具 50000 元用于桥梁施工。7 月 2 日，签字手续齐全的发料单、材料动态表交至财务部。（本例所述金额均为含税价）

附件审核：发料单上经办人员、有权领料人签字齐全；发料单单价、数量、金额与物资动态表一致；工号支出总额正确；涉及安全支出是否有安质部人员签字；研发材料支出是否有研发人员签字；材料支出分配表编制正确；审核自拌混凝土动态表是否正确。

凭证类别：转账凭证　　　　　　　　　　　　　　　　制证日期：2016 年 7 月 2 日

摘要	方向	会计科目（含辅助）	金额	附件	张数
6 月支出材料	借：	工程施工 – 合同成本 – 直接材料费 [工号核算辅助：主体工程]	1425770	发料单、材料支出分配表、材料动态汇总表	据实
6 月支出材料	借：	工程施工 – 合同成本 – 直接材料费 [工号核算辅助：临建工程]	120000		
6 月支出材料	借：	工程施工 – 合同成本 – 机械使用费 – 燃料动力费 [工号核算辅助：主体工程]	60000		
6 月支出材料	借：	专项储备 – 安全生产费 – 使用 [专项类别辅助：安全生产支出（工程施工）– 安全防护用品支出]	2000		
6 月支出材料	借：	周转材料 – 在用	300000		
6 月支出材料	借：	低值易耗品 – 在用 [类别辅助：生产类]	50000		
6 月支出材料	贷：	原材料 – 主要材料	1645770		
6 月支出材料	贷：	原材料 – 燃料	60000		
6 月支出材料	贷：	原材料 – 辅助材料	252000		

登记台账：工程施工 – 直接成本台账、现场经费预算执行分析表、安全生产费用台账、周转材料（机具）低品管理及摊销分析表

2. 废料及剩余材料处理

（1）业务流程

向公司申请，经公司归口部门审核，项目部废旧物资处理小组按照审批意见处置，当日将处置协议、处置款、公司报批意见、过磅单、废旧物资处置表交项目财务部 → 财务收款，编制凭证，登记台账

（2）业务举例

例 7-1-3：×× 项目部物资部在 2016 年 6 月 9 日处理一批废旧钢材。经公司物设部审批后，6 月 9 日项目部资产处理小组出售该批钢材并收到对方汇入银行的出售款 30000 元。当日，项目物资部将协议、公司批复单、废旧物资处置表、过磅单、银行回单交财务部办

理入账手续。

附件审核：废旧物资处置申请；公司审批意见；废旧物资处置说明及清单（列明资产类别、数量及单价、总价款）；过磅单签字齐全；审核与公司审批意见一致；银行回单金额与处置金额一致。

凭证类别：银行收款凭证　　　　　　　　　　　　制证日期：2016年6月9日

摘要	方向	会计科目（含辅助）	金额	附件	张数
收废料处理款	借：	银行存款－人民币[现金流量辅助：其他]	30000	废旧物资处置表、银行回单、公司批复单、收据记账联、过磅单	据实
收废料处理款	贷：	工程施工－合同成本－直接材料费[工号核算辅助：主体工程]	25641.03		
收废料处理款	贷：	应交税费－应交增值税－销项税额[税率辅助：17%]	4358.97		

登记台账：工程施工－直接成本台账、应交税费统计分析表、物资处置台账

例：7-1-4：××项目需处理一批废旧物资价值50000元，参与该项目施工的劳务公司表示愿意收购该批物资，但是资金紧张申请从应付账款抵扣，经公司同意后，于2016年6月19日手续办理完毕。

附件审核：审核协议内容；审核废旧物资处理手续是否齐全；废旧物资类别、数量、单价、总价与处置表、收据记账联一致，填写正确；法定代表人或授权委托人出具的收据盖章、签字齐全。

凭证类别：转账凭证　　　　　　　　　　　　制证日期：2016年6月19日

摘要	方向	会计科目（含辅助）	金额	附件	张数
废旧物资抵账	借：	应付账款－应付劳务费[客户往来辅助：××公司]	50000	公司批复单、废旧物资处置单、过磅单、协议、收据记账联	据实
废旧物资抵账	贷：	工程施工－合同成本－直接材料费[工号核算辅助：主体工程]	42735.04		
废旧物资抵账	贷：	应交税费－应交增值税－销项税额[税率辅助：17%]	7264.96		

登记台账：工程施工－直接成本台账、应交税费统计分析表、应付账款－应付劳务款台账、物资处置台账

3. 周转料摊销：周转材料扣除预留净残值后，一次性摊销

（1）业务流程

项目物资部组织有关部门确定摊销工号，根据公司残值率，编制周转材料摊销表 → 财务主管审核制证，登记台账

（2）业务举例

例 7-1-5：××项目（一般计税）6月购置安全围挡，金额210000元（不含税）；3月购置钢模，金额300000元（不含税）。按公司残值率规定，钢模残值率40%，围挡100%摊销。围挡作安全防护，钢模属措施工程。物资部在6月30日将周转材料摊销表交财务部进行账务处理。

附件审核：周转材料摊销表内容填写正确，签字审批齐全。

凭证类别：转账凭证　　　　　　　　　　　　　　　制证日期：2016年6月30日

摘要	方向	会计科目（含辅助）	金额	附件	张数
摊销周转料	借：	工程施工–合同成本–直接材料费[工号核算辅助：措施费]	180000	周转料（低耗品）摊销计算表	据实
摊销周转料	借：	专项储备–安全生产费–使用[专项类别辅助：完善、改造和维护安全防护设备、设施支出]	210000		
摊销周转料	贷：	周转材料–摊销	390000		

登记台账：合同成本–直接成本台账，安全生产费用台账、周转材料（机具）低品管理及摊销分析表

4. 小型机具等低品摊销：采用一次摊销法摊销

（1）业务流程

低值易耗品月末一次性摊销，编制低值易耗品摊销表，报党政会签 → 财务部审核点验单、摊销表正确后入账，登记台账

（2）业务举例

例 7-1-6：××项目（一般计税）财务账面数据显示2016年6月30日低值易耗品在用科目为40000（不含税）元（办公类8000元、试验类16000元、生产类15000元、测量类1000元），当日，财务部一次性摊销上述低值易耗品。

附件审核：审核低值易耗品摊销表内容与点验单一致、填写正确、经会计主管签字审批。

凭证类别：转账凭证　　　　　　　　　　　　　　　制证日期：2016年6月30日

摘要	方向	会计科目（含辅助）	金额	附件	张数
6月低品摊销	借：	工程施工–间接费用–低值易耗品摊销	8000	周转料（低耗品）摊销计算表	据实
6月低品摊销	借：	工程施工–合同成本–其他直接费–试验检验费[工号辅助：主体工程]	16000		
6月低品摊销	借：	工程施工–合同成本–直接材料费[工号核算辅助：措施费]	15000		
6月低品摊销	借：	工程施工–合同成本–其他直接费–工程定位复测及点交费[工号辅助：主体工程]	1000		
6月低品摊销	贷：	低值易耗品–摊销	40000		

登记台账：合同成本–直接成本台账，合同成本–其他直接成本台账，现场经费预算

执行分析表、周转材料（机具）低品管理及摊销分析表

5. 周转材料租赁

指租赁外部单位或公司内部单位周转材料发生的租赁费用。

（1）外部单位租赁周转材料

①业务流程

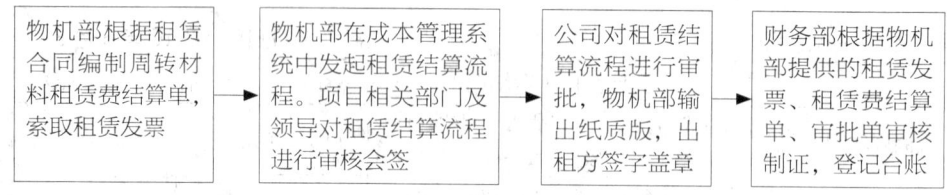

②业务举例

例7-1-7：××项目部（一般计税）租赁××租赁公司碗扣件用于桥梁工程施工，2016年6月产生租赁费11700元，取得增值税专用发票11700元，其中增值税进项税额1700元。6月30日，物机部李明将租赁费结算单、成本系统审批单及租赁发票报销单、增值税专用发票抵扣联交财务部办理入账手续。

附件审核：租赁单价、数量与租赁合同是否一致；租赁费计算是否正确；发票是否真实，购买方开票信息是否正确，金额与租赁费结算单金额是否一致，并登记发票真伪查询台账；双方签字是否完善；应由劳务队伍承担的周转材料租赁费是否在劳务结算中扣除。

凭证类别：转账凭证　　　　　　　　　　　　　　　制证日期：2016年6月30日

摘要	方向	会计科目（含辅助）	金额	附件	张数
6月周转料租赁费	借：	工程施工－合同成本－直接材料费[工号核算辅助：措施费]	10000	发票、租赁费结算单原件	据实
6月周转料租赁费	借：	应交税费－应交增值税－进项税额[税率辅助：17%]	1700		
6月周转料租赁费	贷：	应付账款－应付租赁费－其他租赁－××租赁公司	11700		

登记台账：应付账款-应付租赁费-周转材料租赁台账，合同成本-直接成本台账，应交税费统计分析表

（2）内部单位租赁周转材料

①业务流程：参照外部单位周转材料租赁

②业务举例

例7-1-8：××项目部租赁公司物资管理中心贝雷片用于栈桥工程施工，2016年6月产生租赁费28000元。6月30日，物机部李明将租赁费结算单、成本系统审批单交财务部办理入账手续。

附件审核：租赁单价、数量与租赁合同是否一致；租赁费计算是否正确；双方签字是否

完善；应由劳务队伍承担的周转材料租赁费是否在劳务结算中扣除。

凭证类别：转账凭证　　　　　　　　　　　　　　制证日期：2016年6月30日

摘要	方向	会计科目（含辅助）	金额	附件	张数
6月周转料租赁费	借：	工程施工－合同成本－直接材料费 [工号核算辅助：措施费]	28000	租赁费结算单原件、成本系统审批单	据实
6月周转料租赁费	贷：	内部往来 [内部往来类别辅助：公司内部往来－结算往来；客户往来辅助：公司物资管理中心]	28000		

登记台账：合同成本－直接成本台账、债务结算支付统计分析表

6. 租赁周转材料丢失、毁损

（1）业务流程

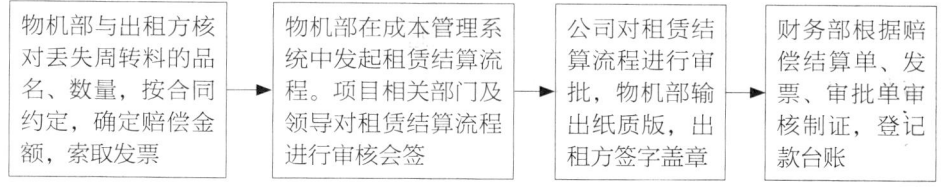

（2）业务举例

例7-1-9：××项目部（一般计税）于2016年6月现场收方盘点时，发现用于桥梁工程施工的外租碗扣件横杆丢失500根，合同约定赔偿单价为20元/根（含税）。6月30日，物机部李明将赔偿结算单、成本系统审批单及发票报销单、增值税专用发票抵扣联交财务部办理入账手续。发票金额10000元，其中增值税进项税额1452.99元，增值税税率17%。

附件审核：赔偿单价与租赁合同是否一致；赔偿费计算是否正确；发票是否真实，购买方开票信息是否正确，金额与赔偿单是否一致；双方签字是否完善；应由劳务队伍承担的赔偿是否在劳务结算中扣除。

凭证类别：转账凭证　　　　　　　　　　　　　　制证日期：2016年6月30日

摘要	方向	会计科目（含辅助）	金额	附件	张数
周转料赔偿	借：	工程施工－合同成本－直接材料费 [工号核算辅助：措施费]	8547.01	发票、结算单原件	据实
周转料赔偿	借：	应交税费－应交增值税－进项税额 [税率辅助：17%]	1452.99		
周转料赔偿	贷：	应付账款－应付租赁费－其他租赁－××租赁公司	10000		

登记台账：应付账款－应付租赁费－周转材料租赁台账，合同成本－直接成本台账，

应交税费统计分析表

凭证类别：转账凭证　　　　　　　　　　　　制证日期：2016年9月30日

摘要	方向	会计科目（含辅助）	金额	附件	张数
周转料赔偿	借：	工程施工 – 合同成本 – 直接材料费 [工号核算辅助：措施费]	1452.99	发票复印件	据实
周转料赔偿	贷：	应交税费 – 应交增值税 – 进项税额转出	1452.99		

登记台账：合同成本 – 直接成本台账、应交税费统计分析表

注：非正常损失的购进货物，以及相关的加工修理修配劳务和交通运输服务所取得的进项税额不得从销项税额中抵扣。

（四）机械使用费

机械使用费是指项目施工过程中使用的内、外部单位施工机械（包括小型机具）所发生的租赁费（包括按照合同约定支付的施工机械进出场费等）、油料消耗等，不包括材料采购运输费。在"修理费"、"燃料和动力费"、"机械租赁费"三个四级科目核算。能明确受益对象的直接进入工号，不能明确受益对象的机械费用应进行分配。

1. 月租机械租赁

（1）业务流程

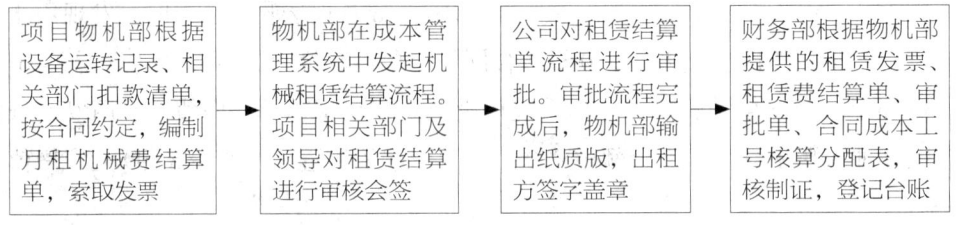

（2）业务举例

例7-1-10：××项目部（一般计税）租赁××机械租赁有限公司吊车一台，2016年6月发生租赁费23000元（其中用于主体工程18000元、临时工程5000元），6月30日物机部李明将租赁结算单、成本系统审批单、设备运转记录、合同成本工号核算分配表及发票报销单、增值税专用发票抵扣联交财务部办理入账手续。发票金额23000元，其中增值税进项税额3341.88元。

附件审核：审核结算单是否经项目相关部室及项目经理、书记会签，出租方是否签字盖章；结算数量、单价与设备运转记录及合同是否一致；维修保养、进出场费等例外结算与合同约定是否一致；油料超耗、食堂伙食费等扣款是否全额扣除；发票是否真实，购买方开票信息是否正确，金额与结算单是否一致；审核应由劳务队伍承担的机械租赁费是否在劳务结算中扣除；合同成本工号核算分配表编制合理正确。

凭证类别：转账凭证　　　　　　　　　　　　　制证日期：2016年6月30日

摘要	方向	会计科目（含辅助）	金额	附件	张数
6月设备租赁费	借：	工程施工－合同成本－机械使用费－机械租赁费[工号核算辅助：主体工程]	15384.62	机械结算会签单、机械结算单、运转记录、扣款单原件、合同成本工号核算分配表	据实
6月设备租赁费	借：	工程施工－合同成本－机械使用费－机械租赁费[工号核算辅助：临时工程]	4273.50		
6月设备租赁费	借：	应交税费－应交增值税－进项税额[税率辅助：17%]	3341.88		
6月设备租赁费	贷：	应付账款－应付租赁费－设备租赁费[客户往来辅助：××机械租赁有限公司]	23000		

登记台账：应付账款－应付租赁费－设备租赁台账，合同成本－直接成本台账，应交税费统计分析表

2.零星机械租赁

（1）业务流程

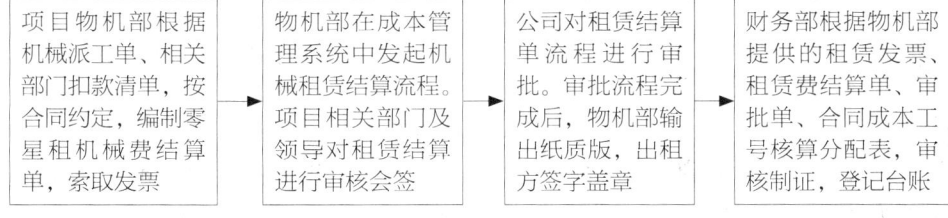

（2）业务举例

例7-1-11：××项目部（一般计税）临时租赁××机械租赁有限公司挖机一台，2016年6月发生租赁费18000元（其中用于承台开挖12000元，修理便道6000元）。6月30日物机部李某将租赁结算单、机械派工单、发票报销单、增值税专用发票抵扣联、合同成本工号核算分配表及审批单交财务部办理入账手续。发票金额18000元，其中增值税进项税额2615.38元。

附件审核：审核结算单是否经项目相关部室及项目经理、书记会签，出租方是否签字盖章；结算数量、单价与机械派工单及合同是否一致；维修保养、进出场费等例外结算与合同约定是否一致；油料超耗、食堂伙食费等扣款是否全额扣除；发票是否真实，购买方开票信息是否正确，金额与结算单是否一致；审核应由劳务队伍承担的机械租赁费是否在劳务结算中扣除；合同成本工号核算分配表编制合理正确。

凭证类别：转账凭证　　　　　　　　　　　　　　　　制证日期：2016年6月30日

摘要	方向	会计科目（含辅助）	金额	附件	张数
6月设备临租赁费	借：	工程施工–合同成本–机械使用费–机械租赁费[工号核算辅助：主体工程]	10256.41	机械结算会签单、机械结算单、机械派工单、扣款单原件、合同成本工号核算分配表	据实
6月设备临租赁费	借：	工程施工–合同成本–机械使用费–机械租赁费[工号核算辅助：临时工程]	5128.21		
6月设备临租赁费	借：	应交税费–应交增值税–进项税额[税率辅助：17%]	2615.38		
6月设备临租赁费	贷：	应付账款–其他[客户往来辅助：××单位]	18000		

登记台账：应付账款–其他–零星材料设备租赁台账，合同成本–直接成本台账，应交税费统计分析表

3. 机械用油料业务

（1）业务流程

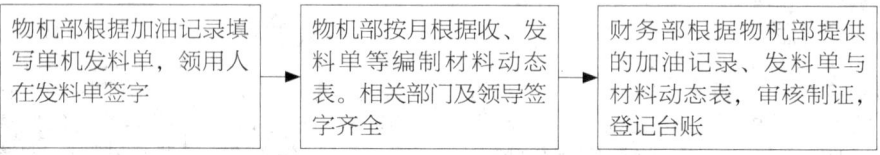

（2）业务举例

例7-1-12：××项目部（一般计税）2016年6月发出油料20000元（不含税），其中用于桥梁工程施工的吊车12000元，用于搅拌站场地平整的挖机8000元。6月30日，物机部李某将发料单、加油记录及材料动态表交财务部办理入账手续。

附件审核：材料动态表的上月结存是否与财务账面一致；发料单经办人、领料人签字是否齐全；领料人是否为有权领料人；审核发料单与加油记录是否一致；发料单与材料动态表的本月支出明细是否一致。

凭证类别：转账凭证　　　　　　　　　　　　　　　　制证日期：2016年6月30日

摘要	方向	会计科目（含辅助）	金额	附件	张数
6月支出材料	借：	工程施工–合同成本–机械使用费–燃料动力费[工号核算辅助：主体工程]	12000	发料单、加油记录、材料动态汇总表、材料支出分配表	据实
6月支出材料	借：	工程施工–合同成本–机械使用费–燃料动力费[工号核算辅助：临时工程]	8000		
6月支出材料	贷：	原材料–燃料	20000		

登记台账：合同成本–直接成本台账

(五)劳务成本

劳务成本指根据项目工经部签订的劳务分包合同、劳务作业合同(分包工程以机械施工为主签订的分包合同,如桩基、土方等分包),按月结算的应支付给分包单位的劳务费用。

1. 业务流程

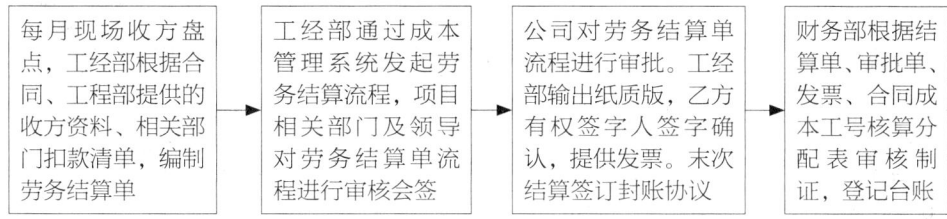

2. 业务举例

例7-1-13:××项目部(一般计税)于2016年6月结算××公司劳务费,扣款前不含税结算140000元(主体工程100000元,临时房屋40000元),扣主材超耗5000元、辅料3000元、油料1000元、机械扣款900元、电费2000元、安全罚款100元,扣款后不含税结算128000元,取得增值税专用发票一张,金额142080元(其中税额14080元),7月5日工经部将审批、签字齐全的结算单、发票、增值税专用发票(11%税率)抵扣联交财务入账。

附件审核:审核结算数量、单价、内容与收方数量、合同单价、合同内容的一致性;结算扣款与合同约定、实际应扣款项的一致性;审核结算手续、审批签字及乙方有权签字人签认是否齐全;发票是否真实,购买方开票信息是否正确,金额与结算单是否一致;合同成本工号核算分配表编制合理正确。

列支成本

凭证类别:转账凭证　　　　　　　　　　　　　制证日期:2016年7月5日

摘要	方向	会计科目(含辅助)	金额	附件	张数
6月劳务结算	借:	工程施工-合同成本-劳务成本[工号核算辅助:主体工程]	88000	劳务结算会签单、劳务结算单、发票、收方单、扣款单原件、合同成本工号核算分配表	据实
6月劳务结算	借:	工程施工-合同成本-劳务成本[工号核算辅助:临时工程]	40000		
6月劳务结算	借:	应交税费-应交增值税-进项税额[税率辅助:11%]	14080		
6月劳务结算	贷:	应付账款-应付劳务款[客户往来辅助:××公司]	142080		

登记台账:合同成本-直接成本台账、应付账款-应付劳务款台账、应交税费统计分析表

例7-1-14,××项目部(简易计税)于2016年6月结算××公司劳务费,扣款前不含税结算140000元(主体工程100000元,临时房屋40000元),扣主材超耗5000元、

辅料 3000 元、油料 1000 元、机械扣款 900 元、电费 2000 元、安全罚款 100 元、扣款后不含税结算 128000 元，取得增值税普通发票一张，金额 131840 元（其中税额 3840 元），7 月 5 日工经部将审批、签字齐全的结算单、发票交财务入账。

凭证类别：转账凭证　　　　　　　　　　　　制证日期：2016 年 7 月 5 日

摘要	方向	会计科目（含辅助）	金额	附件	张数
6月劳务结算	借	工程施工－合同成本－劳务成本 [工号核算辅助：主体工程]	88000	劳务结算会签单、劳务结算单、发票、收方单、扣款单原件、合同成本工号核算分配表	据实
6月劳务结算	借	工程施工－合同成本－劳务成本 [工号核算辅助：临时工程]	40000		
6月劳务结算	借	应交税费－简易计税－简易计税抵减	3840		
6月劳务结算	贷	应付账款－应付劳务款 [客户往来辅助：××公司]	131840		

登记台账：合同成本－直接成本台账，应付账款－应付劳务费台账，应交税费统计分析表

（六）其他直接费

其他直接费是指施工过程中发生的除直接人工费、材料费、机械使用费、劳务成本以外的各种其他直接费用，该科目下设"临时设施"、"检验试验费"、"设计及技术援助费"、"工程定位复测及点交费"、"安全生产费"、"燃料动力费"、"征地拆迁费"、"修理费"和"其他"等四级明细科目。发生费用时按受益对象进行分配。

1. 临时设施费

核算驻地建设、施工便道、生产办公房屋租赁、加工区建设、搅拌站建设、临电设施及其他临时工程发生的费用（不含为建设临时设施发生的征地拆迁费、青苗补偿费，发生时在"其他直接费－征地拆迁费"科目核算；不含施工临时设施而发生的劳务结算费用、材料费、机械使用费；发生时分别在"劳务成本－临时工程"、"直接材料费－临时工程"、"机械使用费－临时工程"科目核算）。

（1）生产办公房屋租赁

① 业务流程

办公室根据生产办公需要签订合同，按期结算，索取发票及收据报项目经理、书记审批 → 财务部根据报销单审核制证，登记台账

② 业务举例

例 7-1-15：××项目部（一般计税）于 2016 年 6 月 1 日租用××公司一栋办公楼用于项目办公，月租赁费 5550 元；6 月 30 日，综合办公室张××将租赁协议、发票、增值税专用发票抵扣联、收款收据交财务部办理报销付款。发票金额 5550 元，其中增值税

进项税额 550 元。

附件审核：租赁协议双方签字盖章是否完善；报销单会签是否齐全；租赁费结算单价、周期、付款方式与合同约定是否一致；发票是否真实，购买方开票信息是否正确；收款账户是否与协议约定一致；收据签字盖章齐全，金额正确。

凭证类别：银行付款凭证　　　　　　　　　　　制证日期：2016 年 6 月 30 日

摘要	方向	会计科目（含辅助）	金额	附件	张数
付房租	借：	工程施工－合同成本－其他直接费－临时设施 [工号核算辅助：临时工程]	5000	租房协议、发票、收款收据、银行回单	据实
付房租	借：	应交税费－应交增值税－进项税额 [税率辅助：11%]	550		
付房租	贷：	银行存款－人民币 [现金流量辅助：其他付款；银行名称辅助：××银行]	5550		

登记台账：合同成本－其他直接成本台账、应交税费统计分析表

注：租赁个人房产时，也应取得发票，个人租赁房产可以向税务机关申请代开增值税专用发票，税率为 1.5%。

（2）临电安装

①业务流程

项目根据生产需要签订电力安装合同，按约定结算，索取发票及收据报项目经理、书记审批 → 财务部根据报销单审核制证，登记台账

②业务举例

例 7-1-16：××项目部（一般计税）2016 年 10 月 6 日与××电力安装公司签订架设临时电力线路合同，约定安装费用共 333000 元，6 月 28 日安装架设结束，协调人员李××将安装协议、发票、收款收据交财务部办理入账手续。取得增值税专用发票金额 333000 元，其中增值税进项税额 33000 元，增值税税率 11%。

附件审核：安装协议双方签字盖章是否完善；报销单会签是否完善；付款金额、付款方式与合同约定是否一致；发票是否真实，购买方开票信息是否正确；收款账户是否与协议约定一致；收据签字盖章齐全，内容完整准确。

凭证类别：银行付款凭证　　　　　　　　　　　制证日期：2016 年 6 月 28 日

摘要	方向	会计科目（含辅助）	金额	附件	张数
付临电安装费	借：	工程施工－合同成本－其他直接费－临时设施 [工号核算辅助：临时工程]	300000	安装协议、发票、收款收据、银行回单	据实
付临电安装费	借：	应交税费－应交增值税－进项税额 [税率辅助：11%]	33000		
付临电安装费	贷：	银行存款－人民币 [现金流量辅助：购买商品、接收劳务支付的现金；银行名称辅助：××银行]	333000		

登记台账：合同成本 – 其他直接成本台账、应交税费统计分析表

2. 检验试验费

核算试验检测费用（试验仪器购置及标定费、材料委外检测费等）、地质扫描等相关为保证施工精度、试验精确而发生的成本，包括公司列转的试验仪器租赁费及摊销费。

（1）业务流程

项目根据需要签订合同，按约定结算，索取发票及收据报项目经理、书记审批 → 财务主管审核制证，出纳银行付款，登记台账

（2）业务举例

例7-1-17：××项目部（一般计税）于2016年6月8日委托××公司检测桥梁钢筋，发生费用21200元。增值税专用发票金额21200元，其中增值税进项税额1200元。6月9日，试验室李××将委外检测协议、发票、增值税专用发票抵扣联、收款收据交财务部办理入账手续，财务主管审核制证，出纳银行付款。

附件审核：检测协议双方签字盖章是否完善；报销单会签是否齐全；结算单价、数量、付款方式与协议约定是否一致；发票是否真实，购买方开票信息是否正确；收款账户是否与协议约定一致；收据签字盖章齐全，内容完整正确。

凭证类别：银行付款凭证　　　　　　　　　　　　制证日期：2016年6月9日

摘要	方向	会计科目（含辅助）	金额	附件	张数
付检测费	借：	工程施工 – 合同成本 – 其他直接费 – 检验试验费 [工号核算辅助：主体工程]	20000	检测协议、发票、收款收据、银行回单	据实
付检测费	借：	应交税费 – 应交增值税 – 进项税额 [税率辅助：6%]	1200		
付检测费	贷：	银行存款 – 人民币 [现金流量辅助：购买商品、接收劳务支付的现金；银行名称辅助：××银行]	21200		

登记台账：合同成本 – 其他直接成本台账、应交税费统计分析表

例7-1-18：××项目部于2016年6月30日收到公司转第二季度试验仪器租赁费5000元，试验室王某将通知书及租赁费单报项目经理、书记审批交财务入账。

附件审核：通知书经项目经理、书记会签；列转费用是否正确。

凭证类别：转账凭证　　　　　　　　　　　　制证日期：2016年6月30日

摘要	方向	会计科目（含辅助）	金额	附件	张数
公司转试验设备租赁费	借：	工程施工 – 合同成本 – 其他直接费 – 检验试验费 [工号核算辅助：主体工程]	5000	通知书、租赁费清单	据实
公司转试验设备租赁费	贷：	内部往来 – [内部往来类别辅助：公司内部往来 – 结算往来；客户往来辅助：公司财务部]	5000		

登记台账：合同成本－其他直接成本台账、现款上交台账

3. 设计及技术援助费

核算施工过程中发生的勘测、设计、技术咨询、方案论证等费用。

（1）业务流程

项目根据需要签订合同，按约定结算，索取发票及收据，报项目经理、书记审批 → 财务主管审核制证，出纳银行付款，登记台账

（2）业务举例

例 7-1-19：××梁场（一般计税）于 2016 年 6 月 10 委托××设计院对梁场场建进行设计，合同约定设计费 63600 元。6 月 25 日设计成果获梁场认可，取得增值税专用发票 63600 元，其中增值税进项税额 3600 元，增值税税率 6%。工程部李某将经理、书记审批的设计费发票、增值税专用发票抵扣联及协议交财务部，财务主管审核制证，出纳银行付款。

附件审核：协议双方签字盖章是否完善；报销单会签是否完善；结算金额、付款方式与协议约定是否一致；发票是否真实，购买方开票信息是否正确；收款账户是否与协议约定一致；收据盖章签字齐全。

凭证类别：银行付款凭证　　　　　　　　　　**制证日期：2016 年 6 月 25 日**

摘要	方向	会计科目（含辅助）	金额	附件	张数
付设计费	借：	工程施工－合同成本－其他直接费－设计及技术援助费[工号核算辅助：临时工程]	60000	协议、发票、收款收据、银行回单	据实
付设计费	借：	应交税费－应交增值税－进项税额[税率辅助：6%]	3600		
付设计费	贷：	银行存款－人民币[现金流量辅助：购买商品、接收劳务支付的现金；银行名称辅助：××银行]	63600		

登记台账：合同成本－其他直接成本台账、应交税费统计分析表

4. 工程定位复测及点交费

核算施工过程中发生的监控量测、地质预报、导线复测、CPIII 控制量测、工程部图纸复印费用、竣工资料费、工程测量仪器设备采购及租赁费、摊销费。

（1）业务举例

例 7-1-20：××项目部（一般计税）于 2016 年 6 月 2 日委托××大学对施工的地铁周围建筑物沉降进行监控量测，合同约定施工期间监控费用 53000 元。6 月 25 日监控量测完成，取得增值税专用发票 53000 元，其中增值税进项税额 3000 元，增值税税率 6%。工程部陈××将经理、书记会签的发票、增值税专用发票抵扣联及合同交财务部，财务主管审核制证，出纳银行付款。

附件审核：协议双方签字盖章是否完善；报销单会签是否完善；结算金额、付款方式与协议约定是否一致；发票是否真实，购买方开票信息是否正确；收款账户是否与协议约定一致；收据签字盖章齐全，内容正确完整。

凭证类别：银行付款凭证　　　　　　　　　　　制证日期：2016年6月25日

摘要	方向	会计科目（含辅助）	金额	附件	张数
付监测费	借：	工程施工 – 合同成本 – 其他直接费 – 工程定位复测及点交费 [工号核算辅助：主体工程]	50000	协议、发票、收款收据、银行回单	据实
付监测费	借：	应交税费 – 应交增值税 – 进项税额 [税率辅助：6%]	3000		
付监测费	贷：	银行存款 – 人民币 [现金流量辅助：购买商品、接收劳务支付的现金；银行名称辅助：××银行]	53000		

登记台账：合同成本 – 其他直接成本台账、应交税费统计分析表

例7-1-21：××项目部（一般计税）工程部陈××于2016年6月20日报销图纸复印及装订费4240元，并取得增值税专用发票，其中增值税进项税额240元，增值税税率6%。陈××将报销单、增值税专用发票抵扣联交财务。财务主管审核制证，出纳银行付款。

附件审核：报销单是否会签；发票是否真实，购买方开票信息是否正确；银行回单信息正确。

凭证类别：银行付款凭证　　　　　　　　　　　制证日期：2016年6月20日

摘要	方向	会计科目（含辅助）	金额	附件	张数
付图纸费用	借：	工程施工 – 合同成本 – 其他直接费 – 工程定位复测及点交费 [工号核算辅助：主体工程]	4000	发票、银行回单	据实
付图纸费用	借：	应交税费 – 应交增值税 – 进项税额 [税率辅助：6%]	240		
付图纸费用	贷：	银行存款 – 人民币 [现金流量辅助：其他付款；银行名称辅助：××银行]	4240		

登记台账：合同成本 – 其他直接成本台账、应交税费统计分析表

例7-1-22：××项目部于2016年6月30日收到公司转第二季度全站仪等测量仪器租赁费10000元，工程部陈××将通知书及租赁费清单报项目经理、书记审批交财务入账。

附件审核：通知书经项目经理、书记会签；列转费用是否正确。

凭证类别：转账凭证　　　　　　　　　　　　　　制证日期：2016年6月30日

摘要	方向	会计科目（含辅助）	金额	附件	张数
公司转测量设备租赁费	借	工程施工－合同成本－其他直接费－工程定位复测及点交费[工号核算辅助：主体工程]	10000	通知书租赁费清单	据实
公司转测量设备租赁费	贷	内部往来－[内部往来类别辅助：公司内部往来－结算往来；客户往来辅助：公司财务部]	10000		

登记台账：合同成本－其他直接成本台账、现款上交台账

5. 安全生产费

安全生产费业务参照本章第三节《安全生产费》进行办理，在此不再赘述。

6. 燃料动力费

核算与项目直接相关的燃料动力费，一般只列生产用水电（工地取暖养护用煤和油等费用在"直接材料费"科目核算）。

例7-1-23：××项目部（一般计税）于2016年6月25日银行托收搅拌站电费58500元，取得增值税专用发票58500元，其中增值税进项税额8500元。物机部李××将经理、书记审批的电费发票、增值税专用发票抵扣联交财务部办理入账手续。

附件审核：报销单是否党政会签；自用与扣款是否合理；用电量是否与抄表记录一致，是否登记台账；发票是否真实，购买方开票信息是否正确。

凭证类别：银行付款凭证　　　　　　　　　　　　制证日期：2016年6月25日

摘要	方向	会计科目（含辅助）	金额	附件	张数
付电费	借	工程施工－合同成本－其他直接费－燃料动力费[工号核算辅助：主体工程]	50000	发票、抄表记录、银行回单	据实
付电费	借	应交税费－应交增值税－进项税额[税率辅助：17%]	8500		
付电费	贷	银行存款－人民币[现金流量辅助：购买商品、接受劳务支付的现金；银行名称辅助：××银行]	58500		

登记台账：合同成本－其他直接成本台账、应交税费统计分析表

7. 征地拆迁费

核算与项目直接相关的征地拆迁费用，包括永久及临时征地补偿、地面附着物补偿、青苗树木补偿、管线迁改、施工配合费（跨航道、公路、铁路施工产权单位收取的费用等）、道路使用及损坏补偿、环保费、耕地占用税、临时占地复垦费等。

例 7-1-24：××项目部于 2016 年 6 月 25 日与××村委会签订搅拌站临时征地拆迁补偿协议，租用耕地 10 亩，租期 2 年，用于搅拌站建设，耕地租赁费 20000 元/亩/年；一次性青苗补偿费 2000 元/亩；复垦费 15000 元/亩；合同约定耕地租赁费预付一年，青苗补偿费及复垦费一次性付清，共计发生补偿费用 370000 元。项目部经办人李××将协议、征地（青苗）补偿计算单、行政事业性收据、村委会收款收据交财务部办理入账手续。

附件审核：协议双方盖章签字是否完善；协议内容是否完善；补偿标准是否与政府文件规定的收费标准一致；补偿计算单计算是否正确；报销单是否会签；收款账户是否与协议约定一致。

凭证类别：银行付款凭证　　　　　制证日期：2016 年 6 月 25 日

摘要	方向	会计科目（含辅助）	金额	附件	张数
付征迁费	借：	工程施工–合同成本–其他直接费–征地拆迁费[工号核算辅助：临时工程]	370000	协议、补偿计算单、行政事业性收据、收款收据、银行回单	据实
付征迁费	贷：	银行存款–人民币[现金流量辅助：征地拆迁款；银行名称辅助：××银行]	370000		

登记台账：合同成本–其他直接成本台账

例 7-1-25：××项目部为临时征用上例耕地支付当地税务局耕地占用税 120000 元，项目部经办人李××于 2016 年 6 月 25 日办理申报、缴纳税款，取得完税凭证。

附件审核：缴纳税款是否符合当地税收政策；会签单内容填写完整、审批手续齐全；完税凭证、纳税申报表、银行回单、金额一致，盖章齐全。

凭证类别：银行付款凭证　　　　　制证日期：2016 年 6 月 25 日

摘要	方向	会计科目（含辅助）	金额	附件	张数
付耕地占用税	借：	工程施工–合同成本–其他直接费–征地拆迁费[工号核算辅助：临时工程]	120000	完税凭证、纳税申报表、其他应付款支付单、银行回单	据实
付耕地占用税	贷：	银行存款–人民币[现金流量辅助：征地拆迁款；银行名称辅助：××银行]	120000		

登记台账：合同成本–其他直接成本台账

注：根据国家税务总局发布的《耕地占用管理规程》，在批准的临时占地期限内恢复所占土地原状的或损毁土地在 2 年内恢复土地原状的，由土地管理部门会同有关行业管理部门认定并出具验收合格确认书后，可申请退还耕地占用税。收到主管税务机关退还已经缴纳的耕地占用税，冲减本费用。

例 7-1-26：××项目部施工跨××高速公路特大桥，在 2016 年 6 月 10 日与××

高速公路公司签订协议，对方收取配合费 2000000 元，项目部经办人李××将党政会签的发票、协议及对方收据交财务部，财务主管审核制证，出纳银行付款。

附件审核：协议双方盖章签字是否完善；协议内容是否完善；报销单是否会签；收款账户是否与协议约定一致；收据章证齐全，金额与付款金额一致。

凭证类别：银行付款凭证　　　　　　　　　　制证日期：2016 年 6 月 10 日

摘要	方向	会计科目（含辅助）	金额	附件	张数
付施工配合费	借：	工程施工 – 合同成本 – 其他直接费 – 征地拆迁费 [工号核算辅助：主体工程]	2000000	协议、发票、收据、银行回单	据实
付施工配合费	贷：	银行存款 – 人民币 [现金流量辅助：征地拆迁款；银行名称辅助：×× 银行]	2000000		

登记台账：合同成本 – 其他直接成本台账

8. 修理费

核算与项目生产直接相关的试验、测量仪器、机具等修理费用。

例 7-1-27：×× 项目部（一般计税）于 2016 年 6 月 10 日发生全站仪等仪器修理费，取得增值税专用发票 2340 元，其中增值税进项税额 340 元。工程部×× 将修理费发票、增值税专用发票抵扣联及修理清单交财务部办理报销手续。

附件审核：报销单是否会签；发票是否真实，购买方开票信息是否正确，发票金额与清单金额是否一致。

凭证类别：银行付款凭证　　　　　　　　　　制证日期：2016 年 6 月 10 日

摘要	方向	会计科目（含辅助）	金额	附件	张数
付修理费	借：	工程施工 – 合同成本 – 其他直接费 – 修理费 [工号核算辅助：主体工程]	2000	发票、清单、银行回单	据实
付修理费	借：	应交税费 – 应交增值税 – 进项税额 [税率辅助：17%]	340		
付修理费	贷：	银行存款 – 人民币 [现金流量辅助：其他付款；银行名称辅助：×× 银行]	2340		

登记台账：合同成本 – 其他直接成本台账、应交税费统计分析表

9. 其他

核算与项目直接相关的其他费用如局指罚款，工程一切险及第三者责任险等工程保险，各种赞助费、慰问费、暂住费等地方收费，验交纠缺赔偿，小额运费。收到的业主、局指奖励冲减本费用。

例 7-1-28：×× 项目部于 2016 年 6 月 10 日收到局指列转 ×× 桥梁进度罚款通知书 10000 元，其中项目经理、书记各 1000 元，单位 8000 元。综合办公室将经理审批的通知书交财务办理入账手续。

附件审核：罚款文件是否签发并传阅；是否党政会签；是否对相关人员追责。

凭证类别：转账凭证　　　　　　　　　　　　　　　**制证日期**：2016 年 6 月 10 日

摘要	方向	会计科目（含辅助）	金额	附件	张数
局指转款	借:	工程施工－合同成本－其他直接费－其他[工号核算辅助:主体工程]	8000	通知书	1
局指转款	借:	其他应收款－应收其他代垫款[客户往来:人员核算]	2000		
局指转款	贷:	内部往来－母子公司往来[内部往来类别辅助:母子公司往来－局指（代局指）往来－结算往来；客户往来:××局指]	10000		

登记台账：合同成本－其他直接成本台账、应收账款－应收工程款（质量保证金）台账

例 7-1-29：×× 项目部于 2016 年 6 月 11 日收到 ×× 局指拨 ×× 桥梁进度奖励 10000 元，其中项目经理、书记各 1000 元。财务部取得银行回单办理入账手续。

附件审核：奖励文件与收款金额一致。

凭证类别：银行收款凭证　　　　　　　　　　　　　**制证日期**：2016 年 6 月 11 日

摘要	方向	会计科目（含辅助）	金额	附件	张数
收局指转款	借:	银行存款－人民币[现金流量辅助:其他收款；银行名称辅助:××银行]	10000	奖励文件、银行回单	据实
收局指转款	贷:[特殊记账]	工程施工－合同成本－其他直接费－其他[工号核算辅助:主体工程]	10000		

登记台账：合同成本－其他直接成本台账

例 7-1-30：×× 项目部于 2016 年 6 月 10 日收到 ×× 局指分摊工程一切险及第三者责任险等工程保险 800000 元，通知书经项目经理、书记审批，财务入账。

附件审核：费用分摊是否合理；党政是否会签。

凭证类别：转账凭证　　　　　　　　　　　　　　　**制证日期**：2016 年 6 月 10 日

摘要	方向	会计科目（含辅助）	金额	附件	张数
列工程保险	借:	工程施工－合同成本－其他直接费－其他[工号核算辅助:主体工程]	800000	通知书、保费分割单、保单、发票复印件	据实
列工程保险	贷:	内部往来－母子公司往来[内部往来类别辅助:母子公司往来－局指（代局指）往来－结算往来；客户往来:××局指]	800000		

登记台账：合同成本－其他直接成本台账、应收账款－应收工程款（质量保证金）台账

第二节 间接费用

一、定义

本书中的间接费用是指项目部为组织和管理工程施工所发生的费用，主要包含职工薪酬、劳动保护费、低值易耗品摊销、租赁费、办公费、差旅费、日常交通费、燃料动力费、业务宣传费、修理费、业务费用、税金、其他等。

间接费用会计科目按费用类别进行明细核算。间接费用增加时，借记本科目；间接费用冲减（需特殊记账）或列转时，贷记本科目。

二、相关规则

（一）经费预算管理按照"归口管理、预算控制"的原则，代局指、项目经理部实行项目现场经费总预算与年度经费预算双重控制，项目现场经费总预算是项目现场经费的实际控制标准，项目现场经费总预算，不得突破局规定的人均现场经费定额上限。

（二）财务部门应根据预算控制要求，正确设置会计科目，完整、准确归集经费，不得乱列、乱摊、隐匿经费支出，经费开支应符合局、公司规定和会计制度要求，严格履行审批程序。

（三）住宿标准：项目部正职、正高级职称人员（一般地区 300，直辖市、省会城市 400）；其他人员（一般地区 200，直辖市、省会城市 300）。

（四）公司领导班子成员可乘坐火车软席、动车及高铁一等座；其他员工可乘坐火车硬席、动车及高铁二等座。

（五）业务招待活动原则上在本单位内部食堂和定点酒店进行，以普通菜肴为主，原则上人均不超过 100 元（含酒水、饮料，下同），最多人均不超过 200 元。从紧控制陪同人数，接待对象在 10 人以内的，陪餐人数不得超过 3 人；超过 10 人的，陪餐人数不得超过接待对象人数的三分之一。

（六）禁止在接待过程中提供高档烟酒茶，同时公司员工个人不得公款享用各类高档烟酒茶。对外接待香烟不得超过 350 元/条；接待用酒不得超过 200 元/瓶；接待用茶不得超过 500 元/斤。烟酒茶采购应由办公室点收，建立收发台账。

（七）严格执行股份公司提出的"五个严禁"：严禁以各种名义变相安排公款接待宴请及旅游；严禁开支应由个人负担的宴请及娱乐、健身、旅游、购物等费用；严禁赠送现金和购物卡、消费卡、商业预付卡等各种有价证券、支付凭证及贵重物品等；严禁安排接待对象到高档的娱乐、休闲、健身、保健等经营场所活动；严禁企业内部互相吃请，赠送礼品礼金等贵重物品或到高档娱乐经营场所活动。

（八）业务招待费要在规定时间内办理财务报销手续，避免一次预存分次接待、合并报销以及将一次接待费拆分报销等情况；单张或连号招待费发票超 3000 元不得报销；报销应遵循谁经手谁报销的原则，不得由他人代报；业务招待同时有多个经办人参与应由最高职务经办人报销。

（九）财务部门在日常报销过程中要加强审核把关，对审批程序不符合授权权限和内部控制要求，审批要件和明细单据不符合规定，未经特别审批程序超范围、超预算及超定额标准等不符合相关规定的业务招待费支出，一律不得报销。

（十）项目部经费取专票范围：劳动保护费、办公费、水费、电费、住宿费、培训费、会议费、交通工具使用费、交通工具油料费、保险费、房产租赁费、其他租赁费、行管用房屋建筑物维修费、行管用车辆维修费、电算费用、行管用其他固资维修费、业务宣传费、物业费等。

三、业务处理

（一）间接费用的归集

1. 职工薪酬

包括企业职工、劳务派遣人员工资（含各种有薪假工资）、奖金、津贴和补贴，职工福利费，养老保险费、失业保险费、医疗保险费、工伤保险费、生育保险费等社会保险费，企业年金，住房公积金，工会经费和职工教育经费。

（1）工资、奖金、津贴及补贴

①业务流程

| 当月末，项目办公室将经项目经理、书记审批的考勤表、伙食费扣款、小车司机行车里程等工资计算要件交财务部 | → | 项目财务部根据考勤表、人事令、工资介绍信、工资标准，编制工资支付单、月度预发绩效工资单、司机安全行车奖等月度薪酬支付单据。代扣个税、社保、住房公积金、年金伙食费、工会会费、备用金扣款事项。薪酬支付单据报会计负责人审核、项目党政会签 | → | 每月审核应付职工薪酬-工资、奖金、津贴及补贴账面余额与薪酬支付单金额一致。根据职工从事工作不同，编制薪酬分配表，将薪酬分摊到间接费用、研发费用等，登记台账 |

②业务举例

例7-2-1：××项目部于2016年7月31日计算当月正式职工薪酬。其中应付工资250000元，本月代扣职工养老保险26000元、企业年金12000元、医疗保险7000元、失业保险2000元、住房公积金40000元、工会会费600元、伙食费用4500元、公司转五险两金清算款3000元、罚款1000元、备用金2500元、代扣个人所得税10000元，合计扣款108600元，实付工资141400元。应付绩效工资100000元。司机安全行车奖1500元。以上共计应付职工薪酬351500元（其中：研发人员薪金50000元，一般管理人员薪金301500元），实付薪酬共计242900元。

附件审核：薪酬支付单计算正确、党政会签齐全；薪酬支付单工天与考勤表一致；薪酬分配表计算准确、审批手续齐全。工资（奖金）分配单研发人员与技术部门提供的研发人员清单相符。

凭证类别：转账凭证　　　　　　　　　　　　　　制证日期：2016年7月31日

摘要	方向	会计科目（含辅助）	金额	附件	张数
7月应领工资	借	工程施工-间接费用-职工薪酬[职工薪酬辅助：工资、奖金、津贴及补贴-企业职工]	301500	薪酬分配表，工资奖金支付单复印件	据实
7月应领工资	借	研发支出-费用化支出-人工费-工资薪金	50000		
7月应领工资	贷	应付职工薪酬-工资、奖金、津贴及补贴	351500		

登记台账：企业职工（劳务派遣人员）收入统计台账、现场经费预算执行分析表、企业劳动情况月报表、研究与开发费用统计台账

（2）五险两金计提

①业务流程

```
依据工资支付单及其他缴费凭证计算个人缴费，按个人     →    会计主管审核制单
缴费反算企业负担，编制五险两金代扣计提汇总表              入账，登记台账
```

②业务举例

例7-2-2：接例7-2-1，2016年7月31日，按当月工资代扣的社保及住房公积金，计算企业负担养老保险65000元、企业年金26000元、基本医疗保险28000元、补充医疗保险14000元、失业保险6000元、工伤保险3000元、生育保险1500元、住房公积金40000元，合计183500元。五险两金清算个人扣款3000元（养老金1200元，住房公积金1800元），经界定，企业负担部分均应列支成本，共4800元（养老金3000元，住房公积金1800元）。

附件审核：个人缴费与应扣缴金额一致，计提金额用个人缴费基数反算无误，财务主管审核签字齐全。

凭证类别：转账凭证　　　　　　　　　　　　　　　制证日期：2016年7月31日

摘要	方向	会计科目（含辅助）	金额	附件	张数
应提7月五险两金	借：	工程施工－间接费用－职工薪酬[职工薪酬辅助：社会保险费－基本养老保险费]	68000	五险两金代扣计提汇总表	1
应提7月五险两金	借：	工程施工－间接费用－职工薪酬[职工薪酬辅助：社会保险费－补充养老保险费]	26000		
应提7月五险两金	借：	工程施工－间接费用－职工薪酬[职工薪酬辅助：社会保险费－基本医疗保险费]	28000		
应提7月五险两金	借：	工程施工－间接费用－职工薪酬[职工薪酬辅助：社会保险费－补充医疗保险费]	14000		
应提7月五险两金	借：	工程施工－间接费用－职工薪酬[职工薪酬辅助：社会保险费－失业保险费]	6000		
应提7月五险两金	借：	工程施工－间接费用－职工薪酬[职工薪酬辅助：社会保险费－工伤保险费]	3000		
应提7月五险两金	借：	工程施工－间接费用－职工薪酬[职工薪酬辅助：社会保险费－生育保险费]	1500		

摘要	方向	会计科目（含辅助）	金额	附件	张数
应提7月五险两金	借：	工程施工－间接费用－职工薪酬[职工薪酬辅助：住房费用－住房公积金]	41800		
应提7月五险两金	贷：	应付职工薪酬－社会保险费－基本养老保险费	65000		
应提7月五险两金	贷：	应付职工薪酬－社会保险费－补充养老保险费	26000		
应提7月五险两金	贷：	应付职工薪酬－社会保险费－基本医疗保险费	28000		
应提7月五险两金	贷：	应付职工薪酬－社会保险费－补充医疗保险费	14000		
应提7月五险两金	贷：	应付职工薪酬－社会保险费－失业保险费	6000		
应提7月五险两金	贷：	应付职工薪酬－社会保险费－工伤保险费	3000		
应提7月五险两金	贷：	应付职工薪酬－社会保险费－生育保险费	1500		
应提7月五险两金	贷：	应付职工薪酬－住房费用－住房公积金	40000		
应提7月五险两金	贷：	其他应收款－应收其他代垫款[客户往来辅助：社保清算款；人员辅助]	4800		

登记台账：现场经费预算执行分析表

（3）工资附加费计提

①业务流程

季度末月，依据公司财务部确定的工资附加费金额，计提工资附加费，编制工资附加费计提表 → 会计主管审核制单入账，计提基数与当期工资总额核对一致，登记现款上缴台账

②业务举例

例7-2-3：××项目部于2016年6月30日，根据公司财务部确定的金额计提工资附加费，其中工会经费26000元、职工教育经费13000元、"三不让"资金13000元，共52000元，项目财务部编制工资附加费计提表。

附件审核：计提基数与当期工资总额核对一致，财务主管审核签字齐全。

凭证类别：转账凭证　　　　　　　　　　　　　　　制证日期：2016年6月30日

摘要	方向	会计科目（含辅助）	金额	附件	张数
计提第二季度工资附加费	借：	工程施工－间接费用－职工薪酬[职工薪酬辅助：工会经费]	26000		
计提第二季度工资附加费	借：	工程施工－间接费用－职工薪酬[职工薪酬辅助：职工教育经费]	13000		

摘要	方向	会计科目（含辅助）	金额	附件	张数
计提第二季度工资附加费	借：	工程施工–间接费用–职工薪酬[职工薪酬辅助：职工福利费–其他福利费]	13000	工资附加费计提表	1
计提第二季度工资附加费	贷：	应付职工薪酬–工会经费	26000		
计提第二季度工资附加费	贷：	应付职工薪酬–职工教育经费	13000		
计提第二季度工资附加费	贷：	应付职工薪酬–福利费用–非货币性福利	13000		

登记台账：现场经费预算执行分析表

（4）协议生工资奖金津贴及补贴、项目年度绩效薪酬、项目期末考核兑现、上级列转一次性奖励比照上述业务流程、凭证制作处理，项目年度绩效薪酬、项目期末考核兑现、上级列转一次性奖励支付履行公司审批程序。

（5）职工福利费

项目部职工福利费主要包括为职工供暖费补贴、防暑降温费、职工困补费、丧葬抚恤费、独生子女费、职工探亲路费、伙食补贴、"三不让"资金。除"三不让"资金外，其他福利项目均直接在"工程施工–间接费用–职工薪酬"科目核算，不通过应付职工薪酬科目核算。

①防暑降温费

a. 业务流程

安质部根据当年防暑降温费标准，采购防暑降温用品，发票及发放清单经党政会签后交财务部 → 会计主管审核制单入账，登记台账

b. 业务举例

例7-2-4：××项目部（一般计税）于2016年7月20日，安质部张某按当年防暑降温费标准，采购饮料防暑降温用品一批取得增值税专用发票共12000元，其中增值税进项税额1743.59元。防暑降温用品发放给职工后，将党政会签的发票、增值税专用发票抵扣联、发放清单交财务部。财务主管审核出纳银行支付。

附件审核：发票是否真实，购买方开票信息是否正确，发放清单签字完整，费用标准范围符合规定，党政会签完整。

凭证类别：银行付款凭证　　　　　　制证日期：2016年7月20日

摘要	方向	会计科目（含辅助）	金额	附件	张数
张某报防暑降温费	借：	工程施工－间接费用－职工薪酬[职工薪酬辅助：职工福利费－防暑降温费]	10256.41	防暑降温费标准文件、报销单、发放清单、银行回单	据实
张某报防暑降温费	借：	应交税费－应交增值税－进项税额[税率辅助：17%]	1743.59		
张某报防暑降温费	贷：	银行存款－人民币[现金流量辅助：支付给职工及为职工支付的现金；银行名称辅助：××银行]	12000		

登记台账：现场经费预算执行分析表、应交税费统计分析表

用于职工福利的进项税需要做转出处理：

凭证类别：转账凭证　　　　　　　　制证日期：2016年7月20日

摘要	方向	会计科目（含辅助）	金额	附件	张数
进项税转出	借：	工程施工－间接费用－职工薪酬[职工薪酬辅助：职工福利费－防暑降温费]	1743.59	增值税专票复印件	据实
进项税转出	贷：	应交税费－应交增值税－进项税额转出	1743.59		

登记台账：现场经费预算执行分析表、应交税费统计分析表

②困难补助费

a. 业务流程

办公室收到上级职工生活困难补助批复，制作发放单，经项目领导党政会签后交财务部 → 会计主管审核制单入账，登记台账

b. 业务举例

例7-2-5：××项目部于2016年7月25日，办公室收到上级工程技术人员生活困难补贴文件，上半年应支付工程部王某生活困难补贴5000元，制作了生活困难补贴发放单，经项目领导党政会签后交财务部。财务主管审核出纳银行支付。

附件审核：发放单与上级文件核对无误，党政会签完整。

凭证类别：银行付款凭证　　　　　　制证日期：2016年7月25日

摘要	方向	会计科目（含辅助）	金额	附件	张数
付职工困难补助	借：	工程施工－间接费用－职工薪酬[职工薪酬辅助：职工福利费－困难补助费]	5000	上级文件或批复、发放单、银行回单	据实
付职工困难补助	贷：	银行存款－人民币[现金流量辅助：支付给职工及为职工支付的现金；银行名称辅助：××银行]	5000		

登记台账：现场经费预算执行分析表

③独生子女费

a. 业务流程

办公室按年或半年制作独生子女费发放单，经项目领导党政会签后交财务部 → 会计主管审核制单入账，登记台账

b. 业务举例

例 7-2-6：××项目部于 2016 年 7 月 25 日，办公室按照独生子女费费用及支付范围标准，编制上半年独生子女费发放单共 720 元，经项目领导党政会签后交财务部。财务主管审核出纳银行支付。

附件审核：发放单核对无误，党政会签完整。

凭证类别：银行付款凭证　　　　　　　　　　　**制证日期：2016 年 7 月 25 日**

摘要	方向	会计科目（含辅助）	金额	附件	张数
付上半年独生子女费	借：	工程施工－间接费用－职工薪酬[职工薪酬辅助：职工福利费－独生子女费]	720	发放单、银行回单	据实
付上半年独生子女费	贷：	银行存款－人民币[现金流量辅助：支付给职工及为职工支付的现金；银行名称辅助：××银行]	720		

登记台账：现场经费预算执行分析表

④职工探亲路费

a. 业务流程

职工探亲路费单独粘贴，办公室登记，经项目领导党政会签后交财务部 → 会计主管审核制单入账，登记台账

b. 业务举例

例 7-2-7：××项目部于 2016 年 7 月 26 日，工程部赵某探亲结束，发生火车一等座票价 600 元，订票费 5 元，公共汽车票 2 元，出租车费 10 元，来回中转住宿一天发生住宿费 300 元取得增值税普通发票，合计 917 元，经办公室登记、项目领导党政会签后交财务部。财务主管审核出纳银行支付。

附件审核：费用标准及报销时间符合公司差旅费管理办法规定：二等座票价 400 元，订票费、市内交通费、出租车费不予报销；往返中转每中转一次按相应职别比照住宿标准报销一天住宿费 200 元，与请假条核对相符；办公室登记；党政会签完整。

凭证类别：银行付款凭证			制证日期：2016年7月26日		
摘要	方向	会计科目（含辅助）	金额	附件	张数
赵某报探亲路费	借	工程施工－间接费用－职工薪酬[职工薪酬辅助：职工福利费－职工探亲路费]	600	发票、银行回单	据实
赵某报探亲路费	贷	银行存款－人民币[现金流量辅助：支付给职工及为职工支付的现金；银行名称辅助：××银行]	600		

登记台账：现场经费预算执行分析表

⑤伙食补贴

a. 业务流程

每月末，项目办公室食堂核算表、采买单、伙食费扣款清单经项目党政会签，交财务部 → 会计主管审核制单入账

b. 业务举例

例7-2-8：××项目部于2016年7月31日，办公室李某计算本月食堂总支出15000元，其中应扣职工个人4500元，单位补贴费用10500元，党政会签后交财务部，财务主管审核出纳银行支付。

附件审核：食堂核算表审批手续是否齐全，食堂核算表总支出与采买单金额是否一致，食堂采购小票等经伙委会确认的资料是否在办公室单独保存。

凭证类别：银行付款凭证			制证日期：2016年7月31日		
摘要	方向	会计科目（含辅助）	金额	附件	张数
李某报1月食堂费用	借	工程施工－间接费用－职工薪酬[职工薪酬辅助：职工福利费－伙食补贴]	15000	食堂采购支出核销费用单、采买单、银行回单	据实
李某报1月食堂费用	贷	银行存款－人民币[现金流量辅助：支付给职工及为职工支付的现金；银行名称辅助：××银行]	15000		

登记台账：现场经费预算执行分析表

2. 劳动保护费

（1）业务流程

项目安质部按公司规定采购、发放，项目经理、书记审批 → 财务部审核制证，登记台账

（2）业务举例

例7-2-9：××项目部物机部于2016年6月发出劳保手套20副，每副3元，领用人在发料单签字；7月5日将发料单、物资动态表交财务办理入账手续。

附件审核：发料单内容填写完整、签字齐全；发料单与动态表明细相符。

凭证类别：转账凭证　　　　　　　　　　　　　　制证日期：2016年7月5日

摘要	方向	会计科目（含辅助）	金额	附件	张数
8月支出材料	借：	工程施工－间接费用－劳动保护费	60	发料单、动态表，共计5张	5
8月支出材料	贷：	原材料－辅助材料	60		

登记台账：现场经费预算执行分析表

3. 低值易耗品摊销

间接费用所指低值易耗品摊销仅核算项目部办公类低值易耗品的摊销。

例7-2-10：××项目部于2016年6月3日购买1台打印机1500元，月末一次摊销。

附件审核：审核低值易耗品摊销表内容与点验单一致、填写正确、经会计主管签字审批。

凭证类别：转账凭证　　　　　　　　　　　　　　制证日期：2016年6月30日

摘要	方向	会计科目（含辅助）	金额	附件	张数
6月低耗品摊销	借：	工程施工－间接费用－低值易耗品摊销	1500	摊销表	据实
6月低耗品摊销	贷：	低值易耗品－摊销[低值易耗品类别辅助：办公类]	1500		

登记台账：现场经费预算执行分析表、周转材料（机具）低品管理及摊销分析表

4. 租赁费

指项目部行政管理运行而发生的租赁费用，主要是外部汽车租赁费、公司列转的行管用车辆租赁费、宣传设备租赁费，以及租赁其他行政管理用物品而发生的费用（不含房屋租赁，房屋租赁记入"其他直接费－临时设施"核算），在"其他"四级科目核算。

（1）业务流程

项目办公室根据生产管理需要向公司提交配置计划、租用申请，获批后签订租赁合同，合同报公司法事部审批 → 项目办公室按月编制租赁结算单，取得租赁费发票，粘贴报销单，经项目经理、书记签字。并提供加油记录 → 财务部审核制单入账，登记台账

（2）业务举例

例7-2-11：2016年10月1日，××项目（一般计税）根据需要租赁××租赁公司面包车一辆，合同约定租赁单价（含税）为每月4000元（含司机）。2016年10月31日，办公室人员李××根据小车租赁合同结算面包车租赁费4000元，并取得专用发票一张（税率17%）及增值税专用发票抵扣联。李××当日粘贴发票并到项目财务部办理付款手续。

附件审核：审核发票是否真实有效，购买方开票信息是否正确；结算单中是否扣除油

料超耗；报销单签字是否齐全、填写正确；是否党政会签。

凭证类别：银行付款凭证　　　制证日期：2016年10月31日

摘要	方向	会计科目（含辅助）	金额	附件	张数
付10月租车费	借：	工程施工－间接费用－租赁费－其他	3418.80	协议、结算单、加油记录、发票、银行回单	据实
付10月租车费	借：	应交税费－应交增值税－进项税额[税率辅助：17%]	581.20		
付10月租车费	贷：	银行存款－人民币[现金流量辅助：办公费、差旅费等费用支出；银行名称辅助：××银行]	4000		

登记台账：现场经费预算执行分析表、应交税费统计分析表

5. 办公费

指项目发生的文具纸张、印刷、通讯、书报资料等办公费用。

（1）办公文具纸张费

①业务流程

项目办公室根据各部门的购置申请编制采购计划表，报项目经理、书记审批 → 项目办公室凭计划及公司下达的标准采购，取得发票及采购明细，粘贴报销单，党政会签 → 会计主管审核制单入账，登记台账

②业务举例

例7-2-12：××项目部（一般计税）办公室人员李某于2016年10月8日根据领导批复的采购计划采购以下办公用品：签字笔100支，200元；A4纸20包，500元；并取得专用发票700元（其中税额101.71元）、增值税专用发票抵扣联和销货清单各1张，李某当日粘贴发票并到项目财务部办理报销手续。

附件审核：审核点收记录；采购计划与采购清单一致；发票真实有效，与销货清单一致，购买方开票信息是否正确；销货清单与发票盖章一致；报销单签字齐全、填写正确完整、党政会签。

凭证类别：银行付款凭证　　　制证日期：2016年10月8日

摘要	方向	会计科目（含辅助）	金额	附件	张数
李某报办公费	借：	工程施工－间接费用－办公费	598.29	采购计划、发票、增值税专用销货清单、银行回单	据实
李某报办公费	借：	应交税费－应交增值税－进项税额[税率辅助：17%]	101.71		
李某报办公费	贷：	银行存款－人民币[现金流量辅助：办公费、差旅费等费用支出；银行名称辅助：××银行]	700		

登记台账：现场经费预算执行分析表、应交税费统计分析表

（2）通讯费

① 业务流程

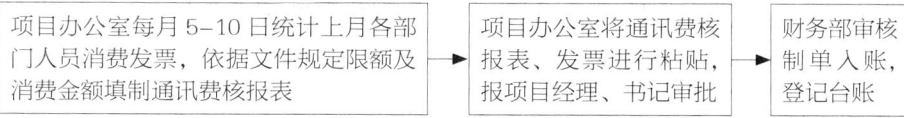

② 业务举例

例 7-2-13：2016 年 10 月 8 日，××项目部（一般计税）办公室人员李某根据上月实际消费通讯费专用发票（税率 11%）发票联、抵扣联及审核后的通讯费核报表，到项目财务部办理报销手续，报销金额为 3200 元（含税），财务部当日办理付款手续。

附件审核：发票真实有效，发放人员和标准符合文件规定，购买方开票信息是否正确；移动通讯费用核报表计算正确、签字齐全；党政会签。

凭证类别：银行付款凭证　　　　　　　　　　　　**制证日期：2016 年 10 月 8 日**

摘要	方向	会计科目（含辅助）	金额	附件	张数
付 9 月通讯费	借	工程施工－间接费用－办公费	2882.88	通讯费核报表、发票、银行回单	据实
付 9 月通讯费	借	应交税费－应交增值税－进项税额[税率辅助：11%]	317.12		
付 9 月通讯费	贷	银行存款－人民币[现金流量辅助：办公费、差旅费等费用支出；银行名称辅助：××银行]	3200		

登记台账：现场经费预算执行分析表、应交税费统计分析表

6. 差旅费

是指职工因公出差期间产生的相关费用，包括出差所发生的交通费、住宿费、误餐补助费等。

① 业务流程

② 业务举例

例 7-2-14：贵州××项目部（一般计税）助理工程师汤某 2016 年 6 月 2 日出发乘坐动车一等座（票价 600 元）到公司开会，当日到达；6 月 6 日 15:00 坐动车二等座（票价 400 元）离开；会议未统一安排食宿，其间发生住宿费 1350 元（取得增值税专用发票，其中税额 76.42 元），市内交通费 30 元，途中自己用餐 40 元；7 日将经理书记会签后的票据、出差派遣及补助单报财务部报销，财务主管审核制证、出纳银行付款。

附件审核：首先，检查出差派遣证单填写是否正确，审批手续是否齐全，票据是否合法，粘贴是否合规（住宿费发票注明天数、单价，或者在发票备注栏说明）。其次，计算差旅

费及伙食补助限额：火车票报销800元（一等座按二等座票价报销），住宿费报销1350元（标准300/天×4.5天），市内交通费报销25元（局内标准5元/天×5天），用餐票不予报销，伙食补助130元（往返50元/天×2天+期间10元/天×3天），合计2305元。

凭证类别：银行付款凭证　　　　　　　　　　　**制证日期：2016年6月7日**

摘要	方向	会计科目（含辅助）	金额	附件	张数
汤某报差旅费	借：	工程施工－间接费用－差旅费	2228.58	报销单、员工出差派遣及补助单	据实
汤某报差旅费	借：	应交税费－应交增值税－进项税额[税率辅助：6%]	76.42		
汤某报差旅费	贷：	银行存款－人民币[现金流量辅助：办公费、差旅费等费用开支；银行名称辅助：××银行]	2305		

登记台账：现场经费预算执行分析表、应交税费统计分析表

7. 日常交通费

指为组织和管理施工生产而产生的市内发生的日常交通费。主要包括：出租车费、地铁、公交车费、小车过路过桥停车费等。

①业务流程

项目办公室对该费用审核，按月进行费用分析，项目经理、书记审批 → 会计主管审核制单入账，登记台账

②业务举例

例7-2-15：××项目部于2016年10月15日司机××报销小车过路费（专票或通行费发票）100元，报销停车费20元，共计23张发票。财务部审核报销冲备用金。

附件审核：报销单内容填写正确、完整；发票真实，过路费（专票或通行费发票）可以抵扣进项税，停车费不可以抵扣；党政会签。

凭证类别：转账凭证　　　　　　　　　　　**制证日期：2016年10月15日**

摘要	方向	会计科目（含辅助）	金额	附件	张数
××报销小车使用费	借：	工程施工－间接费用－日常交通费	115.24	报销单、通知书	据实
××报销小车使用费	借：	应交税费－应交增值税－进项税额[税率辅助：5%]	4.76		
××报销小车使用费	贷：	其他应收款－备用金[人员核算：××]	120		

登记台账：现场经费预算执行分析表、应交税费统计分析表

8. 燃料动力费

是项目行管用水电费、汽车油料费、其他燃料等费用。水电费是指项目部办公、职工集体宿舍用水、电及水电耗用材料；汽车油料费是指项目部行管用小车所发生的油料费；其他燃料费是指供暖部门收取的办公取暖费用及行管用办公燃料。

① 业务流程

项目办公室对该费用审核，按月进行费用分析，项目经理、书记审批 → 会计主管审核制单入账，登记台账

② 业务举例

例7-2-16：××项目部（一般计税）于10月10日办公室人员××报销小车加油费10000元（取得增值税专用发票，其中税额1452.99元），报销水费500元（取得增值税专用发票，其中税额73.45元），报销电费1000元（取得增值税专用发票，其中税额145.30元），共计3张专用发票及相应抵扣联。财务部于当天银行支付款项制单如下。

附件审核：办公室是否登记车辆油耗统计表，油耗是否合理；发票真实有效，购买方开票信息是否正确；是否党政会签。

凭证类别：银行付款凭证　　　　　　　　　　制证日期：2016年10月10日

摘要	方向	会计科目（含辅助）	金额	附件	张数
××报销水电费	借：	工程施工－间接费用－燃料动力费	1281.25	发票、加油卡分配单、银行回单	据实
××报销汽车油料费	借：	工程施工－间接费用－燃料动力费	8547.01		
××报销间接费用	借：	应交税费－应交增值税－进项税额[税率辅助:17%]	1598.29		
××报销间接费用	借：	应交税费－应交增值税－进项税额[税率辅助:13%]	73.45		
××报销间接费用	贷：	银行存款－人民币[现金流量辅助：办公费、差旅费等费用开支；银行名称辅助：××银行]	11500		

登记台账：现场经费预算执行分析表、应交税费统计分析表

9. 会议费

项目部举行方案评审、开工动员、现场观摩、工程验收等会议期间发生的会议室场地租赁费、会议住宿、会议用餐、文印、媒介等其他费用。

① 业务流程

项目部按照预算和会议安排，从简组织会议，所发生费用会签后附会议资料到财务部报销 → 会计主管审核制单入账，登记台账

② 业务举例

例 7-2-17：根据工作安排，××项目（一般计税）于 2016 年 10 月 10 日在 ××宾馆举行"大干 100 天"会议，会议发生服务费用 1900 元（取得增值税专用发票，其中税额 107.55 元）。会议结束后项目部办公室李某取得会议费增值税专用发票和抵扣联经项目主要领导审批后到财务部办理报销。

附件审核：发票真实有效、购买方开票信息是否正确、审批手续齐全、报销人签字完整、附会议资料，符合会议要求。

凭证类别：银行付款凭证　　　　　　　　　　　　　制证日期：2016 年 10 月 10 日

摘要	方向	会计科目（含辅助）	金额	附件	张数
李某报销会议费	借：	工程施工 – 间接费用 – 会议费	1792.45	发票、费用明细、会议资料、银行回单	据实
李某报销会议费	借：	应交税费 – 应交增值税 – 进项税额[税率辅助：6%]	107.55		
李某报销会议费	贷：	银行存款 – 人民币[现金流量辅助：办公费、差旅费等支出；银行名称辅助：××银行]	1900		

登记台账：现场经费预算执行分析表、应交税费统计分析表

10. 业务宣传费用

用于宣传报道的费用，包括企业驻地形象宣传、标语、标识以及媒体宣传费用、职工政治学习资料及按规定支付的稿酬费用等。

① 业务流程

项目部根据需要取得业务宣传费发票，相关部门登记审核，项目经理审批到财务部报销 → 会计主管审核制单入账，登记台账

② 业务举例

例 7-2-18：××项目部（一般计税）办公室李某于 2016 年 10 月 10 日报销企业宣传标示牌 300 元（含税），宣传标语条幅 200 元（含税），均取得增值税专用发票（税率 6%）。财务部于当天到银行办理付款。

附件审核：发票真实完整，专票左上方购买方名称等信息内容是否符合要求；党政会签齐全。

凭证类别：银行付款凭证　　　　　　　　　　　　　制证日期：2016 年 10 月 10 日

摘要	方向	会计科目（含辅助）	金额	附件	张数
李某报宣传费	借：	工程施工 – 间接费用 – 业务宣传费	471.70	发票报销单、费用明细、银行回单	据实
李某报宣传费	借：	应交税费 – 应交增值税 – 进项税额[税率辅助：6%]	28.30		
李某报宣传费	贷：	银行存款 – 人民币[现金流量辅助：办公费、差旅费等费用开支；银行名称辅助：××银行]	500		

登记台账：现场经费预算执行分析表、应交税费统计分析表

11. 保险费

主要指项目部小汽车保险费，一般由公司购买列转项目。

①业务流程

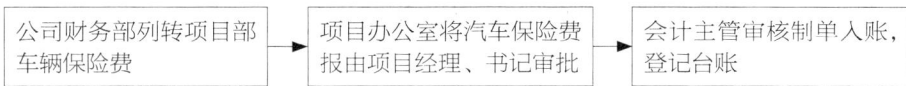

②业务举例

例 7-2-19：2016 年 10 月 10 日，公司购买一辆新吉普车调转给××项目部使用。10 月 12 日，公司财务部将该汽车保险费 4500 元（不含税，增值税在公司抵扣，费用转项目）发票报销单复印件和通知书转交项目财务部入账。

附件审核：是否为本单位车辆，党政会签。

凭证类别：转账凭证　　　　　　　　　　　　　　　制证日期：2016 年 10 月 12 日

摘要	方向	会计科目（含辅助）	金额	附件	张数
公司转保险费	借：	工程施工－间接费用－保险费	4500	发票报销单复印件、公司通知书	据实
公司转保险费	贷：	内部往来[客户往来辅助：公司财务部；内部往来类别辅助：结算往来]	4500		

登记台账：现场经费预算执行分析表、现款上交台账

12. 修理费

项目部行管用车辆维修费，空调、电脑、复印机、打印机等维修费及其他固资维修费。

①业务流程

项目部根据需要取得维修费发票，相关部门登记审核并按月分析，党政会签后到财务部报销 → 项目部根据需要取得维修费发票，相关部门登记审核并按月分析，党政会签后到财务部报销

②业务举例

例 7-2-20：××项目部（一般计税）办公室李某于 2016 年 10 月 10 日报销打印机修理费增值税专用发票 300 元，其中税额 43.59 元，汽车修理费增值税专用发票 1100 元，其中税额 159.83 元。财务部于当天到银行办理付款。

附件审核：发票真实完整，购买方开票信息是否正确，党政会签。

凭证类别：银行付款凭证　　　　　　　　　　　　　制证日期：2016 年 10 月 10 日

摘要	方向	会计科目（含辅助）	金额	附件	张数
李某报修理费	借：	工程施工－间接费用－修理费	1196.58	发票报销单、汽车修理明细单、银行回单	据实
李某报修理费	借：	应交税费－应交增值税－进项税额[税率辅助：17%]	203.42		
李某报修理费	贷：	银行付款－人民币[现金流量辅助：办公费、差旅费等费用开支；银行名称辅助：××银行]	1400		

登记台账：现场经费预算执行分析表、应交税费统计分析表

13. 业务费用

项目部在开展生产、经营、管理活动中发生的业务招待费用。项目经理部业务招待费预算标准：年度产值在 5000 万元以内的控制比例为 4‰，年度产值在 5000 万元–10000 万元之间的另加 2‰，年度产值在 10000 万元以上另加 1‰。

①业务流程

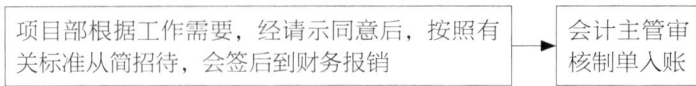

②业务举例

例 7-2-21：××项目部（一般计税）工程部王某于 2016 年 10 月 10 日因生产经营需要发生就餐招待费 450 元，购买香烟 900 元（300 元/条×3 条），酒 900 元（180 元/瓶×5 瓶），当天凭开具的 2 张增值税普通发票到财务部报销。财务部于当天银行支付款项制单如下。

附件审核：发票真实，支出合规，烟酒点收，审批手续齐全。

凭证类别：银行付款凭证　　　　　　　　　　　　　制证日期：2016 年 10 月 10 日

摘要	方向	会计科目（含辅助）	金额	附件	张数
王某报业务费	借：	工程施工–间接费用–业务费用	2250	发票、点验单、银行回单	据实
王某报业务费	贷：	银行存款–人民币[现金流量辅助：办公费、差旅费等费用开支；银行名称辅助：××银行]	2250		

登记台账：现场经费预算执行分析表

14. 其他

核算除上述间接费用之外的相关成本，如后勤用品、物业费、保洁费、诉讼费、党团活动费等费用。业务处理及业务举例参见以上例举。

①业务流程

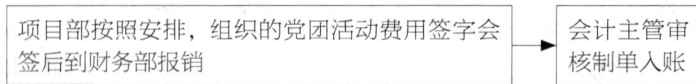

②业务举例

例 7-2-22：××项目部综合办公室于 2016 年 7 月 1 日组织 10 个项目人员到××纪念馆参观，门票每人 50 元，综合办公室李某于当日凭发票到财务部报销。会计员于当天支付款项制单如下。

附件审核：发票真实完整，审批手续齐全，符合有关规定。

凭证类别：银行付款凭证　　　　**制证日期**：2016 年 7 月 1 日

摘要	方向	会计科目（含辅助）	金额	附件	张数
李某报党团活动费	借：	工程施工－间接费用－其他－党团活动费	500	发票、活动组织通知、银行回单	据实
李某报党团活动费	贷：	银行存款－人民币[现金流量辅助：办公费、差旅费等费用开支；银行名称辅助：××银行]	500		

登记台账：现场经费预算执行分析表

（二）间接费用的结转

在工程施工－间接费用－其他下面增设"间接费用结转"辅助科目，季末进行结转。

1. 业务流程

季度末，打印结转前间接费用科目余额表 → 会计主管审核结转入账

2. 业务举例

例 7-2-23：××项目部于 2016 年第三季度发生间接费用 93000 元，其中职工薪酬 80000 元（工资奖金及津贴 70000 元；食堂费用 6000 元；公积金 3000 元），劳动保护费 1000 元（劳保用品），办公费 1000 元（文具纸张费），差旅费 4000 元，燃料动力费用 5000 元（交通工具油料费），业务费用 2000 元。

附件审核：审核间接费用发生的完整性、合规性。

凭证类别：转账凭证　　　　**制证日期**：2016 年 9 月 30 日

摘要	方向	会计科目（含辅助）	金额	附件	张数
结转第三季度间接费用	借：	工程施工－合同成本－间接费用转入[工号核算辅助：主体工程]	93000	间接费用科目余额表	据实
结转第三季度间接费用	贷：	工程施工－间接费用－其他－间接费用结转	93000		

第三节　安全费用

一、定义

本书中的安全费用是指项目部按照公司相关文件的规定标准提取，在成本中列支，购置施工安全防护用品、落实安全施工措施、改善安全生产条件、加强安全生产管理等专门用于完善和改进公司及项目部安全生产条件的专项费用。

安全费用通过"专项储备"会计科目核算,专项储备下设"安全生产费－计提"、"安全生产费－使用"两个三级明细科目进行明细核算,其中"安全生产费－使用"要按照"安全生产支出"设置辅助科目进行核算。提取安全费用时,贷记"专项储备"科目;使用安全费用时,借记"专项储备"科目。该科目季度末无余额。

科目编号	一级	二级	三级	辅助核算	核算内容
[4301]	专项储备				
[4301-01]		安全生产费			
[4301-01-01]			计提		安全费用计提
[4301-01-02]			使用		安全费用使用
[4301-01-02-01]				防护设施及隐患治理支出	完善、改造和维护安全防护设施设备支出,包括施工现场临时用电系统、洞口、临边、机械设备、高处作业防护、交叉作业防护、防火、防爆、防尘、防毒、防雷、防台风、防地质灾害、地下工程有害气体监测、通风、临时安全防护等设施设备支出
[4301-01-02-02]				应急救援器材、设备和应急演练支出	配备、维护、保养应急救援器材、设备支出和应急演练支出
[4301-01-02-03]				评估、整改、监控支出	开展重大危险源和事故隐患评估、监控和整改支出
[4301-01-02-04]				检查、评价、咨询、标准化建设支出	安全生产检查、咨询、评价、和标准化支出
[4301-01-02-05]				宣传、教育、培训支出	安全生产宣传、教育、培训支出
[4301-01-02-06]				安全防护用品支出	配备和更新现场作业人员安全防护用品支出
[4301-01-02-07]				"四新"推广应用支出	安全生产适用的新技术、新装备、新工艺、新标准的推广应用支出
[4301-01-02-08]				设施设备检测检验支出	安全设施及特种设备检测检验支出
[4301-01-02-09]				其他支出	其他与安全生产直接相关的支出

二、相关规则

（一）施工企业安全费用的提取标准

建设工程施工企业以建筑安装工程造价为计提依据。各建设工程类别安全费用提取标准如下：矿山工程为2.5%；房屋建筑工程、水利水电工程、电力工程、铁路工程、城市轨道交通工程为2.0%；市政公用工程、冶炼工程、机电安装工程、化工石油工程、港口与航道工程、公路工程、通信工程为1.5%。各单位应严格按照提取比例提取和使用安全费用，确保安全费用资金落实到位。

（二）各单位应建立健全安全费用管理机制，财务部建立安全生产费用台账，并将安全经费使用的记账凭证附件复印或扫描，单独保管；季度末，配合安质部，将安全费用核销表上报公司安质部进行核销；足额提取和使用安全费用，确保安全费用使用范围符合相关规定，并确保工经上报业主的安全费用计量资料与物资、财务、安质核销数据的统一，严禁将安全费用专项资金挪作他用，防止后期审计核减风险。

（三）安全费用用于安全生产检查与评价支出、重大危险源重大事故隐患的评估整改监控支出、安全技能培训及进行应急救援演练支出、其他等。项目为高危作业的人员办理团体人身意外伤害保险或个人意外伤害保险及为职工提供的职业病防治、工伤保险、医疗保险所需费用，不在安全生产费用中列支。

三、业务处理

（一）安全费用的提取

1. 业务流程

季初公司成本管理部下达季度安全费用使用计划。项目工经部据以编制安全费用计提表，经相关部门签字、审核，项目党政会签 → 会计主管审核制证入账，登记台账

2. 业务举例

例7-3-1：××项目部为铁路项目，2016年第三季度施工计划为50000000元，2015年7月15日公司下达的安全费用使用计划为1000000元。

附件审核：审核项目季度安全费用计提表与公司下达的计划是否相符，相关部门及党政会签手续是否齐全。

凭证类别：转账凭证　　　　　　　　　　　　　　　**制证日期：2016年7月15日**

摘要	方向	会计科目（含辅助）	金额	附件	张数
计提第三季度安全费用	借：	工程施工–合同成本–其他直接费–安全生产费[工号核算辅助：主体工程]	1000000	项目安全费用计提表、公司下达的季度安全费用使用计划文件及计划表	据实
计提第三季度安全费用	贷：	专项储备–安全生产费–计提	1000000		

登记台账：安全生产费用台账

（二）安全费用的使用

1. 业务流程

| 项目部经办人员填写报销单，经安质部负责人审核，项目经理、书记审批后交财务部 | → | 会计主管根据审批后的报销单进行账务处理，并及时登记台账 |

2. 业务举例

例 7-3-2：××项目（一般计税）安质员张某于 2016 年 7 月 21 日取得 1 张金额为 5000 元的安全培训费用增值税专用发票，增值税进项税额 283.02 元，税率 6%；并进行了一次安全应急演练，发生费用 7500 元，取得增值税专用发票 1 张，增值税进项税额 424.53 元，税率 6%。经安质部负责人审核，项目经理、书记审批后将报销单及增值税专用发票抵扣联送至财务部办理报销手续。

附件审核：审核发票是否真实有效，购买方开票信息是否正确，报销单经办人员签字齐全、填写正确、经安质负责人审核、项目经理和书记审批。

凭证类别：银行付款凭证　　　　　　　　　　　　制证日期：2016 年 7 月 21 日

摘要	方向	会计科目（含辅助）	金额	附件	张数
张某报销安全费	借：	专项储备-安全生产费-使用[专项类别辅助：宣传、教育、培训支出]	4716.98	发票报销单、银行回单	据实
张某报销安全费	借：	专项储备-安全生产费-使用[专项类别辅助：应急救援器材、设备和应急演练支出]	7075.47		
张某报销安全费	借：	应交税费-应交增值税-进项税额[税率辅助：6%]	707.55		
张某报销安全费	贷：	银行存款-人民币[现金流量辅助：其他]	12500		

登记台账：安全生产费用台账、应交税费统计分析表

例 7-3-3：××项目（一般计税）于 2016 年 6 月材料支出安全网 2000 元，安全帽 300 元，灭火器 500 元，紧急逃生呼吸器 1000 元，有害气体检测仪 3000 元。

附件审核：发料单上经办人员、有权领料人签字齐全；发料单单价、数量、金额填写正确，与物资动态表相一致；是否有安质部人员签字。

凭证类别：转账凭证　　　　　　　　　　　　　　制证日期：2016 年 6 月 30 日

摘要	方向	会计科目（含辅助）	金额	附件	张数
6月支出材料	借：	专项储备-安全生产费-使用[专项类别辅助：应急救援器材、设备和应急演练支出]	1500	发料单、材料支出分配表	据实
6月支出材料	借：	专项储备-安全生产费-使用[专项类别辅助：防护设施及隐患治理支出]	5300		
6月支出材料	贷：	原材料-辅助材料	6800		

登记台账：安全生产费用台账

（三）季末安全费用实际支出与提取数差额处理

季度末，财务部与安质部配合根据与账面相符的安全费用台账填制季度安全费用核销表，并依据项目经理、书记、安质部门负责人、财务负责人签字齐全的核销表对实际发生的安全费用与提取数的差额进行账务处理。实际发生数超过提取数的，予以补提；安全费用实际发生数不得低于提取数，财务部监督足额使用。

例7-3-4：××项目部为铁路项目，2016年第三季度施工计划为50000000元，2016年7月15日公司下达的安全费用使用计划为1000000元。2015年第三季度账面实际发生安全费用支出为1200000元。安全费用核销表经安质部负责人、财务负责人审核，项目经理、书记审批后送至财务部。

附件审核：审核安全费用核销表是否与账面数据相符，以及与季度使用计划表的差异，核销表安质部负责人、财务负责人、项目经理、书记签字齐全。

凭证类别：转账凭证　　　　　　　　　　　　　制证日期：2016年9月30日

摘要	方向	会计科目（含辅助）	金额	附件	张数
补提第三季度安全费用	借：	工程施工－合同成本－其他直接费－安全生产费[工号核算辅助：主体工程]	200000	安全费用使用计划表、核销表	据实
补提第三季度安全费用	贷：	专项储备－安全生产费－计提	200000		

第四节　研发支出

一、定义

研发支出是指企业在产品、技术、材料、工艺、标准等方面的研究与开发过程中所发生的直接参与开发人员的工资及福利费、消耗的原材料、资产的折旧、开发过程中发生的租金等各项支出。按照是否满足资本化条件，分为资本化支出和费用化支出。一般来说，项目经理部研发活动处于研发项目的研究阶段，所发生的研发支出为费用化支出。

在成本类会计科目下设置"研发支出"科目，用于核算进行研究与开发无形资产过程中发生的各项费用。

"研发支出"会计科目下设两个二级科目：费用化支出和资本化支出，在二级科目下设三级科目，按照支出的业务性质进行明细核算，共设置15个三级科目。研发支出增加时，借记本科目；季末结转研发支出时，借记"管理费用-研究与开发费"科目，贷记本科目。季末结转后本科目无余额。

在费用类科目下设置"管理费用-研发费用"核算不满足资本化条件的，从"研发支出"科目结转过来的金额。"管理费用-研究与开发费"科目季末余额结转至"本年利润"科目。

二、相关规则

（一）各单位应按照公司下达的科研项目立项预算及时成立科研小组，制订科研经费归集方案，正确归集研发费用；注意研发费用归集的合理性，科研项目立项预算下达的研发期间与费用归集时间的一致性。

（二）各单位根据研发项目正确归集、核算研发支出，及时复印（扫描）相关凭证及发票，登记科研费用统计台账；项目研发费用归集须由项目研发负责人签字确认，除人员人工费用外，其余归集的研发费用均需提供发票复印件，否则无法加计扣除。

（三）研发费用加计扣除：根据国税发[2015]119号文，企业开展研发活动中实际发生的研发费用，未形成无形资产计入当期损益的，在按规定据实扣除的基础上，按照本年度实际发生额的50%，从本年度应纳税所得额中扣除。

（四）研发费用档案管理

1. 研发费用会计记账凭证及附件在记账后复印两份并单独装订，一份核销时使用，一份研发单位留存备查。

2. 装订内容包括：研发项目研究开发费用明细账、固定资产折旧台账、无形资产摊销台账、会计记账凭证及附件复印件。

3. 明细账中每笔费用必须要有对应的会计记账凭证和原始凭证复印件，并做到账证相符。

三、业务处理

（一）研发费用的归集

1. 业务流程

根据公司下达的科研立项项目预算文件成立科研小组，项目技术负责人组织对费用进行归类、认定，项目技术负责人须在研发资料上签字	→	会计主管对研发资料进行审核，制单入账。并复印、扫描相关凭证及登记研发费用台账

2. 业务举例

例7-4-1：2016年8月，公司下达××项目重载型铁路风沙路基填筑施工研究科研立项项目预算文件。××项目8月发生直接参与该研发项目的人员工资50000元，计提养老保险10000元、医疗保险4000元、生育保险费500元、失业保险费750元、工伤保险费750元、住房公积金6000元。经技术负责人签字确认，相关审批手续齐全。

附件审核：审核科研人员名单、工资单、考勤表、五险一金计提表、签字审批手续。

凭证类别：转账凭证　　　　　　　　　　　　　　　　　　制证日期：2016年8月31日

摘要	方向	会计科目（含辅助）	金额	附件	张数
8月研发人员应付工资	借：	研发支出－费用化支出－人工费－工资薪金	50000		
8月研发人员应付工资	借：	研发支出－费用化支出－人工费－五险一金	22000		
8月研发应付工资	贷：	应付职工薪酬－工资、奖金、津贴和补贴	50000		

摘要	方向	会计科目（含辅助）	金额	附件	张数
8月研发人员应付社保两金	贷：	应付职工薪酬－社会保险费－基本养老保险费	10000	工资单、考勤表、五险一金计提表	据实
8月研发人员应付社保两金	贷：	应付职工薪酬－社会保险费－基本医疗保险费	4000		
8月研发人员应付社保两金	贷：	应付职工薪酬－社会保险费－生育保险费	500		
8月研发人员应付社保两金	贷：	应付职工薪酬－社会保险费－失业保险费	750		
8月研发人员应付社保两金	贷：	应付职工薪酬－社会保险费－工伤保险费	750		
8月研发人员应付社保两金	贷：	应付职工薪酬－住房费用－住房公积金	6000		

登记台账：研究与开发费用统计台账

例7-4-2：2016年8月，××项目发生直接用于该研发项目的材料费黄沙20000元，钢材15000元。经技术负责人签字确认，相关审批手续齐全。

附件审核：审核材料动态表，发料单经业务人员、收料人签字。

凭证类别：转账凭证　　　　　　　　　　　　　　　　**制证日期：2016年8月31日**

摘要	方向	会计科目（含辅助）	金额	附件	张数
8月支出研发材料	借：	研发支出－费用化支出－材料费	35000	材料发票复印件、材料支出分配表、发料单	据实
8月支出研发材料	贷：	原材料－主要材料	35000		

登记台账：研究与开发费用统计台账

例7-4-3：××项目（一般计税）研发人员张某于2016年9月20日前往合肥参加连续梁施工方案技术研究会，发生专家论证评审费10600元并取得增值税专用发票（其中税额600元），差旅费750元。张某于2016年9月27日回项目部办理报销，并将增值税专用发票抵扣联交财务部。项目财务在审核支付手续后于2016年9月28日办理电汇支付。

附件审核：发票数量、单价、金额是否完整、合规，科研小组负责人审核及签章齐全，金额大小写一致、收款人、支付日期、金额与实际相符、银行回单盖章齐全、金额与实际相符、是否开具出差派遣单。

凭证类别：银行付款凭证　　　　　　　　　　　　　　**制证日期：2016年9月28日**

摘要	方向	会计科目（含辅助）	金额	附件	张数
张某报评审费	借：	研发支出－费用化支出－其他－科研成果评审、评估、验收费	10000	发票、差旅派遣单、银行回单	据实
张某报评审费	借：	研发支出－费用化支出－其他－差旅费	750		

摘要	方向	会计科目（含辅助）	金额	附件	张数
张某报评审费	借：	应交税费－应交增值税－进项税额[税率辅助：6%]	600		
张某报评审费	贷：	银行存款－人民币[现金流量辅助：其他付款；银行名称辅助：××银行]	11350		

登记台账：研究与开发费用统计台账、应交税费统计分析表

例7-4-4：××项目（一般计税）9月，在研发过程中发生以下费用：外租A设备租赁公司机械设备一台，含税月租赁费23400元（开具17%增值税专用发票）；B劳务公司含税劳务结算费166500元（开具11%地值税专用发票）。9月30日工经部、物资部将公司审批后的机械、劳务结算单及发票、增值税专用发票抵扣联交财务部入账。

附件审核：结算数量、单价、金额是否完整、合规，发票是否真实，购买方开票信息是否正确，相关部门、党政会签齐全，科研小组负责人审核签字，是否经公司审批。

凭证类别：转账凭证　　　　　　　　　　　　　　制证日期：2016年9月30日

摘要	方向	会计科目（含辅助）	金额	附件	张数
9月设备租赁费	借：	研发支出－费用化支出－人工费－工资薪金	150000		
9月设备租赁费	借：	研发支出－费用化支出－租赁费	20000		
9月设备租赁费	借：	应交税费－应交增值税－进项税额[税率辅助：17%]	3400	发票、机械、劳务结算单、V2.0审批记录	据实
9月设备租赁费	借：	应交税费－应交增值税－进项税额[税率辅助：11%]	16500		
9月劳务结算	贷：	应付账款－应付劳务费[客户往来辅助：B公司]	166500		
9月设备租赁费	贷：	应付账款－应付租赁费－设备租赁[客户往来辅助：A公司]	23400		

登记台账：研究与开发费用统计台账、应交税费统计分析表

例7-4-5：××项目（一般计税）9月委托××公司对用于研发活动的实验仪器进行检定，发生检测费21200元（含税），对方开具6%的增值税专用发票。9月30日试验室将审批后的发票、增值税专用发票抵扣联交财务部入账。

附件审核：发票数量、单价、检测清单否完整、合规，发票是否真实，购买方开票信息是否正确，相关部门、党政会签齐全，科研小组负责人审核签字，是否经公司审批。

凭证类别：转账凭证			制证日期：2016年9月30日		
摘要	方向	会计科目（含辅助）	金额	附件	张数
试验室报试验检测费	借：	研发支出－费用化支出－试验费	20000	发票、检测清单	据实
试验室报试验检测费	借：	应交税费－应交增值税－进项税额[税率辅助：6%]	1200		
试验室报试验检测费	贷：	其他应付款－其他－××检测公司	21200		

登记台账：研究与开发费用统计台账、应交税费统计分析表

（二）研发费用的结转

1. 业务流程

项目会计负责人审核研发支出科目余额 → 季度末，会计主管将研发费用科目下的费用余额结转至管理费用科目

2. 业务举例

例7-4-6：接例7-4-1、7-4-2、7-4-3、7-4-4、7-4-5，2016年9月30日，××项目部研发费用明细科目借方发生额307750元，其中：费用化支出－工资薪金72000元；费用化支出－燃料动力35000元；租赁费20000元；研发成果论证、评审、验收费10000元；检测费20000元，其他150750元。财务主管审核当季研发支出核算正确，余额无误，会计人员填制会计凭证如下：

凭证类别：转账凭证			制证日期：2016年9月30日		
摘要	方向	会计科目（含辅助）	金额	附件	张数
结转第三季度研发支出	借：	管理费用－研究与开发费	308950	科目余额表	据实
结转第三季度研发支出	贷：	研发支出－费用化支出－费用化转出	308950		

第五节　财务费用

一、定义

本书中的财务费用是指项目为筹集生产经营所需资金而发生的各项费用和利息收入、利息支出，主要包括：利息支出、利息收入、银行业务手续费等。

企业发生的财务费用，按实际发生金额计入当期损益，在"财务费用"科目进行核算，并按费用种类设置明细核算，银行名称设置辅助核算。财务费用增加时，借记本科目；减少时，贷记本科目（特殊记账）。

二、相关规则

（一）项目经理部应及时、准确地将财务费用入账、避免出现未达账项。

（二）应区分内部利息和外部利息，并在摘要中注明，以便计算资金集中度。

（三）每季度末次月5日前，将存款单位银行账户及利息收入信息表上报公司并附利息单扫描件。

（四）各项目应积极和银行沟通，争取减免手续费，活期存款争取按协定存款计息。

（五）营改增后一般计税项目银行手续费应取得增值税专用发票。

三、业务处理

（一）利息支出

1. 业务流程

公司内行每季度最后一个月21日收取调剂资金占用费或公司财务部列转的往来利息 → 及时取得结算中心资金分配清单、公司财务部通知书并入账

2. 业务举例

例7-5-1：公司内行于2016年9月21日收取××项目部调剂资金占用费100元，××项目部会计员于9月21日赴内行取回利息支出回单填制会计凭证。

会计主管审核编制分录如下。

附件审核：制证日期与银行回单日期一致，项目经理签字。

凭证类别：银行付款凭证　　　　　　　　　　**制证日期：2016年9月21日**

摘要	方向	会计科目（含辅助）	金额	附件	张数
付第三季度资金占用费	借	财务费用–利息支出–借款利息支出–内部单位借款利息支出 [银行名称辅助：公司资金中心；专项类别辅助：小于等于5年]	100	调剂资金占用费计算单	据实
付第三季度资金占用费	贷	银行存款–人民币 [现金流量辅助：其他利息支出；银行名称辅助：公司资金中心]	100		

（二）利息收入

1. 业务流程

项目部每季度最后一个月21日收到银行存款利息或销户结息 → 及时取得银行利息回单（内行为结算中心计付占用费清单）并入账

2. 业务举例

例7-5-2：××项目部于2016年9月21日收到中国建设银行××支行利息收入100元，××项目部会计员于9月21日赴银行取回利息收入回单填制会计凭证。

会计主管审核编制分录如下。

附件审核：制证日期与银行回单日期一致。

凭证类别：银行收款凭证　　　　　　　　　　　　　**制证日期**：2016年9月21日

摘要	方向	会计科目（含辅助）	金额	附件	张数
收第三季度存款利息	借	银行存款－人民币 [现金流量辅助：收到的利息收入；银行名称辅助：××支行]	100	银行利息收入回单	据实
收第三季度存款利息	贷	财务费用－利息收入－存款利息收入－外部存款 [银行名称辅助：××支行]	100		

3. 手续费支出

（1）业务流程

通过银行办理结算业务时，产生银行业务手续费 → 及时取得银行手续费回单，并取得增值税专用发票后，制证入账

（2）业务举例

例7-5-3：××项目部于2016年10月31日，取得银行收取本月付款手续费105元增值税专用发票及抵扣联，增值税进项税额5.94元，税率6%。

附件审核：财务主管审核银行支出流水与手续费专用发票的一致性。

凭证类别：银行付款凭证　　　　　　　　　　　　　**制证日期**：2016年10月31日

摘要	方向	会计科目（含辅助）	金额	附件	张数
付金融机构手续费	借	财务费用－手续费支出－银行业务手续费－第三方 [银行名称辅助：××银行]	99.06	银行手续费增值税专用发票	据实
付金融机构手续费	借	应交税费－应交增值税－进项税额 [税率辅助：6%]	5.94		
付金融机构手续费	贷	银行存款－人民币 [现金流量辅助：金融机构手续费；银行名称辅助：××银行]	105		

登记台账：应交税费统计分析表

简易征收项目取得银行回单即可。

4. 保函手续费

（1）业务流程

项目每季度收到公司财务部函证费用托收通知单及函证费用计算表，经项目经理签字 → 会计主管审核入账

（2）业务举例

例7-5-4：公司内行于2016年9月21日托收了××项目部第三季度函证手续费1000元，××项目部会计员于9月21日填制会计凭证。

附件审核：函证费用计算表、内行回单、项目经理签字。

凭证类别：银行付款凭证　　　　　　　　　　　　制证日期：2016 年 9 月 21 日

摘要	方向	会计科目（含辅助）	金额	附件	张数
付第三季度函证费	借：	财务费用–手续费支出–银行业务手续费–中铁内部[银行名称辅助：公司资金中心]	1000	函证费用计算表、财务部函证费用托收通知单	据实
付第三季度函证费	贷：	银行存款–人民币[现金流量辅助：金融手续费；银行名称辅助：公司资金中心]	1000		

5. 财务费用的结转

（1）业务流程

项目财务部于季度末认真核对是否所有财务费用均已入账 → 项目财务部根据财务费用各明细余额结转财务费用

（2）业务举例

例 7-5-5：××项目部于 2016 年第三季度发生财务费用如下：××银行利息收入余额 1000 元，××银行业务手续费余额 1500 元（其中银行账户管理费 500 元），公司资金中心银行业务手续费余额 2000 元。假设除此之外，该项目未发生其他财务费用。

凭证类别：转账凭证　　　　　　　　　　　　制证日期：2016 年 9 月 30 日

摘要	方向	会计科目（含辅助）	金额	附件	张数
结转	借：	本年利润	2500	科目余额表	1
结转	借：	财务费用–利息收入–存款利息收入–外部存款[银行名称辅助：××银行]	1000		
结转	贷：	财务费用–手续费支出–银行业务手续费–第三方[银行名称辅助：××银行]	1500		
结转	贷：	财务费用–手续费支出–银行业务手续费–中铁内部[银行名称辅助：公司资金中心]	2000		

第八章　建造合同

一、定义

建造合同是指为建造一项或数项在设计、技术、功能、最终用途等方面密切相关的资产而订立的合同。其所建造的资产通常价值比较大，建设周期比较长，往往跨越一个或几个会计期间。

建造合同分为固定造价合同和成本加成合同。固定造价合同是指按照固定的合同价或固定单价确定工程价款的建造合同，公司所涉及的均为固定造价合同。

资产建造会出现与建造承包商协商变更原合同内容或者另行签订建造追加资产合同的情况。如果同时满足以下两个条件，应单独设立建造合同核算：(1)该追加资产在设计、技术或功能上与原合同包括的一项或数项资产存在重大差异；(2)议定该追加资产的造价时，不需要考虑原合同价款。

二、相关规则

（一）预计总收入、总成本的估计方法、完工进度的确定方法以及期间合同收入、合同费用的确认计量方法一经采用，不得随意变更。一般计税项目收入、成本应为剔除增值税后的净额。

（二）项目开累确认合同费用与开累实际发生合同成本原则上两者相差不得超过5%，差异的绝对值（不得高于300万元）较大此比例无效；项目主体已完工或完工百分比达95%以上，原则上要求"开累确认的合同费用与实际合同成本一致"、"开累确认的建造合同收入与预计总收入接近"；对于100%完工项目要求开累确认的合同收入等于预计总收入，开累确认的合同费用等于实际合同成本。

（三）项目部成立由财务部牵头的建造合同管理小组，明确业务流程，科学合理地制定建造合同的执行、分析体系。各部门积极沟通交流，严格进行建造合同套表的编制和审核，确保收入、成本确认的真实性、准确性、及时性。

（四）项目完工百分比未达到100%前，预计总成本大于预计总收入需计提预计合同损失的，必须提前向公司财务部汇报，经公司批准后方可计提。

（五）预计总收入、总成本发生变化，要及时收集、整理资料，掌握充分证据及时对合同结果可能带来的影响基础上对其进行测算修正。在修正预计总成本时不得违背会计原则,滥用会计估计,不得编造虚假证据来随意调整预计总成本。

(六)局指(代局指)分部当期及开累确认收入、验工计价必须与局指(代局指)保持一致。

(七)期末填制"资产负债表"时,应将"工程施工"科目余额减去"工程结算"科目余额后的差额进行分析填列,如为正数,作为"已完工尚未结算款"并入"存货"项目;如为负数,作为"已结算尚未完工款"并入"预收账款"项目。

三、业务处理

(一)业务流程

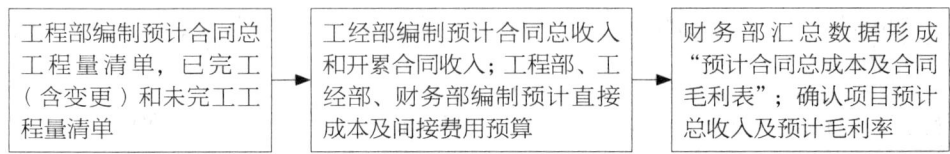

(二)完工百分比的确认

预计合同总收入=初始合同收入+变更索赔收入+奖励收入。简易计税项目及价税合计的项目收入,要对收入中的增值税进行价税分离,按不含税的净额作为预计合同总收入。

预计总成本=已完工程量直接成本+未完工程量预计直接成本+已发生现场管理费+未完工程预计现场管理费

开累已完合同工程量收入=合同内已完工收入+可靠估计的变更索赔收入+奖励收入。所有收入均不含增值税,价税合计的收入要进行价税分离,按净额确认已完合同工程量收入。

完工百分比=开累已完合同工程量收入÷预计合同总收入×100%。

(三)收入、成本、合同毛利的确认

1.建造合同结果能够可靠估计,按完工百分比确认合同收入、合同费用和合同毛利

当期确认的合同收入=(预计合同总收入×完工百分比)-以前会计期间累计已确认的收入

当期确认的合同费用=(预计合同总成本×完工百分比)-以前会计期间累计已确认的费用

当期确认的合同毛利=当期确认的合同收入-当期确认的合同费用

当合同预计总成本超过合同总收入,应当计提预计合同损失;预计损失减少时,应当冲销多计提的合同预计损失准备,在工程竣工结算完成后,要冲回计提的合同预计损失准备。

2. 业务流程

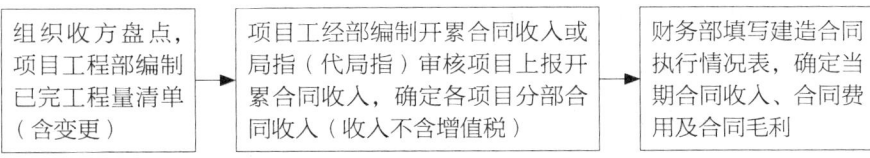

3. 业务举例

例 8-1：2016 年 7 月 1 日，公司签订一项城市轨道交通施工合同，合同总金额为 22200 万元，预计 2017 年 6 月 30 日完工。

2016 年第三季度末，预计合同总收入 20000 万元，预计合同总成本 18000 万元，完成工作量 4000 万元。

2016 年第四季度，工程主材快速上涨，重新测算得出预计合同总成本 20800 万元，累计完成工作量 8500 万元。

2017 年第一季度，通过变更设计，预计可靠取得变更收入 600 万元，材料价格平稳下降，第一季度末预计合同总成本 18500 万元，合同内已完成工作量 15500 万元。

2017 年第二季度末工程主体完工交验，未决算，合同内已完工作量 19500 万元，合同外变更批复 800 万元，预计合同总成本 18700 万元。

2017 年第三季度末，工程竣工决算，决算价 21000 万元，实际发生合同成本 18800 万元。

附件审核：合同工程量收入表、合同工程量清单、现场经费情况表、未完合同工程量直接成本表内容完整，计算准确，会签齐全，金额与建造合同执行情况表、建造合同信息表一致。

① 2016 年第三季度末：第三季度合同收入 = 完工工程量 4000 万元

合同完工百分比 =4000÷20000×100%=20%

第三季度合同费用 =18000×20% =3600（万元）

第三季度合同毛利 =4000-3600=400（万元）

凭证类别：转账凭证   **制证日期：2016 年 9 月 30 日**

摘要	方向	会计科目（含辅助）	金额	附件	张数
确认第三季度主营成本	借	主营业务成本 [业务类别辅助：国内基建；商品类别辅助：公路；专项类别辅助：××地区]	36000000	建造合同执行情况表	1
确认第三季度合同毛利	借	工程施工 – 合同毛利	4000000		
确认第三季度主营收入	贷	主营业务收入 [业务类别辅助：国内基建；商品类别辅助：公路；专项类别辅助：××地区]	40000000		

登记台账：项目盈亏分析台账（账面数）

② 2016年第四季度末：第四季度合同收入 = 完工工程量 8500-4000=4500（万元）

合同完工百分比 =8500÷20000×100%=42.5%

第四季度合同费用 =20800×42.5%-3600=5240（万元）

第四季度合同毛利 =4500-5240=-740（万元）

第四季度预计合同损失 =（合同预计总成本 – 合同预计总收入）×（1- 累计完工百分比）– 以前年度确认的存货跌价准备 =（20800-20000）×（1-42.5%）-0=460（万元）

凭证类别：转账凭证　　　　　　　　　　　　　　制证日期：2016 年 12 月 31 日

摘要	方向	会计科目（含辅助）	金额	附件	张数
确认第四季度主营成本	借：	主营业务成本 [业务类别辅助：国内基建；商品类别辅助：公路；专项类别辅助：××地区]	52400000	建造合同执行情况表	1
确认第四季度合同毛利	贷：	工程施工 – 合同毛利	7400000		
确认第四季度主营收入	贷：	主营业务收入 [业务类别辅助：国内基建；商品类别辅助：公路；专项类别辅助：××地区]	45000000		

登记台账：项目盈亏分析台账（账面数）

凭证类别：转账凭证　　　　　　　　　　　　　　制证日期：2016 年 12 月 31 日

摘要	方向	会计科目（含辅助）	金额	附件	张数
计提合同减值准备	借：	资产减值损失 – 建造合同减值损失	4600000	建造合同执行情况表	1
计提合同减值准备	贷：	存货跌价准备 – 合同损失准备	4600000		

③ 2017年第一季度末：第一季度合同收入 = 完工工程量 16100-8500=7600（万元）

合同完工百分比 =16100÷20600×100%=78.15%

第一季度合同费用 =18500×78.15%-8840=5618.74（万元）

第一季度合同毛利 =7600-5618.74=1981.26（万元）

第一季度预计合同损失 =（合同预计总成本 – 合同预计总收入）×（1- 累计完工百分比）– 以前年度确认的存货跌价准备 =（18500-20600）×（1-78.15%）-460=-918.85（万元），以计提的存货跌价准备为限，冲销已计提的预计合同损失。

凭证类别：转账凭证　　　　　　　　　　　　　　制证日期：2017 年 3 月 31 日

摘要	方向	会计科目（含辅助）	金额	附件	张数
冲回合同减值准备	借	存货跌价准备 – 合同损失准备	4600000	建造合同执行情况表	1
冲回合同减值准备	贷	资产减值损失 – 建造合同减值损失	4600000		

凭证类别：转账凭证			制证日期：2017年3月31日		
摘要	方向	会计科目（含辅助）	金额	附件	张数
确认第一季度主营成本	借：	主营业务成本[业务类别辅助：国内基建；商品类别辅助：公路；专项类别辅助：××地区]	56187400	建造合同执行情况表	1
确认第一季度合同毛利	借：	工程施工–合同毛利	19812600		
确认第一季度主营收入	贷：	主营业务收入[业务类别辅助：国内基建；商品类别辅助：公路；专项类别辅助：××地区]	76000000		

④ 2017年第二季度末：第二季度合同收入=完工工程量20300万元–16100万元=4200万元

合同完工百分比=20300÷20800×100%=97.6%

第二季度合同费用=18700×97.6%–18500×78.15%=3793.45（万元）

第二季度合同毛利=4200–3793.44=406.56（万元）

凭证类别：转账凭证			制证日期：2017年6月30日		
摘要	方向	会计科目（含辅助）	金额	附件	张数
确认二季度主营成本	借：	主营业务成本[业务类别辅助：国内基建；商品类别辅助：公路；专项类别辅助：××地区]	37934500	建造合同执行情况表	1
确认二季度合同毛利	借：	工程施工–合同毛利	4065600		
确认二季度主营收入	贷：	主营业务收入[业务类别辅助：国内基建；商品类别辅助：公路；专项类别辅助：××地区]	42000000		

⑤ 2017年第三季度末：第三季度合同收入=完工工程量21000万元–20300万元=700万元

合同完工百分比=100%

第三季度合同费用=18800–18700×97.6%=548.8（万元）

第三季度合同毛利=700–548.8=151.2（万元）

凭证类别：转账凭证			制证日期：2017年9月30日		
摘要	方向	会计科目（含辅助）	金额	附件	张数
确认三季度主营成本	借：	主营业务成本[业务类别辅助：国内基建；商品类别辅助：公路；专项类别辅助：××地区]	5488000	建造合同执行情况表	1
确认三季度合同毛利	借：	工程施工–合同毛利	1512000		
确认三季度主营收入	贷：	主营业务收入[业务类别辅助：国内基建；商品类别辅助：公路；专项类别辅助：××地区]	7000000		

（四）建造合同结果不能可靠估计不得按照完工百分比确认合同收入、成本、毛利

1. 合同成本能够全部收回的，根据能够收回的合同成本确认合同收入，合同成本在其发生当期确认为合同费用。

2. 合同成本不可能收回的，应在发生时确认为合同费用，不确认合同收入。

（五）工程施工与工程结算的对冲

工程竣工决算后，"工程施工"科目的余额与"工程结算"的余额相对冲。

1. 业务流程

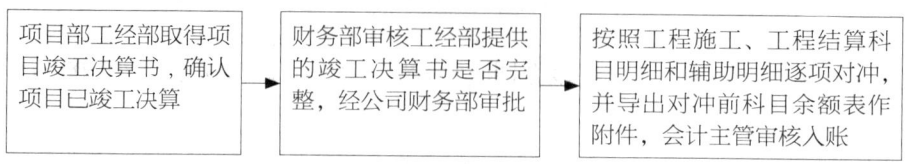

2. 业务举例

例8-2：接上例7-1，2017年9月30日项目竣工结算21000万元，工程施工－合同科目余额18800万元，开累确认合同毛利2200万元。

附件审核：余额表中工程施工与工程结算余额相等。

凭证类别：转账凭证　　　　　　　　　　　　　　　　制证日期：2017年9月30日

摘要	方向	会计科目（含辅助）	金额	附件	张数
对冲	借：	工程结算 [客户往来辅助：××公司]	210000000	科目余额表	1
对冲	贷：	工程施工－合同毛利	22000000		
对冲	贷：	工程施工－合同成本 [科目明细、辅助明细]	188000000		

第九章 利润及利润分配

一、定义

名称	定义
营业利润	是指营业收入扣除营业成本和营业税金及附加,减去销售费用、管理费用、财务费用、资产减值损失,并加上公允价值变动收益(减去公允价值变动损失)和投资收益(减去投资损失)后的金额
利润总额	是指营业利润加上营业外收入减去营业外支出后的金额
净利润	是指利润总额减去所得税费用后的金额

每季度末,将"主营业务收入"、"其他业务收入"科目余额转入"本年利润"科目的贷方;将"主营业务成本"、"其他业务成本"、"营业税金及附加"、"财务费用"、"管理费用"、"资产减值损失"等科目的明细余额转入"本年利润"科目的借方。

二、相关规则

(一)每季度末,为了正确核算本年利润,税金及附加、财务费用、管理费用、资产减值损失等科目余额必须按明细科目结转为零。

(二)各项目部应做好项目全过程利润筹划,每季度末月25日前上报"项目主要指标预测统计表",各单位应按照公司总体要求,合理确认项目利润等各项经济指标。

三、业务处理

(一)收入的结转

结转收入时,借记"主营业务收入"、"其他业务收入"等收入科目,贷记"本年利润"。

1. 业务流程

| 每季度,会计主管审核科目余额表账面收入科目余额 | → | 核算会计根据审核后的科目余额表结转账面收入科目余额 |

2. 业务举例

例9-1:××市政道排项目部于2016年第二季度确认建造合同收入12000000元,其他业务收入50000元,于季度末结账日结转主营业务收入。

凭证类别：转账凭证　　　　　　　　　　　　　　凭证日期：2016年6月30日

摘要	方向	会计科目（含辅助）	金额	附件	张数
结转	借：	主营业务收入[业务类别辅助：国内基建；商品类别辅助：市政；专项类别辅助：××地区]	12000000	科目余额表	1
结转	借：	主营业务收入[客户往来辅助：××单位；业务类别辅助：国内基建；专项类别辅助：××地区]	50000		
结转	贷：	本年利润	12050000		

注："营业外收入业务"相对较少，结转同上述业务举例一致，不再赘述。

（二）成本、费用的结转

结转主营业务成本等成本费用时，借记"本年利润"，贷记"主营业务成本"等。

1. 业务流程

每季度，会计主管审核科目余额表账面主营业务成本费用余额 → 核算会计根据审核后的科目余额表结转账面主营业务成本费用科目余额

2. 业务举例

例9-2：××项目部于2016年第二季度确认建造合同成本13000000元，税金及附加117600（其中：城建税12600万元，教育费附加5400元，地方教育费附加3600元，水利建设基金6000元，印花税90000元），资产减值损失1000000元（建造合同损失），于季度末结转主营业务成本、主营业务税金及附加。

凭证类别：转账凭证　　　　　　　　　　　　　　凭证日期：2016年6月30日

摘要	方向	会计科目（含辅助）	金额	附件	张数
结转	借：	本年利润	14117600	科目余额表	1
结转	贷：	主营业务成本[业务类别辅助：国内基建；商品类别辅助：市政；专项类别辅助：××地区]	13000000		
结转	贷：	税金及附加－城市维护建设税	12600		
结转	贷：	税金及附加－教育费附加	5400		
结转	贷：	税金及附加－地方教育费附加	3600		
结转	贷：	税金及附加－印花税	90000		
结转	贷：	税金及附加－其他	403200		
结转	贷：	资产减值损失－建造合同减值损失	1000000		

例9-3：××项目部于2016年二季度发生财务费用：第三方金融机构手续费1000元，函证手续费15000元，公司内行融资利息50000元，利息收入500元。发生研发支出所产生的管理费125000元，于季度末结账日结转期间费用。

凭证类别：转账凭证　　　　　　　　　　　　　　　　　凭证日期：2016年6月30日

摘要	方向	会计科目（含辅助）	金额	附件	张数
结转	借：	财务费用－利息收入－存款利息收入－内部资金中心存款[银行名称辅助：××银行]	500	科目余额表	1
结转	借：	本年利润	190500		
结转	贷：	财务费用－手续费支出－银行业务手续费－第三方[银行名称辅助：××银行]	1000		
结转	贷：	财务费用－手续费支出－银行业务手续费－中铁内部[银行名称辅助：局资金中心]	15000		
结转	贷：	财务费用－利息支出－借款利息支出－内部单位借款利息支出[银行名称辅助：××银行]	50000		
结转	贷：	管理费用－研究与开发费	125000		

（三）年末本年利润结转

例9-4：××项目部于2016年第四季度末本年利润科目借方余额2183700元，于年末结账日结转。

凭证类别：转账凭证　　　　　　　　　　　　　　　　凭证日期：2016年12月31日

摘要	方向	会计科目（含辅助）	金额	附件	张数
结转	借：	利润分配－未分配利润	2183700	科目余额表	1
结转	贷：	本年利润	2183700		

第十章 财务报表

第一节 报表编制要求

一、定义

会计报表是根据日常会计核算资料定期编制的,综合反映企业某一特定日期财务状况和某一会计期间经营成果、现金流量等会计信息的总结性书面文件。会计报表是企业财务报告的核心内容,是企业向外传递会计信息的主要手段。

按会计报表编制期间不同,可将会计报表分为中期报表和年度报表。根据报表软件不同,公司会计报表分为久其报表和浪潮报表。

二、编制原则与要求

(一)应当根据实际发生的交易和事项,遵循各项具体会计准则的规定进行确认和计量,并在此基础上编制会计报表。

(二)会计报表的编制应做到数据真实完整、钩稽关系正确、附报资料符合公司要求。

(三)项目部应根据公司安排,配备足够的人员和设备,确保报表上报时间和质量。

(四)单位负责人对会计报表的真实性负责。

三、编制程序

(一)项目部组织对预计总收入、预计总成本进行测算,在收入测算时要考虑局管费、增值税等对收入的影响,对已完成工作量、已完工未结算工作量进行盘点,及时对劳务成本、机械成本、材料成本、间接费用等进行结算,确保收入成本的完整和配比。

(二)及时进行验工计价,与业主单位核对应收账款的结算和支付,确认债权的准确性。

(三)核对内部往来及关联方交易,并取得对账签认单;核对银票余额,确保余额与公司相符;核实其他应收款,及时清理备用金等;与主要的应付账款单位对账,确认债务真实性。

(四)与银行进行对账,编制银行存款余额调节表;盘点库存现金、原材料。

(五)及时结账。会计负责人对明细账、余额表以及相关凭证进行稽核。根据公司要求上报关键财务指标的统计数据。

（六）根据公司安排，使用统一的软件和模板，根据会计账簿中计算出的相关数据，填列会计报表。

（七）审核会计报表，及时修改差错，在规定时间内上报电子数据和纸质报表。

第二节　浪潮报表注意事项

本书中所述的浪潮报表是指使用浪潮软件编报的报表。浪潮报表软件是根据中国中铁管理需求和德勤华永会计师事务所对股份公司年报的审计要求，由浪潮集团于2008年开发的一款软件，现已从原有的中国中铁财务信息平台（GS6.0）中脱离出来，单独服务器运行。

与久其报表相比，浪潮报表具有报表数量多、表与表之间钩稽关系严密、针对性强（倾向于审计需要）、信息量大等特点，编报工作量大，对编报人员的基本素质和网络配置等要求较高。基本操作如下。

（一）利用中国中铁财务信息平台报表客户端登录报表系统，点击"信息披露 – 统计报表 – 报表填报"，根据集团公司要求填报部分或全部报表。一般半年报和年报填报"01报送表"、"02明细表"下的全部报表。

（二）填报时须将"业务日期"修改为所属期间最后一个月。如：填报2016年度财务报表，应将业务日期修改为2016年12月。

（三）浪潮报表报送数据必须与审定后的久其报表数据完全一致，对上期数可通过"取数 – 取上期数"功能键完成，并做好数据的保存、审核工作。

（四）上报前须进行"报表批量审核"，对报送表和明细表进行全审。为编辑方便，可将浪潮数据利用"数据上报"—转出到Excel文件。

第十一章　收尾完工项目财务管理

一、所称收尾项目财务移交主要包括财务会计档案、资产清理、清收清欠、债务支付、成本费用管理、收尾审计等重要财务会计事项的移交；所称收尾项目是指主要人员已分流，工程主体（含变更设计部分）已基本竣工（一般指完工达到95%及以上），或已通过建设单位竣工初验的项目。

二、项目收尾及移交后，原项目经理仍是第一责任人，在项目资产清理、债权清收和债务结清前，对项目的全部工作负责，移交后公司部门的管理不免除原项目经理责任。原项目部门负责人、留守人员应在公司部门和原项目经理的领导下，按照职责分工，持续做好项目后续各项管理工作，直至项目结转销号。

三、项目经理部根据本办法对收尾项目的定义，在符合收尾条件时可向公司专项报告，或由公司财务部会同公司相关部门每季度对在建项目进行梳理，对拟移交项目进行认定，形成《收尾项目财务移交通知书》（以下简称"通知书"），报公司总经理签发后执行。

四、公司审计部在通知书签发后15日内，实施项目移交前审计。项目原班子成员、部门负责人须配合审计工作。审计部应在通知书签发1个月内完成项目移交前审计工作和审计报告，审计报告须对收尾项目移交前存在的问题和重大经济事项进行明确，督办落实审计发现问题。

五、项目部在通知书签发1个月内，完成《项目移交前基本情况报告》，报告包括：项目概况、施工完成情况、交验情况、效益情况、人员分流计划、项目实物资产盘点结果及处置计划、变更及验工计价情况、债权清收情况、合同封闭情况、债务支付情况、工资发放情况、潜在诉讼风险、后续费用估算、移交前审计问题整改措施及其办人、收尾负责人等内容。

六、项目经理部在通知书签发3个月内，无条件完成财务移交，移交事项及要求如下。

（一）财务会计档案：包括档案清册、会计凭证、会计账簿、会计报表、各类合同协议原件、授权委托书原件。须于通知书签发2个月内移交档案管理部门，取得档案管理部门签认的移交清册并交公司财务部。

（二）银行账户：包括银行预留印鉴章、印鉴卡、开户许可证、银行账户信息（明确开立日和到期日）、网银U盾、银行联系人及联系方式等。须于通知书下发15日内移交公司财务部。

（三）现金：通知书下发15日内将库存现金全额交存公司资金结算中心结算户，公司财务部管账人员督办。

（四）财务会计信息化资料：包括账务处理系统、成本管理系统、企业网银等管理信息系统的登录名和登录密码。须于通知书下发 15 日内移交公司财务部。

（五）债权档案：包括应收工程款及质保金、验工计价单、发票、税票等复印件，应收押金保证金的合同协议复印件，对账签认记录，资金清收台账。须于通知书下发 2 个月内，单独装订成册，移交公司财务部。

（六）账面挂账资产：包括备用金、应收押金保证金、原材料、在途物资、周转材料低耗品、固定资产。须履行公司审批程序后办理移交前清理，要求如下。

1. 备用金：除收尾负责人 1 人可借支收尾纠缺备用金且符合公司备用金管理规定，其他挂账备用金须于通知书下发 1 个月内清理完毕。

2. 应收押金保证金：地方性（征迁、道路、河道、水电等）押金保证金须于通知书下发 3 个月内清理完毕，其他押金保证金在交接记录上逐笔明确，移交后纳入清欠管理。

3. 原材料、周转材料低耗品：须于通知书下发 3 个月内处置完毕，移交时不得挂账；经公司业务部门同意由收尾项目保管挂账资产的，财务移交须提供公司相关部门签发同意的书面资料，移交后公司相关部门负连带责任。

4. 固定资产：须于通知书下发 3 个月内与公司归口部门核对，处置完毕，移交时不得存续，公司财务部移交时审核。

5. 项目经理部挂账资产在规定时间内未清理的，不得给经办人开具员工调转证明，无员工调转证明财务部不得开具员工工资关系介绍信。

6. 公司财务部对清理事项督办，按季下发督办通报。

（七）债务封闭：项目经理部于通知书下发 3 个月内对结算遗留问题进行封闭，所有债务须签订封账协议，公司归口管理部门督导；移交时未封账的须移交经公司归口部门签字确认的书面证明，移交后公司归口部门对末次结算和封账事宜负连带责任；末次付款须办理债务封闭说明书。

（八）职工薪酬：项目经理部于通知书下发 3 个月内须全额支付拖欠的职工工资、绩效奖励和社保五金，须公司资金支持的，按程序办理；须取得公司人力资源部确认收尾人员书面资料并移交公司财务部，作为移交后工资开支依据。

（九）台账快报、经济活动分析资料：项目经理部于通知书下发 3 个月内完善财务台账、快报、分析资料并将电子数据完整移交公司财务部，公司财务部接受时履行审核程序，审核台账、快报和会计账簿记录的一致性。

（十）移交说明：项目经理部于通知书下发 3 个月内完成移交说明，移交说明内容包括对以上 9 项移交事项的逐项具体说明，移交前审计发现问题的整改落实情况说明，遗留问题及具体负责人和具办人，其他需要说明的事项。

七、收尾项目计价、成本费用须及时处理，不得跨期。计价、成本费用发生后由经办人员发起，公司管账人员复核，公司归口部门审核、分管领导签署意见后报公司总会计师审批，进行账务处理。具体要求如下。

（一）收尾管账人员每季度与公司工经部沟通至少1次，确保计价单的正常传递和及时审批入账；与业主对口部门沟通不少于3次，确保业主各类扣款、代付款单据的传递，保证债权核对一致。

（二）收尾项目人员薪酬：按公司待遇标准按月计算和发放收尾人员薪金。具体如下。

1. 收尾人员考勤由收尾负责人按月编制，报公司人力资源部审核批准后交公司财务部管账人员。

2. 根据审批后的考勤表，按月计算收尾人员薪金，经公司人力资源部审核，总会计师审批后按月足额发放，列支成本。

（三）收尾项目现场经费：按公司经费管理相关要求据实报销，由经办人报公司管账人员复核，公司财务部长审核，公司总会计师审批后列支。现场经费报销单次超1万元，业务招待费单次超3000元的需报公司总经理审批。

（四）收尾项目工料机等成本：由收尾项目负责人收集整理和编制结算资料，报公司归口部门和分管领导审核，经公司总会计师审批后进行账务处理。劳务、材料、机械等结算成本单笔超过20万元需报公司总经理审批。

八、收尾项目债务支付由公司财务部、原项目负责人、原项目财务负责人共同负责债务的谈判支付。公司财务部、原项目负责人、原项目财务负责人应建立磋商机制，规避债务纠纷。具体要求如下。

（一）项目移交时，原项目财务负责人须根据自有资金存量情况、业主资金到位情况、质保金到期情况对债务规模、逐笔债务的结算封账情况、合同支付约定等进行梳理，移交"汇总债务结算支付台账"时，明晰备注事项。

（二）项目收尾认定后两年内、支付比例低于90%、单项超过100万元的债务，原则上由原项目负责人、财务负责人负责债务支付谈判。

（三）涉诉债务应由公司法事部牵头，原项目负责人主责，公司财务部配合协商处理。

（四）对无理取闹、恶意讨薪的债权人，可向公司有关部门建议，将其列入黑名单。

（五）债务支付审批权限：收尾项目移交通知书下达后，单笔支付金额小于50万元（含）时，报公司总会计师审批，由公司财务部办理支付；超过50万元时，须报公司总经理审批。

（六）收尾项目管账人员按账套分工，须认真审核债务支付相关手续，防范债务支付风险。公司财务部应定期根据收尾项目债务规模、性质、账龄等对支付比例、频次、方式等统一筹划；债务支付前，应根据债权人的工作内容、工作量、毛利水平、账龄及债权人资信，在保持公司财务诚信的基础上，本着公开、自愿的原则进行债务免偿谈判，降低债务支出。

第十二章 财务信息利用

第一节 财务台账、快报填报

一、管理类台账

（一）银行承兑汇票办理解付统计台账：需序时登记；到期及时解付；到期保证金及时调回结算户；按月与公司结算部对账；汇票余额与"现款上交台账"中的"未解付银票"一致，与"局金融管理部往来"余额一致；保证金余额与"现款上交台账"中"受限资金"保持一致，与"公司内行保证金户"余额一致。

（二）应收账款-应收工程款（质量保证金）台账：需序时登记；余额与"应收账款、局指（代局指）往来"一致，每季度末与业主、局指（代局指）对账；计价、拨款、资金到位率与"现款上交台账"一致；与经济活动分析中"项目资金收支及预测分析表"一致；项目收尾移交时需将本表交公司财务部。

（三）资金到位审批与执行台账：依据"资金到位使用审批表"审批、执行情况序时登记；审批以"+"数反映，执行以"-"数反映，合计数即执行偏差；执行情况应逐笔与"现款上交"台账一致。

（四）其他应收款-保证金（押金）台账：需序时登记；该台账余额等于"保证金余额"加"应收押金"余额；根据合同约定及时清收，逾期无法清收的注明原因，并取得支撑资料及时处理。

（五）材料采购-在途物资台账：需按月登记；余额与材料采购科目借方余额保持一致；及时清理，挂账不得超过3个月。

（六）物资采购分类统计台账：需序时登记；进货方式选"甲供、局指供、自购、网购、调拨"；项目部根据工程所需材料特点对材料类别进行适当增减；"其他"仅指辅材，仅填列金额；根据"材料采购分类统计表"及时登记；该台账便于主材数量的节超分析；该台账的总金额-库存金额后应与材料支出总额一致；简易计税项目按价税合计金额填列，一般计税项目按不含税金额填列；本表周转料（低品）合计数与周转料低品摊销分析表中原值合计数一致。

（七）周转材料（机具）低品管理及摊销分析表：根据周转料（机具）采购及摊销凭

证序时登记；"周转材料账面结存净额"与"周转材料－在用科目"借方余额一致；"生产用机具、生产用低品和管理用低品"账面结存金额与"低值易耗品－在用科目"借方余额一致；"周转料（小型机具）摊销计算表"规格、品名及金额与此表应相符；类别按"周转材料、生产用机具、生产用低品、行管用低品、试验用低品、测量用低品"，应要求归口部门建立台账，按月报财务部核对；预估残值率根据公司相关部门管理制度确定；简易计税项目按价税合计金额填列，一般计税项目按不含税金额填列；本表购买原值合计数与材料采购分类统计表中周转料（低品）合计数一致。

（八）物资处置台账：按业务发生序时填列；包括处置废旧原材、调出剩余原材；材料类型选择"原材料"、"周转材料（机具）低品"；与经济活动分析盈亏分析表材料费关联；与周转材料管理及摊销分析表核对一致。

（九）甲供材料监控台账：按月序时填列；业主转甲供料不进行入账核算的需登记此台账；项目物设部应设置甲供料控制台账，并编制甲供料材料动态，每月将甲供料收发料单交项目财务部；对甲供料应及时进行盘点，并按月编制甲供料节超分析；项目工经部需提供验工计价中扣除甲供料清单；项目财务部根据扣除清单及时进行核对并登记台账；经济活动分析时，项目对甲供料扣除、消耗进行专项分析。

（十）债务结算支付统计分析表：需按单位序时登记；此表数据以"应付账款－应付材料采购款台账"，"应付账款－应付劳务费台账"，"应付账款－应付租赁费－设备租赁台账"、"应付账款－应付租赁费－周转材料租赁台账"、"应付账款－其他－零星材料设备租赁台账"、"其他应付款－其他"台账为依据，依总额填列、链接生成；"内部单位结算"依往来账分析填列。

（十一）应付账款－应付材料采购款台账：需按单位逐一登记；不得出现借方余额；"支付物资会签单"中"开累结算"、"开累支付"、"账面欠款"金额与此表一致；与经济活动分析"项目债务结算支付分析表"一致；严肃财经纪律，杜绝超付预付款。

（十二）应付账款－应付材料采购款－未提账单台账：需序时登记；与"应付账款－应付材料款－未提账单"科目余额一致；与经济活动分析"项目债务结算支付分析表"中未提账单金额一致；取得发票时，需及时冲销预点，挂账不得超过3个月；作为财务部内控台账，仅在财务部内部核对；简易计税项目按价税合计预点，一般计税项目按不含税金额预点。

（十三）应付账款－应付劳务款台账：按单位逐一序时登记；禁止出现借方余额；"支付工程款（劳务费）会签单"中"开累结算"、"开累支付"、"账面欠款"金额与此表一致；结算金额中的不含税价款等于"合同成本－直接成本中的劳务成本"加安全生产费用重分类加研发费用重分类减小额支付的劳务费；与经济活动分析"劳务结算与开累收方和劳务结算与责任成本对比分析表"开累实际结算金额一致；扣款部分与经济活动分析"劳务队伍应扣款与实际扣款对比分析表"一致；与经济活动分析"项目债务结算支付分析表"中劳务费项一致。

（十四）应付账款－应付租赁费－设备租赁台账：按单位逐一序时登记；禁止出现借方余额；"支付物资"（机械费会签单）中"开累结算"、"开累支付"、"账面欠款"金额与此表一致；本表入账结算金额中的不含税价款加"应付账款－其他"零租设备结算（不含税）加内部租赁结算额加小额支付临租之和应等于"直接成本－机械使用费－机械租赁费"加安全费用重分类加研发费用重分类合计数。

（十五）应付账款－应付租赁费－周转材料租赁台账：按单位逐一序时登记；禁止出现借方余额；"支付物资"（机械费会签单）中"开累结算"、"开累支付"、"账面欠款"金额与此表一致；本表中的不含税价款与"合同成本－直接材料费－周转材料租赁"加小额支付临租之和一致；该台账与经济活动分析中物资部"材料收支对比分析表"外租周转材料一致，与财务部分析"项目盈亏分析表"周转料租赁费加小额支付临租一致。

（十六）应付账款－其他－零星材料采购（设备租赁）台账：序时登记；同一单位不得出现借方余额；与"应付账款－其他"账面金额一致；零星采购与材料采购相关联；与经济活动分析表直接材料、周转材料租赁费、设备租赁费相关联。

（十七）小额支付劳务费（临租赁费）台账：序时登记；不得出现借方余额；"应付账款－其他－零星采购台账"加"应付账款－其他－临租机械费台账"与"应付账款－其他"账面金额一致；与经济活动分析劳务费、机械租赁费相关联。

（十八）企业职工（劳务派遣人员）收入统计台账：从开工到结束序时登记；企业职工和劳务派遣人员的工资、绩效、奖励等小计与"应付职工薪酬－工资奖金津贴补贴"贷方发生额相关联；分企业职工和劳务派遣选择填列"企业员工"、"劳务派遣"；经济活动分析中财务部"责任费用预算执行对比分析表"中有关数据据此表分析填列。

（十九）外聘人员（短期实习生）收入统计台账：从开工到结束序时登记；临聘人员工资、奖励与"合同成本－直接人工费"借方发生额一致；该台账金额与经济活动分析"项目盈亏分析表"中"直接人工费"一致。

（二十）应交税费统计分析表：依涉税凭证序时登记；完税凭证需扫描备份；经济活动分析中"项目盈亏分析表"中税金及附加等有关数据据此分析填列；综合税负率等于增值税（预交＋待清算）加附加税（预交＋待清算）之和除以税基而得。

（二十一）其他应付款－其他台账：按单位序时登记；不得出现借方余额；本台账与"其他应账款－其他"账面金额一致；与经济活动分析"项目债务结算支付分析表"中其他债务一致；与经济活动分析其他直接费相关联；严肃财经纪律，杜绝超付预付款。

（二十二）在建项目现款上交台账：序时登记；金额单位万元，不保留小数；应上交管理费分季度考核和年度考核；大型设备应回款按资金到位率计算；调剂及受限资金按月与公司结算部核对填列;"结算往来"、"社保往来"按发生额填列,"增值税往来"按余额填列;"社保及公积金"减"社保及公积金"的余额应与公司财务部"社保往来"一致;台账中已设有公式自动计算"应上交管理费"项,"其他应交款项"的"其他"中不包含公司通过往来列账的上管费;与"应收账款"、"资金到位审批及执行台账"、"现场经费台账"、"银票台账"、"项目代管固定资产备查台账"有关数据核对一致;台账按月上报公司财务部;按季与公司现款上交台账核对。

(二十三)工程施工－直接成本台账:需序时登记;本台账与账面"合同成本－直接成本"金额一致;设备进出场费、青苗补偿、征地拆迁、变压器、水电费在"其他直接费"反映,不属本表填写范围;与经济活动分析"项目盈亏分析表"中"直接人工费"、"直接材料费"、"直接机械费"、"劳务成本"对应,分析核对。

(二十四)合同成本－其他直接成本台账:需序时登记;与"合同成本－其他直接费"账面一致;用于登记设备进出场费、青苗补偿、征地拆迁、变压器、水电费等;与经济活动分析"项目盈亏分析表"中"其他直接费"核对一致。

(二十五)安全生产费用台账:需序时登记;与"安全费用核销表"项目、金额一致;与"安全费用－专项储备－使用"科目借方累计发生额一致;经济活动分析中"项目盈亏分析表"中重分类按此填列,金额一致。

(二十六)研究与开发费用统计台账:按照每项支出内容逐行登记;与"研发支出"科目借方累计发生额一致;经济活动分析中"项目盈亏分析表"中重分类按此填列,金额一致;研发费用应按年度预算金额足额归集,筹划费用归集的合理性。

(二十七)现场经费预算执行分析表:按月序时登记;费用发生额与明细账一致;产值为实际收方产值,成本为实际发生合同费用;平均实际人数＝每月人数之和/月数,不含临聘人员;项目建点后需根据实际编制总预算数;实际人数计算不包括临聘人员;包括临聘人员发生的除工资奖金之外的费用;本台账与经济活动分析中"责任费用预算执行对比分析表"相关数据一致。

(二十八)项目盈亏分析表(经济活动分析关联复核)

1. 本表为经济活动分析中的"项目盈亏分析表",其中收方实际产值填列扣除局费用及价税分离后金额;

2. 业主计价(含税):与"应收账款台账"金额一致。

3. 业主计价(不含税):与账面"工程结算"的金额一致。

4. 直接人工费:与直接人工费发生额一致。

5. 直接材料费:等于物资采购分类台账合计加"应付租赁－设备租赁－周转料租赁"＋内部租赁结算额减物资采购分类台账中"周转料(机具)低品"栏的累计额＋周转材料(机具)低品管理及摊销分析表中周转材料和生产用低品及机具的摊销额－物资处置台账

中的变卖收入及调出原值。

（1）材料费：等于"合同成本-直接材料费"+安全费用重分类+研发费用重分类-周转料摊销-生产低品机具摊销-周转料租赁费-物资处置台账中的变卖收入；等于物资采购分类台账合计-物资采购分类台账柴油小计-物资采购分类台账周转料（机具）低品小计-账面原材料库存（与物资部材料动态表库存原材一致）-物质处置台账中调出料。

（2）周转料、机具及低品摊销：与周转料、机具及低品摊销数一致。

（3）周转料租赁费：与"应付租赁-设备租赁-周转料租赁"+内部租赁结算额+安全费用重分类+研发费用重分类一致。

6. 直接机械费-租赁费：等于"应付租赁-设备租赁"+"应付账款-其他"临时租赁+内部租赁结算+现金支付直接列支成本小额租赁费；等于"合同成本-机械使用费-机械租赁费"+安全费用重分类+研发费用重分类。

7. 直接机械费-燃料费：与物资采购分类台账柴油小计-物设部动态表燃料库存数一致（物设部动态表燃料库存数与账面原材料-燃料一致）。

8. 劳务成本：等于应付劳务费入账结算金额价款+现金支付直接列支成本小额劳务费；等于"合同成本-劳务成本"+安全费用重分类+研发费用重分类。

9. 其他直接费：与"合同成本-其他直接费"台账一致；等于"合同成本-其他直接费"账面发生额减去安全生产费。

10. 其他直接费-安全费用：按台账重分类到各相关费用中，该项重分类后余额为零；

11. 间接费用：与现场经费台账一致，等于间接费用账面发生额。

12. 税金及附加：与"应交税费"台账一致；等于增值税附加+印花税+车船使用税+土地使用税+房产税。

13. 管理费用-研发费用：管理费用仅指研发费用，按台账重分类到各相关费用中，该项重分类后余额为零。

14. 应上缴管理费用按公司下达责任成本（不含安全费用）比例计算；超前、滞后按实际进行调整。

二、业务类台账

（一）银行票据领购及使用登记簿：票据类型为现金支票、转账支票、电汇票据、内部委托付款、内部转账支票等，按类别填写；作废票据需附在前一张正确票据后，加盖"作废"章，并在登记簿备注栏备注"作废"字样。

（二）重要合同书（协议书、授权书）台账：本台账按合同编号逐项登记；审查营业执照、组织机构代码证、开户许可证、税务登记证、法人身份证明书，按缺项填列；委托权限注明"委托书"允许事项，对无权限事项在其他委托事宜中"加粗红色"反映；在"全国企业信用信息公示系统"查询企业法人、出资人是否是公司员工或关系人；零星、小额未进入成本系统审批的合同协议直接附凭证后，不需登记；重要经济业务事项包括涉诉、对账等。

（三）项目代管固定资产备查台账：本台账按项目代管的固定资产逐项填列；"原使用单位"项目新组固或公司新购调转填列"新购"；其他项目调拨填列原项目名称；盘点完成程度，按"完好"、"大修"、"报废"填列；填项目使用公司管固资；公司列租赁费时需据此表核对。

三、快报

（一）在建项目资金及债权债务月报：根据账面情况和相关财务台账据实登记；货币资金月末余额含库存现金、银行存款和银票保证金合计，减去内行透支余额；应收账款与"应收账款-应收工程款（质量保证金）台账"一致；其他应收款含备用金、应收保证金、应收押金、应收其他代垫款、其他等；应付账款含应付材料采购款、应付劳务费、应付租赁费、其他等，与"债务结算支付统计分析表"相关数据一致；其他应付款包含与刚性单位往来款、应付保证金、应付押金、应付暂收款、应付会费、其他等；滞后结算金额含滞后结算劳务费、材料费、机械租赁费、周转料租赁费、间接费用等；公司往来余额含结算往来、资金调剂往来、社保往来、增值税往来借方"-"，往来贷方"+"；此表次月3日前需及时报公司财务部。

（二）企业劳动情况月报表：此表与明细账一致；与企业职工（劳务派遣人员）收入统计台账一致；每月及时上报公司社保中心。

（三）农民工工资（职工工资）拖欠统计月报："账面欠付金额"与"应付账款-应付劳务费"一致；与经济活动分析"农民工工资发放分析表"一致；每月付劳务费时，需优先支付农民工工资；欠付月数超过两个月的需描述存在的风险。

第二节 项目经济活动分析

一、各单位应根据要求，成立项目经济活动分析领导小组，项目经理是项目经济活动分析的第一责任人，负责项目经济活动分析方案审批、月度收方盘点组织、经济活动分析会议的召集、经济活动分析发现问题的督办、对经济活动分析的数据真实性负责。其他各部门按照职责分工要求做好相关经济活动分析工作。

二、项目经济活动分析按"月核算、季分析"的方式开展；代局指经济活动分析按季开展。部门月核算应完整编制各项分析表格报项目经理审核。公司每季度选择2个以上重点在建项目或代局指进行现场分析。

三、项目经济活动分析的主要内容包括：（1）总体情况：工程概况、经济效益情况、上季度存在的问题整改情况；（2）分部门报告：工程部分析、工经部分析、物设部分析、财务部分析、其他部门分析；（3）经济活动分析会议讨论认为本项目本季度存在的问题及整改要求汇总等。

四、项目劳务机械费结算、材料成本截止日为每月20日，现场经费、期间费用等截止日为每月末。

五、项目经济活动分析步骤：（1）收方盘点；（2）结算扣款；（3）交叉复核；（4）分部门报告，并交财务部汇总；（5）召开经济活动分析会；（6）资料归档及分发。

六、每月21日为项目收方盘点日。收方盘点需当天完成，最多不超过2天，收方与盘点应当匹配。在月度收方和盘点的基础上，项目应及时组织结算及结算审批工作。须于次月5日前办理完劳务结算、机械结算、材料收发、周转料低值易耗品摊销、电费、工资及社保费用等成本费用的财务入账手续。

七、对关键的分析数据，应履行交叉复核程序。总工程师应复核工程部施工图数量；工程部、工经部应相互复核结算控制数量、结算数量；工程部、物设部应相互复核材料应耗数量、劳务队伍主材节超；财务部应复核结算扣款量价，复核材料实耗量。

八、各相关部门应按职责分工、分析方案、分析内容要求。于次月10日前完成部门分析报告，交财务部门汇总。

九、项目经理部应于次月15日前召开经济活动分析会。对项目收入成本有较大影响和直接关系的人员均应参加，经济活动分析会应签到、留影，经济活动分析会讨论的内容应作为项目经济活动分析报告的组成部分；代局指应于季度次月18日前召开经济活动分析会，经济活动分析会由项目经理主持，所属单位主要领导及相关人员参加。

十、项目经济活动分析应履行对公司报告义务。项目核算资料应在15日前报公司和所属代局指归口部门审核并备案；项目季度分析报告应在季度次月20日前报公司和所属代局指财务部审核备案；代局指报告应在季度次月25日前报公司财务部备案。

十一、对项目经济活动分析披露的问题，采取项目、代局指和公司三级督办机制。项目经理按照分析会的整改要求，督促本单位问题的整改落实；代局指归口部门督办其对所属单位提出的问题；公司归口部门督办现场经济活动分析提出的问题。

十二、经济活动分析关联复核

（一）工程部

1. 表内复核

工程部"汇总表"中各类明细材料的已完数量应与"主要材料总控计划及完成情况统计表"按材料明细统计的已完数量核对一致。

2. 表间复核

（1）工程部"主要材料总控计划及完成情况统计表"按材料明细已完数量应与物资部"主要材料量、价差对比分析表"中"开累应耗－已完图纸数量"列核对一致。

（2）工程部"单位工程实际收方数量总控分析表"中"开累数量－结算"应与工经部"劳务结算与开累收方对比分析表"中"开累应结劳务总额－实际结算"；"开累数量－完成"应与"开累收方数量"核对一致。

（二）工经部

1. 表内复核

工经部"劳务结算与开累收方对比分析表"中"开累应结劳务总额－实际结算数量"＋"开累应结劳务总额－滞后结算数量"＝"实际完成产值与验工计价表"中的"实际产值－数量"。

2. 表间复核

（1）工经部"实际完成产值与验工计价对比分析表"中"实际产值－数量"与工程部"单位工程实际完成量"核对一致。

（2）工经部"劳务结算应扣与实扣对比分析表"材料扣款中油料、主材超耗、其他辅料与物资部"材料收支统计表"中"开累支出－扣款"金额一致，由财务部审核扣款偏差。

（3）工经部"实际产值与验工计价对比分析表"中"实际产值－合计数"与财务部"项目盈亏分析表"中收方实际产值一致。

（4）工经部"劳务结算与开累收方对比表"中"开累应结劳务总额－实际结算金额"与财务部账面"工程施工－合同成本－劳务成本"＋安全费用重分类劳务费＋研发费用重分类劳务费一致；滞后结算金额与财务部"项目盈亏分析表"中劳务成本滞后成本一致，与财务部"项目债务结算支付分析表"中劳务结算滞后一致；"开累应结劳务总额"与财务部"项目盈亏分析表－劳务成本"实际金额一致。

（5）工经部"实际产值与验工计价对比分析表"中"验工计价－合计"金额与财务部账面"工程结算"科目价税分离前金额一致。

（6）工经部"结算扣款统计表"已扣款金额与财务部"项目债务结算支付分析表"中"扣款金额小计"一致。

（三）物资部

1. 表内复核

（1）"劳务队伍主要材料量差对比分析表"各种应耗数量与"主要材料量价差对比分析表"相应一致。

（2）"劳务队伍主要材料量差对比分析表"各种实耗数量与"主要材料量价差对比分析表"相应一致。

（3）"劳务队伍主要材料量差对比分析表"月末库存数量与"月末盘点记录表"月末库存数量一致。

（4）"主要材料量价差对比分析表"各种材料支出数量与"材料费收支统计表"中各

类材料支出相应一致。

（5）物资部"材料费收支统计表"月末盘点金额与财务部账面原材料科目余额一致，与物资部动态表的原材材料结存金额一致。

2. 表间复核

（1）物资部"材料费收支统计表"开累动态收入金额与财务部"项目债务结算支付统计表"材料费开累结算一致，与财务账面"材料采购"科目借方发生额一致，与财务部"材料采购分类统计台账"开累合计数一致。

（2）物资部"材料费收支统计表"中"开累支出－应计成本－原材料支出"合计数与财务部"项目盈亏分析表"中"直接材料费－材料费"金额一致。

（3）物资部"材料费收支统计表"中"开累支出应计成本－周转料、小型机具支出"合计数与财务部账面"周转材料－在用周转材料"＋"低值易耗品－在用低品－生产类"一致；与财务部台账"周转材料（机具）低品管理及摊销分析表"对应。

（4）物资部"材料费收支统计表"中"开累支出－应计成本－油料支出"合计数与财务部"项目盈亏分析表"中"直接机械费－燃料费"金额一致。

（5）物资部"材料费收支统计表"中"提前、滞后"金额与财务部"项目盈亏分析表－调整－超前、滞后"金额一致。

（6）物资部"机械使用费统计分析表"租赁费结算与财务部"项目债务结算支付统计表"机械费开累结算数与滞后结算数之和相一致。

（7）物资部"机械使用费统计分析表"租赁费结算与财务部"项目盈亏分析表"中"直接机械费－租赁费"相一致。

（8）物资部"机械使用费统计分析表"油料核算与财务部"项目盈亏分析表"中"直接机械费－燃料费"支出减去工经部"劳务队伍应扣款与实际扣款对比分析表"中油料扣款关联，基本一致。

（9）物资部"主要材料量、价差对比分析表"中"开累应耗－已完图纸数量"应与工程部"主要材料总控计划及完成情况统计表"中按材料明细已完数量一致。

（四）财务部

表内、表间复核：见本章"管理类台账"的"项目盈亏分析表"的复核说明。

第三节　项目财务预警

一、财务预警指标实际值通过各单位季度经济活动分析数据计算取得，警戒值和危险值根据公司管理文件和公司相关管理文件硬性指标要求，参考同类型同规模项目平均值以及历年经济活动分析指标平均值确定。

二、财务预警指标由四个大指标分17个小指标组成,主要是:(1)收入指标:收入确认率、产值－工期同步率、合同外产值计价比;(2)资金指标:合同约定收款完成率、现款上交完成率、资金集中度;(3)债务指标:债务支付率、债务保障倍数、拖欠工资;(4)项目毛利率、责任成本完成率、项目超额收益率、人均月现场经费、现场经费占收入比、合同外结算额占比、滞后成本费用占比、基础管理。

三、对项目财务风险情况进行排名并实行季度通报制度,风险总得分分数高低表明项目财务风险的高低程度。在建项目财务预警通报于每季度末次月底内完成,随同项目季度经济活动分析通报一起发布。

四、财务预警报告内容主要包括:预警指标得分情况、较大风险项目存在的风险点、当期风险预警管理的要求、加强风险防范和管控的建议等。

五、被认定为存在高风险的项目,应在公司发布《在建项目财务预警通报》后15日内,完成书面反馈材料报公司财务部,公司适时组织进行现场经济活动分析、联合管理审计,必要时项目主要领导需到公司交班会汇报工作。

六、项目书面反馈材料包括但不限于:(1)预警通报中提及的风险分析:根据公司预警通报中提出的风险点,说明存在风险的具体情况、形成原因,并评估其未来趋势。(1)风险应对措施:针对当前存在的各种风险点拟采取的管控方案,具体管控措施,以及预期的整改效果。

第十三章　财务管理流程及责任矩阵

一、流程管理

（一）定义

流程管理是以持续的提高组织业务绩效为目的的系统化方法，将制度、标准与流程进行匹配，可实现技术标准、管理标准和工作标准这"三大"标准基于流程的协同，达到"理清楚"、"管起来"、"持续优化"，实现流程的精益化运营，以适应企业内外部环境的变化。

（二）作用

1. 标准与业务高度融合是标准落地的基础。以流程手册为基础编写管理标准，可保证管理标准与业务的融合，实现制度向管理标准的转化和提升，让管理者理清楚完整的管理思路，让员工明确地知道"什么是正确的做事方式"。

2. 通过多管理体系融合确保标准落地执行，在业务流程体系"理清楚"的基础上，对企业风险进行识别，将风险点、控制措施与流程进行匹配，将风险控制意识贯彻到业务执行中，有效防范经营风险和法律风险，提升企业依法治企水平，确保企业的员工"按正确的方式做事"。

3. 以流程梳理为基础，可建立关键绩效监控和分析体系，采集关键业务数据，对企业关键流程执行状况进行跟踪，查找运营瓶颈，持续优化和改进业务流程，提升企业整体运营效率，帮助企业实现流程体系的持续性优化，实现流程的精益化运营，以适应企业内外部环境的变化。

二、责任矩阵

（一）定义

责任矩阵是以表格形式将工作任务分配、落实到工作任务执行的相关职能部门和岗位，并明确表示其角色、职责和工作关系，确保每一项工作都能落实到职能部门和岗位，做到职责清晰。

（二）作用

1. 一是将工作任务分解到具体的职能部门和岗位，确保工作无遗漏。通过责任矩阵保证每项工作的管理、执行分配到相应的职能部门和岗位；确保所有的工作所要求的职能部门和岗位齐全，做到有人主责、有人辅责、有人审核，等等。

2.二是明确管理层级,确保职责分工界定清晰。通过责任矩阵,将工作任务全部授予职能部门和岗位,使工作内容的无缝衔接到工作责任的无缝衔接,实现职能部门和岗位对工作目标、责任范围、交付成果、执行过程达成共识。

3.三是要根据工作实际进行动态调整,避免因机构或人员变动导致工作遗漏或责任不清。

附件一:项目经理部会计科目库

附件二:项目经理部财务台账快报

附件三:项目财务部重要事项提醒一览表

项目财务部门工作清单及责任矩阵

主责 – ★ 辅责 – ☆ 审核 – ●

编号	工作流程				责任矩阵									
	工作清单	流程描述	输出结果	频次	完成时间	项目部								公司归口部门
						项目领导		分管领导	财务部			综合办公室	工程部	安质部	物设部	工经部	试验室	
						项目经理	项目书记		财务负责人	会计员	出纳员							
1	库存现金																	
1.1	收款业务																	
1.1.1	银行提现	出纳填现金提现单，财务主管签批并派专车及两人提现，超额的需报公司审批	现金日记账、银行日记账	实时	当天			☆	★		☆						财务部
1.1.2	处置废料	项目部向公司归口部门申请、审批，项目废旧物资处理小组按审批处置，过磅单、处置清单签字齐全，收款点收入库	工程施工-直接成本台账、应交税费统计分析表、现金日记账、周转材料（机具）低品管理台账、物资处置台账等	实时	当天	●	●	☆	★		☆	☆	☆		☆		物设部
1.1.3	收回备用金	备用金挂支人交回未使用的备用金并填写缴款单、出纳收款点收入库	现金日记账	实时	当天				★		☆						
1.1.4	收取罚款	财务主管根据罚款单或文件督促收回罚款，填制缴款单、出纳收款点收入库	现金日记账	实时	当天				★		☆						

续表

主责 - ★   辅责 - ☆   审核 - ●

编号	工作清单	工作流程			责任矩阵									
					项目部									公司归口部门
		流程描述	输出结果	频次	完成时间	项目领导		分管领导	财务部			综合办公室	工程部	安质部	物设部	工经部	试验室	
						项目经理	项目书记		财务负责人	会计员	出纳员						
1.1.5	收取保证金、押金	财务主管据合同和文件规定督促收取保证金、押金，出纳收款点收入库	其他应付款-其他台账、现金日记账	实时	当天				★		☆						
1.1.6	收超标费用	根据人项规定等，定期清查报销费用是否超标，对于超标费用，财务主管要求限期退回	现场经费预算执行分析表、现金日记账	实时	当天		☆	☆	★								
1.1.7	社保清算	出纳账据公司社管中心五险两金代付提清算表进行清算，财务主管督促相关人员缴款、填写缴款单	现款上交台账、现金日记账	按年	当月				★		☆						社保中心
1.2	现金付款业务																
1.2.1	付备用金	借款人填写职工借款申请单，报领导审批，财务主管根据"前账未清后账不得改变用途"原则进行审核，出纳付款	现金日记账	实时	当天	●	●	☆	★		☆						

续表

主责 — ★ 辅责 — ☆ 审核 — ●

编号	工作清单	工作流程		责任矩阵											
				项目领导		项目部									公司归口部门
							财务部								
		流程描述	输出结果	频次	完成时间	项目经理	项目书记	分管领导	财务负责人	会计员	出纳员	综合办公室	工程部	安质部	物设部	试验部	
1.2.2	经费报销	相关人员事毕10日内，凭发票申据经分管领导审核后报党政领导审批，财务主管审核，出纳付款	现场经费预算执行分析表、应交税费统计分析表、现金日记账	实时	当天	●	●	☆	★		☆					
1.2.3	付农民工工资	财务部审核劳务用工合同、考勤表、工资单，农民工工资代发委托书是否齐全，会签审经项目党政会签、实名发放，留存影像，发放完毕索取收据及承诺书	登记应付账款－应付劳务款台账，农民工工资拖欠统计月报，现金日记账	实时	当天	●	●	☆	★		☆	☆	☆	☆	☆	
1.2.4	付临时租赁费	经办人填写其他应付款支付单，项目物资部长审核，财务主管审核，报党政会签，出纳付款并索取收据	现金日记账，小额支付劳务费（临时租赁费）台账，应付账款－其他－零星材料设备租赁台账	实时	当天	●	●	☆	★		☆				☆	
1.2.5	付零星材料款	经办人填写其他应付款支付单，项目物资部长审核，财务主管审核，报党政会签，出纳付款并索取收据	现金日记账，应付账款－其他－零星材料设备租赁台账	实时	当天	●	●	☆	★		☆				☆	

续 表

主责－★　辅责－☆　审核－●

编号	工作清单	工作流程		频次	完成时间	责任矩阵										
		流程描述	输出结果			项目部										公司归口部门
						项目领导			财务部			综合办公室	工程部	安质部	物设部	工经部	试验室	
						项目经理	项目书记	分管领导	财务负责人	会计员	出纳员							
1.2.6	付押金（保证金）	经办人写付款支付单，相关部门审核，财务主管审核，押金、保证金申请金额是否符合合同等规定，报党政会签，出纳付款	其他应收款－保证金（押金）台账、现金日记账	实时	当天	●	●	☆	★		☆						
1.2.7	付职工薪酬	财务部根据工资单，报党政会签，出纳付款	收入统计台账	按月	当天	●	●	☆	★		☆						
1.2.8	现金缴存银行	出纳盘点库存，超出限额部分，财务主管审核并派专车缴存银行	银行存款日记账、现金日记账、库存现金盘点表	实时	当天	●	●	☆	★		☆						
1.2.9	付征地拆迁款	经办人按征地拆协议，填写其他应付款会签单，报党政会签，财务主管审核，出纳付款并索取收据	工程施工－其他直接成本台账、现金日记账	实时	当天	●	●	☆	★		☆	☆	☆				
1.2.10	付安全费用	经办人员填写报销单，安质部负责人审核，报党政会签，财务主管审核，出纳付款	安全生产费用台账、现金日记账、应交税费统计分析表	实时	当天	●	●	☆	★		☆			☆		☆	
2	银行存款																

续表

主责 — ★ 辅责 — ☆ 审核 — ●

编号	工作清单	工作流程				责任矩阵									
		流程描述	输出结果	频次	完成时间	项目领导			项目部			综合办公室	工程部	安质部	物设部	工经部	试验室	公司归口部门
						项目经理	项目书记	分管领导	财务部							
									财务负责人	会计员	出纳员					
2.1	银行收款业务															
2.1.1	公司拨款	出纳填写付款申请单,财务主管,报公司经理复核,报公司审批,取得银行回单及通知书收入账	现款上交台账、银行日记账	实时	当天			☆	★		☆					财务部
2.1.2	业主拨预付款	项目部依据合同约定根据业主拨付的预付款金额,预交增值税及附加费并开具增值税发票,收款后出纳及时入账,资金到位24小时内财务主管上报资金到位及使用审批表	资金到位及使用审批表、资金到位执行台账、应收账款－应收工程款(质量保证金)台账、应交税费统计分析表、银行日记账	实时	当天			☆	★		☆					财务部
2.1.3	业主拨工程款	根据业主拟拨付的工程款金额,预交增值税及附加费并开具增值税发票,收款及时入账,资金到位24小时内财务主管上报资金到位及使用审批表	资金到位及使用审批表、资金到位执行台账、应收账款－应收工程款(质量保证金)台账、应交税费统计分析表、银行日记账	实时	当天			☆	★		☆					财务部

续表

主责－★ 辅责－☆ 审核－●

编号	工作清单	工作流程		频次	完成时间	责任矩阵										公司归口部门
		流程描述	输出结果			项目部										
						项目领导			财务部			综合办公室	工程部	安质部	物设部	工经部	试验室
						项目经理	项目书记	分管领导	财务负责人	会计员	出纳员						
2.1.4	收回押金（保证金）	项目部收到退回押金、保证金通知后，办理收款手续，财务部收款入账	其他应收款－保证金（押金）台账、银行日记账	实时	当天			☆	★		☆						财务部
2.1.5	收到银行利息	出纳每季度21日户销户时及时取回利息回单，财务主管审核入账	银行日记账	按季	当天			☆	★		☆						财务部
2.1.6	银行退汇	项目部收到银行退款单，与收款人及时联系，财务主管审核银行退款，并凭银行退款回单制单入账	银行日记账	实时	当天			☆	★		☆						
2.1.7	公司拨奖励款	财务部依据公司下发的奖励文件，收到奖金后，财务主管凭银行收款单入账	现款上交台账、银行日记账	实时	当天			☆	★		☆						财务部
2.1.8	公司拨付资金调剂款	公司财务部按照公司领导批复的资金调剂申请金额向项目部拨款，项目财务主管核对金额按银行收款对单入账	现款上交台账、银行日记账	实时	当天			☆	★		☆						财务部

第十三章 财务管理流程及责任矩阵

续表

主责-★ 辅责-☆ 审核-●

编号	工作清单	工作流程			责任矩阵									
		流程描述	输出结果	频次	完成时间	项目领导			项目部					公司归口部门
						项目经理	项目书记	分管领导	财务部			综合办公室	工程部	安质部	物设部	试验工经部	
									财务负责人	会计员	出纳员						
2.1.9	收到理赔款	财务主管审核理赔款金额是否和赔付协议一致,并按银行回单制单入账	工程施工-其他直接成本台账、银行日记账	实时	当天			☆	★		☆						财务部
2.1.10	局指(代局指)拨款	财务主管根据局指确认的工程款数额,办理收款手续,索要通知书,制单入账	应收账款-应收工程款(质量保证金)台账、资金到位及使用审批与执行台账、银行日记账	实时	当天			☆	★		☆						财务部
2.1.11	业主拨付奖励	财务部根据奖励通知,办理收款手续,财务主管审核并按银行回单及奖励文件入账	工程施工-其他直接成本台账、银行日记账	实时	当天			☆	★		☆						财务部
2.1.12	物料处置	项目部向公司归口部门申请,审批,项目废旧物资处理小组按审批处置,过磅单,处置清单签字齐全,收款点签收入库	工程施工-其他直接成本/直接成本台账、应交税费统计分析表、银行日记账、周转材料(机具)低值品管理台账、物料处置台账等	实时	当天	●	●	☆	★		☆	☆			☆		物设部
2.2	银行付款业务																

251

续表

主责-★ 辅责-☆ 审核-●

编号	工作清单	流程描述	输出结果	频次	完成时间	项目领导			项目部									公司归口部门
						项目经理	项目书记	分管领导	财务部			综合办公室	工程部	安质部	物设部	工经部	试验室	
									财务负责人	会计员	出纳员							
2.2.1	成本管理信息系统银行付款业务	项目收到业主拨款后,拟订项目资金使用计划,向公司办理资金到位及使用审批,批复后,财务主管在成本信息管理系统发起债务支付申请流程,报公司审批,办理债务支付申请,填制会签单		实时	当天	●	●		★			☆			☆			财务部
2.2.2	提取现金	出纳填写现金提现单,财务主管签批并派专车两人提现,超额的需报公司审批	现金日记账,银行日记账	实时	当天			☆	★		☆	☆						财务部
2.2.3	付备用金	借款人填写职工借款申请单,报领导审批,财务主管根据"前账未清后账不得改变用途"原则进行审核,出纳付款	银行日记账	实时	当天	●	●	☆	★		☆							财务部

第十三章 财务管理流程及责任矩阵

续表

主责 - ★　辅责 - ☆　审核 - ●

编号	工作清单	流程描述	输出结果	频次	完成时间	项目经理	项目书记	分管领导	财务负责人	会计员	出纳员	综合办公室	工程部	安质部	物设部	工经部	试验室	公司归口部门
2.2.4	付民工工资	财务部审核劳务用工合同、考勤表、工资单，农民工工资代发委托书是否齐全，会签审核项目党政会签、实名发放、留存影像、发放完毕索取收据及承诺书	应付账款-应付劳务款台账，拖欠统计月报，银行日记账	实时	当天	●	●	☆	★		☆	☆		☆				
2.2.5	付劳务款	财务主管在成本信息系统里发出债务支付审批计划报公司审批，在公司批复的额度内，填制支付工程款（劳务费）会签单，党政会签、出纳付款，并索取收据	应付账款-应付劳务款台账，银行日记账	实时	当天	●	●	☆	★		☆					☆		财务部
2.2.6	付机械租赁费	财务主管在成本信息系统里发出债务支付审批计划报公司审批，填制支付物资款（机械费）会签单，党政会签、出纳付款，并索取收据	应付账款-应付租赁费-设备租赁，银行日记账	实时	当天	●	●	☆	★		☆				☆			财务部

253

续表

主责-★ 辅责-☆ 审核-●

编号	工作清单	工作流程			责任矩阵										公司归口部门
		流程描述	输出结果	频次	完成时间	项目部										
						项目领导		分管领导	财务部			综合办公室	工程部	安质部	物设经部	试验室	
						项目经理	项目书记		财务负责人	会计员	出纳员						
2.2.7	付材料采购款	财务主管在成本信息系统里发出债务支付审批计划支付物资款(机械费)会签、党政审批、填制支付单,会签,出纳付款,并索取收据	应付账款-应付材料采购款、银行存款、采购款记账	实时	当天	●	●	☆	★		☆				☆		财务部
2.2.8	付公司往来款	项目部按照公司批示的资金到位及使用审批表意见,应付款支付单,党政付款,会签,出纳付款并及时传递通知书	现款上交台账、银行日记账	实时	当天	●	●	☆	★		☆						财务部
2.2.9	付银行手续费	出纳及时取得银行回单及增值税专用发票,并注意月末银行手续费不能有未达账项	应交税费统计分析表、银行日记账	实时	当天	●	●	☆	★		☆						财务部
2.2.10	预缴增值税及附加	出纳填写增值税款表、其他应付款支付单,财务主管审核,报党政会签,办理预缴税手续,缴款后,取得完税凭证	应交税费统计分析表、银行日记账	实时	当天	●	●	☆	★		☆						财务部

第十三章　财务管理流程及责任矩阵

续表

主责 — ★　辅责 — ☆　审核 — ●

编号	工作流程			责任矩阵											公司归口部门
	工作清单	流程描述	输出结果	频次	完成时间	项目领导			财务部			综合办公室	工程部	安质部	物设部	试验室	
						项目经理	项目书记	分管领导	财务负责人	会计员	出纳员						
2.2.11	付押金（保证金）	经办人根据合同约定填写其他应付款支付单，财务主管审核，报党政领导审批，出纳付款并索取收据	其他应收款－保证金（押金）台账、银行日记账	实时	当天	●	●	☆	★		☆					财务部
2.2.12	付职工薪酬	财务部根据工资单，报党政会签，出纳付款	收入统计台账、银行日记账	按月	当天	●	●	☆	★		☆	☆				人事部
2.2.13	经费报销	相关人员事毕10日内，凭发票单据经分管领导审核报党政领导审批，财务主管审核，出纳付款	现场经费预算执行分析表、应交税费统计分析表、银行日记账	实时	当天	●	●	☆	★		☆					
2.2.14	付资金占用费	季度末月21日，公司结算中心结算资金调剂占用费，项目凭资金调剂占用费，报党政领导审批，财务主管审核入账		按季	当天	●	●	☆	★		☆					财务部
2.2.15	付网购材料款	公司财务部每月依据公司物资部提供的核对后的网购材料费用办理托收，传递通知书，财务主管审核入账	应付账款－应付材料采购款台账、合同成本－直接成本入账	按月	当天	●	●	☆	★		☆			☆		财务部

续表

主责 — ★ 辅责 — ☆ 审核 — ●

编号	工作清单	工作流程		频次	完成时间	责任矩阵											
		流程描述	输出结果			项目领导		项目部									公司归口部门
						项目经理	项目书记	分管领导	财务部			综合办公室	工程部	安质部	物设部	工经部	试验室
									财务负责人	会计员	出纳员						
2.2.16	付保险费	据保险协议,取得增值税专用发票,经办人报销,报党政领导签签,财务主管审核,出纳付款	合同成本－其他直接成本台账,应交税费统计分析表,银行日记账	实时	当天	●	●	☆	★			☆					财务部
2.2.17	办理银行承兑汇票	项目部填写办理银行汇票的协议书,申请表和清单及合同复印件,报公司审批,项目党政领导签签,会签,财务主管审核,出纳支付保证金并办理付款手续	银行承兑汇票台账,现款上交台账,应付账款记账	实时	当天	●	●	☆	★	☆	☆						财务部
2.2.18	付银行承兑汇票保证金	项目部填写办理银行汇票的协议书,申请表和清单以及合同复印件,报公司审批,填制会签单,报党政领导签签,支付保证金,办理付款手续	银行承兑汇票台账,应付账款－材料采购款台账(应付劳务费台账),银行日记账	实时	当天	●	●	☆	★	☆	☆						财务部

第十三章 财务管理流程及责任矩阵

续表

主责—★ 辅责—☆ 审核—●

编号	工作流程				责任矩阵									
					项目部									公司归口部门
	工作清单	流程描述	输出结果	频次	完成时间	项目领导			财务部			综合办公室	工程安质部	物设部	工经部	试验室	
						项目经理	项目书记	分管领导	财务负责人	会计员	出纳员						
2.2.19	到期银票代解付	项目部依据到期的银行汇票金额开具内部转账支票，公司资金结算中心办理汇票解付，及时传递通知书，财务主管审核	银行承兑汇票台账，银行日记账	实时	当天			☆	★		☆						财务部
2.2.20	资金集中	项目部按照公司批复的资金到位及使用审批表，出纳将集中资金汇入公司结算中心，财务主管复核	资金到位审批与执行台账，银行日记账	实时	当天			☆	★		☆						财务部
2.2.21	付委托代付款	根据公司安排，及时其他项目代付款，填写其他应付款支付单，付款单，财务主管审核，报项目党政领导签字，出纳付款	现款上交台账，银行日记账	实时	当天	●	●	☆	★		☆						财务部
2.2.22	付到期内部期票	公司财务部根据办理的期票台账，按时支付票面金额，及时传递通知书，财务主管审核入账	银行承兑汇票台账，银行日记账	实时	当天			☆	★		☆						财务部

续表

主责 — ★ 辅责 — ☆ 审核 — ●

编号	工作清单	工作流程		频次	完成时间	责任矩阵											公司归口部门
		流程描述	输出结果			项目部											
						项目领导			财务部			综合办公室	工程部	安质部	工经物设部	试验室	
						项目经理	项目书记	分管领导	财务负责人	会计员	出纳员						
2.2.23	付研发费用	经办人员事毕10日内，凭有效凭据报销，经项目总工审核，报项目党政领导会签，会计主管审核，出纳付款	研究与开发费用台账，应交税费统计分析表，银行日记账	实时	当天	●	●	☆	★		☆		☆				财务部
2.2.24	付安全费用	经办人员事毕10日内，填写报销单，经安全质部负责人审核，报项目党政领导会签，会计主管审核，出纳付款	安全生产费用台账，应交税费统计分析表，银行日记账	实时	当天	●	●	☆	★		☆			☆			财务部
2.2.25	付征地拆迁款	经办人按征地拆迁协议，填写其他应付款会签单，报党政会签，财务主管审核，出纳付款并索取收据	其他应付款－其他台账，银行日记账	实时	当天	●	●	☆	★		☆	☆					财务部
3	应收票据																
3.1.1	收到业主银票	项目部预交增值税及附加费，开具增值税发票，收到银票后财务主管审核入账	银行承兑汇票台账，应收账款（质量保证金）台账，应收工程款－应收账款（质量保证金）台账，应交税费统计分析表，资金到位审批及执行台账	实时	当天			☆	★	☆	☆						财务部

第十三章 财务管理流程及责任矩阵

续表

主责－★ 辅责－☆ 审核－●

编号	工作流程			责任矩阵											
	工作清单	流程描述	输出结果	频次	完成时间	项目部									公司归口部门
						项目领导		分管领导	财务部			综合办公室	工程部	工安质部 物设部 工经部 试验室	
						项目经理	项目书记		财务负责人	会计员	出纳员				
3.1.2	背书支付外欠款	财务主管在成本信息系统里发出债务支付审批计划审批，报党政审批，填制会签单，出纳背书转让并索取收据	银行承兑汇票台账、应付账款－（应付材料采购款或应付劳务费）、应付租赁费－设备租赁等债务结算支付台账	实时	当天	●	●	☆	★	☆	☆				财务部
3.1.3	银行承兑汇票背书交房公司	项目填写其他应付款支付单报项目党政领导会签，财务主管审核，出纳将承兑汇票背书交房公司	银行承兑汇票台账、现款上交台账	实时	当天	●	●	☆	★	☆	☆				财务部
4	应收账款														
4.1.1	确认业主验工计价	项目工经部将业主批复后的验工计价单交财务部，据合同约定计算工程款，质保金和增值税销项税额或转销项税	应收账款－应收工程款（质量保证金）台账，应交税费统计分析表	实时	当天			☆	★	☆	☆			☆	

续表

主责 - ★   辅责 - ☆   审核 - ●

编号	工作清单	工作流程			责任矩阵										公司归口部门
		流程描述	输出结果	频次	完成时间	项目领导			财务部			综合办公室	工程部	安质部	物设部	工经部	试验室	
						项目经理	项目书记	分管领导	财务负责人	会计员	出纳员							
4.1.2	收回工程款、质量保证金	项目部根据业主拟拨款金额，预交增值税及附加费，并开具增值税发票，出纳将增值税发票、收款收据交业主，资金到位24小时内财务上报资金到位审批与执行台账	应收账款-应收工程款（质量保证金）台账，资金到位审批与执行台账，应交税费统计分析表，资金到位及 we 使用审批表	实时	当天			☆	★	☆	☆							财务部
4.1.3	业主扣缺陷整改费	财务主管审核业主工计价单，通知书及分管领导审签字齐全的缺陷整改费用清单人账	应收账款-应收工程款（质量保证金）台账，应交税费统计分析表	实时	当天	●	●	☆	★	☆			☆		☆			工经部、工管中心
4.1.4	业主转订罚款	财务主管根据罚款文件扣款清单，经项目经理审核后列账	应收账款-应收工程款（质量保证金）台账，工程施工-其他直接成本台账	实时	当天	●	●	☆	★	☆			☆		☆			

第十三章 财务管理流程及责任矩阵

主责-★ 辅责-☆ 审核-●

编号	工作清单	流程描述	输出结果	频次	完成时间	项目领导			财务部			综合办公室	工程部	安质部	物设部	工经部	试验室	公司归口部门
						项目经理	项目书记	分管领导	财务负责人	会计员	出纳员							
4.1.5	收到期质保金	财务主管办理收款手续，收款后入账	应收账款-应收工程款(质量保证金)台账，资金到位及使用审批与执行台账，应交税费统计分析表	实时	当天				★	☆	☆							
4.1.6	预收账款增值税	项目部按照销售收款项时间、合同约定付款时间和开具发票时间孰先为原则，根据项目实际收到的预付款确认销项税额	资金到位及使用审批表，应收工程款(质量保证金)台账，资金到位及使用审批与执行台账，应交税费统计分析表	实时	当天			☆	★	☆								
5	预付账款																	
5.1	预付工程款																	
5.1.1	付预付工程款	财务部根据合同约定，在成本信息系统会签流程支付工程款会签流程，填制会签单，报党政会签，财务主管审核，出纳付款	应交税费统计分析表	实时	当天	●	●	☆	★	☆	☆						☆	财务部

续表

主责 - ★　辅责 - ☆　审核 - ●

编号	工作清单	工作流程		频次	完成时间	责任矩阵											
						项目领导			项目部								公司归口部门
						项目经理	项目书记	分管领导	财务部			综合办公室	工程部	工安质部	物设部	工经部	试验室	
		流程描述	输出结果						财务负责人	会计员	出纳员							
5.1.2	转销预付款	财务主管办理预付款单位结算时，根据签字齐全的计价单，同时转销预售预付款	应付账款－应付劳务费合账，工程施工－直接成本台账，应交税费统计分析表	实时	当天	●	●	☆	★		☆						
5.2	预付材料款																
5.2.1	付预付款	财务部根据合同约定，在成本信息系统中发起支付工程款会签流程，填制会签、报党政会签、财务主管审核，出纳付款	银行存款日记账	实时	当天	●	●	☆	★	☆	☆				☆	☆	财务部
5.2.2	转销预付账款	财务主管根据报销的发票，经党政会签，确认应付账款，同时转销预付款	材料采购分类统计表，材料采购台账，应交税费统计分析表	实时	当天	●	●	☆	★	☆	☆				☆		
6	其他应收款																
6.1	备用金业务																

续表

主责-★ 辅责-☆ 审核-●

编号	工作流程					责任矩阵										
						项目部										公司归口部门
						项目领导			财务部			综合办公室	工程部	安质部	物设部 工经部	试验室
	工作清单	流程描述	输出结果	频次	完成时间	项目经理	项目书记	分管领导	财务负责人	会计员	出纳员					
6.1.1	付备用金	借款人填写职工借款申请单,报领导审批,财务主管根据"前账未清后账不得改变用途"原则进行审核,出纳付款	银行存款日记账	实时	当天	●	●		★		☆					
6.1.2	收回备用金	备用金挂支人使用的备用金并填写缴款单,出纳收款点收入库	银行存款日记账	实时	当天				★		☆					
6.2	履约保证金															
6.2.1	付履约保证金	项目部根据合同要求,将合同、会签单报公司审批付款,财务主管根据公司列转的履约保证金列账单制单	其他应收款-保证金(押金)台账,上交台账	实时	当天			☆	★	☆	☆					财务部
6.2.2	收回履约保证	项目部根据合同条款及施工进度,将履约保证金纳入请收履约范围,财务主管催收履约保证金;出纳办理收款手续,财务主管制单入账	其他应收款-保证金(押金)台账,现款上交台账	实时	当天			☆	★	☆	☆					

续 表

主责 - ★ 辅责 - ☆ 审核 - ●

编号	工作清单	工作流程		责任矩阵										
		流程描述	输出结果	频次	完成时间	项目部								公司归口部门
						项目领导		财务部			综合办公室	工程部	安质部	物设部	试验室	
						项目经理	项目书记	分管领导	财务负责人	会计员	出纳员					
6.3	民工工资保证金															
6.3.1	付民工工资保证金	项目部根据合同内容、政府文件等有关规定，会签审经项目财务主管，项目党政领导签字，并向公司财务部汇报，报经成本信息系统审批，财务主管审核，出纳付款	其他应收款－保证金（押金）台账	实时	当天	●	●	☆	★	☆	☆					
6.3.2	民工工资保证金收回	财务主管根据文件规定督促收取保证金、押金，出纳收款点收入库	其他应收款－保证金（押金）台账	实时	当天	●	●	☆	★	☆	☆					
6.4	复垦保证金															
6.4.1	付土地使用复垦保证金	项目部根据合同有关条款经经成本信息系统审批，签审，经项目党政领导审批，项目部根据审批的付款申请单支付款项，并索取收据	其他应收款－保证金（押金）台账	实时	当天	●	●	☆	★	☆	☆					

第十三章 财务管理流程及责任矩阵

续表

主责 - ★ 辅责 - ☆ 审核 - ●

编号	工作清单	工作流程		频次	完成时间	责任矩阵										公司归口部门
		流程描述	输出结果			项目部										
						项目领导			财务部			综合办公室	工程部	安质部	物设经部	试验室
						项目经理	项目书记	分管领导	财务负责人	会计员	出纳员					
6.5	应收押金															
6.5.1	付应收押金	出纳根据租赁合同（协议）约定报经审批，填写其他应收款支付单，财务主管审核，项目党政领导会签，财务主管领导签，出纳制单入账，办理付款手续并索取收据	其他应收款-保证金（押金）台账	实时	当天	●	●	☆	★	☆	☆	☆		☆		
6.5.2	收回应收押金	项目部根据租赁合同于租赁期满退还租赁房屋（财产）后，向对方审单位申请退回押金并办理收款手续，收款后财务主管制单入账，出纳开具收据	其他应收款-保证金（押金）台账	实时	当天			☆	★	☆	☆					
6.6	应收其他代垫款															

施工企业工程项目财务管理工作操作指南

续 表

主责－★ 辅责－☆ 审核－●

编号	工作流程			责任矩阵								
	工作清单	流程描述	输出结果	频次	完成时间	项目部								公司归口部门
						项目领导 || 财务部 ||| 综合办公室	工程部	安质部	物设部	工经部	试验室	
						项目经理	项目书记	分管领导	财务负责人	会计员	出纳员						
6.6.1	应收代垫职工大病医疗费用	职工申请借支大病医疗费用，填报经批，成本信息系统审批，填写其他应付款支付单，财务主管审核，项目党政领导会签，财务主管制单人账，出纳办理付款手续并索取收据		实时	当天	●	●	☆	★	☆	☆						
7	应付帐款																
7.1	应付材料采购款																
7.1.1	确认应付材料采购款	材料采购合同上报公司归口部门审批，物设部根据材料采购计划采购，货到后索要发票并点收，录入成本管理信息系统审核发票，财务主管会签发票，经党政会签成本信息系统审批意见入账	材料采购分类统计台账，应付账款，材料采购款统计台账，应交税费统计分析表，材料采购分类统计表	实时	当天	●	●	☆	★	☆			☆		☆		

续表

主责 — ★　辅责 — ☆　审核 — ●

编号	工作清单	流程描述	输出结果	频次	完成时间	项目经理	项目书记	分管领导	财务负责人	会计员	出纳员	综合办公室	工程部	安质部	物设部	工经部	试验室	公司归口部门
7.1.2	付应付材料采购款	财务部编制项目月度资金计划，根据合同及公司债务控制比例录入成本管理信息系统，公司财务部审批，经办人员支付材料款会签单，财务主管审核，报项目党政领导会签，出纳付款并索取收据	应付账款－应付材料采购款，应付账款－其他零星材料款，预付账款－预付材料备租赁材料台账，应交税费统计分析表	实时	当天	●	●	☆	★	☆	☆				☆			财务部
7.2	应付劳务费																	
7.2.1	确认应付劳务费	合同评审后，月度收方后由业务部门会签结算及扣款事项，工经部录入成本信息系统，财务部根据审批后的金额要求协作队伍提供增值税发票，并报分管领导审批，报项目党政领导会签，财务主管审核结算金额无误后制单入账	应付账款－应付劳务款台账，安全生产费用台账，费用台账，工程施工－直接成本台账，研究与开发支出，应交税费统计分析表	实时	当天	●	●	☆	★	☆	☆	☆	☆	☆	☆	☆		

续表

主责-★ 辅责-☆ 审核-●

编号	工作清单	工作流程		频次	完成时间	责任矩阵											
						项目部											公司归口部门
						项目领导			财务部			综合办公室	工程部	安质部	物设部	工经部	试验室	
		流程描述	输出结果			项目经理	项目书记	分管领导	财务负责人	会计员	出纳员							
7.2.2	付劳务费	财务部编制项目月度资金计划，根据合同及公司债务经制比例录入成本管理信息系统，公司财务部审批，经办人员填写支付劳务费会签单，财务主管审核，报项目党政领导审批，出纳付款并索取收据（优先发放民工工资）未次付款需签订债务封闭说明书	应付账款-应付劳务费台账，农民工工资月报	实时	当天	●	●	☆	★	☆	☆					☆	财务部
7.3	应付租赁费									☆							
7.3.1	确认应付租赁费	合同审批后，项目部相关业务部门对机械结算单签字审核，物资部录入成本管理信息系统报公司审批，物资部要求租赁公司开具增值税发票，并报分管领导审核，财务审核党政领导会签，财务主管审核金额与发票金额，无误验认证增值税发票，无误后制证入账	应付账款-应付租赁费、设备租赁台账，工程施工-直接成本台账，应交税费统计分析表	实时	当天	●	●	☆	★	☆					☆		

第十三章 财务管理流程及责任矩阵

续表

主责 - ★ 辅责 - ☆ 审核 - ●

编号	工作清单	工作流程		责任矩阵											
		流程描述	输出结果	频次	完成时间	项目领导			项目部						公司归口部门
						项目经理	项目书记	分管领导	财务部			综合办公室	工程部	工安质部	物设部	工经部	试验室	
									财务负责人	会计员	出纳员							
7.3.2	付应付租赁费	财务部编制项目月度资金计划，根据合同及公司债务控制比例录入成本管理信息系统。公司财务部审批，经办人员填写支付机械租赁费会签单，财务主管领导审核，报项目党政领导审批，出纳付款并索取收据，末次付款需签订债务封闭说明书	应付账款－应付租赁费－设备租赁台账	实时	当天	●	●	☆	★	☆	☆				☆		
7.4	应付其他款																
7.4.1	应付其他款的确认	项目部相关业务部门等对零星采购材料收料单，临时租赁设备机械工单签字审核，并派工单签字审核，取得相应的发票，财务主管审核制证，验证发票真伪	物资采购分类统计台账，应付账款－其他零星材料款，工程施工－直接费材料台账，工程施工台账，成本台账，应交税费统计分析表	实时	当天	●	●	☆	★	☆			☆		☆		
8	预收账款																

续 表

主责-★　辅责-☆　审核-●

编号	工作清单	工作流程				责任矩阵									公司归口部门
						项目部									
						项目领导			财务部			综合办公室	工程部	安质部	工物设部	试工经部	试验室	
		流程描述	输出结果	频次	完成时间	项目经理	项目书记	分管领导	财务负责人	会计员	出纳员							
8.1.1	收业主拨付预付款	项目财务部依据施工合同规定,向业主申请预付款,同时按规定办理保函等手续。业主拨款,项目部办理收款手续,并上报公司,按相应税率确认销项税额	应收账款-应收工程款(质量保证金)台账,资金到位执行台账,资金到位及使用审批表,应交税费统计分析表	实时	当天			☆	★	☆	☆					☆	
8.1.2	转销预收账款	工经部每月计价单并报送业主审核批复,批复后根据工程进度需扣除预付款,并依据合同约定开票,财务部根据批复批复的业主计价单入账,并转销预收账款-预收账款及应收账款增值税	应收账款-应收工程款(质量保证金)台账,应交税费统计分析表	实时	当天			☆	★	☆						☆	
9	应交税费																
9.1	增值税																

续表

主责－★ 辅责－☆ 审核－●

工作流程					责任矩阵									
编号	工作清单	流程描述	输出结果	频次	完成时间	项目部						工程部	安质部	物设部	工经部	试验室	公司归口部门
						项目领导			财务部								
						项目经理	项目书记	分管领导	财务负责人	会计员	出纳员	综合办公室					
9.1.1	确认销项税额	按照纳税义务发生时间，准确确认增值税销项税额，财务主管审核，根据适用税率制单入账	应交税费统计分析表	实时	当天			☆	★	☆						
9.1.2	确认进项税	财务主管审核发票并入账，出纳登记发票台账，妥善保管发票抵扣联	应交税费统计分析表	实时	当天	●	●	☆	★	☆	☆					
9.1.3	预缴增值税	各单位根据纳税义务发生时间，确认销项税额，填制《增值税预缴税款表》（一式两份），办理预缴税额，财务主管审核，取得完税凭证，财务主管制单入账	应交税费统计分析表	实时	当天			☆	★	☆						
9.1.4	简易计税抵减	项目工经部根据劳务分结算金额取得劳务分包发票，财务主管审核制单入账，登记发票台账，发票分包印件或扫描件传递公司，由公司整理归档，留存备查	应交税费统计分析表、合同成本－直接成本台账	实时	当天			☆	★	☆					☆	财务部

续 表

主责 - ★ 辅责 - ☆ 审核 - ●

编号	工作清单	工作流程			责任矩阵								
		流程描述	输出结果	频次	完成时间	项目部								公司归口部门
						项目领导			财务部			综合办公室	工程部	工安质部	物工经设部	试验室	
						项目经理	项目书记	分管领导	财务负责人	会计员	出纳员						
9.1.5	进项税额转出	项目部购进用于简易计税项目、免征增值税项目、集体福利或者个人消费等货物或服务，以及发生非正常损失等，财务主管视情况对已抵扣税额作转出处理，记入"进项税额转出"科目	应交税费统计分析表、合同成本-直接成本台账/其他直接成本台账	实时	当天			☆	★	☆						
9.1.6	增值税申报纳税结转	每月末，财务主管将应交增值税科目当月发生额通过"增值税结转"科目正确列转至公司财务部，财务主管审核制单人账，将通知书、分支机构税额结转明细表传递至公司财务部，月末清算增值税往来	应交税费统计分析表、现款上交台账	实时	当天			☆	★	☆						财务部

第十三章 财务管理流程及责任矩阵

续表

主责 - ★ 辅责 - ☆ 审核 - ●

工作流程						责任矩阵									
编号	工作清单	流程描述	输出结果	频次	完成时间	项目领导			项目部 财务部			综合办公室	工程部	安质部	物设部	工经部	试验室	公司归口部门
						项目经理	项目书记	分管领导	财务负责人	会计员	出纳员						
9.2	确认增值税附加	项目部根据当期缴纳的增值税正确计提增值税附加，并按期缴纳，取得完税凭证	应交税费统计分析表	实时	当天			☆	★	☆	☆						
9.3	缴纳企业所得税	经公司财务部批准后，项目部向项目所在地主管税务机关预缴企业所得税，取得完税凭证，财务主管审核制单人账，登记台账，年末将完税凭证扫描件传递公司以备公司企业所得税汇算清缴	现款上交台账			●	●	☆	★	☆	☆						财务部
9.4	代扣代缴个人所得税	项目部财务部计算工资单时，按照个人所得税法计算应代扣个人所得税，并足额缴纳，财务主管审核制单人账		实时	当天	●	●	☆	★	☆	☆						财务部
10	其他应付款																
10.1	保证金																

续表

主责-★ 辅责-☆ 审核-●

编号	工作清单	工作流程				责任矩阵										
						项目部										公司归口部门
						项目领导			财务部			综合办公室	工程部	安质部	物设部	工经部	试验室	
		流程描述	输出结果	频次	完成时间	项目经理	项目书记	分管领导	财务负责人	会计员	出纳员							
10.1.1	支付及退回民工工资保证金	项目部按合同约定劳务(分包)单位进场前应足额缴纳民工工资保证金,劳务单位拖欠民工工资时,抵扣该保证金;签订封账协议及农民工工资结清承诺,会签后退还剩余保证金,财务主管制单入账	其他应付款-其他台账	实时	当天	●	●	☆	★	☆	☆					☆		
10.2	代扣个人社保、公积金	依据工资支付单及其他缴费凭证计算个人缴费。财务主管审核制单入账,登记台账	现场经费预算执行分析表	实时	当天			☆	★	☆	☆							
10.3	应付押金业务	根据协议收取外单位水、电等押金,出纳开具收据,财务主管制单入账,办理结清手续后,领导审批以退还	其他应付款-其他台账	实时	当天	●	●	☆	★	☆	☆	☆						

续表

主责 - ★ 辅责 - ☆ 审核 - ●

编号	工作清单	工作流程			责任矩阵									
		流程描述	输出结果	频次	完成时间	项目领导		财务部			项目部			公司归口部门
						项目经理	项目书记	分管领导	财务负责人	会计员	出纳员	综合办公室	工程部 / 工安质部 / 物设部 / 工经部 / 试验室	
10.4	应付暂收款业务	依据文件等收到应付的暂收款，会计主管审核制单人账，暂收款经审批后使用或冲减成本	其他应付款－其他合账	实时	当天			☆	★	☆	☆			
10.5	应付工会经费	项目财务部根据公司规定代扣个人工会费，财务主管审核制单人账		按月	当天			☆	★	☆	☆			
10.6	其他	项目经办部门根据相关协议、发票、结算单经党政会签后财务部办理结算手续，财务主管审核结算单、发票，协议等结算资料制证	其他应付款－其他合账	实时	当天			☆	★	☆	☆	☆	☆ ☆ ☆ ☆ ☆	财务部
11	内部往来													
11.1	公司内部往来													

续表

主责 – ★ 辅责 – ☆ 审核 – ●

工作流程					责任矩阵										
编号	工作清单	流程描述	输出结果	频次	完成时间	项目部									公司归口部门
						项目领导			财务部			综合办公室	工程部	安质部	物设部	工经部	试验室	
						项目经理	项目书记	分管领导	财务负责人	会计员	出纳员							
11.1.1	公司拨付启动资金	项目部填写其他应付款项支付单,报公司财务部及公司领导审批,公司财务部拨付启动资金,财务主管审核制单入账	现款上交台账	实时	当天				★	☆	☆							财务部
11.1.2	归还公司启动资金	项目部根据经项目经理审批后的其他款项支付单,在成本管理系统发出支付申请单公司审批款,出纳办理付款,财务主管审核制单入账,通知书传递至公司财务部	现款上交台账	实时	当天	●	●	☆	★	☆	☆							财务部
11.1.3	上交公司现款	项目部根据经项目经理签字后的其他款项支付单,在成本管理系统发出支付申请单公司审批款,出纳办理付款,财务主管审核制单入账,通知书传递至公司财务部	现款上交台账	实时	当天	●	●	☆	★	☆	☆							

续表

主责－★ 辅责－☆ 审核－●

编号	工作流程			责任矩阵										公司归口部门
	工作清单	流程描述	输出结果	频次	完成时间	项目部								
						项目领导			财务部		综合办公室	工程部	安质部	物设部	工经部	试验室	
						项目经理	项目书记	分管领导	财务负责人	会计员	出纳员						
11.1.4	公司财务部汇总奖金列账	公司财务部按季度汇总奖金明细账网列账；依据明细清单审核并挂对，奖金通知书、明细清单和相关文件，项目财务主管审单入账	现款上交合账、收入统计台账	按季	当天			☆	★	☆	☆					财务部
11.1.5	公司财务部汇总罚款列账	公司财务部按季度汇总罚款列账，项目部依据通知书、罚款明细清单和相关文件，财务主管审核审单入账	现款上交合账	按季	当天			☆	★	☆	☆	☆	☆	☆	☆	财务部
11.1.6	公司财务部列工资附加费	季度末，依据公司财务部列工资附加费账单，计提工资附加费，编制工资附加费计提表。财务审核审单入账，计提基数与当期工资总额核对一致	现款上交合账、现场经费预算执行分析表	实时	当天			☆	★	☆	☆					财务部

续 表

主责－★ 辅责－☆ 审核－●

编号	工作清单	工作流程			责任矩阵										公司归口部门
		流程描述	输出结果	频次	完成时间	项目部									
						项目领导			财务部			综合办公室	工程部	安质部	物设部	工经部	试验室	
						项目经理	项目书记	分管领导	财务负责人	会计员	出纳员							
11.1.7	公司列固定资产租赁费	每季度公司财务部按各部门提供的集中核算资产租赁费计算单进行汇总，向各项目部列固定资产租赁费，与归口管理部门核实准确无误后，财务主管审核制单入账	现款上交台账，项目代管固定资产备查台账，工程施工－直接成本台账，其他直接成本台账，现场经费预算执行分析表	按季	当天			☆	★	☆		☆	☆	☆	☆	☆	财务部
11.1.8	委托代付其他项目劳务费	A项目部根据审批后的委托代付申请单，在成本管理信息系统发出债务支付申请报公司审批后，财务主管审核制单入账，A项目部付款后将通知书附银行回单传递至公司财务部，公司财务部向B项目部列转往来通知书，B项目部依据公司财务部通知书，审批后的委托代付申请单、款项会签单、银行回单财务主管审核制单入账	现款上交台账，应付账款－应付劳务款台账	实时	当天	●	●	☆	★	☆		☆			☆		财务部

278

第十三章 财务管理流程及责任矩阵

续表

主责－★ 辅责－☆ 审核－●

编号	工作流程				责任矩阵										
	工作清单	流程描述	输出结果	频次	完成时间	项目部									公司归口部门
						项目领导			财务部			综合办公室	工程部	安质部	物设部	工经部	试验室	
						项目经理	项目书记	分管领导	财务负责人	会计员	出纳员							
11.1.9	按月向公司财务部列提计提和代扣的五险两金	项目依据工资单，按当月个人缴费基数为基础填制五险两金代扣计提汇总表，按月向公司财务部通过社保往来列计财务部代提和代扣的五险两金，财务主管审核制单入账	现款上交合账	按月	当天	●		☆	★	☆	☆							财务部
11.1.10	缴纳社保款	项目部根据签字齐全的其他款项支付单，出纳办理付款，财务主管审核制单入账，并登记现款上交合账	现款上交合账	实时	当天	●	●	☆	★	☆	☆							财务部
11.1.11	项目社保款清算	公司社管中心季度清算公司五险两金代扣计提情况，向公司财务部提供五险两金代扣计提季度清算表，公司财务部对项目列账。项目财务主管审核制证入账	现款上交合账	按年	实时			☆	★	☆	☆							社管中心、财务部

续表

主责 — ★ 辅责 — ☆ 审核 — ●

编号	工作清单	工作流程			责任矩阵										
		流程描述	输出结果	频次	完成时间	项目部									公司归口部门
						项目领导		财务部			综合办公室	工程部	安质部	物设部	工经部	试验室
						项目经理	项目书记	分管领导	财务负责人	会计员	出纳员						
11.1.12	按月向公司列转应交增值税明细科目发生额	项目部根据签字齐全的其他款项支付单，在成本管理系统发出支付申请报公司审批后，出纳办理付款，财务主管审核制单入账，及时传递通知书，并登记现款上交台账	现款上交台账	按月	当天	●	●	☆	★	☆	☆					财务部
11.2	母公司与子公司往来															
11.2.1	局指列计价	局指依据局指工计价单提供的验工计价，向项目部列计价，项目部主管财务计向工经部核计计价金额，局指审批计价后，依据审批计价单，制单入账	应收账款－应收工程款（质量保证金）台账，应交税费统计分析表	实时	当天			☆	★	☆					☆	

续表

主责-★ 辅责-☆ 审核-●

工作流程						责任矩阵											
						项目部											公司归口部门
编号	工作清单	流程描述	输出结果	频次	完成时间	项目经理	项目书记	分管领导	财务负责人	会计员	出纳员	综合办公室	工程部	安质部	物设部	工经部	试验室	
11.2.2	局资质共享项目总包方对分包方计价	总包方依据业主批复的验工计价，财务部计价金额向工经部复核计价金额，总包方对分包方计价，财务主管复核分包计价，传递通知书，分包方制单入账	应收账款-应收工程款（质量保证金）台账，应交税费统计分析表	实时	当天	●	●	☆	★	☆						☆		
11.2.3	局资质共享项目总包方对分包方拨款	总包方收到业主拨款后，向分包方拨款，财务主管复核拨款金额，分包方收到总包方拨款，财务主管复核收款金额，制单入账	应收账款-应收工程款（质量保证金）台账，应交税费统计分析表	实时	当天	●	●	☆	★		☆							
11.2.4	办理银行承兑汇票	项目部提供银行承兑汇票申请表、劳务合同、保证金，缴纳管理部门办理银行承兑汇票	银行承兑汇票台账	实时	当天			☆	★	☆	☆							财务部

续表

主责－★ 辅责－☆ 审核－●

编号	工作清单	工作流程				责任矩阵										
		流程描述	输出结果	频次	完成时间	项目部										公司归口部门
						项目领导			财务部			综合办公室	工程部	安质部	工经部 物设部	试验室	
						项目经理	项目书记	分管领导	财务负责人	会计员	出纳员						
12	存货															
12.1	材料采购	物资部根据工程部提供的材料使用计划，做好采购计划并拟定合同，经项目评审后通过成本管理信息系统上报公司归口部门对合同进行审批。经党政会签、成本审批后，财务部审核发票真伪，编制"材料采购分类统计表"，并进行账务处理。项目财务主管依据相关附件审核制单入账	物资采购分类统计台账，应付账款－应付材料款；应付材料款；应付材料审购款－未提账审购款，应交税费帮统计分析表	实时	当天	●	●	☆	★	☆	☆		☆		☆		物机部、财务部

续表

第十三章 财务管理流程及责任矩阵

主责 — ★ 辅责 — ☆ 审核 — ●

编号	工作清单	工作流程		频次	完成时间	责任矩阵										
						项目部										公司归口部门
		流程描述	输出结果			项目领导			财务部			综合办公室	工程部	安质部	物设部	工经部	试验室	
						项目经理	项目书记	分管领导	财务负责人	会计员	出纳员							
12.1.1	报自购料	一般计税项目按照"价税分离"的原则进行材料点收入库，发票经部门负责人审核后报项目党政会签，财务部审核发票真伪，编制"材料采购分类统计表"并进行账务处理。（简易计税项目不做价税分离）	物资采购分类统计台账、应付账款—应付材料采购款台账、交税费统计分析表	实时	当天	●	●	☆	★	☆	☆				☆		
12.1.2	预点自购料	一般计税项目按照不含税单价填制预点单，简易计税方式下按价税合计进行预点	应付账款—应付材料采购款—未提账单台账、物资采购分类统计台账	实时	当天	●	●	☆	★	☆	☆				☆		
12.1.3	冲销预点料	物资部填写负数收料单，冲减未提账单，同时填写收料单，连同发票经党政会签改到财务部办理报销手续	应付账款—应付材料采购款—未提账单台账、物资采购分类统计台账	实时	当天			☆	★	☆	☆				☆		

续 表

主责 - ★ 辅责 - ☆ 审核 - ●

编号	工作清单	工作流程		频次	完成时间	责任矩阵										
						项目部										公司归口部门
						项目领导		财务部			综合办公室	工程部	安质部	物设部	试验室	
		流程描述	输出结果			项目经理	项目书记	分管领导	财务负责人	会计员	出纳员					
12.1.4	发票报销入账	物资部按照价税分离重新点收入账，经部门负责人审核后报党政领导会签，财务部审核发票真伪，编制"材料采购分类统计表"并进行账务处理	应付账款-应付材料采购款台账，物资采购分类统计台账，应交税费统计分析表	实时	当天	●	●	☆	★	☆	☆			☆		
12.1.5	材料调拨	物资部填制材料调拨单，报党政领导审批，财务部编制"材料采购分类统计表"并进行账务处理，及时将通知书及调拨单复印件传递至公司财务部	物资采购分类统计台账，现款上交台账，工程施工-直接成本台账	实时	当天	●	●	☆	★	☆	☆			☆		
12.1.6	材料运费结算	运费发票经物资部部门负责人审核后，经党政会签、财务部审核发票真伪，无误后制单入账	合同成本-其他直接成本台账，应付账款-其他零星材料设备租赁台账，应交税费统计分析表	实时	当天	●	●	☆	★	☆	☆			☆		
12.2	原材料															

续表

主责－★　辅责－☆　审核－●

编号	工作清单	工作流程				责任矩阵										
						项目部										公司归口部门
						项目领导			财务部			综合办公室	工程部	安质部	物设部	工经部	试验室	
		流程描述	输出结果	频次	完成时间	项目经理	项目书记	分管领导	财务负责人	会计员	出纳员							
12.2.1	材料入库	依据签字齐全的材料收料单制证入账,并与材料动态表收入核对数量、单价、金额		实时	当天	●	●	☆	★	☆	☆				☆			
12.2.2	发出材料	依据签字齐全的材料发料单制证入账,并与材料动态表收入核对数量、单价、金额	工程施工-直接成本台账,工程施工-其他直接成本台账,现场经费预算执行分析表,安全生产费用台账,研究与开发费用台账,周转材料(机具)低值品管理及摊销分析表	实时	当天	●	●	☆	★	☆	☆		☆	☆	☆		☆	
12.2.3	调拨材料	项目物设部调拨材料经公司审批后填写调拨单,双方核对一致后在材料调拨单上签字调出方财务审核调拨通知书,及时传递通知方财务主管审核和调拨单后通知书,登记台账	现款上交台账,工程施工-直接成本台账,工程施工-其他直接成本台账,物资处置台账	实时	当天	●	●	☆	★	☆	☆				☆			物机部

续 表

主责 – ★ 辅责 – ☆ 审核 – ●

工作流程			责任矩阵										
编号	工作清单	流程描述	输出结果	频次	完成时间	项目部							公司归口部门
						项目领导		财务部			综合办公室	工程部	安质部	物设部	工经部	试验室	
						项目经理	项目书记	分管领导	财务负责人	会计员	出纳员						
12.2.4	处理废料、剩余材料及退回存货	经公司归口部门审核，项目部废旧物资审核处理小组按照审批意见处置，当日将处置款、过磅单、废旧物资处置表交项目财务部，财务收款、编制凭证，登记台账	工程施工–直接成本台账、应交税费统计分析台账，物资处置台账	实时	当天	●	●	☆	★	☆	☆	☆			☆		物机部
12.3	周转材料																
12.3.1	周转材料购入	物设部根据材料使用计划，向公司申请，经批准后签订采购合同，组织采购。物设部点收入库，编制收料单，连同发票交经管会签后，到财务部报销。财务主管审核账务处理。月末，物资部材料动态列支周转账，并进行相应会计处理，登记台账	物资采购分类统计台账、周转材料（机具）低品管理及摊销分析表、应交税费统计分析表	实时	当天	●	●	☆	★	☆	☆	☆	☆		☆		物设部

286

第十三章 财务管理流程及责任矩阵

续表

主责－★　辅责－☆　审核－●

编号	工作清单	工作流程		责任矩阵											
				项目部											公司归口部门
				项目领导			财务部			综合办公室	工程部	安质部	物设部	工经部	试验室	
		流程描述	输出结果	频次	完成时间	项目经理	项目书记	分管领导	财务负责人	会计员	出纳员						
12.3.2	周转材料摊销	项目物资部组织有关部门确定摊销工号，编制周转材料摊销表，财务主管审核制证，登记台账	合同成本－直接成本台账，安全生产费用台账，研发费用统计台账，周转材料（机具）低品管理及摊销分析表	按月	当天	●	●	☆		☆			☆	☆		
12.3.3	调拨周转材料	项目物资部按公司审批意见填写调拨单，双方核对一致后在材料调拨单上签字，调出方财务主管审核通知书，及时传递通知书，调入方财务主管审核通知书和调拨单后入账，登记台账	现款上交台账，工程施工－直接成本台账，周转材料（机具）低品管理及摊销分析表，应交税费统计分析表，物资处置台账	实时	当天	●	●	☆	★	☆	☆	☆		☆		物设部、财务部
12.3.4	处置周转材料	向公司申请，项目部按照公司审批意见处置并当日将处置协议、处置意见、公司报批意见、过磅单、废旧物资部、财务收款、编制凭证、登记台账。项目财务部审核合法，到购买方纳税人身份，公司开具增值税发票	合同成本－直接成本台账，应交税费统计分析表，周转材料及（机具）低品管理及摊销分析表，物资处置台账	实时	当天	●	●	☆	★	☆	☆	☆		☆		物设部、财务部

续 表

主责 - ★ 辅责 - ☆ 审核 - ●

编号	工作清单	工作流程		频次	完成时间	责任矩阵											公司归口部门
		流程描述	输出结果			项目部											
						项目领导			财务部			综合办公室	工程部	安质部	物设部	工经部	试验室
						项目经理	项目书记	分管领导	财务负责人	会计员	出纳员						
12.4	低值易耗品																
12.4.1	低值易耗品的点验	项目部向公司提交低值易耗品采购申请，经批准后采购，采购人员根据发票编制点验单（一般计税项目按照价税分离点验），保管人、点验人党政会签后，到财务部报销，相关部门登记台账	周转材料（机具）低值品管理及摊销分析表、发票真伪查询台账、增值税发票移交登记表（进项税）、物资采购分类统计台账	实时	当天	●	●	☆	★	☆	☆	☆	☆	☆	☆	☆	
12.4.2	低值易耗品的摊销	编制低值易耗品摊销表，报党政会签，财务部审核点验单、摊销表正确后入账，登记台账	合同成本－直接成本台账、合同成本－其他直接成本台账、现场经费预算执行分析表、周转材料（机具）低值品管理及摊销分析表	按月	当天	●	●	☆	★	☆	☆	☆	☆	☆	☆	☆	归口部门

第十三章 财务管理流程及责任矩阵

续 表

主责－★ 辅责－☆ 审核－●

	工作流程				责任矩阵									
						项目部								公司归口部门
					项目领导		财务部			综合办公室	工程部	安质部	物设部	工经部	试验室
编号	工作清单	流程描述	输出结果	频次	完成时间	项目经理	项目书记	分管领导	财务负责人	会计员	出纳员						
12.4.3	低值易耗品的调拨	项目部向公司申请调拨低值耗品，公司相关部门协调调拨，交接双方核对一致后，在调拨单上签字并盖公章，调出方财务主管审核调拨单后入账，调拨通知书、传递通知书，财务主管审核公司通知书，调拨单后入账，登记台账	现款上交台账，材料（机具）低值易耗品管理及摊销分析表	实时	当天	●	●	☆	★	☆	☆	☆	☆		☆	☆	行政办公室，财务部
12.4.4	低值易耗品的处理	项目相关部门向公司申请报废低值耗品，公司审批后，项目部废旧物资处理小组组织报废处理，财务收款，编制凭证，登记台账。项目财务部审核购买方纳税人身份，去公司开具增值税发票	周转材料（机具）低值易耗品管理及摊销分析表，应交税费统计分析表	实时	当天	●	●	☆	★	☆	☆	☆			☆		归口部门

续表

主责 —★ 辅责 —☆ 审核 —●

编号	工作清单	工作流程		频次	完成时间	责任矩阵										
		流程描述	输出结果			项目领导			财务部			项目部				公司归口部门
						项目经理	项目书记	分管领导	财务负责人	会计员	出纳员	综合办公室	工程部	安质部	物设部	工经部	试验室
13	工程物资	相关部门向公司归口部门申请购置计划，公司按标准购置给予批复，相关部门组织采购，验收合格并取得发票，办理报销手续，财务部依据购置计划办理组固手续，进行账务处理	应付账款-其他-零星材料设备租赁台账，项目代管固定资产备查台账，现款上交台账，应交税费统计分析表	实时	当天	●	●	☆	★	☆	☆	☆	☆	☆	☆	☆	物设部、财务部
13.1	固资购置	依据公司归口部门下达的购置计划和党政会签的发票报销单制单入账	应付账款-其他-零星材料设备租赁台账，项目代管固定资产备查台账，应交税费统计分析表	实时	当天	●	●	☆	★	☆	☆	☆	☆	☆	☆	☆	财务部
13.2	固定资产组固	办理组固手续，列账公司财务部	现款上交台账	实时	当天	●	●	☆	★	☆	☆	☆			☆	☆	财务部
14	职工薪酬																
14.1	应付职工薪酬确认																

续 表

主责-★ 辅责-☆ 审核-●

编号	工作清单	工作流程		频次	完成时间	责任矩阵											
		流程描述	输出结果			项目部											公司归口部门
						项目领导			财务部			综合办公室	工程部	安质部	物设部	工经部	试验室	
						项目经理	项目书记	分管领导	财务负责人	会计员	出纳员							
14.1.1	工资、奖金、津贴及补贴确认	当月末,项目办公室将审批的考勤表等工资计算要件交财务部。项目财务部根据考勤表、人事令、工资介绍信,编制工资支付审单等支付审单。代扣个税等扣款事项。薪酬单据报财务主管审核,项目党政会签。根据职工从事工作不同,将薪酬分别分摊到间接费用、研发费用等,登记台账	企业职工(劳务派遣人员)收入统计表、现场经费预算执行分析表,企业劳动情况月报表,费用统计台账	按月	当天	●	●		★	☆	☆	☆						
14.1.2	计提五险两金	依据工资支付单个人扣款反算企业负担,编制五险两金代扣及计提汇总表。财务主管审核制单人账,登记台账	现场经费预算执行分析表	按月	当天			☆	★	☆	☆							

续 表

主责-★ 辅责-☆ 审核-●

编号	工作清单	工作流程				责任矩阵											
		流程描述	输出结果	频次	完成时间	项目部											公司归口部门
						项目领导			财务部			综合办公室	工程部	安质部	物设部	工经部	试验室	
						项目经理	项目书记	分管领导	财务负责人	会计员	出纳员							
14.1.3	计提工资附加费	季度末，依据公司财务部列转工资附加费账单，编制工资附加费计提单。财务主管审核计提单人员，计提基数对当月工资总额核对一致，登记现额上交台账	现场经费预算执行分析表、现款上交台账	按季	当天			☆	★	☆	☆							财务部
14.2	应付职工薪酬支付																	
14.2.1	发放工资、预发绩效等月度薪酬	出纳依据工资支付单、月度预发绩效工资单、司机安全行车奖等月度薪酬支付单据编制工资代发清单。财务主管审核代发清单，出纳通过银行代办理代发薪酬	企业职工（劳务派遣人员）收入统计台账	实时	当天	●	●	☆	★	☆	☆	☆						财务部

续表

主责 — ★ 辅责 — ☆ 审核 — ●

编号	工作清单	工作流程			责任矩阵									
		流程描述	输出结果	频次	完成时间	项目领导			项目部			综合办公室	工程部	安质部	物设部	工经部	试验室	公司归口部门
						项目经理	项目书记	分管领导	财务部									
									财务负责人	会计员	出纳员							
14.2.2	清算发放绩效工资季度	收到公司人力资源部批复上季度绩效工资基数，项目办公室将政会签的季度绩效工资清算支付单交财务部。出纳通过银行代发，及时登记台账	企业职工（劳务派遣人员）收入统计台账	实时	当天	●	●	☆	★	☆	☆	☆						人力资源部
14.2.3	列转当月代扣和计提的五险两金	依据五险两金代扣计提汇总表，扣除包含算款，制证将当月应付五险两金转至公司财务部。向公司财务部传递账单，登记台账	现款上交台账	按月	当天			☆	★	☆	☆							财务部
14.2.4	清算五险两金	公司社管中心季度清算公司五险两金代扣提情况，向公司财务部提供五险两金代扣计提季度清算表，公司财务部财务部代扣计提五险两金清算表，公司财务部财务部代扣计提五险两金清算表人账。项目财务主管审核制证人账	现款上交台账	按年	实时			☆	★	☆	☆							社管中心、财务部

续 表

主责－★ 辅责－☆ 审核－●

工作流程					责任矩阵								
编号	工作清单	流程描述	输出结果	频次	完成时间	项目部									公司归口部门
						项目领导			财务部			综合办公室	工程部	安质部	物设部	工经部	试验室	
						项目经理	项目书记	分管领导	财务负责人	会计员	出纳员						
14.2.5	工资附加费支付	季度末，公司财务部列转工会经费、职工教育经费，"三不让"资金费用账单，项目经理审批，财务主管审核制单入账，计提基数与当期工资总额核对一致，登记台账	现款上交台账	按季	当天	● ||| ★	☆	☆					
14.2.6	支付职工福利费	项目部职工福利费主要包括温暖费补贴、防暑降温费、职工困难补助费、丧葬抚恤费、独生子女费、职工探亲路费、伙食补贴、"三不让"资金	现场经费预算执行分析表	实时	当天	●	●	☆	★	☆	☆	☆			
15	成本费用													
15.1	直接成本													

294

第十三章 财务管理流程及责任矩阵

续表

主责－★ 辅责－☆ 审核－●

编号	工作清单	工作流程			责任矩阵										
		流程描述	输出结果	频次	完成时间	项目领导			财务部			项目部					公司归口部门
						项目经理	项目书记	分管领导	财务负责人	会计员	出纳员	综合办公室	工程部	安质部	物设部	工经部	试验室	
15.1.1	直接人工费	办公室将考勤表、绩效工资、伙食费扣款、罚款等交财务部，财务部根据编制用工协议工资标准编制工资单，报项目党政会签，财务主管审核制证，出纳付款	合同成本－直接成本台账、现场经费预算执行分析表、外聘人员（短期实习生）收入统计台账	实时	当天	●	●	☆	★	☆	☆	☆					
15.1.2	直接材料费																
15.1.2.1	原材料支出	次月5日前，物设部将签字齐全的材料动态表及收、发料单送至财务部，财务部审核材料动态表期初期末一致，收、发料单数量、单价、金额一致，发料单签字齐全合规，收发料单签字齐全合规，材料支出核算正确，财务主管审批入账，登记台账	工程施工－合同成本台账、工程施工－其他直接成本台账、现场经费预算执行分析表、安全生产费用台账、研究与开发费用台账、周转材料（机具）、低值易耗品管理及摊销分析表	实时	当天	●	●	☆	★	☆	☆			☆	☆		

续表

主责－★ 辅责－☆ 审核－●

编号	工作清单	工作流程		频次	完成时间	责任矩阵											
						项目部											公司归口部门
						项目领导		财务部			综合办公室	工程部	安质部	物设部	工经部	试验室	
		流程描述	输出结果			项目经理	项目书记	分管领导	财务负责人	会计员	出纳员						
15.1.2.2	处理废料及剩余材料	向公司申请，经公司归口部门审核，项目部废旧物资处理小组按照审批意见处置，并当日将处置协议、处置款、公司投批意见、过磅单、处置物资财务处置收款、财务交项目财务部，财务收款，编制凭证，登记台账	应交税费统计分析表、应付账款－应付劳务款、工程施工－合同成本台账、物资处置台账	实时	当天	●	●		★	☆	☆	☆			☆		
15.1.2.3	周转料摊销	项目物设部组织有关部门确定摊销工号，根据公司残值率，编制周转材料摊销表，财务主管审核制证，登记台账	合同成本－直接成本台账、安全生产费用台账、研究与开发费用台账、周转材料及费用（机具）低品管理及摊销分析表	实时	当天	●	●	☆	★	☆	☆				☆		

第十三章 财务管理流程及责任矩阵

续表

主责—★ 辅责—☆ 审核—●

编号	工作流程			责任矩阵										
	工作清单	流程描述	输出结果	频次	完成时间	项目部								公司归口部门
						项目领导			财务部			综合办公室	工程部	安质部	物设部	工经部	试验室	
						项目经理	项目书记	分管领导	财务负责人	会计员	出纳员							
15.1.2.4	小型机具等租低品摊销	编制低值易耗品摊销表，报党政会签，财务部审核盘点验单，摊销登记台账	合同成本—直接成本台账，合同成本—其他直接成本台账，现场经费预算执行分析表，周转材料（机具）低品管理及摊销分析表	按月	当天	●	●	☆	★	☆	☆				☆			
15.1.2.5	外部单位租赁周转材料	物设部编制周转材料租赁费结算单，索取租赁发票并在成本管理系统中发起租赁结算流程。项目相关部门及领导审核会签，公司审批，物设部输出纸质版，出租方签字盖章，财务主管审核制证，登记台账	应付账款—应付租赁费—周转材料租赁台账，合同成本—直接成本台账，应交税费统计分析表			●	●	☆	★	☆	☆				☆			物设部、财务部
15.1.2.6	内部单位租赁周转材料	物设部编制周转材料租赁费结算单，项目相关部门及领导审核会签，出租方签字盖章，财务主管审核制证，登记台账	合同成本—直接成本台账，债务结算支付统计分析表			●	●	☆	★	☆	☆				☆			物设部、财务部

续 表

主责 — ★ 辅责 — ☆ 审核 — ●

编号	工作清单	工作流程			责任矩阵									
		流程描述	输出结果	频次	完成时间	项目部										公司归口部门
							项目领导			财务部			综合办公室	工程部	安质部	物设部	工经部	试验室	
						项目经理	项目书记	分管领导	财务负责人	会计员	出纳员						
15.1.2.7	租赁周转材料的丢失、毁损	物设部与出租方核对丢失同转料的品名、数量，按合同约定，确定赔偿金额，索取发票，物机部在成本管理系统中发起租赁结算流程。项目相关部门及领导审核会签，公司审批。物机部输出纸质版，出租方签字盖章，财务审核制证，登记款台账	应付账款－应付材料租赁合费－周转材料直接税费合同成本台账，合同成本台账，应交税费统计分析表	实时	当天	●	●	☆	★	☆	☆				☆			物设部、财务部
15.1.3	机械使用费																
15.1.3.1	月租机械租赁	项目物机部编制月租机械费结算单，索取发票并在成本管理系统中发起机械费结算流程。项目相关部门及领导审核会签，公司审批。审批流程完成后，物机部输出纸质版，出租方签字盖章，财务审核制证，登记合同台账	应付账款－应付设备租赁费－设备直接成本合同成本台账，应交税费统计分析表	实时	当天	●	●	☆	★	☆	☆				☆			物设部、财务部、工管中心

续表

主责 — ★ 辅责 — ☆ 审核 — ●

编号	工作清单	工作流程		责任矩阵										
		流程描述	输出结果	频次	完成时间	项目部								公司归口部门
						项目领导			财务部			综合办公室	工程部	工安质部	物设部	工经部	试验室	
						项目经理	项目书记	分管领导	财务负责人	会计员	出纳员							
15.1.3.2	零星机械租赁	项目物机部编制临租机械费结算单,索取发票并发起成本管理系统中发起机械租赁结算流程。项目相关部门及领导审核会签,公司审批流程完成后,物机部输出纸质版,出租方签字盖章。财务审核制证,登记台账	应付账款－其他－零星材料设备租赁－合同成本－直接成本台账,应交税费统计分析表	实时	当天	●	●	☆	★	☆	☆				☆			物设部、财务部、工管中心
15.1.3.3	机械用油料业务	物机部根据加油机记录填写审单发料单,领用人在发料单签字,物机部按月编制材料动态表。相关部门及领导签字,财务部主管审核制证,登记台账	合同成本－直接成本台账	按月	当天	●	●	☆	★	☆	☆				☆			物设部、财务部、工管中心

299

续 表

主责-★ 辅责-☆ 审核-●

编号	工作清单	流程描述	输出结果	频次	完成时间	项目领导		项目部 财务部			综合办公室	工程部	安质部	物设部	工经部	试验室	公司归口部门
						项目经理	项目书记	分管领导	财务负责人	会计员	出纳员						
15.1.4	劳务成本	每月现场收方盘点，工经部编制劳务结算单并任成本管理系统发起劳务结算流程，项目相关部门及领导审核签、公司审批。工经部输出纸质版、乙方签字确认，提供发票。末次结算签订分账协议，财务主管审核制证，登记台账	合同成本-直接成本台账，应付账款-应付劳务款台账，应交税费统计分析表	按月	当天	●	●	☆	★	☆	☆	☆					工经部、财务部、工管中心
15.1.5	其他直接费																
15.1.5.1	临时设施费																
15.1.5.1.1	生产办公房屋租赁	办公室根据生产办公需要签订合同，按期结算，索取发票反收据报项目经理、书记审批，财务主管报销单审核制证，登记台账	合同成本-其他直接成本台账，应交税费统计分析表	实时	当天	●	●	☆	★	☆	☆	☆					

第十三章 财务管理流程及责任矩阵

续表

主责 — ★　辅责 — ☆　审核 — ●

编号	工作清单	工作流程			责任矩阵										
		流程描述	输出结果	频次	完成时间	项目领导			项目部						公司归口部门
						项目经理	项目书记	分管领导	财务部			综合办公室	工程部	工安质部	物工经设部	试验室
									财务负责人	会计员	出纳员					
15.1.5.1.2	临电安装	项目根据生产需要签订电力安装合同,按约定结算,索取发票及收据报项目经理、书记审批,财务主管报销审核制证,登记台账	合同成本－其他直接成本台账,应交税费统计分析表	实时	当天	●	●	☆	★	☆	☆		☆			
15.1.5.2	检验试验费	项目根据定额结算,按约定结算,索取发票及收据,书记审批,财务主管审核制证,出纳付款,登记台账	合同成本－其他直接成本台账,应交税费统计分析表	实时	当天	●	●	☆	★	☆	☆		☆			☆
15.1.5.3	设计及技术援助费	项目根据需要签订合同,按约定结算,索取发票及收据,报项目经理、书记审批,财务主管审核制证,银行付款,登记台账	合同成本－其他直接成本台账,应交税费统计分析表	实时	当天	●	●	☆	★	☆	☆		☆			
15.1.5.4	工程定位复测及点交费	项目根据需要签订合同,按约定结算,索取发票及收据,经项目党政会签后,财务主管审核制证,出纳银行付款,登记台账	合同成本－其他直接成本台账,应交税费统计分析表	实时	当天	●	●	☆	★	☆	☆		☆			

续表

主责 — ★　辅责 — ☆　审核 — ●

编号	工作清单	工作流程			责任矩阵										
		流程描述	输出结果	频次	完成时间	项目部									公司归口部门
						项目领导			财务部			综合办公室	工程部	安质部	物设部	工经部	试验室	
						项目经理	项目书记	分管领导	财务负责人	会计员	出纳员							
15.1.5.5	安全生产费	项目部经办人员填写报销单，经安质部负责人审核，项目党政负责人会签后交财务部，财务主管审核签字后扣款，用电量记录一致后制单入账，并及时登记台账	安全生产费用台账、应交税费统计分析表	实时	当天	●	●	☆	★	☆	☆							
15.1.5.6	燃料动力费	经办人索取发票，经项目党政会签后，财务主管审核是否合理，协议改会签是否与协议约定账户一致抄表记录是否与电量一致，是否与制单账后制单入账	合同成本－其他直接成本台账、应交税费统计分析表	实时	当天	●	●	☆	★	☆	☆		☆					
15.1.5.7	征地拆迁费	财务主管审核协议双方盖章签字是否齐全，协议内容是否完整，补偿标准是否与政府文件规定收费标准一致，补偿计算单是否正确，收款账户是否与协议约定账户一致后制单入账	合同成本－其他直接成本台账	实时	当天	●	●	☆	★	☆	☆	☆						

第十三章 财务管理流程及责任矩阵

续表

主责－★ 辅责－☆ 审核－●

编号	工作清单	工作流程			责任矩阵										
		流程描述	输出结果	频次	完成时间	项目领导			项目部						公司归口部门
						项目经理	项目书记	分管领导	财务部			综合办公室	工程部	工安质部	物设部	工经部	试验室	
									财务负责人	会计员	出纳员							
15.1.5.8	其他	财务主管审核局指（代局指）列转的罚款是否与奖罚文一致，共同费用分摊是否合理等	合同成本－其他直接成本台账，应收账款－应收工程款（质量保证金）台账	实时	当天	●	●	☆	★	☆	☆	☆	☆	☆	☆	☆	
16	间接费用																
16.1	间接费用的归集																
16.1.1	职工薪酬																
16.1.1.1	计提工资、奖金、津贴及补贴	财务主管审核，每月应付职工薪酬－工资、奖金、津贴及补贴支付单面余额与财务主管金额一致。财务主管编制薪酬分配表，登记台账	企业职工（劳务派遣人员）收入统计台账，现场经费预算执行分析月报表，情况月报表，开发费用统计台账	按月	当天	●	●		★	☆	☆	☆					人力资源部
16.1.1.2	计提五险两金	根据工资单，按个人缴费反算企业负担，编制五险两金代扣及计提汇总表。财务主管审核编制单人账，登记台账	现场经费预算执行分析表	按月	当天				★	☆	☆						人力资源部

续表

主责－★ 辅责－☆ 审核－●

编号	工作清单	工作流程			项目领导		责任矩阵 — 项目部								公司归口部门
		流程描述	输出结果	频次	完成时间	项目经理	项目书记	分管领导	财务部			综合办公室	工程部	安质部	物设部	工经部	试验室	
									财务负责人	会计员	出纳员							
16.1.1.3	计提工资附加费	季度末，依据公司财务部列转工资附加账单，编制工资附加费计提制单人账。财务主管审核制单入账，计提基数与当期工资总额核对一致，登记台账上缴台账	现场经费预算执行分析表	按季	当天				★	☆	☆						财务部
16.1.1.4	协议生薪酬	项目财务部根据考勤表、人事令、工资关系介绍信，工资标准，编制工资支付单，月度预发绩效工资并代扣个税，社保等。工资支付单财会报会计负责人审核，项目党政会签后发放	企业职工（劳务派遣人员）收人账，现场经费预算执行分析表，企业劳动情况月报表	按月	当天	●	●		★	☆	☆	☆						人力资源部
16.1.1.5	职工福利费																	

第十三章　财务管理流程及责任矩阵

续表

主责－★　辅责－☆　审核－●

编号	工作流程			责任矩阵										
					项目部									公司归口部门
	工作清单	流程描述	输出结果	频次	完成时间	项目领导			财务部			综合办公室	工程部	安质部	物设部	试验经部	
						项目经理	项目书记	分管领导	财务负责人	会计员	出纳员						
16.1.1.5.1	防暑降温费	安质部根据公司当年防暑降温费标准，采购防暑降温用品，发票及发放清单经党政会签发放，财务部，财务主管审核制单入账，登记台账	现场经费预算执行分析表，应交税费统计分析表	按年	当天	●	●	☆	★	☆	☆			☆			
16.1.1.5.2	困难补助费	办公室收到上级职工生活困难补助批复，制作发放单，经项目领导及项目党政会签财务部，财务主管审核制单入账，登记台账	现场经费预算执行分析表	实时	当天	●	●	☆	★	☆	☆	☆					
16.1.1.5.3	独生子女费	办公室按年制作独生子女费发放单，经公司计生办及项目党政会签后交财务部，财务主管审核制单入账，登记台账	现场经费预算执行分析表	每年	当天	●	●	☆	★	☆	☆	☆					
16.1.1.5.4	职工探亲路费	职工探亲路费单独粘贴，办公室登记，经项目领导党政会签后交财务部，财务主管审核制单入账，登记台账	现场经费预算执行分析表	实时	当天	●	●	☆	★	☆	☆	☆					

续 表

主责－★ 辅责－☆ 审核－●

编号	工作清单	工作流程			责任矩阵										
		流程描述	输出结果	频次	完成时间	项目领导			财务部			综合办公室	工程部	安质部	物设部	工经部	试验室	公司归口部门
						项目经理	项目书记	分管领导	财务负责人	会计员	出纳员						
16.1.1.5.5	伙食补贴	每月末，项目办公室食堂核算表，采买单，伙食费扣款清单经项目党政会签，交财务部。财务主管审核制单入账	现场经费预算执行分析表	按月	当天	●	●	☆	★	☆	☆	☆					
16.1.1.6	劳动保护费	项目安质部按公司规定采购、发放，项目经理书记审批，财务主管审核制证，登记台账	现场经费预算执行分析表，应交税费统计分析表	实时	当天	●	●	☆	★	☆	☆			☆			
16.1.1.7	低值易耗品摊销	编制低值易耗品摊销表，报党政会签，财务部审核点验单及摊销表正确后入账，登记台账	现场经费预算执行分析表	按月	当天	●	●	☆	★	☆	☆	☆					
16.1.1.8	租赁费	项目办公室按月向公司提交申请，获批后签订租赁合同，合同报公司法事部审批，项目办公室经月结算单、经办党政会签，并提供加油记录，财务审核制单入账，登记台账	现场经费预算执行分析表，应交税费统计分析表	按月	当天	●	●	☆	★	☆	☆	☆					

第十三章 财务管理流程及责任矩阵

续表

主责 — ★ 辅责 — ☆ 审核 — ●

编号	工作清单	工作流程		责任矩阵											
		流程描述	输出结果	频次	完成时间	项目领导			财务部			综合办公室	工程部	安质部	物设部	工经部	试验室	公司归口部门
						项目经理	项目书记	分管领导	财务负责人	会计员	出纳员						
16.1.1.9	办公费																
16.1.1.9.1	办公文具纸张费	项目办公室根据各部门的购置申请编制采购计划表，书记审批，项目经理、项目办公室按标准采购，取得发票及采购明细报销，党政会签，财务主管审核人账，出纳付款，登记台账	现场经费预算执行分析表，应交税费统计分析表	实时	当天	●	●	☆	★	☆	☆						
16.1.1.9.2	通讯费	项目办公室每月5~10日统计上月各部门人员通讯费发票，依据文件规定限额及消费金额填制通讯费报销费报表，报项目经理、书记审批，财务主管审核报销单付款，出纳付款，登记台账	现场经费预算执行分析表，应交税费统计分析表	按月	当天	●	●	☆	★	☆	☆						

续 表

主责－★ 辅责－☆ 审核－●

编号	工作清单	工作流程		频次	完成时间	责任矩阵										
		流程描述	输出结果			项目领导			财务部			项目部				公司归口部门
						项目经理	项目书记	分管领导	财务负责人	会计员	出纳员	综合办公室	工程部	安质部	物设部	工经部	试验室	
16.1.1.10	差旅费	员工出差返回10日内，凭有效凭证，填写报销单，员工出差派遣及补助单，报项目党政会签，财务主管审核会签，出纳付款，登记台账	现场经费预算执行分析表，应交税费统计分析表	实时	当天	●	●	☆	★	☆	☆						
16.1.1.11	日常交通费	项目办公室审核日常交通费用分析，按月进行费用分析，财务主管审核会签，财务主管审核制单人账，登记台账	现场经费预算执行分析表，应交税费统计分析表	实时	当天	●	●	☆	★	☆	☆	☆					
16.1.1.12	燃料动力费	项目办公室审核燃料动力费用分析，按月进行会签，项目党政会签，财务主管审核制单人账，登记台账	现场经费预算执行分析表，应交税费统计分析表	实时	当天	●	●	☆	★	☆	☆	☆					
16.1.1.13	会议费	项目办公室报销会议费，项目党政会签附资料，财务主管审核制单人账，出纳付款，登记台账	现场经费预算执行分析表，应交税费统计分析表	实时	当天	●	●	☆	★	☆	☆	☆					

续表

主责 — ★ 辅责 — ☆ 审核 — ●

		工作流程			责任矩阵											
					项目领导		项目部									公司归口部门
								财务部								
编号	工作清单	流程描述	输出结果	频次	完成时间	项目经理	项目书记	分管领导	财务负责人	会计员	出纳员	综合办公室	工程部	工安质部	工物设经部	试验室	
16.1.1.14	业务宣传费用	项目办公室报销业务宣传费,相关部门登记审核,项目经理审批,财务主管审核制单入账,出纳付款,登记台账	现场经费预算执行分析表、应交税费统计分析表	实时	当天	●	●	☆	★	☆	☆	☆					
16.1.1.15	保险费	公司财务部列转项目部车辆保险费,项目办公室将汽车保险费报由项目经理审批,书记审核,财务主管审核制单入账,登记台账	现场经费预算执行分析表、应交税费统计分析表	实时	当天	●	●	☆	★	☆	☆	☆					
16.1.1.16	修理费	项目相关部门报销维修费,相关部门按月分析,审核并登记台账,党政会签,财务主管审核制单入账,出纳付款,登记台账	现场经费预算执行分析表、应交税费统计分析表	实时	当天	●	●	☆	★	☆	☆	☆					
16.1.1.17	业务费用	项目部根据工作需要,有关标准从简招待,经请示同意后,党政会签,财务主管审核制单入账,出纳付款,登记台账	现场经费预算执行分析表	实时	当天	●	●	☆	★	☆	☆	☆					

续 表

主责－★ 辅责－☆ 审核－●

编号	工作清单	工作流程			责任矩阵											
					项目部											公司归口部门
					项目领导		财务部			综合办公室	工程部	安质部	物设部	工经部	试验室	
		流程描述	输出结果	频次	完成时间	项目经理	项目书记	分管领导	财务负责人	会计员	出纳员						
16.1.18	税金	项目部按照税法缴纳，取得完税凭证，项目经理、书记审批，财务主管审核制单入账，出纳付款，登记台账	现场经费预算执行分析表、应交税费统计分析表	实时	当天	●	●	☆	★	☆	☆					
16.1.19	其他	项目办公室报销其他费用，相关部门登记审核，项目经理审批，财务主管审核制单入账，出纳付款，登记台账	现场经费预算执行分析表、应交税费统计分析表	实时	当天	●	●	☆	★	☆	☆	☆			☆	
16.2	间接费用的结转	季度末，打印结转前间接费用科目余额表，财务主管审核结转入账		按季	当天	●	●	☆	★	☆						
17	安全费用															
17.1	提取安全费用	季度初公司成本管理部下达季度安全费用使用计划。项目经部据此编制安全费用计提表，经相关部门签字、审核，项目党政会签，财务主管审核，制证入账，登记台账	安全生产费用台账	实时	实时	●	●	☆	★	☆	☆		☆	☆		工经部、安质部

第十三章 财务管理流程及责任矩阵

续表

主责—★ 辅责—☆ 审核—●

编号	工作清单	工作流程			责任矩阵										
		流程描述	输出结果	频次	完成时间	项目领导			项目部						公司归口部门
						项目经理	项目书记	分管领导	财务部			综合办公室	工程部	工安质部	物设部	工经部	试验室	
									财务负责人	会计员	出纳员							
17.2	使用安全费用	项目部经办人员填写报销单,经安质部负责人审核,项目党政会签后交财务部,财务主管制单入账,并及时登记台账	安全生产费用台账,应交税费统计分析表	实时	当天	●	●	☆	★	☆	☆	☆		☆	☆	☆	
17.3	季度末安全费用实际支出与提取数差额处理	季度末,财务部配合根据安费用台账面质部的安全度季度安全费用核填制季度安全费用核销表,书记,安质部门负责人,财务负责人签字齐全的安全费用实际发生数与提取数的差额进行账务处理。实际发生数超过提取数的,予以补提;安全费用实际发生数不得低于提取数,财务部监督足额使用		按季	实时	●	●	☆	★	☆				☆				安质部
18	研发支出							☆		☆							

续 表

主责－★ 辅责－☆ 审核－●

工作流程					责任矩阵									
编号	工作清单	流程描述	输出结果	频次	完成时间	项目部								公司归口部门
						项目领导			财务部			综合办公室	工程部	安质部	物设部	试验室经部	
						项目经理	项目书记	分管领导	财务负责人	会计员	出纳员						
18.1	归集研发费用	根据公司下达的科研立项项目预算文件成立科研小组，项目技术负责人组织对费用进行归类、认定，财务主管对研发资料进行审核，制单复印，扫描相关凭证及登记研发费用入账	研究与开发费用统计台账，应交税费统计分析表	实时	当天	●	●	☆	★	☆	☆		☆				
18.2	研发费用的结转	项目财务主管审核研发支出科目余额，季度末，财务主管将研发费用科目下的费用余额结转至管理费用科目		按季	当天	●	●	☆	★	☆							
19	财务费用																
19.1	利息支出	公司每季度最后一个月21日收取调剂资金占用费，财务主管依据结算中心资金分配清单入账		按季	当天			☆	★	☆	☆						财务部

第十三章 财务管理流程及责任矩阵

续表

主责 - ★　辅责 - ☆　审核 - ●

编号	工作流程				责任矩阵									
	工作清单	流程描述	输出结果	频次	完成时间	项目领导			财务部			综合办公室	工程部	安质部	物设部	工经部	试验室	公司归口部门
						项目经理	项目书记	分管领导	财务负责人	会计员	出纳员						
19.2	利息收入	项目部每季度最后一个月21日收到银行存款利息或销户结息，及时取得银行利息回单（内行为结算中心计付占用费清单）并入账		按季	当天			☆	★		☆						
19.3	手续费支出	通过银行办理结算业务时，产生银行业务手续费，及时取得银行手续费回单，并取得增值税专用发票后，制证入账	应交税费统计分析表	实时	当天			☆	★		☆						
19.4	保函手续费	项目每季度收到公司财务部函通知费用托收通知单及保证费用计算表，项目经理签字，财务主管审核入账		按季	当天			☆	★		☆						
19.5	财务费用的结转	项目财务部于季度末认真核对是否所有财务费用均已入账，项目财务部根据财务费用明细余额结转财务费用		按季	当天			☆	★	☆							财务部

313

续表

主责－★ 辅责－☆ 审核－●

编号	工作清单	工作流程			责任矩阵											公司归口部门
		流程描述	输出结果	频次	完成时间	项目部										
						项目领导			财务部			综合办公室	工程部	安质部	物设部	工经部	试验室	
						项目经理	项目书记	分管领导	财务负责人	会计员	出纳员							
20	建造合同																	
20.1	确定合同预计总收入、预计总成本、合同毛利	工程部编制预计合同总工程量清单，已完工工程量清单（含变更）和未完工工程量清单，工经部编制预计合同总收入和合同收入；工程部、财务部编制预计直接成本及间接费用预算，财务部汇总数据完成"预计合同总成本及合同毛利表"；确认项目预计总收入及预计毛利率	实时	当天			☆	★	☆			☆			☆		财务部
20.2	确认收入、成本、合同毛利	组织收方盘点，项目工程部编制已完工工程量清单（含变更），项目工经部编制开累合同收入或局指（代局指）审核项目上报开累合同收入，确定各项目分部合同收入（收入不含增值税），财务部填写建造合同执行情况表，确定当期合同收入、合同费用及合同毛利	项目盈亏分析表	实时	当天			☆	★	☆			☆			☆		财务部

第十三章　财务管理流程及责任矩阵

续　表

主责 – ★　辅责 – ☆　审核 – ●

工作流程				责任矩阵										
					项目部									公司归口部门
				项目领导		财务部		综合办公室	工程部	安质部	物设部	工经部	试验室	
编号	工作清单	流程描述	输出结果	频次	完成时间	项目经理	项目书记	分管领导	财务负责人	会计员	出纳员								
20.3	建造合同结果不能可靠估计	合同成本能够全部收回的，根据能够收回的合同成本确认合同收入，合同成本任其发生当期确认为合同费用。合同成本不可能收回的，应在发生时确认为合同费用，不确认为合同收入		实时	当天			☆	★	☆			☆		☆		
20.4	工程施工与工程结算的对冲	项目部工经部取得项目竣工决算书，项目已竣工决算，财务部审核完整性，经公司财务部审批，按照工程施工、工程结算明细辅助明细逐项对冲，并导出对冲前科目余额表作附件，财务主管审核入账		实时	当天			☆	★	☆						财务部
21	利润及利润分配														

续 表

主责-★ 辅责-☆ 审核-●

编号	工作清单	工作流程		频次	完成时间	责任矩阵											公司归口部门
		流程描述	输出结果			项目部											
						项目领导			财务部			综合办公室	工程部	安质部	物设部	工经部	试验室	
						项目经理	项目书记	分管领导	财务负责人	会计员	出纳员							
21.1	利润																	
21.1.1	收入的结转	每季度,财务主管审核科目余额表账面收入科目的科目余额,根据核后的科目余额结转账面收入科目余额		按季	当天			☆	★	☆								
21.1.2	成本、费用的结转	每季度,财务主管审核科目余额表账面主营业务成本、费用科目的科目余额,根据审核账面的科目余额结转账面主营业务成本、费用科目余额		按季	当天			☆	★	☆								
21.1.3	年末本年利润结转	每年度,财务主管审核年利润余额,根据核后的科目余额结转账面本年利润科目余额		按年	当天			☆	★	☆								
22	报表编制		季度报表	按季	季度末次月10日前	●		☆	★	☆	☆							财务部

附件一：项目经理部会计科目库

项目经理部会计科目库

科目编号	一级	二级	三级	四级	辅助核算	备注
[1001]	库存现金					
[1001-01]		人民币			[现金流量]	
[1002]	银行存款					
[1002-01]		人民币			[银行名称；现金流量]	
[1121]	应收票据					
[1121-01]		银行承兑汇票				
[1121-01-99]		银行承兑汇票	其他		[银行名称；客户往来]	收到银票及银票背书支付
[1122]	应收账款					
[1122-01]		工程款				
[1122-01-01]			铁路		[客户往来]	
[1122-01-02]			公路		[客户往来]	
[1122-01-03]			市政		[客户往来]	
[1122-01-04]			房建		[客户往来]	
[1122-01-05]			轻轨/地铁		[客户往来]	
[1122-01-06]			其他基建		[客户往来]	
[1122-01-07]			其他		[客户往来]	
[1122-02]		质量保证金				

317

续 表

科目编号	一级	二级	三级	四级	辅助核算	备注
[1122-02-01]			原值			
[1122-02-01-01]				铁路	[客户往来]	
[1122-02-01-02]				公路	[客户往来]	
[1122-02-01-03]				市政	[客户往来]	
[1122-02-01-04]				房建	[客户往来]	
[1122-02-01-05]				轻轨/地铁	[客户往来]	
[1122-02-01-06]				其他基建	[客户往来]	
[1122-02-01-07]				其他	[客户往来]	
[1122-14]		预收账款增值税				本科目为收到业主预付款，为取得业主计价情况下，按照增值税纳税义务发生时间要求应计提应交税费-应交增值税-销项税额在取得业主验工计价批复审情况下逐次或一次冲减的过度科目
[11123]	预付账款				[客户往来]	
[11123-01]		工程款				
[11123-02]		材料款			[客户往来]	
[11123-02-01]			工程施工原材料款			本科目用于核算预付分包款或与分包单位进行工程款结算款但未收到进项发票，金额相当于进项税额的款项
[1126]	待结算进项税额					
[1221]	其他应收款					
[1221-01]		备用金			[人员核算]	
[1221-04]		保证金				
[1221-04-01]			履约保证金		[客户往来]	项目根据合同约定交业主的履约保证金

附件一：项目经理部会计科目库

续 表

科目编号	一级	二级	三级	四级	辅助核算	备注
[1221-04-03]			民工工资保证金		[客户往来]	项目根据合同约定或地方政府规定交地方政府或业主代扣的民工工资保证金
[1221-04-99]			其他		[客户往来]	
[1221-09]		应收押金			[客户往来]	支付给外部单位或客户的押金，如房租押金、供电押金、道路押金等
[1221-11]		应收其他代垫款			[客户往来；人员核算]	本科目仅核算应收内部职工款项，包括"罚款、社保清算款"
[1221-99]		其他			[其他应收款项类别；客户往来]	本科目核算外部单位其他应收款项，包括水电费
[1401]	材料采购				[材料采购类别]	
[1403]	原材料					
[1403-01]		主要材料				
[1403-02]		辅助材料				
[1403-06]		燃料				
[1411]	周转材料					
[1411-02]		在用				
[1411-03]		摊销				
[1412]	低值易耗品					
[1412-02]		在用			[低值易耗品类别]	
[1412-03]		摊销			[低值易耗品类别]	
[1605]	工程物资					
[1605-99]		其他				

319

续 表

科目编号	一级	二级	三级	四级	辅助核算	备注
[2202]	应付账款					
[2202-04]		应付材料采购款			[客户往来]	
[2202-06]		应付劳务款			[客户往来]	
[2202-08]		应付租赁费				
[2202-08-01]			设备租赁		[客户往来]	机械设备租赁
[2202-08-02]			其他租赁		[客户往来]	周转料租赁
[2202-13]		预付账款增值税				本科目用于核算预付给承包人款项需确认进项税对应的过渡科目
[2202-99]		其他			[客户往来]	零星采购及零星机械租赁核算
[2203]	预收账款					
[2203-01]		工程款			[客户往来]	
[2211]	应付职工薪酬					核算企业职工和劳务派遣人员薪酬，不含实习及外聘人员
[2211-01]		工资、奖金、津贴和补贴				核算正式职工构成工资总额的计时计件工资、加班工资、休假工资、绩效工资、奖金、过节费、津贴
[2211-02]		福利费用				
[2211-02-01]			非货币性福利			核算三不让资金
[2211-03]		社会保险				
[2211-03-01]			基本养老保险			
[2211-03-02]			补充养老保险			
[2211-03-03]			基本医疗保险			
[2211-03-04]			补充医疗保险			
[2211-03-06]			失业保险			
[2211-03-07]			工伤保险			

附件一：项目经理部会计科目库

续表

科目编号	一级	二级	三级	四级	辅助核算	备注
[2211-03-08]		住房公积金	生育保险			
[2211-05]		工会经费				
[2211-08]		职工教育经费				
[2211-09]		劳务派遣费				
[2211-11]						核算协议构成工资总额的计时计件工资、加班工资、休假工资、绩效工资、奖金、过节费、津贴
[2221]	应交税费					
[2221-01]		应交增值税				
[2221-01-01]			进项税额		[税率]	本科目核算采购中所支付或承担的准予从销项税额中抵扣的增值税额。根据取得的增值税专用发票所记载的税率分别核算
[2221-01-02]			销项税额抵减			用于核算扣减销售额而减少的销项税额
[2221-01-07]			销项税额		[税率]	本科目核算企业发生应税行为时应确认的销项税额。根据开具的增值税专用发票所记载的税率分别核算
[2221-01-09]			进项税额转出			本科目核算企业购进货物、劳务、固定资产、无形资产、不动产等发生非正常损失以及其他原因而不应从销项税额中抵扣，按规定转出的进项税额（已认证抵扣的进项税额，取得红字专用发票后作进项税额转出）
[2221-03]		预交增值税				
[2221-03-01]			建筑服务		[税率]	一般计税项目使用
[2221-04]		待抵扣进项税额				
[2221-04-01]			待抵扣不动产进项税额			

续 表

科目编号	一级	二级	三级	四级	辅助核算	备注
[2221-06]		待转销项税额				本科目核算取得工程结算时因未收到款项或未达到合同约定的收款时间，未开具发票即时达到纳税纳税义务发生时间暂时列入的销项税额，待达到增值税纳税义务发生时，从本科目转入"应交税费—应交增值税—销项税额"科目（一般计税项目使用）
[2221-08]		简易计税				
[2221-08-01]			简易计税抵减		[税率]	分包抵减业务，实现差额纳税
[2221-08-02]			预交简易计税		[税率]	
[2221-08-03]			简易计税计提		[税率]	
[2221-08-05]			待转简易计税		[税率]	本科目核算取得工程结算时因未收到款项或未达到合同约定的收款时间，未开具发票时达到纳税纳税义务发生时间暂时列入的销项税额，待达到增值税纳税义务发生时，从本科目转入"应交税费—简易计税—简易计税计提"科目
[2221-11]		增值税申报纳税结转				在本科目核算汇总纳税方式下，汇总范围内项目部将应交税费—应交增值税—进项税额、进项税额转出、销项税额、预缴增值税税额和"营改增"抵减的销项税额等科目当期发生额结转至汇总纳税主体本部
[2221-20]		应交城市维护建设税				
[2221-21]		应交企业所得税				
[2221-22]		应交教育费附加				
[2221-22-01]			教育费附加			
[2221-22-02]			地方教育费附加			
[2221-24]		应交地方各项基金				

附件一：项目经理部会计科目库

续表

科目编号	一级	二级	三级	四级	辅助核算	备注
[2221-24-01]			城市河道建设费			
[2221-24-02]			堤防费			
[2221-24-03]			水利建设基金			
[2221-24-99]			其他			
[2221-25]		应交个人所得税				包括随征的个人所得税
[2221-27]		应交印花税				
[2241]	其他应付款					
[2241-01]		保证金				
[2241-01-01]			履约保证金		[客户往来]	合同约定收取施工队伍的履约保证金
[2241-01-02]			投标保证金		[客户往来]	收取外部客户的投标保证金
[2241-01-03]			民工工资保证金		[客户往来]	合同约定收取施工队伍的农民工资保证金
[2241-03]		代扣个人社保费				
[2241-03-01]			基本养老保险			
[2241-03-02]			补充养老保险			核算代扣企业年金
[2241-03-03]			基本医疗保险			
[2241-03-05]			大额互助医疗保险			
[2241-03-06]			失业保险			
[2241-04]		代扣个人住房公积金				
[2241-05]		应付押金			[客户往来]	核算收取外部单位的押金
[2241-08]		应付暂收款			[客户往来]	仅核算应付内部职工款项
[2241-10]		应付工会经费				
[2241-99]		其他				

续 表

科目编号	一级	二级	三级	四级	辅助核算	备注
[2241-99-03]					[客户往来]	核算外部单位其他应付款项，如：设备进出场运费、宣传费、电费、检测费、施工配合费、征地拆迁款等
[3001]	内部往来		其他往来		[客户往来；内部往来类别]	公司内部融资及社保款通过内部往来科目核算
[4104]	本年利润					
[4105]	利润分配	未分配利润				
[4105-14]						
[4301]	专项储备					
[4301-01]		安全生产费	计提			
[4301-01-01]			使用			
[4301-01-02]						
[5301]	研发费用				[专项类别]	
[5301-01]		费用化支出				归集核算处于研究阶段的研发费用
[5301-01-01]			人工费			直接从事研发活动人员的工资薪金及外聘研发人员的劳务费用
[5301-01-01-01]				工资薪金		
[5301-01-01-02]				五险一金		直接从事研发活动人员的基本养老保险费、基本医疗保险费、失业保险费、工伤保险费、生育保险费和住房公积金
[5301-01-02]			材料费			研发活动直接消耗的材料费用
[5301-01-03]			燃料动力费			研发活动直接消耗的燃料和动力费用
[5301-01-04]			中间试验和产品试制费			用于中间试验和产品试制的模具、工艺装备开发及制造费，不构成固定资产的样品、样机及一般测试手段购置费

附件一：项目经理部会计科目库

续 表

科目编号	一级	二级	三级	四级	辅助核算	备注
[5301-01-06]			试制产品检测费			试制产品的检验费
[5301-01-07]			检修费			用于研发活动的仪器、设备的运行维护、调整、检验、维修等费用
[5301-01-08]			租赁费			通过经营租赁方式租入的用于研发活动的仪器、设备租赁费
[5301-01-09]			折旧费			用于研发活动的仪器、设备的折旧费
[5301-01-11]			设计、制定费用			新产品设计费、新工艺规程制定费
[5301-01-12]			试验费			
[5301-01-14]			其他			
[5301-01-14-01]				图书资料费		
[5301-01-14-02]				资料翻译费		
[5301-01-14-03]				专家咨询费		
[5301-01-14-05]				科研成果评审、评估、验收费		研发成果的检索、分析、评议、论证、评审、鉴定、评估、验收费用
[5301-01-14-06]				知识产权申请、注册、代理费		
[5301-01-14-07]				差旅费		
[5301-01-14-08]				会议费		
[5301-01-14-99]				其他		
[5301-01-15]			费用化转出			

325

续 表

科目编号	一级	二级	三级	四级	辅助核算	备注
[5401]	工程施工					
[5401-01]		合同成本				
[5401-01-01]			直接人工费		[工号核算]	核算临聘人员及实习工资、奖金
[5401-01-02]			直接材料费		[工号核算]	施工过程中所耗用的、构成工程实体的材料，结构件、机械配件和有助于工程形成的其他材料以及周转料摊销、周转料租赁费、小型机具摊销等
[5401-01-03]			机械使用费			
[5401-01-03-03]				修理费	[工号核算]	机械设备修理费用
[5401-01-03-04]				燃料动力费	[工号核算]	核算油料
[5401-01-03-05]				机械租赁费	[工号核算]	核算外租机械设备及公司内部固定资产租赁费
[5401-01-04]			劳务成本		[工号核算]	按月结算的应支付给劳务单位的劳务费用
[5401-01-06]			其他直接费			
[5401-01-06-03]				临时设施	[工号核算]	驻地建设、临电安装费用、施工便道、加工区建设、搅拌站建设等、机械使用费及劳务成本外的费用（除直接材料费、机械使用费及劳务成本外的费用）
[5401-01-06-06]				检验试验费	[工号核算]	核算试验检测费用（试验仪器标定费、材料委外检测费等）、地质扫描等相关为保证施工精度、试验精确而发生的成本，包括公司列转的试验仪器租赁费、摊销
[5401-01-06-08]				设计及技术援助费	[工号核算]	场建设计费、技术咨询费
[5401-01-06-09]				工程定位复测及交点交桩费	[工号核算]	施工过程中监控量测、地质预报、导线复测、CPIII控制量测、工程部图纸复印费用、竣工资料费、工程测量仪器设备租赁费、摊销
[5401-01-06-14]				安全生产费	[工号核算]	

附件一：项目经理部会计科目库

续表

科目编号	一级	二级	三级	四级	辅助核算	备注
[5401-01-06-15]				燃料动力费	[工号核算]	与项目直接相关的燃料动力费，一般只列生产用水电（工地取暖养护用煤和油等费用在"直接材料费"科目核算）
[5401-01-06-16]				征地拆迁费	[工号核算]	永久及临时征地补偿，地面附着物补偿，青苗树木补偿，管线迁改，施工配合费（跨公路、跨铁路施工产权单位收取的费用及跨航道、跨公路使用费），道路使用及损坏补偿，环保费，耕地占用税，临时占地复垦费等
[5401-01-06-17]				修理费	[工号核算]	试验、测量仪器、机具等维修费
[5401-01-06-99]				其他	[工号核算]	与项目直接相关的其他费用如局指训款、工程一切险及第三者责任险等工程保险、各种赞助费、慰问费、暂估费等地方收费。收到的业主、局指奖励冲减成本费用、小额运费等
[5401-01-07]		间接费转入			[工号核算]	
[5401-02]		间接费用				
[5401-02-01]			职工薪酬		[职工薪酬]	除核算企业职工及劳务派遣人员工资奖金外，还包括供暖补贴、防署降温费、职工困补费、送葬抚恤费、职工探亲路费、伙食补贴
[5401-02-02]			劳动保护费			
[5401-02-17]			低值易耗品摊销			仅核算办公类低值易耗品的摊销费用
[5401-02-18]			租赁费			外部车辆租赁费，公司列转的行管用车辆租赁费，宣传设备租赁费
[5401-02-18-02]				其他		
[5401-02-19]			办公费			
[5401-02-20]			差旅费			包括出差所发生的交通费、住宿费、误餐补助费等
[5401-02-21]			日常交通费			出租车费、公交车费、地铁、小车过路过桥停车费等

续 表

科目编号	一级	二级	三级	四级	辅助核算	备注
[5401-02-26]			燃料动力费			
[5401-02-27]			会议费			项目部举行方案评审、开工动员、现场观摩、工程验收等会议期间发生的会场地租赁费、会议住宿、会议用餐、会议用品、文印、媒介等其他费用
[5401-02-28]			业务宣传费			驻地形象宣传、标语、标识以及媒体宣传费用、职工政治学习资料及按规定支付的稿酬费用等
[5401-02-29]			保险费			项目部小汽车保险费，一般由公司购买列转项目
[5401-02-31]			修理费			
[5401-02-32]			业务费用			生产、经营、管理活动中发生的业务招待费用
[5401-02-34]			税金			
[5401-02-34-02]				车船使用税		
[5401-02-34-03]				印花税		
[5401-02-99]			其他		[费用类别]	如后勤用品、物业费、保洁费、诉讼费、党团活动费等费用
[5401-03]		合同毛利				
[5402]	工程结算				[客户往来]	
[6001]	主营业务收入				[业务类别；商品类别；专项类别]	
[6051]	其他业务收入				[客户往来；业务类别；商品类别；专项类别]	
[6401]	主营业务成本				[业务类别；商品类别；专项类别]	
[6403]	税金及附加					

附件一：项目经理部会计科目库

续 表

科目编号	一级	二级	三级	四级	辅助核算	备注
[6403-01]		城市维护建设税			[业务类别]	
[6403-02]		教育费附加			[业务类别]	
[6403-03]		地方教育费附加			[业务类别]	
[6403-09]		印花税			[业务类别]	
[6403-11]		城市河道建设费			[业务类别]	
[6403-12]		堤防费			[业务类别]	
[6403-99]		其他			[业务类别]	
[6602]	管理费用					
[6602-17]		研究与开发费用				
[6603]	财务费用					
[6603-01]		利息支出	借款利息支出			
[6603-01-01-03]				内部单位借款利息支出	[银行名称；专项类别]	
[6603-02]		利息收入	存款利息收入			
[6603-02-01-01]				外部存款	[银行名称]	
[6603-02-01-03]				内部资金中心存款	[银行名称]	
[6603-04]		手续费支出	银行业务手续费			
[6603-04-01-01]				第三方	[银行名称]	银行业务手续费、账户管理费、函证费用等
[6603-04-01-02]				中铁内部	[银行名称]	

"现金流量"辅助科目设置

辅助科目编号	辅助科目名称			备注
	一级辅助	二级辅助	三级辅助	
01	经营活动产生的现金流量			
01-01		销售商品、提供劳务收到的现金		
01-03		收到的其他与经营活动有关的现金		
01-03-01			收回的质保金和尾工款	
01-03-02			收到建设方奖励款	
01-03-03			收到的履约保证金、投标保证金	
01-03-04			代收款	
01-03-05			代垫费用、备用金	
01-03-06			收到的利息收入	
01-03-07			征地拆迁款	
01-03-99			其他收款	
01-04		购买商品、接收劳务支付的现金		
01-05		支付给职工及为职工支付的现金		
01-06		支付的各项税费		
01-07		支付的其他与经营活动有关的现金		
01-07-01			办公费、差旅费等费用开支	
01-07-02			职工借支款及备用金	
01-07-03			支付的保证金	
01-07-04			代付款	
01-07-05			金融机构手续费	
01-07-06			征地拆迁款	
01-07-99			其他付款	
03	筹资活动所产生的现金流量			
03-02		取得借款所收到的现金		
03-05		偿还债务所支付的现金		
03-05-02			偿还借款	
03-06		分配股利、利润或偿付利息所支付的现金		
03-06-02			其他利息支出	
98	其他（不影响现金流）			

附件一：项目经理部会计科目库

"银行名称"辅助科目设置

辅助科目编号	辅助科目名称			备注
	一级辅助	二级辅助	三级辅助	
01	银行			
01-01		中国银行		
01-01-01			×××分支机构	
01-02		中国工商银行		
01-03			×××分支机构	
…				
02	非银行金融机构			
02-02		局资金中心		
02-03		公司资金中心		
02-03-01			内部账号	
02-03-02			内部账号	
02-05		经理部存款		根据需要设置

331

"客户往来"辅助科目设置

辅助科目编号	辅助科目名称			备注
	一级辅助	二级辅助	三级辅助	
1020165489	中国铁路工程总公司（合并）			不需设置
1491855259	中铁四局集团有限公司（合并）			不需设置
01	罚款			
02	定额备用金			
03	社保清算款			
04	网购材料服务费			
05	代收职工意外保险			
06	临聘人员工资			

外部科目通过[机构私有客户]模块进行增加

1. 机构私有客户外部客户设置规则：

（1）如果外部客户是独立的公司，且没有授权委托人，则在机构私有客户里将该客户的编号改为该公司的组织机构代码证号，名称就是该公司名称。（此种情况主要针对物资供应商）

即："公司组织机构代码证号"+"公司名称"

举例：编　号　　　　　　　　　名　称
74185089-4　　　　广州市建亨钢材有限公司
68360478-8　　　　合肥市万马广告有限责任公司

（2）如果外部客户不是公司，而是独立的自然人，且合同签订和付款单位名称都是该自然人，则在机构私有客户里将该客户的编号改为自然人的身份证号码，名称就是该自然人的姓名。（此种情况主要针对机械设备租赁商）

即："身份证号码"+"姓名"

举例：编　号　　　　　　　　名　称
441424198401280030　　邹　东
362421197310250214　　罗　华

（3）如果外部客户是某公司的一个授权委托人，且代表公司名义行使合同结算，则在机构私有客户里将该客户的编号改为公司组织机构代码证号–授权委托人的身份证号码，名称改为公司名称–授权委托人姓名。（此种情况主要针对劳务协作队伍）

即："公司组织机构代码证号–身份证号码"+"公司名称–姓名"

举例：编　号　　　　　　　　　　　　名　称
73609312-3-320112195712090015　　南京六合开元建设有限公司–吴尚荣
75854003-5-340121197011124912　　合肥市双墩建筑劳务有限公司–李安好

（4）如果外部客户是事业单位或者政府机构，则在机构私有客户里将该客户的编号改为其所在地的邮政编码加序号（01、02、03等），名称就是该事业单位或者政府机构的名称。（此种情况主要针对应付征地拆迁款、环保费用及其他事业单位收费）

即："邮政编码–01、02、03……"+"事业单位或者政府机构"

举例：编　号　　　　　名　称
231163-01　　　长丰县三和乡土楼村民委员会
230011-01　　　上海铁路局合肥工务段

2. 除上述增加的外部客户外，各单位还需增加"罚款"、"社保清算款"作为"其他应收款–应收其他代垫款"科目的辅助科目核算内部职工代垫款。其中内部"代扣个人伙食费"下人员辅助为办公室食堂管理人员一人，"罚款"及"社保清算款"下人员核算为具体职工，可为多个。

附件一：项目经理部会计科目库

"业务类别"辅助科目设置

辅助科目编号	辅助科目名称			备注
	一级辅助	二级辅助	三级辅助	
01	基础建设[工程施工类]			
01-01		国内基建项目		
01-02		国外基建项目		

"商品类别"辅助科目设置

辅助科目编号	辅助科目名称			备注
	一级辅助	二级辅助	三级辅助	
01	工程施工			
01-01		铁路		
01-02		公路		
01-03		市政		
01-04		房建		
01-05		轻轨/地铁		
01-99		其他基建		

"职工薪酬"辅助科目设置

辅助科目编号	辅助科目名称			备注
	一级辅助	二级辅助	三级辅助	
01	工资、奖金、津贴和补贴			
01-01		企业职工		
01-02		劳务派遣人员		
02	职工福利费			
02-03		供暖费补贴		2211应付职工薪酬科目禁用
02-04		防暑降温费		2211应付职工薪酬科目禁用
02-05		职工困补费		2211应付职工薪酬科目禁用
02-06		丧葬抚恤费		2211应付职工薪酬科目禁用
02-08		独生子女费		2211应付职工薪酬科目禁用
02-09		职工探亲路费		2211应付职工薪酬科目禁用
02-10		伙食补贴		2211应付职工薪酬科目禁用
02-12		其他福利费		2211应付职工薪酬科目禁用
03	社会保险费			
03-01		基本养老保险费		
03-02		企业年金（补充养老保险）		
03-03		基本医疗保险费		
03-04		补充医疗保险费		
03-05		大额互助医疗保险费		
03-06		失业保险费		
03-07		工伤保险费		
03-08		生育保险费		
05	住房费用			
05-01		住房公积金		
06	工会经费			
07	职工教育经费			

附件一：项目经理部会计科目库

"专项类别"辅助科目设置

辅助科目编号	辅助科目名称			备注
	一级辅助	二级辅助	三级辅助	
01	安全生产费			
01-01		安全生产支出（工程施工）		
01-01-01			防护设施和隐患治理支出	
01-01-02			应急救援器材、设备和应急演练支出	
01-01-03			评估、整改、监控支出	
01-01-04			检查、评价、咨询、标准化建设支出	
01-01-05			安全防护用品支出	
01-01-06			宣传、教育、培训支出	
01-01-07			"四新"应用支出	
01-01-08			设施设备检测检验支出	
01-01-09			其他支出	
03	地区			
03-01		国内		
03-01-01			四川地区	
03-01-02			重庆地区	
…			…	
05	借款利息费用			
05-01		5年以上		
05-02		小于或等于5年		

335

"税率"辅助科目设置

辅助科目编号	辅助科目名称			备注
	一级辅助	二级辅助	三级辅助	
01	17%			
02	13%			
03	11%			
04	7%			
05	6%			
06	5%			
07	3%			
08	2%			
09	1.5%			
99	其他			

"工号核算"辅助科目设置

辅助科目编号	辅助科目名称			备注
	一级辅助	二级辅助	三级辅助	
01	主体工程			
02	临时工程			
03	措施费			

注：根据公司要求，各单位工号核算只设置以上"三个工号"进行成本核算，不需设置其他工号。

"人员核算"辅助科目设置

辅助科目编号	辅助科目名称			备注
	一级辅助	二级辅助	三级辅助	
01	张三			
02	李四			
...				

附件一：项目经理部会计科目库

"内部往来类别"辅助科目设置

辅助科目编号	辅助科目名称			备注
	一级辅助	二级辅助	三级辅助	
01	公司内部往来			
01-01		结算往来		
01-02		资金调剂往来		
01-03		社保往来		
01-04		增值税往来		
02	母子公司往来			
02-01		局指（代局指）往来		
02-01-01			结算往来	
02-01-02			增值税往来	
02-02		局金融管理部往来		银票办理
02-03		分公司往来		
03	子公司之间往来			

"材料采购类别"辅助科目设置

辅助科目编号	辅助科目名称			备注
	一级辅助	二级辅助	三级辅助	
01	自购材料			
02	甲供料			
03	局转材料			
04	电商采购			
05	内部调拨料			

注："材料采购及扣款类别"辅助由辅助科目库"私有辅助一"修改而来。

"低值易耗品类别"辅助科目设置

辅助科目编号	辅助科目名称			备注
	一级辅助	二级辅助	三级辅助	
01	生产类			
02	测量类			
03	试验类			
04	办公类			

说明："低值易耗品类别"辅助由辅助科目库"私有辅助二"修改而来。

"费用类别"辅助科目设置

辅助科目编号	辅助科目名称			备注
	一级辅助	二级辅助	三级辅助	
01	后勤费用			
02	物业费			
03	保洁费			
04	诉讼费			
05	其他			
06	间接费用结转			

说明:"费用类别"辅助由辅助科目库"私有辅助三"修改而来。

"其他应收款项类别"辅助科目设置

辅助科目编号	辅助科目名称			备注
	一级辅助	二级辅助	三级辅助	
01	水电费			仅限其他应收款－其他科目使用

注:"其他应收款项类别"辅助由辅助科目库"私有辅助四"修改而来。

附件二：项目经理部财务台账快报

项目部财务台账(快报)清单

编号	台账名称	编号	台账名称
一	管理类台账	二	业务类台账
1	银行承兑汇票办理解付统计台账	1	银行票据领购及使用登记簿
2	应收账款–应收工程款（质量保证金）台账	2	合同、授权委托书台账
3	资金到位审批与执行台账	3	项目代管固定资产备查台账
4	其他应收款–保证金（押金）台账		
5	材料采购–在途物资台账	三	快　报
6	物资采购分类统计台账	1	在建项目资金及债权债务月报
7	周转材料（机具）低品管理及摊销分析表	2	企业劳动情况月报表
8	物资处置台账	3	农民工工资（职工工资）拖欠统计月报
9	甲供材料监控台账		
10	债务结算支付统计分析表		
11	应付账款–应付材料采购款		
12	应付账款–应付材料采购款–未提账单台账		
13	应付账款–应付劳务款		
14	应付账款–应付租赁费–设备租赁		
15	应付账款–应付租赁费–周转材料租赁		
16	应付账款–其他–零星材料设备租赁台账		
17	小额支付劳务费（临租赁费）台账		
18	企业职工（劳务派遣人员）收入统计台账		
19	外聘人员（短期实习生）收入统计台账		
20	应交税费统计分析表		
21	其他应付款–其他台账		
22	在建项目现款上交台账		
23	工程施工–直接成本台账		
24	工程施工–其他直接成本台账		
25	安全生产费用台账		
26	研究与开发费用统计台账		
27	现场经费预算执行分析表		
28	项目盈亏分析表		

银行承兑汇票办理解付统计台账

项目名称：　　　　　　　　　　　　　　　　　　　　　　　　　　　　　　金额单位：元

序号	日期	凭证号	收款人全称	汇票号码	银票办理情况					银付解付情况				备注
					汇票金额	出票日(年月日)	到期日(年月日)	保证金缴纳比例	缴纳金额	凭证号	汇票解付金额	保证金解付金额	汇票余额	保证金余额
1														
2														
3														
4														
5														
6														
7														
8														
9														
10														
11														
12														
13														
14														
15														
16														
17														
201×年累计	开累													
占收业主现款比例														

注：1. 从项目开工至结束夹序时登记；2. 余额与"现款上交台账"中的"未解付银票"一致；3. 到期及时解付；到期保证金及时调回；按月与公司对账；"保证金余额"是"现款上交台账"中的"受限资金"全部或一部分。

附件二：项目经理部财务台账快报

应收账款—应收工程款（质量保证金）台账

项目名称：　　　　　　　　　　　　　　　　　　　　　　　　　　　　　　　　　金额单位：元

业主单位				合同价			名称			
业主单位联系人				预计总收入			纳税人识别号			合同付款条款概述：1.进度拨款比例\预留保证金\其他保证金比例；2.质保金\预留保证金到期日及收回条件；3.工程进度款拨款签认情况及约定；4.与业主对账情况；5.其他说明事项
联系方式				现金履约保证金	金额		地址、电话			
					到期日					
开工日期				银行保函	金额		开户银行、账号			
					到期日					
竣工日期							纳税人类型			
计税方式							提供发票类型			

序号	日期	凭证编号	开票金额	验工计价			实际收到工程款						应收账款	期末欠拨款（超拨为"-"号）				资金到位率
				工程结算	增值税	总额	工程预付款	拨付现款	甲供材	代扣税金	其他	合计		质量保证金	预留金	农民工资保证金	其他	应收进度款	
				1	2	3=1+2	4	5	6	7	8	9=4+5+6+7+8	10=3-9	11=3*5%	12	13	14	15=10-11-12-13-14	16=9/3
1																			
2																			
3																			
4																			
5																			
合计																			

注：1.序时登记；2.余额与"应收账款"、局指（代局指）往来"一致；每季度末与业主对账，局指、拨款、资金到位率与"现款上交台账"一致；4.收尾项目移交时需将本表交公司财务部。

341

资金到位审批与执行台账

项目名称：
金额单位：万元

序号	日期	凭证编号	现款到位金额	审批编号	审批、执行情况							
					还贷款	上交款	交增值税款	交社保	委托代付	集中	银票办理	调B户
1												
2												
3												
4												
5												
6												
7												
8												
9												
10												
11												
12												
13												
14												
15												
16												
17												
合计												

注：1. 依据"资金到位及使用审批表"审批情况，按实际执行序时登记；2. 审批情况以"+"数反映，执行以"-"数反映，合计数即执行偏差；3. 执行情况应逐笔与"现款上交"台账一致。

附件二：项目经理部财务台账快报

其他应收款—保证金（押金）台账

项目名称：　　　　　　　　　　　　　　　　　　　　　　　　　　　　　　　　　　　金额单位：元

序号	凭证号	性质	付款时间	合同编号	支付情况				到期时间	清收情况			余额	逾期未清收说明
					收款人名称	支付金额	支付经办人	对方经办人及联系方式		清收日期	清收凭证号	清收金额		
1														
2														
3														
4														
5														
6														
7														
8														
9														
10														
11														
12														
13														
14														
15														
16														
17														
合计														

注：1. 该台账的借方余额等于保证金的余额＋应收押金的余额；2. 根据合同约定及时清收，无法清收需取得支撑资料及时处理。

材料采购—在途物资台账

项目名称：　　　　　　　　　　　　　　　　　　　　　　　　　　　　　　　　　　金额单位：元

序号	经办人	日期	凭证号	挂账情况							验收月份	凭证号	点收情况				余额	备注
				供应单位	材料名称及规格	计量单位	在途数量	挂账单价	金额				验收数量	验收单价	点收金额	收料单号		
1																		
2																		
3																		
4																		
5																		
6																		
7																		
8																		
9																		
10																		
11																		
12																		
13																		
14																		
15																		
16																		
17																		
合计																		

注：1.与材料采购借方余额一致；2.及时清理，挂账不得超过3个月。

附件二：项目经理部财务台账快报

物资采购分类统计台账

项目名称：

序号	凭证号	日期	进货方式	计量单位	钢筋		钢绞线		型钢		商品混凝土		水泥		黄沙		碎石		粉煤灰		柴油		防水板		…		周转料（低品）		其他		合计	
					数量	金额	数量	金额	数量	金额	数量	金额	数量	金额	数量	金额	数量	金额	数量	金额	数量	金额	数量	金额	数量	金额	数量	金额	金额		数量	金额
1																																
2																																
3																																
4																																
5																																
6																																
7																																
8																																
9																																
10																																
11																																
12																																
13																																
14																																
15																																
累计																																

注：1. 进货方式选"甲供、局指供、自购、网购、调拨"；2. 项目部根据工程所需主材特点对材料类别进行适当增减；3. "其他"仅指辅材，仅填列金额；4. 根据"材料采购分类统计表"及时登记；5. 该台账便于主材数量的节超分析；该合账的总金额 - 库存金额后应与材料支出总额一致；6. 简易计税项目按价税合计金额填列，一般计税项目按不含税金额填列；7. 本表周转料（低品）合计数与周转料低品摊销分析表中原值合计数一致。

周转材料（机具）低品管理及摊销分析表

201 年 月

单位：　　　金额单位：元

序号	类别	日期	凭证号	规格型号	计量单位	数量	购置单价	购置原值	增加数量		减少数量			账面结存		摊销额	净残值	主责管理部门	责任人
									购置	内部单位调入	调出	变卖处理	毁损报废	数量	金额				
1																			
2																			
3																			
4																			
5																			
6																			
7																			
8																			
9																			
10																			
11																			
12																			
13																			
14																			
合计																			

注：1."周转材料账面结存金额"与"周转材料-在用科目""借方余额""借方余额一致；2."生产用机具，生产用低品和管理用低品"账面结存金额与"低值易耗品-在用科目""借方余额"一致；3."周转料（小型机具）摊销计算表"规格、品名及金额与此表应相符；4.类别按"周转材料，生产用机具，生产用低品，行管用低品，试验用低品，测量用低品"分类，应由归口部门相关公司相关部门核对；5.预估残值参根据公司相关制度确定；6.简易计税项目按价税合计金额填列，一般计税项目按不含税金额填列；7.根据周转料（小型机具）采购凭证序时登记；8.本表购买原值合计数与材料采购分类统计表中周转料（低品）合计数一致。

附件二：项目经理部财务台账快报

物资处置台账

单位：　　　金额：元

序号	日期	时间	物资名称	物资类别	单位	变卖处理数量								调出			备注
						收购单位	磅单号码	车号	毛重	皮重	净重	变卖单价	金额	对方单位	单价	金额	
1																	
2																	
3																	
4																	
5																	
6																	
7																	
8																	
9																	
10																	
11																	
12																	
13																	
14																	
15																	
16																	
合计																	

注：1. 该表按业务发生填列；2. 包括处置废旧材、调出剩余原材；3. 材料类型选择"原材料"、"周转材料"、"机具"、"低品"；4. 与经济活动分析盈亏分析表材料费关联；5. 与周转材料管理及摊销分析表核对一致。

甲供材料监控台账

项目名称：　　　　　　　　　　　　　　　　　　　　　　　　　　　　　　　　　　　　　　　金额:元

序号	日期	计量单位	甲供料点收										计价扣除										差额
			钢筋		钢绞线		型钢		水泥		小计		钢筋		钢绞线		型钢		水泥		小计		
			数量	金额	数量	金额	数量	金额	数量	金额			数量	金额	数量	金额	数量	金额	数量	金额			
1																							
2																							
3																							
4																							
5																							
6																							
7																							
8																							
9																							
10																							
11																							
12																							
13																							
14																							
15																							
合计																							

注：1. 业主转甲供料不进行入账核算的需登记此台账；2. 项目物设部应设置甲供料控制台账，并编制甲供料收发料单交项目财务部，对甲供料应及时进行盘点，并按月编制甲供料节超分析，项目工经部需提供验工计价中扣除甲供料清单，项目财务部应对甲供料扣除进行统计核算。
3. 项目财务部根据扣除甲供料清单登记台账及时进行核对，每月将甲供料收发料单交项目财务部，对甲供材料动态，并编制甲供料控制台账；

附件二：项目经理部财务台账快报

债务结算支付统计分析表

年 月至 年 月

项目名称：　　　　　　　　　　　　　　　　　　　　　　　　　　　　金额：元

序号	债务单位名称	合同总价	开累结算金额	扣款情况					入账结算金额			实付金额	账面欠付余额	其中：保留金	债务支付比率	滞后结算	是否存在债务风险
				材料	油料	超耗材料	水电费	租赁费	其他	价款	税额	价税合计						
一	应付材料采购款																	
1																		
2																		
3																		
二	应付劳务费																	
1																		
2																		
3																		
三	应付设备租赁																	
1																		
2																		
3																		
四	应付周转料租赁																	
1																		
2																		
3																		

续 表

序号	债务单位名称	合同总价	开累结算金额	扣款情况						入账结算金额			实付金额	账面欠付余额	其中：保留金	债务支付比率	滞后结算	是否存在债务风险
				材料	油料	超耗材料	水电费	租赁费	其他	价款	税额	价税合计						
五	内部单位结算																	
1																		
2																		
3																		
六	应付其他零星款																	
1																		
2																		
3																		
七	其他应付款																	
1																		
2																		
3																		
	合 计																	

注：1. 此表数据以"应付账款－应付材料采购款台账""应付账款－应付劳务费台账""应付账款－应付租赁费－设备租赁费""应付账款－应付租赁费－其他租赁费台账""应付账款－其他台账""其他应付款－其他台账""其他应付款－其他"和"其他应付款－内部单位结算"为依据，链接生成；2. "应付账款－其他台账"依总额填列，"内部单位结算"依往来账分析填列。

附件二：项目经理部财务台账快报

应付账款—应付材料采购款台账

合同编号：　　　　　　　　　　　　　　　　　法人代表：
授权委托人：

单位名称：
合同总额：

序号	日期	凭证号	税率	结算金额	扣款情况					入账结算金额			实付金额	账面欠付余额	其中：质保金	备注
					材料	油料	超耗材料	水电费	租赁费	其他	价款	税额	价税合计				
1																	
2																	
3																	
4																	
5																	
6																	
7																	
8																	
9																	
10																	
11																	
12																	
13																	
14																	
15																	
16																	
17																	
合计																	

应付账款—应付材料采购款-未提账单备查台账

项目名称：   年　月　日   金额单位：元

序号	材料名称	供货单位	计量单位	预点							冲销						未提账单余额	备注
				预点经办人	预点入账月份	预点凭证号	数量	预点单价	金额	原因	冲销月份	冲销凭证号	数量	结算单价	冲销金额		
1																	
2																	
3																	
4																	
5																	
6																	
7																	
8																	
9																	
10																	
11																	
12																	
13																	
14																	
15																	
16																	
合计																	

注：1.与"应付账款－应付材料采购款－未提账单"科目余额一致；2.取得发票时，需及时冲销预点，挂账不得超过3个月；3.简易计税项目按价税合计预点，一般计税项目按不含税金额预点。

附件二：项目经理部财务台账快报

应付账款—应付劳务费台账

单位名称：　　　　　　　　合同编号：　　　　　　　　法人代表：　　　　　　　　授权委托人：
合同总额：　　　　　　　　工作内容：

序号	日期	凭证号	税率	结算金额	扣款情况					入账结算金额				实付金额	账面欠付余额	其中：质保金	备注
					材料	油料	超耗材料	水电费	租赁费	其他	价款	税额	价税合计				
1																	
2																	
3																	
4																	
5																	
6																	
7																	
8																	
9																	
10																	
11																	
12																	
13																	
14																	
15																	
合计																	

注：1.此表应按单位编制；2.不得出现借方余额；3."支付工程款（劳务费）会签单"中"开累结算"、"开累支付"、"账面欠款"金额与此表一致；4.结算金额中的不含税价款等于"合同成本—直接成本"中的劳务成本+安全生产费用重分类+研发费用重分类。

应付账款—应付租赁费—设备租赁台账

单位名称：   **合同编号：**   **法人代表：**   **授权委托人：**

合同总额：   **工作内容：**

序号	日期	凭证号	税率	结算金额	扣款情况							入账结算金额			实付金额	账面欠付余额	其中：质保金	备注
					材料	油料	超耗材料	水电费	租赁费	其他	价款	税额	价税合计				
1																	
2																	
3																	
4																	
5																	
6																	
7																	
8																	
9																	
10																	
11																	
12																	
13																	
14																	
合计																	

注：1. 此表应按单位编制；2. 不得出现借方余额（杜绝超付款）；3. "支付物资（机械费会签单）"中"开累支付"、"账面欠款"金额与此表一致；4. 本表入账结算金额中的不含税价款＋"应付账款－其他"零租结算（不含税）＋内部租赁结算额之和应等于"直接成本－机械使用费－机械租赁费－机械租赁费＋安全费用重分类＋研发费用重分类合计数；5. 经济活动分析时，机械租赁费与该表核对无误。

附件二：项目经理部财务台账快报

应付账款—应付租赁费—周转材料租赁台账

单位名称：　　　　　　合同编号：　　　　　　　　　　授权委托人：

合同总额：　　　　　　法人代表：

工作内容：

序号	日期	凭证号	税率	结算金额	扣款情况					入账结算金额			实付金额	账面欠付余额	其中：质保金	备注
					材料	油料	超耗材料	水电费	租赁费	其他	价款	税额	价税合计				
1																	
2																	
3																	
4																	
5																	
6																	
7																	
8																	
9																	
10																	
11																	
12																	
13																	
14																	
合计																	

注：1.此表应按单位编制；2.不得出现借方余额；3."支付物资（机械费会签单）"中"开累结算"、"开累支付"、"账面欠款"金额与此表一致；4.本表中的不含税价款与"合同成本－直接材料费－周转材料租赁"一致。

应付账款—其他—零星材料采购（机械租赁）台账

项目名称：

序号	日期	凭证号	单位	材料采购结算金额						设备租赁结算					付款情况	账面欠款金额	付款比率	备注
				是否专票	税率	价款	税额	价税合计	是否专票	税率	价款	税额	价税合计					
1																		
2																		
3																		
4																		
5																		
6																		
7																		
8																		
9																		
10																		
11																		
12																		
13																		
14																		
15																		
16																		
17																		
合计																		

注：1. 不得出现借方余额；2. 与"应付账款－其他"账面金额一致；3. 零星采购与材料采购相关联。

附件二：项目经理部财务台账快报

小额支付劳务费（临租赁费）统计台账

单位名称：

序号	对方单位	日期	凭证号	小额劳务费					小额设备租赁					小额周转料租赁				
				是否专票	税率	价款	税额	价税合计	是否专票	税率	价款	税额	价税合计	是否专票	税率	价款	税额	价税合计
1																		
2																		
3																		
4																		
5																		
6																		
7																		
8																		
9																		
10																		
11																		
12																		
13																		
14																		
15																		
16																		
合计																		

注：1.指不大于5万的直接支付的小额劳务费、小额设备租赁费及小额周转料租赁费；2.该台账与盈亏分析中的劳务结算、设备租赁、周转料租赁有关联；3.依付款凭证顺序时登记。

企业职工（劳务派遣人员）收入统计台账

项目名称：　　　　　　　　　　　　　　　　　　　　　　　　　　　　金额单位：元

序号	姓名	职务	人员身份-筛选	一月						二月						合计							月均收入
				工天	工资	绩效工资	绩效年薪	兑现	奖励	工天	工资	绩效工资	绩效年薪	兑现	奖励	工天	工资	绩效工资	绩效年薪	兑现	奖励	小计	
一			领导班子																				
1																							
2																							
3																							
4																							
5																							
二			部室负责人及主管																				
1																							
3																							
4																							
5																							
三			一般人员																				
1																							
3																							
5																							
合计																							
人数																						平均人数	

注：1.工资、绩效、奖励等小计与"应付职工薪酬－工资奖金津贴补贴"贷方发生额相关联；2.项目应从开工到结束按序时登记；3.分企业职工和劳务派遣在本表第四栏下拉筛选"企业员工""劳务派遣"；4."责任费用预算执行对比分析表"中有关数据根据此表分析填列。

附件二：项目经理部财务台账快报

外聘人员短期实习生收入统计台账

项目名称：　　　　　　所属年度：　　　　　　金额单位：元

序号	姓名	岗位	一月			二月			三月			四月			五月			六月			七月			合计			月均收入
			工天	工资	奖励	工天	工资	奖励	工天	工资	奖励	工天	工资	奖励	工天	工资	奖励	工天	工资	奖励	工天	工资	奖励	工天	工资	奖励	小计	
1																												
2																												
3																												
4																												
5																												
6																												
7																												
8																												
9																												
10																												
11																												
12																												
13																												
14																												
15																												
16																												
合计																												平均人数
人数																												

注：1.工资、奖励小计与"合同成本－直接人工费"科目借方发生额一致；2.项目应从开工到结束序时登记；3.与"项目盈亏分析表"中"直接人工费"一致。

应交税费统计分析表

项目名称：

序号	日期	凭证编号	税基			增值税								税金及附加													综合税负率	备注
			拨款	验工计价	分包款开票金额	销项税				进项税				进项税额转出	预交增值税	待清算增值税	公司代缴增值税	城建税		教育费附加		地方教育费附加		四小税		其他税费		预交附加费	待清算附加费	公司代缴附加税		
						购买单位	开票日期	发票号码	税率	税额	销售单位	开票日期	发票号码	金额(含税)	税率	税额					金额	税率	金额	税率	金额	税率	金额	税率	金额					
1																																	
2																																	
3																																	
4																																	
5																																	
6																																	
7																																	
8																																	
9																																	
10																																	
11																																	
12																																	
13																																	

注：1. 依涉税凭证序时登记；2. 完税凭证需扫描备份；3. 经济活动分析中"项目盈亏分析表"中税金及附加等有关数据据此分析填列；4. 综合税负率等于增值税（预交+待清算）加附加税（预交+待清算）之和除以税基而得。

附件二：项目经理部财务台账快报

其他应付款—其他台账

单位名称：

序号	供应商	日期	凭证号	是否专票	税率	结算金额			付款情况			账面欠款金额	付款比率	备注
						价款	税额	价税合计	日期	凭证号	付款金额			
1														
2														
3														
4														
5														
6														
7														
8														
9														
10														
11														
12														
13														
14														
15														
16														
17														
合计														

注：主要指设备进出厂费、宣传费、电费、检测费、施工配合费、征地拆迁款；不得出现借方余额；与"其他应付款－其他"账面金额一致；3、与其他直接成本相关联。

编制单位：　　　　　　　　　　　　在建项目现款上交台账　　　　　　　　　　金额单位：万元

日期	凭证号	计税方式(选择项)	验工计价		业主拨款(含税)		经济活动分析		责任成本比例	业主约定付款比例	资金到位率	应上交管理费	其他应交款项									小计	已交款项					小计	调剂及受限资金					季度现款上交完成比例
			工程结算增值税	工程款及抵扣款	预付款	收入	产值	增值税					固定资产租赁费	往来利息	工资附加费	公司垫付款	委托代付款	大型设备应回款	社保及公积金	其他	增值税往来贷方余额		上交现款	被委托代付款	项目垫付款	社保及公积金	增值税往来借方余额		逾期调剂资金	到期银行承兑汇票透支	电商采购透支	未到期融资	受限资金	未解付银票	
			1	2	3	4	5	6	7	8	9	10	11	12	13	14	15	16	17	18	19	20=11+…+19	21	22	23	24	25	26=21+…+25	27	28	29	30	31	32	33
截至2016年12月开累																																			
2017年1月																																			
…																																			
第一季度小计																																			
2017年4月																																			
…																																			
第二季度小计																																			
2017年7月																																			

附件二：项目经理部财务台账快报

续表

日期	凭证号	计税方式(选择项)	验工计价		业主拨款(含税)		经济活动分析		业主约定付款比例	资金到位率	应上交管理费	固定资产租赁费	往来利息	工资附加费	公司垫付款	委托代付款	大型设备应回款	社保及公积金	其他	增值税往来贷方余额	小计	上交现款	被委托代付款	项目垫付款	社保及公积金	增值税往来借方余额	小计	逾期调剂资金	到期银行承兑汇票透支	电商采购透支	未到期融资	受限资金	未解付银票	季度现款上交完成比例
			工程结算	增值税	工程款及预付款	增值税抵扣款	收入	增值税	责任成本比例																								
			1	2	3	4	5	6	7	8	9	10	11	12	13	14	15	16	17	18	19	20= 11+…19	21	22	23	24	25	26= 21+…25	27	28	29	30	31	32	33
…																																		
第三季度小计																																		
2017年10月																																		
…																																		
第四季度小计																																		
本年合计																																		
开累合计																																		

填表说明：1.金额单位万元，不保留小数；2."结算往来"、"社保往来"按发生额填列，"增值税往来"按余额填，"社保及公积金（17）"—"社保及公积金（24）"的余额应与公司财务部"社保往来"一致；4.台账中已设有公式自动计算"其他（18）"中不包含公司通过往来列的上管费。

合同成本—直接成本台账

单位：

序号	日期	凭证号	直接人工费		直接材料费			直接机械费			劳务成本			合计		
			主体工程	措施工程	临时工程	主体工程	措施工程	临时工程	主体工程	措施工程	临时工程	主体工程	措施工程	临时工程	主体工程	措施工程	临时工程
1																	
2																	
3																	
4																	
5																	
6																	
7																	
8																	
9																	
10																	
11																	
12																	
13																	
14																	
15																	
16																	
合计																	

注：1. 设备进出场费、青苗补偿、征地拆迁、变压器、水电费在"其他直接费"反映，不属本表填写范围；2. 经济活动分析"项目盈亏分析表"应和本表数字相符；3. 与"合同成本—直接成本"金额一致；4. 直接成本凭证字时等级。

附件二：项目经理部财务台账快报

合同成本—其他直接成本台账

单位：

序号	日期	凭证号	临时设施		检验试验费		设计技术援助费	定位复测及交点交桩费		燃料动力费		征地拆迁费		修理费	其他			小计
			房租费用	临电安装	量测预报	仪器租赁费		纠缺费	竣工资料	水费	电费	补偿	配合费		保险费	业主奖罚款	其他	
1																		
2																		
3																		
4																		
5																		
6																		
7																		
8																		
9																		
10																		
11																		
12																		
13																		
14																		
15																		
16																		
合计																		

注：1.登记设备进出场费、青苗补偿、征地拆迁、变压器、水电费等；2.经济活动分析"项目盈亏分析表"应和本表数字相符；3.与合同成本－其他直接费一致。

安全生产费用台账

项目名称：

序号	施工产值（万元）	安全费用比率	应发生安全费用金额（万元）	日期	凭证编号	摘要	安全生产费用使用情况									小计	重分类			
							完善、改造和维护安全防护设备、设施支出	配备、维护、保养应急救援器材、设备支出和应急演练支出	开展重大危险源和事故隐患评估、监控和整改支出	安全生产检查、评价（不包括新建、改建、扩建项目安全评价）、咨询和标准化建设支出	配备和更新现场作业人员安全防护用品支出	安全生产宣传、教育、培训支出	安全生产适用的新技术、新标准、新工艺、新装备的推广应用支出	安全设施及特种设备检测检验支出	其他与安全生产直接相关的支出		材料费	机械租赁费	劳务成本	间接费用
1																—				
2																—				
3																—				
4																—				
5																—				
6																—				
7																—				
8																—				
9																—				
10															—		—				
11														—			—				
12																—				
合计							—	—	—	—	—	—	—	—	—	—	—	—	—	—

注：1. 此表和"安全费用核销表"项目、金额要一致；2. "项目盈亏分析表"中重分类按此填列，金额一致。

附件二：项目经理部财务台账快报

研究与开发费用统计台账

单位：
科研立项名称：
公司发文文号：
年度预算金额：

金额单位：元

序号	日期	凭证号	摘要	科研费用归集情况											会计原始凭证情况说明	重分类				
				人工费	材料费	燃料动力	中间试验和产品试制费	试验产品检测费	检修费	租赁费	折旧费	设计、制定费用	试验费	其他		材料费	机械租赁费	劳务成本	其他直接费用	间接费用
1																				
2																				
3																				
4																				
5																				
6																				
7																				
8																				
9																				
10																				
11																				
12																				
13																				
14																				
合计																				

注：1. 本台账按照每项支出内容逐行登记，如一张会计凭证涉及多项支出内容的，应分别登记；2. "项目盈亏分析表"中重分类金额与此表一致。

现场经费预算执行分析表

项目名称：　　　　　　　　　　　　　　　　　　　　　　　　　　　　　　　　　年　月

序号	费用名称	总预算数	本年执行情况			开累执行情况			备注
			本年预算	支出	节超	开累预算	支出	节超	
一	费用发生额								
1	职工薪酬								
①	工资								
②	绩效工资								
③	绩效年薪								
④	奖励								
⑤	兑现								
⑥	社保费用								
2	劳动保护费								
3	低值易耗品摊销								
4	租赁费								
5	办公费								
6	差旅费								
7	日常交通费								
8	燃料动力费								
9	会议费								
10	业务宣传费								
11	保险费								
12	修理费								
13	业务费用								
14	税金								
15	其他								
二	工期								
三	经费占产值比								
四	经费占成本比								
五	公司定员人数								
	平均实际人数								
六	人均管理费								
	合　计								

注：1.费用发生额与明细账一致；2.产值为实际收方产值，成本为实际发生合同费用；3.平均实际人数＝每月人数之和／月数，不含临聘人员；4.项目建点后需根据实际编制总预算数；5.实际人数计算：不包括临聘人员；6.经费包括临聘人员发生的除工资奖金之外的费用。

附件二：项目经理部财务台账快报

项目盈亏分析表

单位：　　　　　　　　　　　　　截至　　年　　月　　　　　　　　　金额：万元

序号	项目	账面金额	调整		实际金额	剩余预测	填写说明
			超前	滞后	重分类		
一	收入（不含税）						
1	收方实际产值（含税）						
	扣：局费用						
	税率						
	销项税额						
2	业主计价（含税）						与"应收账款台账"的金额一致
3	业主计价（不含税）						与账面"工程结算"的金额一致
4	主营业务收入确认率%						
二	合同成本	—					
1	直接人工费						与直接人工费发生额一致
2	直接材料费						等于物资采购分类台账合计+"应付租赁－"周转料"－设备租赁－周转料租赁"+内部租赁结算额－物资采购分类台账中"周转料（低品）"栏的累计额+周转料（机具）台账及摊销分析表中周转材料生产用低品及摊销额－物质处置台账中的变卖收入及账面的摊销出售值
(1)	材料费						等于"合同成本－直接材料费+安全费用重分类+研发费用重分类－周转料摊销－生产低品机具摊销－周转料租赁－物质处置台账－物资采购分类台账小计－物资采购分类台账中物资部原材料库存（与物资采购分类台账动态表中机具及低品用材料生产的摊销额与物质处置材料小计－账面原材料中调出料
(2)	周转料、机具及生产用低品摊销						周转料、机具及生产用低品摊销数
(3)	周转料租赁费						与"应付租赁－设备租赁－周转料租赁"+内部租赁结算额＋安全费用重分类＋研发费用重分类

续 表

序号	项目	账面金额	调整 超前	调整 滞后	调整 重分类	实际金额	剩余预测	填写说明
3	直接机械费							等于"应付租赁－设备租赁"＋"应付账款＋内部租赁结算＋现金支付直接列支成本小额租赁＋内部租赁费"＋安全费用重分类－机械使用费（账面燃料费）－"合同成本－机械使用费＋研发费用重分类
(1)	租赁费							
(3)	燃料费							与物资采购分类合账柴油小计－物设部动态表燃料库存数一致
4	劳务成本							等于应付劳务费入账结算金额价款＋现金支付直接列支成本小额劳务费；等于"合同成本－劳务成本"＋安全费用重分类＋研发费用重分类
5	其他直接费							与"合同成本－其他直接费"合账一致；等于合同成本－其他直接费账面发生额减去安全生产费
	其中：安全生产费							按合账重分类到各相关费用中，该项重分类后为零
三	间接费用							与现场经费合账；等于间接费用账面发生额
四	税金及附加							与"应缴税费"合账一致：等于增值税附加＋印花税＋车船使用税＋房产税＋土地使用税
五	财务费用							与财务费用账面数一致
六	管理费							
七	研发与开发费用							按合账重分类到各相关费用中，该项重分类后为零
八	毛　利							
	毛 利 率							
九	应上缴管理费							按公司下达责任成本（不含安全费用）比例计算
	应上缴比率							
十	责任成本完成率％							
	责任成本节超率％							
	现款上交率％							

附件二：项目经理部财务台账快报

银行票据领购及使用登记簿

项目名称：　　　　　　　　票据类型：　　　　　　　　金额单位：元

序号	票据号码	领购及保管		票据使用				备注
		领购日期	保管人	使用日期	收款人名称	票面金额	票据领用人	
1								
2								
3								
4								
5								
6								
7								
8								
9								
10								
11								
12								
13								
14								
15								
16								
17								
18								

注：1.票据类型：现金支票、转账支票、电汇票据、内部委托付款、内部转账支票等，按类别填写；2.作废发票需附在前一张正确发票后，加盖"作废"章。

重要合同书(协议书、授权书)台账

项目名称:

序号	合同类型对方单位	合同编号	合同总价	主要内容	期限	是否终止
一	主业合同					
1						
2						
3						
二	劳务分包合同					
1						
2						
3						
三	物资采购合同					
1						
2						
3						
四	机械租赁合同					
1						
2						
3						
五	征地拆迁合同					
1						
2						
3						
六	其他合同					
1						
2						
七	涉及重要经济事项的文书					
1						
2						

注:1.证照审查,关注营业执照、组织机构代码证、开户许可证、税务登记证、法人身份证明书,按缺项填列;2.委托权限注明"委托书"允许事项,对无权限事项在其他委托事宜中"加粗红色"反映;3.在"全国企业信用信息公示系统"查询企业法人、出资人是否是公司员工或关系人;4.零星、小额未进入成本系统审批的合同协议直接附凭证后,不需登记;5.重要经济业务事项包括涉诉、对账等。

附件二：项目经理部财务台账快报

项目代管固定资产备查台账

项目名称：　　　　　　　　　　　　　　　　　　　　　　　　　　　　　　　　金额单位：元

编号	品名	规格型号	单位	数量	原值	原使用单位	盘点情况			处置情况				使用部门	使用人	上级主管部门	租赁费列转截止日	开累租赁费	备注
							盘点月份	数量	完好程度	调出日期	调入单位	处置日期	处置价款						
1																			
2																			
3																			
4																			
5																			
6																			
7																			
8																			
9																			
10																			
11																			
12																			
13																			
14																			
15																			
16																			
合计																			

注：1."原使用单位"项目新组固或公司新购调转填列"新购"；其他项目调拨填列原项目名称；2.盘点完成程度，按"完好"、"大修"、"报废"填列；填项目使用公司管固资；3.公司列租赁费时需根据此表核对。

在建项目资金及债权债务月报

2016 年 月

序号	项目	预计总收入	合同价	货币资金			产值、计价、拨款情况					预付账款	其他应收款（含备用金、应收保证金、应收押金、应收代垫款、其他等）	原材料	周转材料净值	低耗品净值	应付账款（含应付材料采购款、应付劳务费、应付租赁费、其他等）	应付职工薪酬	应付税费	其他应付款（包含与刚性单位往来款、应付保证金、应付押金、应付暂收款、应付会费等）	滞后结算金额（含滞后结算劳务费、材料费、机械租赁费、周转料租赁费、间接费用等）	现款上交			未到期银票	资产负债差
				月末余额（含现金、库存存款、银行存款和银行保证金、合计、减去行内透支余额）	预计下月资金收入	预计下月资金支出	本年累计开工产值	本年累计开工计价	本年累计开工拨款	应收款项（其中：质保金%）	资金到位率	滞后计价										其他应交款	已累计开交	公司往来余额（包含结算后往来、资金调剂往来、社保往来借方"-"，往来贷方"+"）		
1																									
2																									
3																									
4																									
5																									
6																									
7																									
8																									
9																									
10																									
合计																									

注：1. 此表次月 3 日前需及时报公司财务部；2. 根据账面情况据实登记。

附件二：项目经理部财务台账快报

企业劳动情况月快报

表　号：中铁股份统劳 6 表
制表机关：中国中铁股份有限公司
批准文号：中铁股份划〔2010〕397 号

年　月

企业详细名称：

指标	代码	总计	按行业划分											
			基建建设	勘察设计咨询	工业	房地产业	基础设施投资	矿产资源	金融	交通运输	批发零售	住宿餐饮	卫生	教育	其他
甲	乙	00	01	02	03	04	05	06	07	08	09	10	11	12	13
（一）在岗职工 1.期末人数（人）	01														
2.平均人数（人）	02														
3.工资总额（元）	03														
其中：奖金及效益工资	04														
4.平均工资（元）	05														
（二）其他从业人员 1.期末人数（人）	06														
2.平均人数（人）	07														
3.劳动报酬（元）	08														
4.平均劳动报酬（元）	09														

续 表

指标	代码	总计	按行业划分											
			基建建设	勘察设计咨询	工业	房地产业	基础设施投资	矿产资源	金融	交通运输	批发零售	住宿餐饮	卫生	教育	其他
甲	乙	00	01	02	03	04	05	06	07	08	09	10	11	12	13
1. 期末人数（人）	10														
2. 平均人数（人）	11														
3. 生活费（元）	12														
4. 平均生活费（元）	13														
其中：（1）内部退养职工人数	14														
（2）内部下岗职工人数	15														
其中：一年以上	16														
（3）长期病、休假人数	17														
（4）长期学习职工人数	18														
（5）集体外出劳务人数	19														
（6）个人外出劳务人数	20														

（三）离开本单位仍保留劳动关系的非在岗人数

单位负责人：　　　　统计负责人：　　　　填表人：　　　　电话：　　　　报出日期：　年　月　日

附件二：项目经理部财务台账快报

农民工工资（职工工资）拖欠统计月报

填报单位：　　金额：万元

序号	劳务单位	账面欠付金额			其中：工资金额			存在风险描述
		开累结算金额	账面欠款金额	欠付月数	人数	工资金额	金额	
一	农民工工资							
1								
2								
3								
4								
5								
6								
7								
8								
9								
10								
11								
12								
13								
14								

377

续 表

序号	劳务单位	账面欠付金额		其中：工资金额			存在风险描述
		开累结算金额	账面欠款金额	欠付月数	人数	金额	
15							
16							
17							
18							
19							
20							
21							
22							
23							
24							
25							
二	职工工资	可以不填	6.0				
1							
2							
3							
合 计							

注：1. "账面欠付金额"与"应付账款－应付劳务费"一致；2. 每月付劳务费时，需先付农民工工资；3. 欠付月数超过两个月的需描述存在的风险。

附件三：项目财务部重要事项提醒一览表

项目财务部重要事项提醒一览表

序号	工作事项
1	银行内（外）开户（注销），15日内向公司财务部备案。
2	现金收付做到日清月结，每月4次现金盘点并与日记账核对。
3	银行收付做到日清月结，索要银行对账单编制余额调节表；每月核对4次日记账。
4	网银电子钥匙分开保管，密码90天更换一次；审批功能的电子钥匙移交财务部/局指。
5	财务主管按照标准化要求对原始凭证进行审核，并在审核栏签字。
6	单张发票金额超过3000元，通过国税局发票查验平台查询真伪。
7	按照纳税义务发生时间，填写增值税预缴税款表预交增值税及附加。
8	固定资产购置后，发票及账单15日邮寄至公司办理组固手续。
9	月末计算发放职工（农民工）工资、绩效、公司核准的奖励等。
10	季度初依计划足额计提安全生产费用，季度末及时核销安全生产费用。
11	严格按照下达的科研项目和金额，正确足额归集研发费用。
12	每月21日，参与现场收方和物资及设备机具盘点。
13	当月30日前完成劳务机械结算水电费、伙食费、材料费等扣款复核工作。
14	次月5日前完成材料收支和劳务机械结算的审核入账。
15	次月5日前完成周转材料、机具和低品的摊销（注销）工作。
16	次月5日前完成五险两金计提与支付工作。
17	及时督促验工计价资料，保管好清欠档案资料。
18	发起方及时传递往来通知书，每季度末及时对账签认。
19	季度末25日前上报项目主要指标预测统计表。
20	季度末次月10日前上报会计报表电子数据和纸质版报表。
21	季/年度决算报告上报后5日内通过国资委双清软件编制双清方案并报公司。
22	季度末次月15日前项目召开经济活动分析会，分析资料20日前上报并装订。
23	财务预警通报下发15日内认定为"高风险"项目书面反馈至公司
24	按月与公司核对往来，现款上交台账次月5日前上报公司。
25	记账凭证、管理台账等稽核频次不得少于每周一次；制度落实执行按月稽核。
26	次月20日前完成凭证装订；财务台账于季度次月20日前装订；次年1月前明细账装订。
27	序时登记各类合同、授权委托书（原件）台账，及时装订成册。
28	次年1月20日前将年度电子数据分类存储上报公司备案。
29	按年编制会计档案保管清册，妥善保管会计档案。

续 表

序号	工作事项
30	按照标准化整改通知书要求，按期上报整改回复。
31	按照财务重要事项报告制度要求，及时报告。
32	业主拨款 24 小时内上报资金到位及使用审批表。
33	每月 15 日及月末最后一日上报外部银行时点资金；次月 3 日前上报国资委银行账户管理财务快报。
34	外经证办理后 30 日内报验登记，有效期届满前 10 日内缴销。
35	次月 3 日前完成专票认领工作，及时将抵扣联传递至公司财务部。
36	次月 8 日前把销项、进项、进项转出、预缴、分包抵扣等资料传递至公司。
37	次年 3 月底前上报预交企业所得税完税凭证扫描件。
38	依照税法及时代扣代缴个人所得税，超过 12 万元履行申报制度。
39	次年 3 月 15 日前上报科研经费加计扣除资料。
40	次月（不含季末月）5 日前上报在建项目资金及债权债务月报。
41	次月 15 日前报送企业劳动情况月报表。
42	按月报送农民工工资（职工工资）拖欠统计月报。
43	次月（不含季末月）5 日前报送双清月报。
44	当年 12 月报送企业职工（劳务派遣）收入统计台账。
45	年度现场经费预算于当年 1 月前报公司财务部。
46	当年 7 月与公司社管中心完成五险两金清算工作核对。
47	财务主管每两周组织一次学习例会，每季度上报不少于一条财务管理合理化建议。
48	财务主管每年撰写 1 篇论文，至少上报 1 篇通讯报道，落实"九项承诺"。